本書由香港青松觀資助出版

全真學案（第二輯）
張廣保 主編

王志謹學案

WANGZHIJIN XUEAN

趙衛東 王光福 著

齊魯書社

《全真學案》編委會

名譽主編　黄健榮

名譽副主編（以姓氏筆畫爲序）

周和來　林國柱　莫小賢　葉長清

趙淑儀　趙球大　鄭康勤　蕭炳强

主　　編　張廣保

編　　委（以姓氏筆畫爲序）

尹志華　王　卡　王宗昱　王皓月

朱越利　何建明　吴亞魁　宋學立

李大華　李永明　柏　夷　孫亦平

高萬桑　强　昱　章偉文　郭　武

蓋建民　趙衛東　劉仲宇　劉　迅

劉固盛　劉焕玲　樊光春　盧國龍

霍克功　鄺國強

總 序

金代中期,王重陽在中國北方創立了一種有别於傳統道教的新道教——全真教。全真教以三教合一爲宗,以性命雙修、功行並重爲修煉門徑,汲取禪宗的心性理論、修行方式等諸多因素,對傳統道教從教義、戒律到宫觀組織、修行方式,以及終極超越境界等方面都進行全面革新,並在元以後分領道教的半壁江山,與正一教並立爲二,最終形成北全真、南正一的道教宗派新格局。這就打破了此前道教史上靈寶、上清、正一等三足鼎立的舊格式。

在全真教的發展歷史中,大蒙古國初期是教門發展的關鍵時期。它不僅確立了全真教在道教中牢不可破的重要地位,而且對整個中國社會、歷史的走向也引發極爲深遠的震蕩。開闢全真教這一發展新局面的關鍵人物就是全真掌教丘處機。正是丘處機以年逾古稀之齡萬里西行,覲見"一代天驕"成吉思汗,及隨之而來的雪山論道、一言止殺,使得全真教獲得蒙古皇室的尊崇,從而走出道教,與當時的漢地世侯一道,擔當起在蒙古國時期重建業已解體的中國社會,以及教化民衆、化導殺心等重要社會、文化功能。從歷史看,道教在中國社會中的這種作用,在整個道教史中都不多見。因此丘處機與成吉思汗的相遇,不僅是一個對道教具有重大影響的事件,而且在中國歷史上也是具有深遠意義的重大事件。此外,考慮到成吉思汗及其子孫創立的蒙古帝國是一個地跨歐亞的大帝國。它的版圖不僅包括北中國,而且還囊括俄羅斯(金帳汗國)或術赤兀魯思、西亞地區(伊兒汗國或旭烈兀汗國)和中亞地區(察合臺汗國)。其統轄範圍幾乎包括當時文明世界半數以上的領土。又考慮到它與羅馬教廷的複雜關係,我們説蒙古帝國的歷史在一定程度上就是世界史。而丘處機與成吉思汗的相遇,乃是蒙古統治者首次鄭重其事地對待一個定居農業文明的宗教領袖(雖然據《佛祖歷代通載》卷三十三,在稍早幾年,佛教與汗廷有過一次非正式的接觸),其對道教采取的接納態度,無疑會直接影響此後汗廷的宗教政策,影響它對其他定居文明宗教,例如西亞的伊斯蘭教、西藏的喇嘛教、中亞的聶斯脱里教(基督教在東方的一個宗派)等宗教的接納。

一、開創期

對於全真教的研究,發展到今天可以毫不誇張地説已經是一門國際性的學問。中國方面的研究如果從清光緒年間陳教友的《長春道教源流》算起,迄今已有近一百五十年的歷史。總結這一時段的研究歷史,我想把它區分爲四個階段:開創期、奠基期、復蘇期與全面發展期。中國對於全真教的研究是由活躍於清代後期的陳銘珪開創的。陳銘珪,字友珊(1824 – 1881),入道之後改名教友,道號酥醪洞主。作爲清代咸豐二年(1852)的副貢生,陳銘珪在仕途上一直不得志,加之晚清自道光之後,由於鴉片戰爭引發的政治、社會變革及西方文化學術涌入的衝激,晚年爲了逃避社會矛盾，排解個人生命歷程中所遭遇的挫折感，他在廣東羅浮山酥醪觀拜禮全真道士，正式加入全真龍門派成爲一名全真道士。爲了表達他對全真教的忠誠，陳銘珪於光緒五年(1879)編撰了後來成爲全真教研究開山之作的《長春道教源流》。其書序云："余中年感异兆，學道於羅浮酥醪觀中。觀爲全真之龍門派，源出於丘長春。暇因考史册，並取《道藏》諸書核之，知長春之學，深有得於《道德》要言，而無煉養、服食、符籙、禳禬末流之弊……余因溯其源流，輯爲是編，以告世之爲全真學者。"①在此需要特别指出的是：陳銘珪的道士身份直接影響到《長春道教源流》的撰述。由於撰寫此書時，陳銘珪已正式遁入玄門，因此他編纂該書的意圖很清楚：此即意在表彰前輩全真高道救世救民、慈心惠物、修道煉真的高尚行爲。受此種動機的制約，他在擇取史料時明顯有偏頗，其中最明顯的表現就是對於歷史上涉及對全真教批評的文獻，諸如蒙古國時期耶律楚材所撰《西游録》、元釋祥邁的《至元辨僞録》等，他就均未收録。此外書中搜集史料主要以丘處機一系的全真龍門派爲主綫，至於全真其他各派的傳承法嗣則付之闕如。個中原因有二：其一丘門一系的全真龍門派在後世較其他各系更爲繁盛，這在陳銘珪的家鄉廣東羅浮山尤其如此。其二與陳氏本人作爲全真龍門派弟子的身份直接相關。他編輯此書的動機之一顯然是要光揚本宗。至於題名酥醪洞主曰的辨證，也可以看出他處處刻意回護全真教。因此該書雖然從前人文集中搜集大量有關全真教材料，因而爲此後全真教研究奠定扎實的史料基礎，但文中顯露出的濃厚護教意識

① 陳銘珪：《長春道教源流・序》，嚴一萍輯《道教研究資料》第二輯，臺灣藝文印書館 1974 年版。

妨礙其立論的客觀性、公正性。

早在陳銘珪編著《長春道教源流》之前的清代道光、咸豐、同治(1821－1874)時期,清代學術的主流就已由考據之學向經世之學過渡,就中西北史地之學尤其爲當時的學者所關注,李文田、丁謙、洪鈞等都是這一領域的佼佼者。正是這些研究西北史地的學者居於本學科的興趣,重新發現淹没已久的元李志常的《長春真人西游記》,並對之予以深入研究,當然重點在於發掘其地理價值。這方面的代表性作品有丁謙撰的《元長春真人西游記地理考證》及王國維的《長春真人西游記注》(其後20世紀30年代又有張星烺《西游記注釋》),而錢大昕則有發端之功(1866年的俄譯本、1867年的法譯本及1877年的英譯本均是受此種中亞史、地理史研究語境的影響)。就中丁謙衹是將《長春真人西游記》看成一本單純的地理學著述,毫不關注其宗教價值;①而王國維則有所不同,在注文中除援引《元史》《多桑蒙古史》《蒙韃備録》《西使記》《至元辨僞録》及元人文集等史料以疏釋本文外,還花費相當筆墨考證書中涉及的蒙古時期全真教史,例如蒙古憲宗時的佛道争端,丘處機、耶律楚材的交惡。值得特别提到的是:王國維在書中附録中特别録引清考據大家錢大昕一段話,提示一起史實:"丘長春以丁亥七月卒,而元太祖之殂,亦即在是月。"丘處機與成吉思汗在經歷神奇性的歷史會面之後,又神秘地於同年同月逝世,此事在道教語境中的確引人遐思,其聯想空間尤大。②

---

① 丁謙:《長春真人西游記地理考證》,嚴一萍輯《道教研究資料》第二輯,臺灣藝文印書館1974年版。

② 王國維:《長春真人西游記注》,嚴一萍輯《道教研究資料》第二輯,臺灣藝文印書館1974年版。

二、奠基期

不過,從20世紀有關全真教研究發展的歷史看,陳銘珪《長春道教源流》一書無論在解釋模式,還是在撰作體例方面對於後世尤其是20世紀前五十年之前的全真教研究都具有很强的示範性。20世紀40年代歷史學家陳垣撰作《南宋初河北新道教考》,顯然就沿襲陳銘珪所創立的模式。對此陳垣本人也不否認。作爲廣東同鄉,陳垣對自己的這位鄉賢推崇備至。① 這從一方面説明居於地域鄰近性的影響有時是很大的。然而,陳垣與他的那位鄉賢還是有很大不同:他並非全真道士。他之撰作此書顯然不是出於宏道,而是直接受到當時特定政治、社會環境的激發。作者此書著於19世紀40年代,二次世界大戰是當時制約時代的大事。其時作爲同盟國一員的中國,其國土的大部分正處於作爲軸心國主要成員之一的日本的占領之中。陳垣當時正生活在日占區中的北平。面對山河破碎、國土淪陷,他的心情極端憂鬱,然而處於日占區,他又無法公開表達這種憂思,於是他將之寄寓於宋金之際興起的全真教,意圖通過對全真教在金、蒙、元史事的考證性詮釋中委曲地表達自己的憂思。誠如作者撰於1957年的《重印後記》所言:"盧溝橋變起,河北各地相繼淪陷,作者亦備受迫害,有感於宋金及宋元時事,覺此所謂道家者類皆抗節不仕之遺民,豈可以其爲道教而忽之也。因發憤爲著此書,闡明其隱。"②正是居於這一特定語境,陳垣關注的重點與他的那位鄉賢有所不同。他突破陳銘珪單純以龍門派爲主綫的宗派意識,以十二大專題爲紅綫對金、蒙、元時期的全真教展開全面研究。與

① 他在書中提到關於全真教的研究,歷代均不重視,"六十年前,東莞宗人友珊先生《長春道教源流》,始稍稍闡明之"。這就充分肯定陳教友對於全真教研究的發端之功。《南宋初河北新道教考》,中華書局1962年版,第4頁。

② 陳垣:《南宋初河北新道教考》,中華書局1962年版,第154頁。

陳銘珪的研究相較,陳垣的《南宋初河北新道教考》表現出下列特色:其一取材更爲廣泛。除大量利用《道藏》内外文獻之外,還廣泛利用金石材料,這當然與其深厚的學識分不開。其二由於國土淪陷的激發,"遺民"意識濃厚。他之所以用"南宋初"而不用金元來稱呼新道教各派,顯然是中國傳統史家慣用之曲筆,其意乃在借史抒情。① 居於此種詮釋意向,他極注重對全真創教之祖王重陽的考述。不過也正是這一濃厚的遺民意識,使他難以公正地刻畫王重陽的歷史形象。例如他認定王重陽爲南宋遺民,因而就無法面對王重陽曾經應過僞齊武舉,並在金朝任過監酒小吏這一歷史事實。此外,王重陽的第一代大弟子大多與金皇室關係密切,例如七真中王處一、丘處機、劉處玄都曾先後接受金世宗、金章宗的召見。其實王重陽的出家、創教與其説是出於對宋室的忠誠,倒不如説是由於個人仕途的失意及由之引發的挫折感、對生命無常、虚幻等源於個體的生命領悟等個體因素。總之,陳垣依據自己解釋語境對王重陽形象的塑造,衹能是作者將自己遺民意識投射於歷史人物。對此我們不妨視爲一種歷史解釋學的誤讀個案。其三他以"新道教"來統稱金末元初興起的全真教、真大道、太一教等流行於北方的新道派,這是極富創意的。新道教與中國道教各派相比,確實具有獨有的特色,例如全真教就公開宣稱以三教合一爲立教宗旨,所謂"三教搜來做一家",並在一定程度上對傳統道教尤其是北宋道教進行批評,這些

① 關於此點,他在書中有明確表述:"右三篇四卷廿十三章,都六萬餘言,述全真、大道、太一三教在金元時事。繫之南宋初,何也?曰三教祖皆生於北宋,而創教於宋南渡後,義不仕金,繫之以宋,從其志也。靖康之亂,河北黌舍爲墟,士流星散,殘留者或竟爲新朝利用,三教祖乃别樹新義,聚徒訓衆,非力不食……然固汴宋遺民也,而録宋遺民者多忽之,豈入元以後有遺民,入金以後非遺民耶,可謂大忘也矣。"陳垣:《南宋初河北新道教考》,中華書局1962年版,第4頁。

都使當時教内外人士對其身份認同産生困惑。從當時文集所傳材料看,當時人都覺得這些所謂新道教非釋(禪)非儒亦非道,而教徒自己起初也不明確其教派歸屬,因而全真教起初可能完全是一種出於三教之外的新宗教。不過歷史發展往往出人意料,全真教等新道教對傳統道教的批判恰好構成道教發展的一個新階段,而爲道教所包容。陳垣早在19世紀40年代就使用"新道教"一詞,①説明他奠基於歷史文獻引發的感覺是敏鋭的。其四以八大專題對金真教展開全面研究對後來研究具有示範性,尤其是以"末流貴盛"爲題對元代中後期全真教墮落現象的批評,難能可貴。② 陳垣《南宋初河北新道教考》對於20世紀後半期中國全真教研究有着很重要的影響,這可能與他在史學界舉足輕重的地位有關。20世紀中國史學界向有"南北二陳"之説,北陳即指陳垣。因此,《南宋初河北新道教考》堪稱全真教研究的奠基之作。

值得提及的是陳垣在《南宋初河北新道教考》提到,包括全真教在内的"新道教"在金元易代之際對於保全中華文化、維持種族延續重要作用的觀點,在此後中國史學界引起頗爲激烈的響應。20世紀六七十年代,幾位重量級的中國史學家諸如錢穆、姚從吾都曾撰專論闡發陳垣的上述觀點。錢穆在其所著《中國學術思想論叢》(六)之《金元統治下的新道教》③、姚從吾撰《成吉思汗信任丘處機這件事對於保全中原傳統文化的貢獻》④、《金元全真教的民

---

① 陳垣:《南宋初河北新道教考》,中華書局1962年版。

② 陳垣:《南宋初河北新道教考》之十一《末流貴盛》,中華書局1962年版。

③ 錢穆:《金元統治下的新道教》,載《中國學術思想論叢》六,臺北東大圖書公司1978版,原文發表於1966年。

④ 姚從吾:《成吉思汗信任丘處機這件事對於保全中原傳統文化的貢獻》,載《姚從吾先生全集》第六集,臺北正中書局1982年版。

族思想與救世思想》①等都致力於擴展、闡發全真教在蒙古游牧文化大舉入侵之特定歷史階段,對於沿續中原漢文化、華夏種族生命之重要歷史作用。值得注意的是這兩位學者當時或居留香港或自大陸遷居臺灣,其時國共分争,國民黨及其政府全綫潰退,由大陸遷居臺灣。由於當時中國共産黨信奉馬克思主義,對於傳統文化采取一種偏向於全面否定的態度,這在其時知識分子的心目中造成一種傳統文化斷裂、中國文化整體改宗的印象。身處此境對於遷居香港、臺灣的兩位歷史學家,他們再次感到自身如同七百多年前全真教先輩一樣,再次面臨一場中國文化走向的重大抉擇。於是歷史再次召唤全真教,讓他們來回答20世紀50年代呈現的新問題。不過這次壓力不是來自北方草原,而是來自中國社會内部。幸運的是今天中國共産黨已經開始總結歷史,懂得傳統的珍貴,開始以一種全新的態度來處理作爲西方文化一支的馬克思主義與中國自身傳統的關係。在此需要簡單提一下,早在20世紀20年代,同處中華儒教文化圈的日本學者也很重視對全真教的研究。日本老輩學者例如小柳司氣太、窪德忠、吉岡義豐等人也就全真教的成立、白雲觀史及其全真教與儒道關係等一系列問題展開全面研究,推動這一領域的進一步發展。與中國學者相比,由於解釋語境完全不同,日本學者對於中國學者特别關注的全真教救世問題明顯缺乏熱情,他們研究的目的一部分乃在於爲配合19世紀30年代的侵華戰争之需對中國社會進行全面調查。此外,在研究方法方面,日本學者很早就不單純限於文獻,而采用田野作業的新方法,像小

① 姚從吾:《金元全真教的民族思想與救世思想》,見《東北史論叢》,臺北正中書局1970版。

柳司氣太、吉剛義豐都曾居住於白雲觀進行實地調查。這同時也説明對全真教的研究很早就具有跨越國界的特性。

三、復蘇期

自1949年至1979年,在中國由於共産黨領導下的新政權信奉馬列主義,對於中國傳統文化尤其是宗教文化采取全面批判的態度,因而這三十年大陸地區對於全真教研究幾乎毫無進展。至於臺灣方面,情况略有不同,除上述姚從吾的研究之外,孫克寬是其時臺灣從事全真教研究的主要學者。他撰有《宋元道教之發展》《金元全真教的初期活動》《全真教考略》,對金元時期的全真教作了很好的研究。20世紀80年代之後,伴隨着中國共産黨的改革開放新政之施行,對於傳統文化價值也轉入重估時期。與此相應,中國大陸對於全真教的研究進入復蘇及全面發展新階段。在復蘇期的20世紀80年代,中國大陸從事全真教研究的主要學者有:龍晦、郭旃、陳俊民等人。龍晦著有研究論文《全真教三論》,郭旃有論文《全真道的興起及其與金王朝的關係》,陳俊民亦撰有《全真道教思想源流考略》等專論。與此同時略後,由任繼愈、卿希泰分别擔任主編的兩種有關道教的通史性著述《中國道教史》,對於金元時期的全真教均闢有專章。復蘇期中國大陸對於全真教的研究除像此前一樣關注教史研究之外,還特别注重對全真教思想及其與傳統思想的關係。對於此前學界討論較爲充分的全真教救世問題及遺民認同,這一時期也有所回應。此外需要特别提及的是,1988年由文物出版社出版的陳垣、陳智超編纂的道教碑刻集《道家金石略》[①],對於此後全真教的研究具有重要意義。此書雖然名爲《道

① 陳垣、陳智超:《道家金石略》,文物出版社1988年版。

家金石略》,但有關全真教的部分占據全書主體。此書的出版爲全真教研究提供新的史源,有助於訂正《道藏》内外傳世文獻記述的錯誤,這對於進一步深化全真教研究無疑有着推動作用。不過,學界要消化書中纂集的有關全真教的碑刻材料,尚需等到20世紀90年代之後。

四、全面發展期

進入20世紀90年代,中國大陸學界開始從不同角度重新審視全真教,這一階段的研究呈現多視角、問題意識濃厚等特徵,歷史學、宗教學、哲學等各學科的學者都介入全真教的研究,從而迎來歷史上不多見的全真教研究黄金時期——全面發展期。造成全真教全面發展的動因,除上述新材料的出版之外,當代全真教組織尤其是全真龍門派的推動也是一個重要原因。例如隸屬全真龍門派的香港青松觀,自20世紀90年代至今,多次組織全真教國際學術研討會,並將會議論文結集出版(例如2004年由青松出版社出版的《全真弘道集》,就收集了由中、日、法等國學者撰作的24篇論文,是一部有關全真教的專輯。2006年又召開"全真教戒律中的生態思想"專題討論會,並將論文結集公開出版),資助有關道教研究專刊《道家文化研究》的出版(現已出版三十輯),這些舉動直接推動了這一領域研究的進展。此外,各地方政府從發展地區經濟、文化動機出發,也贊助在本地召開的全真教會議。這些又反過來影響各大學博士、碩士生論文選題傾向。從研究所采用的視域看,這些研究有的考察全真教與蒙古皇室的關係,例如鄭素春的《全真教與大蒙古國帝室》;有的從全真教史的角度,探討全真教宫觀組織的系統及宫觀經濟、宗師傳承世系及宗祖譜,例如程越的博士論文《金元全真教宫觀研究》、張廣保《蒙元時期全真宗祖譜系形成考》、馬頌仁《七真各自的思想特色、活動的再評價——兼論四哲、七真説的出現過程》;有的從歷史的角度,接續此前論題,繼續考察全真教在金元易代之際,救世濟人,維護中原文化的諸種活動;還有的從心性角度,從哲學、宗教角度考察全真教心性哲學的特色,及其與禪宗、理學心性理論的互動關係。例如由張廣保撰作的《金元全真道及其内丹心性論研究》。尤其是此時對明清全真教的研究也是此前未曾涉及的,例如陳兵《清代全真道龍門派的中興》、王志忠《明清全真教論稿》、唐大潮《王常月修道思想略論》等這些都是二十多年來全真教研究取得的新進展。在此,再次要提及的是,20世紀80年代陳垣先生編纂的《道家金石略》一書,爲這一時期全真教研究全面利用金石碑銘材料奠定基礎;其後王宗昱又編輯《金元全真教碑刻新編》①,相信隨着新材料的整理,還將進一步推動全真教的研究。

在此我想重點介紹一下20世紀90年代以來對全真教研究的三大新趨勢,其一從道教内丹學的角度對全真教的主體内修實踐方術——内丹術的研究。衆所周知,在道教史中全真教是傳承内丹修煉術的重要道派,亦被稱爲金丹道北宗,從而與張伯端開創的内丹道南宗並駕齊驅。然而,對於全真道内丹術,20世紀80年代以前,除道教界的高道陳攖寧、王沐因爲自身修行的需要有所論及之外,學術界並未引起重視。80年代之後,伴隨大陸"氣功熱"的修行思潮的影響,學界開始關注全真教的内丹學。這方面較早的研究作品有張廣保《金元全真道及其内丹心性論研究》、胡孚琛等《道學通論》相關部分。2000年之後學界對於這一主題的興趣有增無

① 王宗昱:《金元全真教碑刻新編》,北京大學出版社2005年版。

减,在“内丹學”名義下對全真教内丹術研究的作品很多,例如楊立華1998年博士論文《兩宋内丹道教及其淵源研究》、張廣保《唐宋内丹道教》、詹石窗《全真道的内丹養生説與易學關係略論》。此類作品還很多,詹石窗主編的《道韵》曾以專號形式刊載有關全真内丹學研究的專論。至於各類學術刊物所載,更是難以一一類舉。此外,這一論題的研究還引發國外尤其是歐美中醫、養生界的興趣,2006年筆者曾參加於德國慕尼黑舉辦的“國際道教養生會議”,會上就曾專門設立“内丹養生”的論壇。2007年在美國新墨西哥州由孔震維(Livia Kohn)教授發起,召開以“内丹——道教傳統中的性、自我與社會”爲主題的國際討論會。總之,這可以説是道教内丹學視野下的全真教。有關這一主題的研究因爲具有較强的個體生命關涉性,因而受到來自學術圈之外各界的普遍關注。其二對於元代全真教戲劇、詩詞等文學作品的研究。關於這一主題的研究,20世紀90年代之前,除柳存仁撰有《全真教和小説西游記》之外,没有得到學界的普遍關注。90年代之後至今,有關此主題研究的成果可謂碩果纍纍,例如詹石窗《南宋金元道教文學研究》,吴光正《八仙故事系統考論》,劉敬圻、吴光正主編《八仙文化與八仙文學的現代闡釋——二十世紀國際八仙論叢》,胡義成《〈西游記〉定稿人與全真教關係考》,李安綱《〈西游記〉奥義書》等,這方面的研究關注此前一直被忽視的以全真教爲主題的元代戲劇作品,對於從社會學視角把握全真教對元代社會尤其是下層民衆的影響大有幫助,同時也使我們明白以全真教爲主題的“道化劇”的上演,對於全真教在元代社會中的傳播極爲重要。據學者統計,元代的19位作家共創作34種神仙道化劇,共占元劇總目的十六分之一,其中與全真教有關者26種，占神仙道化别總數的百分之八十八點四。[1]這從一個側面説明全真教對於元代社會的廣泛滲透性。此外，有關全真教文學的研究也呈現一些熱點，對於中國古典文學的研究亦産生衝擊。例如有關古典名著《西游記》作者問題，學者近年來就提出新説。《西游記》未署撰人，傳統的看法是由魯迅、胡適等人依據明天啓年《淮安府志》的孤證，考定作者爲吴承恩。胡義成認爲《西游記》的祖本《西游記平話》的作者係丘處機弟子史志經，今本《西游記》定稿人係明代嘉靖、萬曆年間茅山乾元觀全真龍門派道士，其中閻希言（蓬頭）師徒可能性最大。這就推翻傳統以作者爲吴承恩的説法。[2] 不過胡義成的説法並無很强的證據支撑，推測的因素過多。然而，同樣不可忽視的是，《西游記》中與内丹道的聯係極其密切。對此，李安綱《〈西游記〉與全真道文化》作了詳盡闡述。[3] 他發現《西游記》中大量引用全真教徒例如馬丹陽、馮尊師《鳴鶴餘音》及張伯端的詩詞，至於文中直接使用内丹道術語例如嬰兒、姹女、木公、金母、朝元等更是不勝枚舉。對於這些過去研究者都没有注意到。因此無論作者是否係全真教徒，此書與内丹道有着密切的關係是不可否定的。其三對於地域性全真教研究。有關此主題的作品大量出現於2000年之後。例如吴亞魁的《江南全真道教》及丁鼎主編的《崑崙山與全真道——全真道與齊魯文化國

① 吴光正：《八仙故事系統考論——内丹道宗教神話的建構及其流變》，中華書局2006年版。

② 胡義成：《〈西游記〉定稿人與全真教關係考》，載《杭州師院學報》2002年第5期。

③ 李安綱：《〈西游記〉與全真道文化》，載《運城高等專科學報》2001年4月19卷第2期。

際學術研討會論文集》收録的相關文章。吴亞魁主要對自1271－1911年六百多年内,江南地區全真教進行總體研究。他所使用的“江南”概念充分考慮到江南地區的地理完整性、經濟一體性及獨特的文化心理因素,以環太湖地區的“六府一州”作爲考察對象。至於關注的焦點,他集中於江南全真道教的地域特徵、教派融合、成份構成。至於研究方法他係用歷史學的方法及個案研究法。這種研究是一次很好的嘗試,衹是他使用的教史材料有限,大量的碑刻尤其是明清全真石刻材料使用太少,這就有損研究對象的完整性。總結近年對於地域性全真教的研究,有一個可喜的現象值得稱賞,這就是此類研究通常建立於新發現的全真石刻、方志材料基礎上。對此,我們下文還將提及。此外值得提到的是,近幾年來西方道教學者也表現出對全真教研究的濃厚興趣。美國《中國宗教研究》(*Journal of Chinese Religious* No. 29,2001)於2001年由法國學者高萬桑(Vincent Goossaert)、美國學者康豹(Paul R. Katz)共同組織的有關全真教的專題,集中圍繞全真教的宗教認同的形成及早期教團的修行生活這一主題,進行個案的、歷史的研究。西方學者這方面的研究對於中國學者也有不小影響,這種中西之間的學術互動值得倡導。這也再次説明全真教的研究已超越國界,越來越成爲一門國際性的研究領域,受到各國學者的共同關注。

2007年中國大陸對於全真教研究成果集中體現於由陳鼓應主編的《道家文化研究》二十三輯之“全真教專輯”。此輯由張廣保負責編輯,共收録與全真教有關的專論共19篇。全輯共分7組,其内容既涉及對金元全真教的深度研究,也涉見明清全真教、地域性全真教及各專題,例如全真科儀、醫學、内丹、養生、宫觀、戲劇等。第一組由詹石窗、楊燕《鍾吕内丹學略論》和賴煒芳、黄永鋒《丘處機

〈攝生消息論〉》兩文組成,都是討論全真教的内丹修行及養生問題。詹、楊對全真教定爲五祖之鍾離權、吕洞賓的内丹道思想進行研究,尤其對幾種署於鍾、吕名下的道書作了考述。賴、黄之文則集中發掘丘處機《攝生消息論》的養生思想。第二組也包括兩篇,即張廣保《蒙元時期全真教大宗師傳承研究》、劉曉《全真教尹志平接任掌教之謎》,兩文都集中對蒙元時期全真教領袖——掌教大宗師傳承及其宗派糾葛等相關教史問題展開討論。張廣保在文中試圖以全真掌教宗師的傳承爲主綫,一方面以復原、重構這一時期的部分全真教史,另一方面也想藉此顯示蒙元時期皇權與教權的盛衰消長,從而勾勒出兩者之間既相互抗争又相互依存的複雜關係。此外,作者還想通過這一研究揭示大宗師職位在全真教内部各宗派之間的分配、輪轉是不均衡的。這説明全真教各宗派勢力之間也存在錯綜複雜的競争、聯合關係。這是全真教在道教史中有别於其他各派的一種特殊發展模式。

關於早期全真教是否舉行齋醮科儀一直是學界争論的論題,本輯第三組所收劉仲宇《早期全真教儀式初探》、張澤洪《金元全真教齋醮科儀初探》,就集中探討早期全真教齋醮科儀問題。劉仲宇認爲早期全真教從創教之初就汲取傳統的道教儀式,全真七子廣泛參與當時社會中舉辦的各種齋醮祈請儀式,不僅如此,他們還將某些儀式成份納入了自己的修行體系,列爲制度。這就反駁了學界有關早期全真教不尚科儀的説法。張澤洪通過對早期全真碑刻、文獻的爬梳,其研究結果與劉仲宇論點頗可互相發明。第四組是有關全真宫觀系統的研究。張廣保《金元時期全真教祖庭研究》圍繞全真教祖庭—大重陽萬壽宫爲中心,對全真教東西“祖庭”進行全面研究,試圖藉此復建金、蒙、元時期,全真教宫觀組織及其地域分布的歷史面貌。作者認爲在全真教宫觀系統中,體現出七真門下派生的各宗宗派勢力與堂下爲代表的全真教掌教大宗師的權力的互相交織。這是全真教宫觀組織所呈現的一大特色。程越《全真教祖庭白雲觀在金元時期的沿革》則對全真教總部,當時稱之爲"堂下"的白雲觀及其在金元的沿革歷史作了考察。關於地域性全真教的研究,近年引起學者濃厚的興趣,這無疑標志着全真教研究的深化。本輯第五組收録三篇專門探討明代地域全真教的專論。樊光春多年從事陝西地區全真教的研究,在《碑刻所見陝西佳縣白雲觀全真道龍門派傳承》一文中,他以碑刻材料爲依據,結合方志資料對明代後期佳縣全真教龍門派的傳承過程予以重構。這一嘗試難能可貴。而趙衛東的《泰山三陽觀及其與明萬曆宫廷之關係》則依據三陽觀現存的七十餘塊碑刻,對明後期三陽觀的興衰、沿革及其與萬曆朝宫廷的糾纏,作了很詳細的梳理。與樊、趙二文的個案研究不同,陳金鳳的《略論宋元明清時期四川地區全真道的發展》從宏觀角度勾勒宋、元、明、清四川地區全真教發展的歷史,並特别探討四川全真教與該地地域文化之關聯。第六組是專論清代全真教尤其是龍門律宗代表王常月的思想。其中華裔美籍學者劉迅《張將軍瘞埋枯骨:清初南陽重建中全真道與清廷之合作》以其新發現的三通清初南陽地區全真教碑刻爲依據,以地處南陽的全真教十方叢林玄妙觀爲研究個案,分析清軍入關之後,全真教在南陽地區政權的重建中的重要作用。文章無論是視角,還是所依據的碑刻材料都讓人耳目一新。楊海英的《清前期的道教與宫廷》則依據包括清宫檔案、碑刻在内公私史料,對自後金至雍正時期,滿清宫廷與道教的複雜關係進行探討,論文所論雖然不全然限於全真教,但與全真教的關係極爲密切。丁培仁《〈金蓋心燈〉卷一質疑》對清代全真道士閔一得《金蓋心燈》卷一所記龍門律宗的傳承世系提出質疑,以爲書中關於龍門第一代律師趙道堅的記述靠不住,又關於初真、中極、天仙三壇大戒之形成及龍門二十字輩等,該書的記載同樣也成問題。朱展炎《論王常月對早期全真道宗教思想的繼承》就王常月與早期全真教思想之關係展開論述。胡小琴《王常月與丘處機》則集中探討王常月對丘處機思想的繼承與發展。第七組是有關全真教的專題研究,也由三篇文章組成,它們分别是李大華的《全真"優游"説及其現代性反思》,這是一篇頗具思想性的理論探討專論,作者對"優游"這一全真教主要修煉方式所蘊含的生存意義及其對現代生活的啓示作了深度思考,這對我們今天重新評估全真"優游"説的現代價值頗有借鑒意義。第二篇是蓋建民的《全真教與中國傳統醫學稽考》,作者多年從事道教醫學的研究,此次更將視野投入全真教與中國傳統醫學的關指。作者認爲由於全真教提倡功行雙修,因而他們也像道教其他教派一樣,也把醫術作爲開宗立派、擴大教勢的重要手段。此組最後一篇是吴光正的《全真教與元明戲劇》,作者對元明時期一百八十多部神仙道化劇作了系統考察,指出在道化劇中再現了金真教的神仙譜系、修煉理論及生命倫理。

五、結論

20世紀以來,中國的全真教研究雖然取得重大進展。然而,迄今爲止的全真教研究還存在不少薄弱環節,其中最重要的是:没有走出道教的狹隘範圍,將全真教置入金末蒙初社會的大環境中考慮。這就勢必無法揭示全真教在這一時期擔負的重建社會秩序,從而救世濟人的真實歷史角色,由之引起:對蒙古國前四汗(成吉思汗、窩闊臺汗、貴由汗、蒙哥汗)在中原統治的歷史理解陷入不完整狀態。此外,由於缺乏比較文化史的眼光,學者們没有從世界歷史的整體角度,比較考慮蒙古汗廷在中國北方對待全真教的態度,與在各汗國對待伊斯蘭教、藏傳佛教及聶斯脱里教等態度的聯繫,及由此產生的文明融合的不同結果。這本來是研究以薩滿教信仰爲特徵的蒙古游牧文明與不同類型的農業定居文明之間衝突、融合的絶好案例。復次,對於金元全真教史的許多重要問題,迄今爲止或者尚未涉及,或者没有得到深入地研究。例如蒙元時期全真宫觀系統與教團宗派間的關係、全真歷代掌教大宗師的傳承、職掌,全真教與前四代蒙古汗廷的關係,以及蒙元時期全真宫觀經濟等。由於對於這些問題缺乏研究,使得我們無法完整、清晰地展示全真教的形象。再者,對明清時期全真教的歷史發展及其對這一時期社會、思想影響的研究,例如全真教對元、明民間宗教三教合一思想的關係等,尚待進一步深化。對於地域性全真教研究雖然取得不小進展,然而仍需通過進一步發掘石刻、方志材料以奠定更爲堅實的基礎。最後,雖然中、日、美、歐等各國(地區)都有一些學者涉足這一領域的研究,然而由於各自關注的視點及所使用的研究方法的不同,實際上彼此之間還缺乏有效的對話及互動,互相漠視他方的研究成果可説是這一領域的通病。這説明距離建立一個共同的全真教國際學術研究領域尚有一定的距離。

進入 2010 年之後,中國大陸的全真教研究出現一些新的動向。其中最值得重視的有兩點:其一是全真教的内丹心性論再次引起學界關注。例如中南大學陳明在吕錫琛教授指導下,於 2010 年以《全真道的心性道德修養研究》爲題撰寫博士論文,2015 年南開大學哲學院徐長波又以王重陽内丹心性論爲主題撰作題爲《三教融合背景下的王重陽内丹心性學》。按:心性論是中國思想傳統中儒、釋、道共同關注的重要論題，這一問題意識分別與儒、釋、道的成聖、成佛與成仙證道的終極追求目標密切相關。這是立基於西方學術傳統下的道教學研究所無法理解的，因此全真教内丹心性學衹有在中國文化的大傳統下纔能被理解。其次就是有關全真教派字譜的研究。這一問題最早由意大利籍學者莫尼卡對全真道龍門派傳法世系的質疑牽引而出。她的質疑雖然不見得可靠，但由此引發中外道教學界廣泛利用碑刻材料對全真教派字譜的深入研究極具意義。而對全真教派字譜的研究又直接推動了對明清全真教的研究。關於這方面的研究，可參考趙衛東主編的《全真道研究》。

爲了弘揚全真教性命雙修、功行並重、苦己利物、救世度人的立教精神，我們於2009年編著出版了第一輯《全真學案》。這套叢書出版之後，産生了良好的社會影響，不少讀者來信詢問第二輯的編著工作。經過大家的共同努力，在香港青松觀、齊魯書社的大力支持下，經過各位編著者的共同努力，《全真學案》第二輯也將陸續面世。第二輯主要有《鍾離權學案》《吕洞賓學案》《劉海蟾學案》《王重陽學案》《孫不二學案》《李道謙學案》《姬志真學案》《王志謹學案》《于道顯學案》《秦志安學案》。其中既有全真教尊奉的鍾離權、吕洞賓、劉海蟾、王重陽等五祖，又有位列七真之一的孫不二，更有七真第一、二代杰出傳人王志謹、于道顯、秦志安、姬志真、李道謙等高道。我們相信隨着第二輯《全真學案》的陸續出版，讀者對全真教必將産生更全面、深入地了解。

張廣保

2015年9月25日

目　録

第一章　生平事迹

全真道由王重陽於金大定年間創立於山東膠東崑嵛山地區，但把全真道真正推向全國、發揚光大的却是全真七子，即馬鈺、譚處端、劉處玄、丘處機、王處一、郝大通、孫不二。自明代開始，全真道成爲與正一道並存的兩大道教派别之一，並開始有大量支派出現，其中影響最大的是分别奉全真七子爲祖師的"七真道派"，即奉馬鈺爲祖師的遇仙派，奉譚處端爲祖師的南無派，奉劉處玄爲祖師的隨山派，奉丘處機爲祖師的龍門派，奉王處一爲祖師的嵛山派，奉郝大通爲祖師的華山派，奉孫不二爲祖師的清静派。這七個道派自出現以來傳承繁衍了幾百年，據各種史料記載，1949 年後，這七個道派仍在傳承。① 然而，自明清以來，七真道派的影響力各不相同，其中影響較大、弟子較多的是龍門派和華山派，而且這種情

① 比如，據統計，1959 年時，山東嶗山仍有 44 座宫觀，分屬於 10 個宗派，即龍門派、隨山派、華山派、清静派、遇仙派、南無派、嵛山派、金山派、金輝派、鶴山派。（山東省民族志宗教志編纂工作辦公室：《山東省宗教志資料選編》第二輯，1989 年，第 118 頁）

况一直延續到今天。

對於明清時期龍門派的興盛,我們是可以理解的。因爲金元之際丘處機因西行覲見成吉思汗,得到成吉思汗的賞識,獲賜諸多特權,吸納了大批弟子,接收了衆多道觀,而且當時全真七子中已有六子仙逝,丘處機成爲碩果僅存的耆老,其他六子的晚年弟子也多轉投或追隨丘處機。有了這樣良好的基礎,丘處機一系弟子在元初就已經成爲七真各宗系中人數最多、勢力最强的一支,元代中期雖經佛道之争的打擊,略有損傷,但其餘勢仍然蔚爲可觀。藉於以上情況,即使明初朱元璋對全真道的發展進行了種種限制,但明中期龍門派又開始復蘇,並在清初達到鼎盛,出現了"龍門中興"的盛况。然而,華山派在明清時期能僅次於龍門派,比其他支派興盛,這又是爲什麽呢?衆所周知,在全真七子中,郝大通雖然道行很高,但地位並不高,名聲並不顯赫,弟子也不多,以郝大通一系弟子爲基礎發展而來的華山派,能够在明清時期超過遇仙、南無、隨山、嵛山、清静等派,成爲影響力僅次於龍門派的全真支派,確實有點出乎意料。但如果仔細考察一下郝大通一系弟子在元代的發展與傳承情况,就不難發現,華山派在明清時期的興盛也在情理之中。因爲郝大通有兩位著名弟子,即范圓曦與王志謹。范圓曦除曾短期到過河北、陜西外,大部分時間主要在山東活動,是丘處機西行覲見之後,金元之際山東聲望最高的全真道士。但其弟子不多,影響也有限,而真正把郝大通一系在元代發揚光大的不是范圓曦,而是棲雲真人王志謹。雖然華山派之所以能在明清時期興盛的原因很複雜,但其中至少有一點是可以肯定的,即與王志謹在河南、河北、陜西等地的積極弘道與傳教分不開,從某種意義上講,可以説這是王志謹一系弟子在元代幾十年辛苦經營的結果。

第一節　師事太古

王志謹(1177～1263),號棲雲子,又號惠慈利物至德真人,全真道第三代弟子,金元時期著名全真高道。①《甘水仙源録》卷四有王鶚撰《棲雲真人王尊師道行碑》,這是王志謹的傳記,對其生平事迹有詳細介紹,是目前研究王志謹生平事迹最主要的文獻資料。然而,《棲雲真人王尊師道行碑》對於王志謹出家前情況的記載至爲簡略,甚至没有提到他的生年,而且其他相關史料對此也皆没有記載。《棲雲真人王尊師道行碑》雖然没有提到王志謹的生年,却提到了他的卒年與壽命,其云:"中統癸亥夏六月己酉朔,晏坐方壺,不語不食,門弟子怪問其故,但閉目凝神,指虚空而已。及沐浴安寢,静聽不聞呻吟之聲,熟視不睹屈伸之迹,門衆環侍,不敢少離。叱之曰:'汝等各幹自己正事去!'越十有七日乙丑,盤桓枕肱,晏然而逝,春秋八十有六。"②"中統癸亥"即元中統四年(1263),王志謹於此年六月仙逝,享年八十六歲,通過以上兩點,可以推斷出王志謹的生年,即其生於金大定十七年(1177)。

---

① 清光緒《長子縣志》收録元至元十七年(1280)宋道撰《通玄觀記》一文,其中提到通玄觀主吴志堅有弟子名王志謹,其云:"主通玄觀吴君志堅,潞州長子縣吴村人。……禮興州清虚觀清虚大師杜志明爲師。……初,君與弟子王志謹等勞勤心力,銖積寸累,賈縣東北隅民居二十五畝,爲祈福地。"《記》最後又云:"時至元十七年太歲庚辰四月壬申朔初六日丁丑門人王志謹立石。"(見王宗昱編:《金元全真教石刻新編》,北京大學出版社2005年版,第132～133頁)根據以上記載,元至元十七年(1280)時,此王志謹仍在世,而據《棲雲真人王尊師道行碑》記載,棲雲真人王志謹却早於元中統四年(1263)仙逝,而且兩人師承也不同,顯然並非同一人。

② 陳垣編纂:《道家金石略》,文物出版社1988年版,第563頁。

關於王志謹的里籍,《棲雲真人王尊師道行碑》的記載也只有一句話,其云:"師法諱志謹,占籍東明之温里。"①其他史料的記載也非常簡單,薛友諒《棲雲王真人開澇水記》云:"公諱志謹,曹州東明人,自幼入道。"②王之綱《玉清觀碑》云:"真人姓王氏,曹州東明人,道號棲雲子。"③據以上記載,王志謹是曹州東明人,與爲其撰寫《道行碑》的王鶚爲同宗同里。王鶚在《棲雲真人王尊師道行碑》中自稱:"予於師,鄉里也,同宗也。"④王鶚之子王之綱在其所撰《玉清觀碑》中也稱:"棲雲與我先君有鄉里同宗之契。"⑤《元史》卷一百六十《列傳》第四十七《王鶚傳》也云:"王鶚字百一,曹州東明人。"⑥顯然,王鶚父子也是曹州東明人。然而,據《元史·地理志》記載,曹州屬濟寧路,下轄五個縣,但其中並没有東明縣。其云:"曹州,唐初爲曹州,後改濟陰郡,又仍爲曹州。宋改興仁府。金復爲曹州。元初隸東平路總管府。至元二年,直隸省部。……領縣五:濟陰,成武,定陶,禹城,楚丘。"⑦東明縣當時屬大名路開州,《元史·地理志》云:"開州,唐澶州,宋升開德府。金爲開州。元割開封之長垣,曹州之東明來屬。領四縣:濮陽,東明,長垣,清豐。"⑧王鶚父子本身即爲東明人,所以他們不可能把自己的籍貫搞錯,之所以出現這種情況,肯定是有原因

① 陳垣編纂:《道家金石略》,文物出版社 1988 年版,第 562 頁。

② 陳垣編纂:《道家金石略》,文物出版社 1988 年版,第 621 頁。

③ 陳垣編纂:《道家金石略》,文物出版社 1988 年版,第 655 頁。

④ 陳垣編纂:《道家金石略》,文物出版社 1988 年版,第 563 頁。

⑤ 陳垣編纂:《道家金石略》,文物出版社 1988 年版,第 655 頁。

⑥ [明]宋濂等撰:《元史》第十二册,中華書局 1976 年版,第 3756 頁。

⑦ [明]宋濂等撰:《元史》第五册,中華書局 1976 年版,第 1368 ~ 1369 頁。

⑧ [明]宋濂等撰:《元史》第五册,中華書局 1976 年版,第 1361 頁。

的。《元史·地理志》"東明"條下有一個附注説明了原因,其云:"太宗七年,割隸大名路。至元二年來屬。"①按照《棲雲真人王尊師道行碑》的記載,王志謹仙逝於元中統四年(1263),王鶚撰《道行碑》也應該在此後不久,而東明縣於蒙古太宗窩闊台二年(1230)劃歸大名路,元至元二年(1265)始歸大名路開州,在此之前,其應該屬於濟寧路曹州。王鶚父子之所以稱王志謹爲曹州東明人,乃沿用傳統的説法,或者是因習慣於如此稱謂之所致。因此,通過以上考察可以得出如下結論:王志謹爲曹州東明人,今屬山東省菏澤市東明縣。

對於王志謹出家前的情況,現存大部分史料都没有提到,只有王鶚《棲雲真人王尊師道行碑》略有提及,但也只是寥寥數語而已。其云:"師法諱志謹,占籍東明之温里,家世業農,富而好禮。師生體异,夙有道緣,甫冠將娶,不告而出,徑趨山東。"②以上記載提供了以下四個方面的信息:第一,王志謹"家世業農",即出生於一個農民家庭,既不是豪富之家,也不是書香門第。這與乃師郝大通出身於書香門第不同,也與馬鈺出身於豪富之家有异。第二,王志謹雖然出身於一個農民家庭,但家中頗爲富庶,應該屬於小康之家,而且家風淳厚,"富而好禮"。"富而好禮"出自《論語·學而》,其云:"子貢曰:貧而無諂,富而無驕,何如?子曰:可也。未若貧而樂,富而好禮者也。""富而好禮"的意思是,雖然家境富裕,但並非恃强凌弱、以富欺貧之類,而是具有仁厚好禮的家風。第三,王志謹自幼天賦异禀,素有道緣。至於他自幼具有哪些特异之處,以及哪些事件可以説明他素有道緣,《棲雲真人王尊師道行碑》並没有詳細説明,我們也就不得而知了。第四,王志謹於二十歲時出家修

---

① ［明］宋濂等撰:《元史》第五册,中華書局1976年版,第1361頁。

② 陳垣編纂:《道家金石略》,文物出版社1988年版,第562頁。

道。碑中云:“甫冠將娶,不告而出,徑趨山東。”到了弱冠之年,親朋好友忙著爲其張羅婚事,但王志謹却不告而别,徑直跑到山東出家做了全真道士。因王鶚撰寫《棲雲真人王尊師道行碑》時,王志謹的家鄉東明縣當時已劃歸大名府開州,而不屬於山東,所以碑中纔説他“徑趨山東”。同時,按照上面的考證,王志謹生於金大定十七年(1177),其二十歲時應爲金章宗承安二年(1197),王志謹出家修道可能在這一年。

通過以上四個方面知道,王志謹出生於一個業農的小康之家,因受“富而好禮”家風的影響,其自幼受到良好的家庭教育。弱冠之年,當家中爲其張羅婚事時,其不辭而别,徑赴山東,出家爲道士。然而,以上記載還是太簡單了,尤其是對於王志謹出家的原因,並没有作出任何交待,衹是説“師生體异,夙有道緣”而已。這是一種很普泛的講法,並没有實際的意義。因爲在道教文獻中,爲了神化其説,經常突出宣揚某位宗師天賦异稟,宿有道緣,這種表述多有美化之嫌,並不能説明任何問題。實際上,任何人選擇出家的道路,都是有原因的,並不是一句好道便可以説明一切。比如,王重陽與全真七子出家修道就各有原因。王重陽是因科舉受挫而引發對生命的感悟,因而選擇出家修道;馬鈺是爲了尋求長生而出家修道;譚處端則是因爲被王重陽治好了宿疾,出於對王重陽的崇拜而跟隨王重陽出家;丘處機出家修道,可能與他母親早亡、生活困苦有關;等等。① 既然王志謹家境富裕,所以他不可能是因爲貧困而出家修道,文獻中也没有提到他科舉受挫之事,二十歲出家時更不會對生命無常有太深的感悟,但他之所以在年輕時就選擇出

① 以上情況請參看牟鍾鑒等著《全真七子與齊魯文化》,齊魯書社 2005 年版,第 85 ~ 93、143 ~ 165 頁。

家修道,肯定是有原因的,衹是因爲史料缺乏,對於其真正原因已不得而知。雖然如此,但根據當時的社會環境與時代命運,還是可以做一些大膽的推測。王志謹生活的時代,正好是南北割據、戰争頻仍之時,漢人身處异族統治之下,不僅無法施展才幹,而且還深受戰争之苦,這種生存環境或許對王志謹選擇出家産生了一定的影響。除此之外,王志謹出家之時,全真道不僅得到了金廷的承認,而且經過王重陽與全真七子的大力弘揚,已經在山東、陝西、河南、河北、山西等地産生了廣泛的影響,全真道的發展以及王重陽與全真七子的事迹,可能從某種程度上影響了王志謹。加之,"師生體异,素有道緣"。因此,二十歲的王志謹纔捨棄了世俗生活,毅然决然地選擇了出家修道。

全真道是金大定年間在中國北方興起的一個新道派,其創始人爲陝西咸陽人王重陽(1112～1170)。王重陽因科舉失利,仕途受挫,深感生命無常,遂産生出家修道的想法。金正隆四年(1159),王重陽在陝西終南山附近的甘河鎮遇仙人指點,得到内煉秘訣。第二年,又在醴泉再次遇仙,並得到"秘語五篇"。自此之後,王重陽拋妻捨子,佯狂玩世,人稱"王害風",並易名嚞,號重陽子,正式走上了出家修道的道路。金大定元年(1161),王重陽於終南山南時村築穴居之,號"活死人墓",於其中潛心修道兩年。道成之後,遷往終南山劉蔣村與和玉蟾、李靈陽同修共證,並開始在終南山一帶傳教布道。王重陽在終南山一帶的傳教活動收效甚微,經過近四年的努力弘道,其僅結識了和玉蟾、李靈陽兩位同道,收取了史處厚、嚴處常兩位弟子①,這與他創教弘道的志願相差太遠。

① 牟鍾鑒等:《全真七子與齊魯文化》,齊魯書社 2005 年版,第 101 頁。

於是,金大定七年(1167)四月二十六日,王重陽燒毁了其在劉蔣村所建的茅庵,遵照其前所遇仙人的指點,隻身前往山東傳道。同年秋,王重陽到達膠東,先在萊州收取劉通微爲弟子,然後由萊州經登州來到寧海州。王重陽在寧海州先後收取丘處機、譚處端、馬鈺、王處一、郝大通、孫不二、劉處玄七人爲徒,①號稱“全真七子”,又在山東膠東建立起了文登“三教七寶會”、寧海“三教金蓮會”、福山“三教三光會”、蓬萊“三教玉華會”和萊州“三教平等會”五個民間信衆組織,號稱“三州五會”。“全真七子”收齊,“三州五會”建立,標志著全真道的正式創立。金大定九年(1169)十月,王重陽留王處一、郝大通、孫不二三人在山東修煉,自己率領馬鈺、譚處端、劉處玄、丘處機四位弟子離開山東,趕往其老家陝西傳道。路經河南開封,王重陽病重,並於金大定十年(1170)正月初四日仙逝於開封王氏旅邸。王重陽仙逝之後,馬鈺等四人按照王重陽的遺願將其靈柩運往終南山劉蔣村安葬,並爲王重陽守喪三年。金大定十四年(1174)中秋前後,守喪期滿,四人於陝西秦渡鎮真武廟月夜共坐,各言其志,分赴陝西、河南修道與傳教。其後的十多年裏,全真七子謹遵王重陽的遺願,分别在陝西、河南、山西、河北、山東等地弘揚全真道。期間,金世宗於大定二十七年(1187)徵召王處一,次年初又徵召丘處機,全真道得到了官方的正式認可,成爲了合法的宗教,並從而獲得了更爲迅速的發展。②

然而,當王志謹出家修道的時候,全真道却正處於困難時期。

---

① 參見趙衛東:《金元全真道教史論》,齊魯書社 2010 年版,第 68 ~ 82 頁。

② 參看牟鍾鑒等:《全真七子與齊魯文化》,齊魯書社 2005 年版,第 142 ~ 182、194 ~ 199 頁。

金世宗晚年因縱欲過度，身體極度衰疲，以至於上朝都要人攙扶，爲了改善自己的身體狀況，其頻繁徵召道士，試圖從中得到養生之術，以求益壽延年。他曾分别於金大定二十七年(1187)十一月、二十八年(1188)十二月，兩次徵召王處一赴闕，又於二十八年(1188)二月徵召丘處機。王處一與丘處機也借金世宗徵召之事，大力弘揚全真道，使全真道得到了迅速發展。但是，金世宗徵召他們爲的是獲取養生之術，而並非真的信仰全真道，這從其在位期間對道教的態度就可以看出。金大定二十年(1180)發生"牒發事"，金世宗下令所有没有度牒的僧道必須遣返原籍，受此影響，劉處玄於大定二十一年(1181)由河南洛陽回到山東老家萊州武官莊，馬鈺也於第二年由陝西返回山東老家寧海州，本來丘處機也在被遣返之列，後因官民極力保舉方得以留在陝西寶鷄隴縣龍門山繼續修煉。①

"牒發事"雖然從某種意義上説對全真道的發展産生了負面的影響，但這種影響並不是致命的，因爲馬鈺、劉處玄等回到山東之後，與一直留守山東的王處一一起，繼續在山東弘揚全真道，從而促進了山東全真道的發展。首先，劉處玄於金大定二十一年(1181)東歸山東萊州武官莊後，以故居爲基大建琳宇，其所建武官觀規模宏大，壯麗异常。元好問曾在《懷州清真觀記》中引述丘處機之言曰："在所道院，武官爲之冠，濱都次之，聖水又次之。"②修建如此大規模的道觀，需要耗費大量的人力、物力和財力，武官觀的創建，充分説明了當時全真道在山東具有良好的信

① 參見趙衛東：《馬鈺東歸及其對山東全真道的影響》，《齊魯文化研究》第三輯，山東文藝出版社2004年版，第156～157頁。

② 陳垣編纂：《道家金石略》，文物出版社1988年版，第471頁。

衆基礎,同時也從一個側面反映了這一時期全真道在山東的發展狀況。其次,金大定二十二年(1182),馬鈺東歸之後,受到了山東信衆的熱烈歡迎,張子翼撰《丹陽真人馬公登真記》云:"及抵山東,凡在三州五會之衆,傾赴雲集,懽喜踴躍,不啻如見慈父。乃起黄籙,争虔懇,延致以爲濟度師焉。"①並開始在山東各地頻行醮事,又於崑嵛山紫金峰創建東華觀,於寧海范園創建遇仙觀。② 再次,金大定九年(1169)十月,王重陽帶領丘、劉、譚、馬離開山東之後,王處一、郝大通、孫不二留守山東。金大定十一年(1171)十月,郝大通入關乞食於京兆府。③ 金大定十五年(1175)夏,孫不二離開山東,西行入關。④ 全真七子衹剩下王處一獨自在山東修道與傳教。王處一在鐵槎山苦心修道九年,金大定十八年(1178)得道之後,"遨游齊魯,大著神异……一方千里,聳動嚮化。"⑤王處一在山東的傳道活動,受到金統治者的重視,所以纔得到了金世宗的徵召。

金世宗去世之後,金章宗繼位,對全真道實行了嚴厲的控制政策。其繼位之初,即"禁罷全真及五行毗盧"⑥,禁止金廷官員、王室與全真道士往來。受此影響,丘處機於金章宗明昌二年(1191)

---

① [元]李道謙集:《甘水仙源録》卷一,《道藏》第 19 册,文物出版社、上海書店、天津古籍出版社 1988 年版,第 727 頁。以下凡引《道藏》皆指此。

② 參見趙衛東:《馬鈺東歸及其對山東全真道的影響》,《齊魯文化研究》第三輯,山東文藝出版社 2004 年版,第 158 ~ 159 頁。

③ [元]李道謙編:《七真年譜》,《道藏》第 3 册,第 383 頁。

④ [元]劉天素、謝西蟾編:《金蓮正宗仙源像傳》,《道藏》第 3 册,第 379 頁。

⑤ [元]劉天素、謝西蟾編:《金蓮正宗仙源像傳》,《道藏》第 3 册,第 378 頁。

⑥ [元]脱脱等:《金史》第一册,中華書局 1975 年版,第 216 頁。

十月東歸山東棲霞，以故居爲基興建濱都宫（即後來的太虚宫），陳時可撰《長春真人本行碑》云："明昌二年，東歸棲霞，乃大建琳宫，敕賜其額曰'太虚'，氣象雄偉，爲東方道林之冠。"①在丘處機東歸之前，同樣受金章宗禁絶全真道的影響，郝大通也於明昌元年（1190）東歸山東寧海，徐琰撰《廣寧通玄太古真人郝宗師道行碑》云："明昌初，東還寧海。"②當時，全真七子已去其三，孫不二於金大定二十二年（1182）十二月二十九日仙逝於洛陽風仙姑洞，馬鈺於金大定二十三年（1183）十二月二十二日仙逝於山東萊陽游仙宫，譚處端於金大定二十五年（1185）四月一日仙逝於洛陽朝元宫，丘處機、郝大通回到山東以後，全真七子其餘四位，即劉處玄、丘處機、王處一、郝大通，皆已回到山東，雖然從某種意義上講，壯大了山東全真道的力量，却使陜西、河南、河北等地全真道的發展深受重創。就是在這樣一種背景下，王志謹於金章宗承安二年（1197）至山東寧海拜郝大通爲師，成爲一名正式的全真道士。《棲雲真人王尊師道行碑》云："甫冠將娶，不告而出，徑趨山東。路聞太古廣寧真人演教寧海，執弟子禮，久之緣熟，漸次親灸，口傳心受，凡得一語，銘諸肺腑，自是日益修進，大蒙印可。"③從拜師之日起，王志謹便一直與郝大通在一起，直至金崇慶元年（1212）郝大通仙逝爲止，跟隨郝大通約十五年之久。

郝大通（1140～1212），原名昇，金天眷三年（1140）正月初三日生於山東寧海州（今山東省烟臺市牟平區）一個書香門第。他的哥哥郝

① ［元］李道謙集：《甘水仙源録》卷二，《道藏》第19册，第734頁。
② ［元］李道謙集：《甘水仙源録》卷二，《道藏》第19册，第739頁。
③ 陳垣編纂：《道家金石略》，文物出版社1988年版，第562頁。

俊彦爲進士出身,曾任朝列大夫、昌邑縣令。① 其侄婿郭長倩爲金皇統六年(1146)進士,官至秘書少監,兼禮部郎中,著作有《石决明傳》《崑嵛集》等。② 受家庭環境的影響,郝大通在出家之前便受到良好的教育,尤其喜歡讀《周易》,精通陰陽律曆之術,因仰慕司馬季主、嚴君平之爲人,不樂仕進,以占卜爲業。金大定七年(1167)七月,王重陽由陝西終南山來到山東寧海州傳道,首先點化的便是郝大通,但因當時郝大通老母在堂,並没有立即跟隨王重陽出家。金大定八年(1168)二月,王重陽帶領馬鈺、譚處端、丘處機、王處一四位弟子修道於崑嵛山烟霞洞。郝大通因母親去世,心中再無挂念,於是至烟霞洞拜王重陽爲師,重陽爲其訓名璘,號恬然子。金大定九年(1169),王重陽讓郝大通到鐵槎山與王處一同修共証。兩年以後,即大定十一年(1171),郝大通聽聞王重陽仙逝,於是便離開鐵槎山西行入關,尋訪丘、劉、譚、馬四位師兄。第二年,到達終南山劉蔣村祖庵,祭拜王重陽,本欲與四子一起爲王重陽守喪,但遭到譚處端譏諷,於是離開終南山。在岐山遇神人指點,並賜其名大通,號廣寧子,自此以後便以該名號行於世。金大定十五年(1175),郝大通來到河北,在沃州橋下静坐苦修六年,大定二十二年(1182),經過灤城時,再遇神人授以

---

① 徐琰撰《廣寧通玄太古真人郝宗師道行碑》云:"師姓郝,名大通,字太古,道號廣寧子。寧海人。家故饒財,爲州首户。兄俊彦登進士第,官至朝列大夫、昌邑縣令。"([元]李道謙集:《甘水仙源録》卷二,《道藏》第19册,第739頁)

② 《金史》卷一百二十五《列傳》第六十三《文藝上》《郭長倩傳》云:"郭長倩,字曼卿,文登人。登皇統丙寅經義乙科。仕至秘書少監,兼禮部郎中,修起居注。與施朋望、王無競、劉嵓老、劉無黨相友善。所撰《石决明傳》爲時輩所稱。有《崑嵛集》行於世。"([元]脱脱等:《金史》第八册,中華書局1975年版,第2720頁)

大易秘義,自此爲人預言吉凶,絲毫不爽。其後便在河北真定一帶修道與傳教,一直到金章宗明昌元年(1190)東歸山東寧海爲止。①

王志謹拜郝大通爲師時,郝大通當時正在寧海一帶傳道。在全真七子中,郝大通地位不顯,從七子排名上來看,他僅排在孫不二前面,孫不二之所以排在最後,是因爲她是女冠。而且,在郝大通在世之時,其影響力也極爲有限,無法跟劉處玄、丘處機、王處一等相比擬。王志謹出家之時,當時全真七子中尚存劉處玄、丘處機、王處一、郝大通四位,劉處玄當時擔任全真道掌教,而丘處機、王處一則曾被金世宗徵召,教内外聲名顯赫,而就在王志謹出家的前一年,金章宗還召見了王處一與劉處玄。就影響力而言,當時在世的全真四子中,郝大通的影響力最小,那麽,爲什麽王志謹要拜師郝大通呢?上引《棲雲真人王尊師道行碑》中提到,王志謹"甫冠將娶,不告而出,徑趨山東。路聞太古廣寧真人演教寧海,執弟子禮"②。按照以上説法,在出家之前,王志謹對於全真道並没有多少瞭解,他之所以拜師郝大通乃純屬偶然。金承安三年(1197),王志謹至山東膠東時,劉處玄與王處一當時正好被金章宗徵召③,住於

① 關於郝大通生平事迹的詳細情況,請參見章偉文:《郝大通學案》,齊魯書社 2010 年版,第 1 ~ 33 頁。

② 陳垣編纂:《道家金石略》,文物出版社 1988 年版,第 562 頁。

③ 秦志安撰《長生真人劉宗師道行碑》云:"至承安之三年也,章宗聞其道價鏗鍧,乃遣使者徵之。鶴板蒲輪,接於紫宸,待如上賓,賜以琳宇,名曰修真。官僚士庶,絡繹相仍,户外之屨,無時不盈。明年三月,乞還故山。"([元]李道謙集:《甘水仙源録》卷二,《道藏》第 19 册,第 734 頁)姚燧撰《玉陽體玄廣度真人王宗師道行碑》云:"承安二年,再徵至便殿,問衛生,對如告世宗者。賜紫,號體玄大師,居之崇福觀,月給錢二百緡。"([元]李道謙集:《甘水仙源録》卷二,《道藏》第 19 册,第 737 頁)李道謙編《七真年譜》云:"承安三年戊午……玉陽真人猶居都下……夏,師得旨東歸侍親。"(《道藏》第 3 册,第 385 頁)

金都,未在山東,在山東的只有郝大通與丘處機,而丘處機當時住於山東棲霞。王志謹一路行來,一路打聽,聽聞郝大通當時正在寧海州傳道,於是便前往寧海拜郝大通爲師。

按照《棲雲真人王尊師道行碑》的記載,王志謹拜師郝大通之後,便親炙左右,一心向道,即使是老師的隻言片語,他也謹記在心,這樣虔心修道多年,道行日益精進,深得郝大通的認可。但是,王志謹在郝大通門下時,只是一個潛心修道的弟子,並没有多大的作爲,也未曾得到足够的重視。郝大通一生收徒多少不詳,但據《道家金石略》中所收碑刻記載,其弟子可考者除王志謹外,僅有范圓曦、李開玄①、李同塵②等,而其中最著名的則是范圓曦與王志謹。徐琰撰《廣寧通玄太古真人郝宗師道行碑》云:"師逝之後,弟子行緣四出,能世其業者甚衆,高弟范玄通與棲雲王宗師,又其尤者。當中原板蕩,國朝隆興之初,一居東平,一往來乎燕汴,建琳宇,開玄壇,聚徒講説,貴賤欽仰,宗風大振,道價增崇,不減太古。"③在郝大通去世之前,其最得意的弟子應是范圓曦,而不是王志謹。范圓曦(1178~1249),山東寧海人,生於金大定十八年(1178),卒於蒙古海迷失后元年(1249),享年七十二歲。金章宗承安二年(1197),即范圓曦十九歲時,拜師郝大通,郝大通對其極爲信任。宋子貞撰《普照真人玄通子范公墓志銘》云:范圓曦"年十九,從郝太古學爲全真,太古深器之,潛授秘訣,且屬以觀事,常住多羨餘幾十萬緡,聽其出入不問。"④郝大通不僅把自己宫觀的管理權交給了范圓曦,而且還讓他負責宫觀財務工作,不管别

① 陳垣編纂:《道家金石略》,文物出版社 1988 年版,第 598 頁。
② 陳垣編纂:《道家金石略》,文物出版社 1988 年版,第 637 頁。
③ [元]李道謙集:《甘水仙源録》卷二,《道藏》第 19 册,第 740 頁。
④ 陳垣編纂:《道家金石略》,文物出版社 1988 年版,第 503 頁。

人怎麽懷疑他，郝大通對他則深信不疑。郝大通仙逝之後，范圓曦遭到其他弟子的排擠，不得不離開寧海，前往膠州修煉。《普照真人玄通子范公墓志銘》云："太古尋順世，餘衆利其財，謀欲害公，公聞而笑曰，吾爲衆守耳，何至如是，即並管鑰以付，拂袖如膠西。屏絶世慮，自閉環室中，究其所謂精氣神之學。"①其後，范圓曦便主要在山東、河北一帶修道與傳教，曾先後擔任密州道正、河間真定等路道門提點等職。金哀宗正大三年(1226)，東平大行台嚴實邀其住持上清萬壽宫，並任道教都提點。蒙古太宗窩闊台十年(1238)以後，范圓曦循著郝大通當年的行迹，分别於河北修建了真定太古觀、趙州天寧觀，並時時往來其間。蒙古定宗貴由三年(1248)，西游關中，被當地官員禮請提點重陽萬壽宫。不久，便以老辭歸，蒙古海迷失后二年(1249)仙逝於大名。② 王志謹與范圓曦都生於金大定十七年(1177)，又先後於金章宗承安元年(1196)、二年(1197)拜師郝大通，一直到金崇慶元年(1212)郝大通仙逝，兩人都隨侍郝大通身邊，期間有十五年之久。作爲郝大通兩大著名弟子，兩人肯定有來往，但遺憾的是，因史料闕如，有關范圓曦與王志謹交往的情況，已不得而知。但有一點可以肯定，有金一代，在郝大通的弟子中，范圓曦的影響力要遠遠大於王志謹。

第二節　北游燕薊

郝大通仙逝之後，與范圓曦一樣，王志謹也離開了山東。《棲雲真人王尊師道行碑》云："逮廣寧仙蜕，隻影西來，壞衲破瓢，首蓬

① 陳垣編纂：《道家金石略》，文物出版社 1988 年版，第 503 頁。

② 關於范圓曦的詳細情況，請參看趙衛東：《金末全真高道范圓曦生平事迹考》，《中國道教》2010 年第 6 期。

面垢,行不知所之,止不知所爲,人役之笑而往,人辱之拜而受,韜光晦迹,未有識其爲道者。尋值兵饑,盗賊蜂起,民皆潛匿,師遭執縛,將殺而烹之,神色不變,言辭慷慨,略無懼容,群盗知其异人而釋之。”①以上記載説明,與全真七子以及大多數全真道第三代弟子一樣,王志謹離開山東以後,一直過著苦行的生活。其隻身西行,蓬頭垢面,衣衫襤褸,破瓢乞討,忍辱受譏,韜光晦迹,如乞丐一般,没有人知道其是一位全真高道。當時山東、河北、河南一帶,正值戰争頻發之時,南宋、金、蒙古之間不斷交戰,戰争加之以饑饉,導致盗賊蜂起,豪强横行,民不聊生,這一切災難王志謹也没有躲過。有一次,王志謹在行乞途中被盗賊擒獲,正準備殺了烹食,真可謂命懸一綫時,面對盗賊對自己生命的威脅,王志謹絲毫没有表現出恐懼之色,更没有向盗賊求饒,而是慷慨陳詞,勸説盗賊棄惡從善。可能是王志謹的表現讓盗賊覺得奇异,也可能是其苦心勸説感化了盗賊,最終他們竟然將其釋放。這件事情説明,此時的王志謹已經有了較高的道行,他已經看破了生死,所以纔能做到臨危不懼,視死如生。

王志謹在各地行乞游方七八年以後,開始追隨丘處機北游燕薊。《棲雲真人王尊師道行碑》云:“亂甫定,從長春真人北游燕薊,徜徉乎盤山西澗之石龕,草衣木食,若將終身焉。諸方學者日來質疑,由是道價愈增,令聞遐播,然猶執謙,樂居人後。”②此處所謂“亂甫定”,時間極爲模糊,單從這一條材料,無法確定王志謹北游燕薊的具體時間。然而,丘處機在燕薊一帶逗留的時間却是可以

① 陳垣編纂:《道家金石略》,文物出版社 1988 年版,第 562 頁。
② 陳垣編纂:《道家金石略》,文物出版社 1988 年版,第 562 ~ 563 頁。

考知的。李志常《長春真人西游記》卷上云：金興定四年、蒙古太祖十五年（1220）“二十二日，至盧溝，京官、士庶、僧道郊迎。是日，由麗澤門入，道士具威儀長吟其前。行省石抹公館師於玉虚觀，自爾求頌乞名者日盈門。凡士馬所至，奉道弟子以師與之名，往往脱欲兵之禍，師之道蔭及人如此。”①據以上記載，丘處機在西行覲見途中，曾於金興定四年、蒙古太祖十五年（1220）二月二十二日路經燕京，受到信徒及道衆的熱烈歡迎。丘處機這次到達燕京，直至金興定五年（1221）二月八日纔離開，在燕薊逗留近一年之久。《長春真人西游記》卷上云：“辛巳（1221）之上元，醮於宣德州朝元觀……以二月八日啓行。”②據姬志真撰《盤山棲雲觀碑》記載，丘處機逗留燕京期間，王志謹就在燕薊一帶活動。因此，王志謹極有可能就是此時拜見了丘處機，並追隨丘處機在燕薊一帶傳道。這樣一來，王志謹追隨丘處機的時間基本可以確定，即在金興定四年、蒙古太祖十五年（1220）二月二十二日至金興定五年、蒙古太祖十六年（1221）二月八日之間。王志謹這次追隨丘處機的時間不長，按照《長春真人西游記》卷上的記載，差不多有一年時間，到蒙古太祖十六年（1221）二月，丘處機在成吉思汗的催促下不得不起程西行。丘處機西行之後，王志謹則來到盤山，創建道觀，收授弟子，開始了自己的弘道傳教事業。

通過對王志謹早期生平事迹的考察可以看出，他的前半生可以以拜見丘處機爲一個分界綫。在此之前，王志謹主要是在各地苦行修道，在教内外默默無聞；而在此之後，因爲得到了丘處機的

---

① ［元］李志常述：《長春真人西游記》卷上，《道藏》第 34 册，第 481 頁。
② ［元］李志常述：《長春真人西游記》卷上，《道藏》第 34 册，第 483 頁。

認可與支持,王志謹不僅聲名日隆,而且開始借助蒙古統治者對全真道的支持與信任戮力弘道,不僅在各地創建道觀,而且還廣收門徒,逐步在全真道三代弟子中嶄露頭角,受到教内外人士的尊重。其實,不僅王志謹如此,范圓曦也是如此。《普照真人玄通子范公墓志銘》云:"聞丘長春奉詔南下,詣謁於燕山,大蒙印可,俾充河間真定等路道門提點。"①據以上記載,范圓曦曾在丘處機西行覲見成吉思汗歸來經過燕山時去拜訪過他,並得到了他的印可,從而得以"充河間真定等路道門提點"。王志謹本爲郝大通弟子,但在郝大通羽化之後,却去參拜丘處機,並長時間追隨丘處機北游燕薊,其修道思想也深受丘處機的影響,甚至有人認爲他曾經轉投於丘處機門下。② 他之所以這樣做可能有以下幾方面原因:

第一,全真七子後來雖然各自立派,但在金元之際,各系之間並没有明顯的分際,全真弟子轉投他師,甚至"學宗多師"的情况比較普遍。早在金大定二十二年(1182),馬鈺因"牒發事"被迫由陝西返回山東寧海,就在返鄉之前,他將陝西教務交付丘處機管理,並讓自己尚未得道的弟子轉投於丘處機門下。金大定二十三年(1183)底,馬鈺仙逝於山東萊陽游仙宫,其弟子也多有轉投丘處機門下者。據《終南山祖庭仙真内傳》記載,馬鈺弟子于通清、柳開悟、喬潛道、李冲道、趙九古、吕道安、畢知常等,或曾轉投於丘處機門下,或曾長期跟隨丘處機。譚處端、劉處玄、王處一、郝大通等仙逝之後,丘處機成爲全真七子中碩果僅存的耆老,又嗣任全真掌教,他們的弟子或轉投其門下,或長期追隨其左右,或拜見請求印

---

① 陳垣編纂:《道家金石略》,文物出版社 1988 年版,第 503 頁。

② 陳教友《長春道教源流》卷四即把王志謹歸於丘處機弟子之列。

可。比如，宋德方原爲劉處玄弟子，也曾蒙王處一指點，最後又轉投於丘處機門下，有“三燈傳一燈”“一燈續三燈”①之説。又如，全真道第六任掌教大宗師尹志平，更是曾經師承多師，十四歲跟隨馬鈺出家，後又正式拜在劉處玄門下，也曾蒙王處一、郝大通傳授道法，最後又轉投丘處機，成爲丘處機晚年最得意的弟子，可以説是“學宗五師”。尹志平在《清和真人北游語録》中言：“太古師特爲我説《易》，皆世所未聞。玉陽師握吾手談道妙，長春師所授不可具述。”②因此，郝大通仙逝之後，王志謹追隨丘處機，這在當時是非常正常的現象。

第二，王志謹長期跟隨丘處機，既是對丘處機作爲全真掌教的認可，也是進一步提升自己道行的一次機會。當時馬鈺、譚處端、劉處玄、王處一、郝大通、孫不二等已經仙逝，全真七子僅存丘處機，而且丘處機時任全真掌教，又得到成吉思汗的信重與支持，王志謹長期追隨丘處機，這既是郝大通一系全真道弟子對丘處機掌教身份的認可，同時也是全真道各宗系之間相互整合的一種表現。同時，雖然王志謹跟隨了郝大通十五年，但在郝大通去世之時，王志謹仍然尚未真正得道，他要想在道行上進一步提升，就需要得到高道的指點，而丘處機無疑是當時最合適的人選。通過王志謹拜見丘處機前後的變化，以及《盤山棲雲王真人語録》中所體現出來的其思想深受丘處機影響的事實，就可以看出，其長期跟隨丘處機確實是一個正確的選擇。

---

① ［元］王利用：《玄通弘教披雲真人道行之碑》，陳垣編纂：《道家金石略》，文物出版社 1988 年版，第 753 頁。

② ［元］段志堅編：《清和真人北游語録》卷二，《道藏》第 33 册，第 163 頁。

第三,王志謹長期追隨丘處機有利於其傳道事業的開展。郝大通仙逝之後,王志謹隻身傳道,雖然多有异行,但仍然收效甚微。這一方面與其當時道行尚淺有關,同時也因爲其没有真正得到發展的機遇。丘處機當時因受到南宋、金、蒙古統治者的徵召而聲名鵲起,名滿天下,尤其是其西行覲見成吉思汗之後,得到了蒙古統治者的信重與支持,獲取了隨處建立道觀、免除道士賦役等諸多特權,而且還管領天下道教。在這種情况下,王志謹追隨他,可以達到借勢弘道的目的。而事實證明,王志謹的選擇是正確的,他在追隨丘處機北游燕薊之後,傳道局面逐漸打開,尤其是他在住持盤山時期,主動投於其門下或前來問道者不計其數。《棲雲真人王尊師道行碑》云:"諸方學者日來質疑,由是道價愈增,令聞遐播,然猶執謙,樂居人後。"①《盤山棲雲觀碑》云:"參學奔赴,虚往實歸,日數之而不及也。席下皆茂德耆宿,履踐皆抱樸明真,徒輩日增,遂營爲觀。"②王志謹後來很多優秀的弟子,都是在這一時期拜在其門下。姬志真《開州神清觀記》云:張志信"聞棲雲王老師開道盤山,而方來之學道者多從之。遂不遠千里,趼足往覷其所以而聶許焉。"③姬志真《洛陽棲雲觀碑》也云:"辛巳秋,真人開道盤山,方來修煉之士,多往質疑,令聞遠播,黄冠野服游其門者,不可勝計,亦當時輔教之首出者。而四子一曰崔志隱,二曰管志道,次曰董道亨,次曰李志希,俱在席下參學有年,皆蒙印可。"④正是與丘處機的這一段機緣,王志謹纔聲名大震,開道盤山以後,門庭若市,拜師游

---

① 陳垣編纂:《道家金石略》,文物出版社 1988 年版,第 562 ~ 563 頁。
② 陳垣編纂:《道家金石略》,文物出版社 1988 年版,第 465 頁。
③ 陳垣編纂:《道家金石略》,文物出版社 1988 年版,第 529 頁。
④ 陳垣編纂:《道家金石略》,文物出版社 1988 年版,第 557 頁。

學者往來不絶。這不管是對於王志謹一系的發展，還是對於整個全真道的興盛來説無疑都是一件好事。

雖然郝大通仙逝之後，王志謹曾長期追隨丘處機，但從宗系歸屬來説，因其最早拜師於郝大通，他無疑應屬於郝大通一系弟子。王志謹弟子徐志根在請徐琰撰寫《廣寧通玄太古真人郝宗師道行碑》時言："貧道出家，無過人之行，誤蒙聖朝采録，錫以徽稱，使得簉於師真之列，皆吾先師棲雲之訓也。棲雲之所以表見於世者，獨非先師太古之澤也歟？二師道行卓异，在人耳目，孰不知之？必得文士與之紀述，庶幾可以傳信後來，昭示永久。棲雲則有翰林承旨慎獨王公之作，已勒之石。若夫太古之碑，義不可後，而今尚缺然，是則嗣教者不敏之過，願屬筆於子。儻辱惠顧，我曹之責塞矣。"①以上説明，在王志謹的弟子徐志根看來，王志謹是繼承了郝大通的衣鉢。雖然陳教友在《長春道教源流》一書中把王志謹歸於丘處機門下，認爲他先師郝大通，後禮丘處機②，但我們却更贊同劉將孫在《汴梁路棲雲觀記》中的説法，其云："重陽六子，棲雲父郝太古，從丘長春，遂爲嗣祖，棲雲之是似者，姬與李志居、徐志根也。"③以上對王志謹與郝、丘二位真人關係的描述，雖然非常簡練，却十分準確，即王志謹以郝大通爲師，曾追隨丘處機。因此，雖然王志謹的思想深受丘處機的影響，但從宗派歸屬而言，其始終屬於郝大通一系。

---

① ［元］李道謙集：《甘水仙源録》卷二，《道藏》第 19 册，第 738 ~ 739 頁。

② ［清］陳教友：《長春道教源流》卷四，《藏外道書》第 31 册，巴蜀書社 1994 年版，第 78 ~ 79 頁。以下凡引該書皆指此。

③ 陳垣編纂：《道家金石略》，文物出版社 1988 年版，第 646 頁。

第三節　傳教弘道

王志謹的人生經歷實際上可以分爲三個時期，即入主盤山之前、住持盤山時期和燕汴弘道時期。王志謹在入主盤山之前主要以修道爲主。自從他於金章宗承安二年（1197）拜師郝大通，便在郝大通身邊修道，一直到郝大通去世，這段時間有十五年之久。郝大通去世之後，王志謹離開山東，一路西行，仍以苦修爲務。《棲雲真人王尊師道行碑》在描述這段經歷時稱："逮廣寧仙蜕，隻影西來，壞衲破瓢，首蓬面垢，行不知所之，止不知所爲，人役之笑而往，人辱之拜而受，韜光晦迹，未有識其爲道者。"①由以上所言"韜光晦迹"和"未有識其爲道者"來看，這時候的王志謹一心苦修，尚不爲人所知。《盤山棲雲觀碑》云："其徒有張志格等，庚辰歲預及此山。薙荒擗徑，披尋故址，巧與心會，遂營卜築。"②"庚辰歲"即金興定四年、蒙古太祖十五年（1220），此時王志謹尚未入主盤山。以上記載説明，在蒙古太祖十五年（1220）以前，王志謹已經開始收徒。但是，就現存文獻記載來看，除以上提到的張志格外，這一時期未見王志謹有其他徒弟，這説明當時他雖已開始收徒，但徒弟較少，其主要任務仍以修道爲主。

王志謹入主盤山之後，主要任務開始由修道轉變爲弘道。在入主盤山之前，經過近二十五年的苦修，王志謹已經修道有成。蒙古太祖十五年（1220），丘處機西行覲見成吉思汗路經燕京，王志謹

① 陳垣編纂：《道家金石略》，文物出版社 1988 年版，第 562 頁。
② 陳垣編纂：《道家金石略》，文物出版社 1988 年版，第 465 頁。

前去拜見,其後追隨丘處機一年多時間,又得到了丘處機的指點與認可,最終道業得以大成,聲名也因此遠播各地。金興定五年、蒙古太祖十六年(1221),應當地官員的盛情邀請,王志謹入主盤山,開始迎來其弘道事業的第一個高峰。《棲雲真人王尊師道行碑》云:"諸方學者日來質疑,由是道價愈增,令聞遐播,然猶執謙,樂居人後。"①《盤山棲雲觀碑》云:"參學奔赴,虛往實歸,日數之而不及也。席下皆茂德耆宿,履踐皆抱樸明真,徒輩日增,遂營爲觀。"②王志謹在盤山傳道之所以能取得如此巨大成功,與當時全真道發展的大環境有極大關係。就在王志謹住持盤山的前一年,丘處機應成吉思汗之召,帶領十八位弟子西行覲見成吉思汗,得到成吉思汗的信重,歸來時獲取諸多特權,爲全真道的迅速發展創造了條件。《盤山棲雲觀碑》云:"時膺大朝隆興,崇奉道德,棲霞長春真人起而應召。甲申正月,復還燕然,建長春宫。由是玄風大振,四方翕然,道俗景仰,學徒雲集門下。"③《開州神清觀記》云:"方膺皇朝革命,百廢俱作,長春真人應召之後,稅駕燕然,石髓重開,瓊函再啓,天下之向風者,奔趨接迹。"④王志謹當時敏鋭地把握住了這一歷史的機遇,開始在盤山積極傳教弘道。

據《薊縣志》和《盤山志》記載,盤山今位於天津市薊縣西北15公里處,地處北京之東。對於其名字的由來,《盤山棲雲觀碑》曾有所交代,其云:"漁陽西北之山,本名四正,古有田盤先生者,田其姓也,未詳何代,自齊而來,棲遲此山。歲歷已久,得道成真,

① 陳垣編纂:《道家金石略》,文物出版社1988年版,第562~563頁。
② 陳垣編纂:《道家金石略》,文物出版社1988年版,第465頁。
③ 陳垣編纂:《道家金石略》,文物出版社1988年版,第465頁。
④ 陳垣編纂:《道家金石略》,文物出版社1988年版,第529頁。

雖獷獵庸樵，莫不敬仰，遠近風化，人因名此山爲盤山焉。”①以此觀之，盤山本名四正山，因齊人田盤先生曾在此山修煉，並最終得道成真，故人稱此山爲盤山。《盤山棲雲觀碑》又云：“兹山之顔，紫峰之下，懷抱爽塏，明秀端正，號曰中盤，縹緲雲霞之洞府也。累經劫代，爲浮圖氏所居。會金天失馭，劫火流行，陵谷推遷，物更人换，復爲茂林豐草，豺虎之所據焉。”②顯然，在全真道傳入此山之前，此山乃一座佛教名山，因金末戰亂，僧人流失，佛寺傾圮，茂林豐草，豺虎出没，成了一座地地道道的荒山。金興定四年、蒙古太祖十五年（1220），即王志謹跟隨丘處機北游燕薊之時，王志謹就派遣弟子張志格等預先來到盤山，並開始修復道觀。《盤山棲雲觀碑》云：“有棲雲子者，密通玄奥，頗喜林泉，飛舄擇地。其徒有張志格等，庚辰歲預及此山。薙荒擗徑，披尋故址，巧與心會，遂營卜築。”③第二年，應本州同知許公議請，王志謹來住持盤山。《盤山棲雲觀碑》云：“辛巳春，承本州同知許公議請棲雲真人住持此山，應命而至。居無幾，參學奔赴，虚往實歸，日數之而不及也。席下皆茂德耆宿，履踐皆抱樸明真，徒輩日增，遂營爲觀。”④住持盤山之後，王志謹一邊廣收門徒，一邊修復宫觀，不久便打開了局面，在周圍産生了重要的影響。《棲雲真人王尊師道行碑》云：“亂甫定，從長春真人北游燕薊，徜徉乎盤山西澗之石龕，草衣木食，若將終身焉。諸方學者日來質疑，由是道價愈增，

① 陳垣編纂：《道家金石略》，文物出版社 1988 年版，第 465 頁。
② 陳垣編纂：《道家金石略》，文物出版社 1988 年版，第 465 頁。
③ 陳垣編纂：《道家金石略》，文物出版社 1988 年版，第 465 頁。
④ 陳垣編纂：《道家金石略》，文物出版社 1988 年版，第 465 頁。

令聞遐播，然猶執謙，樂居人後。”①盤山成爲了王志謹在燕薊一帶弘道傳教的根據地，他在此收取了大量弟子，爲其一系弟子以後的發展打下了堅實基礎。

蒙古太祖十八年(1223)，丘處機奉旨東還。第二年三月，到達燕京，入住天長觀。但因天長觀“貞祐南遷，止餘石像，觀額爲風雨所剥，委荆榛者有年”②。於是，令王志謹負責重修天長觀。王鶚《重修天長觀碑銘》云：“聖代龍興，玄風大振，長春應聘還，命盤山棲雲子王志謹主領興建，垂二十年，建正殿五間，即舊額曰玉虚，妝石像於其中。”③天長觀爲金朝皇家道觀，地位非同一般，當年金世宗徵召王處一、丘處機時，便曾讓他們住在天長觀。因此，入住天長觀是一種身份與地位的象徵，具有非凡的意義。丘處機這次能住持天長觀，説明全真道在蒙古統治者心目中的地位已今非昔比。而丘處機把重修天長觀這麽重要的工作交由王志謹主持，充分表明了他對王志謹的信任，也反映了當時王志謹在丘處機心目中的地位。王志謹不負所托，經過一番營建，天長觀“層簷峻宇，金碧爛然。方丈廬室，舍館厨庫，奂然一新。凡舊址之存者，罔不畢具。”④

按照《長春真人西游記》卷下記載，丘處機曾經兩次入住天長觀，其云：“甲申之春二月朔，醮於縉山之秋陽觀。……燕京

---

① 陳垣編纂:《道家金石略》，文物出版社 1988 年版，第 562 ~ 563 頁。

② 王鶚:《重修天長觀碑銘》，王宗昱編:《金元全真教石刻新編》，北京大學出版社 2005 年版，第 110 頁。

③ 王宗昱編:《金元全真教石刻新編》，北京大學出版社 2005 年版，第 110 頁。

④ 王鶚:《重修天長觀碑銘》，王宗昱編:《金元全真教石刻新編》，北京大學出版社 2005 年版，第 110 頁。

行省金紫石抹公、宣差便宜劉公以下諸官,遣使者持疏懇請師住大天長觀。許之,既而以驛召,乃度居庸而南,燕京道友來迎於南口神游觀。明旦,四遠父老士女以香花導師入京,瞻禮者塞路。……以上七日入天長觀,齋者日千人。望日,會衆請赴玉虚觀。……仲夏,行省金紫石抹公、便宜劉公再三持疏,請師住持大天長觀。是月二十有二日,赴其請,空中有數鶴前導,傃西北而去。"[1]丘處機第一次入住天長觀是在蒙古太祖十九年(1224)二月初,當時丘處機於縉山之秋陽觀醮罷,燕京行省金紫石抹公、宣差便宜劉公等,遣使持疏懇請其入住大天長觀,丘處機應允此事,等到達燕京以後,受到當地官員、道衆的熱烈歡迎,即"以上七日入天長觀,齋者日千人"。然而,"望日,會衆請赴玉虚觀"。"望日"這裏是指二月十五日,因會衆敦請,丘處機又由天長觀遷往玉虚觀,這次他在天長觀住了僅八天時間。其第二次入住天長觀是在同年五月,行省金紫石抹公、便宜劉公再次持疏,懇請丘處機住持大天長觀。五月二十二日,丘處機正式入住天長觀。而王志謹受命重修天長觀,應該是在丘處機第二次入住天長觀之後。

自從王志謹拜見丘處機之後,兩人保持了良好的關係,從丘處機讓王志謹主持修復天長觀這一點來看,他對王志謹極爲信任。據《盤山棲雲觀碑》記載,丘處機曾經接受王志謹的邀請,至盤山舉行醮事,其云:"丙戌春,疏請長春真人作黄籙醮事,真人因題其額曰棲雲觀焉。厥後名播諸方,京師官僚士庶,

① [元]李志常述:《長春真人西游記》卷下,《道藏》第34册,第495~496頁。

復請出山,住燕京天長觀。"①"丙戌"即蒙古太祖二十一年(1226),即丘處機仙逝前一年,這一年在王志謹的力請之下,丘處機親自至盤山舉行黄籙醮,並爲王志謹的道觀題寫觀額"棲雲"。我們知道,王志謹號棲雲,人稱棲雲真人,丘處機題其道觀觀額爲"棲雲",這無疑意味著他對王志謹的認可與支持。據《玄寶觀活死柏之記》記載,第二年,即1227年,王志謹又請丘處機至盤山做醮事,但這次丘處機並没有答應。其云:"歲次丁亥長春真人上遣使□□馭於長春宫燕京東,諸師北面執弟子禮,請醮於田盤山之棲雲觀,雖旦夕稽首,竟不賜諾,託余以詩起之。"②丘處機仙逝於蒙古太祖二十二年(1227)七月四日,據《七真年譜》記載,這一年北方大旱,五月一日,丘處機曾於京兆做祈雨醮,其云:"丁亥,長春真人年八十。夏,大旱,在京士庶禱師作醮。師曰:'我方留意醮事,公輩來請,所謂好事不約而同也。'仍云:'當備二醮,以五月初一日爲祈雨,三日爲賀雨醮。'後皆如師言。"③王志謹請丘處機至盤山棲雲觀做醮事,極有可能也是祈雨醮,因丘處機知道自己即將仙逝,不願遠行至盤山行醮事,而是在北京舉行了祈雨醮。

丘處機仙逝之後,王志謹離開盤山棲雲觀,開始往來於燕汴之間傳道。《盤山棲雲觀碑》云:"丁亥秋真人升霞之後,大師由是率衆南邁,所過者化,郡縣郊迎,隨立宫觀,創新葺故者不可勝數,皆

① 陳垣編纂:《道家金石略》,文物出版社1988年版,第465頁。

② 陳垣編纂:《道家金石略》,文物出版社1988年版,第459~460頁。

③ [元]李道謙編:《七真年譜》,《道藏》第3册,第386頁。

其門弟所主焉。”[①]《棲雲真人王尊師道行碑》也云:“長春仙去,方出徑行,不喜置鉢囊柱杖,盛暑不笠不扇,嚴冬不裘不帽,沿身之外無長物,人有以財物獻者,雖勉受之,過目不問。”[②]這一時期王志謹的傳道事業迅速發展,他不僅在各地舉行各種醮事,而且還收取了大批弟子,建造了許多宫觀。

金正大五年(1228),王志謹在南行途中,受曹德禄之請作黄籙大醮。《棲雲真人王尊師道行碑》云:“歲戊子,經鎮市帥曹德禄邀師作黄籙大齋,遠近會者不下數千,其井僅供二三十人,德禄憂之,請於師。師命具茶果躬祭井上,以净席覆之,歷一晝夜而後啓,其泉汹涌,用之不竭,醮已復初。四方傳誦,師不以爲异,或詢其故,師曰:‘無他,彼以誠告,我以誠應,誠意交孚,天地可通,况其餘乎!’聞者愈服,其感應不可備録。”[③]因金元之際蒙金開戰,亡者無數,爲了超度亡靈,官員曹德禄請王志謹作黄籙大醮。當時參加者有數千人,而所在道觀水井却僅能供二三十人使用,這令曹德禄甚是頭疼,不得以便請王志謹幫忙。王志謹以茶果祭於井,並以席蓋於井口,第二天,泉水汹涌,用之不竭,人皆嘆服稱誦,而王志謹僅以“誠意交孚,天地可通”答之。以上是唯一的一次關於王志謹表現神通的記載,充分證明了王志謹道行的高超。自王重陽創教之始,爲了方便傳教,便經常顯示神通,這種情况在馬鈺、譚處端、劉處玄、王處一、郝大通等身上也經常出現。然而,到了丘處機主教之時,情况已大不相同,《清和真人北游語録》卷一曾云:“嘗記有人勸師父少施手段,必得當世信重,師父不顧。至於再三,勸者益甚,

① 陳垣編纂:《道家金石略》,文物出版社 1988 年版,第 465 頁。
② 陳垣編纂:《道家金石略》,文物出版社 1988 年版,第 563 頁。
③ 陳垣編纂:《道家金石略》,文物出版社 1988 年版,第 563 頁。

師父大笑曰:俺五十年學得一個實字,未肯一旦棄去。乃知至人不爲駭世之事。"①按照尹志平的以上説法,丘處機很少顯示神通,這是因爲當時全真道已經得以迅速發展,不再需要通過神通來吸引信衆。對於深受丘處機影響的王志謹來説,自然也很少顯示神通,只有這一次是個例外。

蒙古太宗窩闊台五年(1233),王志謹來到汴梁傳教,於王重陽升霞之地創建朝元宫。對於此事史料多有記載。《汴梁路棲雲觀記》云:"教行於汴,則棲雲始然,爲朝元開山,觀以棲雲名,不忘其所以興也。"②《徐真人道行碑》云:"初,重陽入梁,主太寧坊王氏,嘗曰:吾後必宅是。金亡,其地爲墟。後六十四年,志謹即之爲宫,廣袤七里,賜名朝元。"③《盤山棲雲觀》云:"特於南京重陽祖師升霞之所,鄭重傾心,構朝元宫,最爲壯麗也。"④許有壬《上清儲祥宫記》云:"長春法系之弟爲太古郝公。太古傳棲雲王公。長春以汴重陽觀故基,實主教重陽真君升化之地,命棲雲主之。營建幾三十年,是爲朝元宫。"⑤而《棲雲真人王尊師道行碑》的記載最爲詳盡,其云:"初,重陽真人西歸,挈丹陽輩四子傳道於汴之逆旅。主人王氏不禮,反謗毁之,重陽曰:'吾居之地,他日當令子孫卜築於此。'主人以爲狂。未幾重陽登仙,後六十有四年,汴降,師挈其徒迹其地,不十數年,殿宇壯麗,氣壓諸方,識者知重陽之言始驗,師亦不

---

① ［元］段志堅編:《清和真人北游語録》卷一,《道藏》第 33 册,第 159 頁。

② 陳垣編纂:《道家金石略》,文物出版社 1988 年版,第 646 頁。

③ 陳垣編纂:《道家金石略》,文物出版社 1988 年版,第 713 頁。

④ 陳垣編纂:《道家金石略》,文物出版社 1988 年版,第 465 頁。

⑤ 陳垣編纂:《道家金石略》,文物出版社 1988 年版,第 780 頁。

以爲功,曰'諸人之力也'。凡所興工,皆聽自願,不强率,不責辦,故人樂爲之用。"①金大定九年(1169)十月,王重陽携馬鈺、譚處端、劉處玄、丘處機四位弟子西行傳道,途經河南開封病重,於金大定十年(1170)正月初四日仙逝於開封王氏旅邸,仙逝前預言將來會有人於其仙逝之地修建宫觀。王重陽的預言終於在六十四年後得以驗證,蒙古太宗窩闊台五年(1233),王志謹師徒循著重陽祖師的仙迹來到汴梁,並於王重陽當年升霞之地創建朝元宫,以示對祖師的紀念。金元之際,全真道士們非常重視祖師仙迹,他們往往視其爲聖地,尋訪祖師仙迹,並於其上建立宫觀來紀念祖師,是當時極爲盛行的風氣。全真道奉王玄甫、鍾離權、吕洞賓、劉海蟾、王重陽爲祖師,號稱"北五祖",而祖師仙迹所至之處往往被後學創爲宫觀,並稱之爲全真祖庭。元代全真道祖庭主要有三個,即陝西户縣重陽宫、河南開封朝元宫和山西永樂宫,其中前兩者皆與王重陽有關,重陽宫爲王重陽當年修煉和後來埋骨之處,朝元宫則爲王重陽升霞之地,山西永樂宫則與吕洞賓有關,據説是吕洞賓的出生地。以上三大祖庭在全真道士中具有不同尋常的地位,它們被視爲全真道聖地,並爲各地全真道弟子所朝拜。② 王志謹於汴梁王重陽升霞之地創建朝元宫,並且以此作爲本宗系弟子共同承認的祖庵,這一方面顯示了王志謹在當時已經具有了極强的影響力,同時也使其這一系弟子在全真道中取得了合法的地位,並促使了其一系的迅速發展。

王志謹創建朝元宫之後,便把本宗系傳教的基地由盤山棲雲

① 陳垣編纂:《道家金石略》,文物出版社 1988 年版,第 563 頁。

② 張廣保:《金元全真教史新研究》,青松出版社 2008 年版,第 21 ~ 98 頁。

觀移至汴梁朝元宫，並以此爲中心在河南各地積極傳教弘道。第二年，王志謹的傳道活動即有所成效，在當地官民的信任與支持下，得以住持太一、上清與龍德三宫觀。姚燧《重修中太一宫碑》云："皇元祝金曆於甲午之歲，宫由凋於兵，榱棟傾落，牆阤崩弛，風雨震凌，牛羊降陟，知開封府富察君哀之，謂非藉名德之師，疇能以興。乃書遣警副董德輝香幣迎致惠慈利物至德真人於河朔，請主上清及是宫。上清由規南征，撤以造舟，真人求得重陽開化真君爲道所廬作新朝元宫，他不暇爲，署其徒提點張志夷、知宫田志净責使營葺。若有緒矣，而志夷逝後，惟志净與知宫王志實、吴志超、提點劉道資、朱道輝爲之，積七十餘年而三清殿、真室、歲君殿、周廡庖廪既美既完。"①"甲午"即蒙古太宗窩闊台六年(1234)，也即王志謹到汴梁的第二年，因開封府中太一宫在戰火中傾圮，開封府知府富察派遣警副董德輝持書敦請王志謹住持中太一宫，但因當時王志謹正忙於創建朝元宫，無暇顧及中太一宫之事，所以就派弟子張志夷、田志净修復中太一宫，經過王志謹師徒幾代全真道士近七十餘年的努力，中太一宫終於修復完成。除中太一宫外，同時歸於王志謹一系的宫觀還有上清宫與龍德宫。許有壬《上清儲祥宫記》云："長春法系之弟爲太古郝公。太古傳棲雲王公。長春以汴重陽觀故基，實主教重陽真君升化之地，命棲雲主之。營建幾三十年，是爲朝元宫。丞相史公復請兼主太一、上清、龍德諸宫觀事。"②又，許有壬《龍德宫記》云："長春法系之弟曰太古真人郝公，太古傳盤山真人王公。歲乙未，長春以汴之重陽觀實真君升舉之地，命盤山

① 陳垣編纂：《道家金石略》，文物出版社 1988 年版，第 723 ~ 724 頁。

② 陳垣編纂：《道家金石略》，文物出版社 1988 年版，第 780 頁。

入汴主之。肇建大朝元宫,構築規制之大,甲江北諸宫觀。丞相史公以龍德亦古名地,請盤山並主之。構殿熙春閣,基之前扁無極以奉三清,與朝元遂爲宗屬。"①由"與朝元遂爲宗屬"可知,中太一宫、上清宫和龍德宫皆爲王志謹一系弟子所住持的宫觀,爲朝元宫下院,屬朝元宫管轄。

隨著王志謹傳道活動的擴展與深入,其勢力範圍還由汴梁向河南其他地區延伸。孛術魯翀《大元奉元明道宫修建碑銘並序》云:"老子生殷亳社苦縣厲鄉曲仁里,距縣東不半舍,九龍井在焉。崇事宫廟,歷代相因。憲宗皇帝四年,龍集甲寅,故太師汝南忠武張王閫亳,得太清、明道兩宫遺址,兵燼悉爲荒墟。以文之燕,請事修復。長春嗣教真常大真人李宗師,遣隱真大師提點石志玉、通微大師知宫李志祕綜其務。歲丙辰,誠明真人張宗師奏請崇道真人張尊師、棲雲真人王尊師主其宫制。無幾何,棲雲蜕化,其門人輩亦皆協力,崇道則始終不懈。未逾一紀,締構宏麗。"②按照司馬遷《史記》的記載,河南亳州苦縣厲鄉曲仁里乃老子故里,歷代帝王往往於此建造宫觀供奉老子。此地原有太清、明道兩個宫觀,但皆毁於戰火。蒙古憲宗蒙哥四年(1254),太師汝南王張忠武駐守亳州,想修復太清、明道兩宫觀,便向時任全真掌教李志常求助,李志常派遣石志玉、李志祕負責此事。蒙古太宗憲宗蒙哥六年(1256),張志敬又讓張崇道與王志謹負責修復以上兩宫觀。但宫觀修復工作尚未完成,王志謹於元世祖中統四年(1263)仙逝,其弟子繼承其未竟的事業,終於在十幾年後將兩宫觀修復完成。

① 陳垣編纂:《道家金石略》,文物出版社 1988 年版,第 780 頁。
② 陳垣編纂:《道家金石略》,文物出版社 1988 年版,第 789 頁。

王志謹在修復以上宫觀的同時,仍不時應各地官民的邀請,主持各種醮事。姬志真《鄠陵黄籙大齋之碑》云:"今蒙醮主某官等,興大慈願,發上善心,乃就某觀修設無上黄籙大齋,供養三清玉虚諸聖位。升仙與度魂相對,明善惡之殊塗,南昌與北府爲鄰,示仙凡之异格。潔清壇墠,整肅方隅,延降高真,希垂景貺。仍敦請南京朝元宫棲雲真人,掌行醮事。意者薦拔某路無主孤魂,洎各家先亡滯魄,有親無力,附簡提靈。"①雖然以上碑刻撰寫時間不詳,但從其中提到"敦請南京朝元宫棲雲真人"來看,王志謹在鄠陵作這次黄籙大醮的時間,應在其至汴梁朝元宫之後,即蒙古太宗窩闊台五年(1233)之後。姬志真《京兆普渡碑》又云:"己未冬十月,西凉府太子下官八合,宿有素願,修建無上黄籙醮事。即本府迎祥觀,自春抵秋,葺營殿堂,封治壇墠,不遠敦請棲雲真人作大濟度師,主張法席。越某日,召集羽流,布陳儀象,發文預告三界明真,上下神祇,齋戒精思,庀物蕆事。望前三日,肇行典禮,恭祀列聖三百六十分位,意者薦濟宗族,遠亡近化,洎率土無主孤魂,兼有親乏祀之家,投壇附薦,自此及彼,無戚無疎,俱賴熏修,普祈超度。如是行道三日兩夜,望後一日昧爽,散壇乃畢,盡誠竭力,亦仁孝之用心也。"②"己未冬十月",即蒙古憲宗蒙哥九年(1259)十月。西凉府太子下官八合,爲了完成宿願,重修本府迎祥觀,並邀請王志謹舉行黄籙大醮,以普度各路亡靈。因當時正值戰亂之際,死於戰争的士兵與百姓不計其數,出於一位全真道士所具有的悲憫之心,王志謹不忍他們成爲孤魂野鬼,於是便頻繁於各地舉行黄籙大醮,以超

① 陳垣編纂:《道家金石略》,文物出版社1988年版,第466頁。
② 陳垣編纂:《道家金石略》,文物出版社1988年版,第532~533頁。

拔亡靈，這是全真道"修仁蘊德，濟貧拔苦"的精神在王志謹身上的體現。

在王志謹的弘道生涯中，還有一件事情是不得不提及的，即蒙古定宗貴由二年(1247)其於全真道祖庭陝西户縣重陽宮開鑿澇水之事。《棲雲王真人開澇水記》云：

終南澇谷之水，關中名水也，淵源浩瀚，隨地形之高下，批崖赴壑，枝分其流，去山一舍，徑入於渭。然無疏導之功，初不能爲民用。丁未春，棲雲真人王公領門衆百餘，祀香祖師之重陽宮，至自汴梁，尋館於會仙堂之西廡。愛其山水明秀，一日，杖藜緩步，周覽四境，語其徒曰："兹地形勝，其有如此。宫垣之西，甘水翼之，已爲壯觀，若使一水由東而來，環抱是宮，可謂雙龍盤護，真萬世之福田也，其可得乎！"即與一二尊宿，親爲按視，抵東南澇谷之口，行度其地，可鑿渠引而致之。於是聞諸時官，太傅移剌保儉、總管田德燦二君深嘉賞焉，遂給以府檄，明諭鄉井民庶，應有所犯地土，無致梗塞。公乃鳩會道侣，僅千餘人，揮袂如雲，荷插如雨，趨役赴功，其事具舉，曾不三旬，大有告成之慶。澇之水源源而來，自宮東而北，縈紆周折，復西合於甘，連延二十餘里，穿村度落，蓮塘柳岸，蔬圃稻畦，瀟然有江鄉風景，上下營磨，凡數十區。雖秦土膏沃，但以雨澤不恒，多害耕作。自時厥後，衆集其居，農勤其務，闢荊榛之野，爲桑麻之地，歲時豐登，了無旱乾之患。①

澇水位於陝西省户縣與周至縣界，源出秦嶺，北流入渭河。西北地

---

① 該碑現存陝西户縣重陽宮，以上引文據該碑拓片整理。該碑《道家金石略》有收，見陳垣編纂：《道家金石略》，文物出版社 1988 年版，第 620 ~ 621 頁。

區本爲缺水乾旱之域，澇水淵源浩瀚，但因無疏導之功，所以白白流入渭河，不能爲民所用。蒙古定宗貴由二年(1247)，王志謹率其徒衆百餘人由河南汴梁至全真祖庭户縣重陽宫祭拜重陽祖師，住於山明水秀的會仙堂西廡。有一天，他帶領徒衆在周圍游覽，見澇河之水白白流失，感到甚爲可惜，忽有感悟，想開鑿一條水渠，引澇水流經重陽宫之東，這樣就與重陽宫之西原有的甘水相對應，形成雙龍抱宫之勢。這不僅可以使重陽宫的景色更爲優美，風水更爲優越，而且周圍居民還可以引澇水灌溉農田，以解乾旱之憂，可以説是一件利益群生、造福百姓的美事。王志謹的想法得到了重陽宫道衆和當地官員的大力支持，於是他會集千餘名全真道士，在途經居民的全力幫助下，經過一個月的時間，終於開鑿水渠二十餘里，完成了他的心願。王志謹開澇水之事，是全真道濟世利民精神的體現，澇水的開鑿，不僅美化了重陽宫周圍的風景，而且還爲沿途百姓解除了乾旱之憂。

王志謹在河南各地傳道時，接收了一大批道觀，而他自己則主要居住在汴梁朝元宫，其名下的道觀則有其弟子負責管理。姬志真《盤山棲雲觀碑》云："丁亥秋真人升霞之後，大師由是率衆南邁，所過者化，郡縣郊迎，隨立宫觀，創新葺故者不可勝數，皆其門弟所主焉。"①王志謹名下道觀越多，則所需要的弟子也就越多，因此，王志謹在弘道的同時，也收取了大批弟子。《棲雲真人王尊師道行碑》云："車轍所經，願爲門弟子者動以千數，達官著姓，白叟黄童，山林緇素之流，閨闈笄總之子，莫不羅拜於前，其爲世景仰如此。"②

① 陳垣編纂：《道家金石略》，文物出版社 1988 年版，第 465 頁。

② 陳垣編纂：《道家金石略》，文物出版社 1988 年版，第 563 頁。

據《棲雲王真人開澇水記》記載,蒙古定宗貴由二年(1247),王志謹自河南汴梁至全真祖庭陝西户縣重陽宫致祭時,一次便帶了百餘名弟子。其云:"丁未春,棲雲真人王公領門衆百餘,祀香祖師之重陽宫。"①由此亦可以看出王志謹弟子之衆。與全真道其他第三代弟子不同的是,王志謹極爲重視自己一系宗派的認同,有意識地維護和營造自己一系的獨立發展,致使他這一系全真道弟子衆多,在有元一代僅次於丘處機一系弟子,這也許就是明清時期奉郝大通爲祖師的華山派力量僅次於龍門派,成爲七真道派中第二大支派的原因。

元世祖中統四年(1263)六月,王志謹仙逝於汴梁朝元宫,享年八十六歲。《棲雲真人王尊師道行碑》云:"中統癸亥夏六月己酉朔,晏坐方壺,不語不食,門弟子怪問其故,但閉目凝神,指虚空而已。及沐浴安寢,静聽不聞呻吟之聲,熟視不睹屈伸之迹,門衆環侍,不敢少離。叱之曰:'汝等各幹自己正事去!'越十有七日乙丑,盤桓枕肱,晏然而逝,春秋八十有六。"②王志謹仙逝之後,"傾城號泣三日,遠近訃聞,皆爲位以哭,事之如生,其至誠感人又如此"③。對於王志謹的一生,《棲雲真人王尊師道行碑》有一個總結性的描述,其云:"師雖不看書,所行皆合事理,所言唯真實語,動與二篇四輔相契,有一毫利人利物,即自爲之。向在特室環堵中,如對千百人,無做作,無縱恣,無褻慢,日日如是,歲歲如是,所謂獨立而不改,周行而不殆,惟師有焉。師慈以利物,儉以律身,謙以自牧,老氏之三寶,師能保之,所以上格天心,下孚人望,嶷然爲一代宗師,

① 陳垣編纂:《道家金石略》,文物出版社 1988 年版,第 620 ~ 621 頁。
② 陳垣編纂:《道家金石略》,文物出版社 1988 年版,第 563 頁。
③ 陳垣編纂:《道家金石略》,文物出版社 1988 年版,第 563 頁。

學者瞠乎其後，而有不可及焉。”①元世祖中統二年（1261），即王志謹仙逝前兩年，元世祖特賜其號曰“惠慈利物至德真人”。② 由以上《棲雲真人王尊師道行碑》對王志謹的評價來看，“惠慈利物至德真人”之號真可謂名副其實。

第四節　傳世著作

作爲金元之際的全真高道，王志謹與王重陽、全真七子以及其他第三代全真道弟子不同，他没有太多的著作傳世。王鶚在《棲雲真人王尊師道行碑》中云：“師雖不看書，所行皆合事理，所言唯真實語，動與二篇四輔相契，有一毫利人利物，即自爲之。”③以上王鶚稱王志謹“雖不看書”，以此推測，王志謹極有可能文化程度不高，這或許是他没有太多著作傳世的原因。因爲除了以上的評價外，《棲雲真人王尊師道行碑》與其他人的道行碑不同，並没有提到王志謹熟讀三教經典之事。雖然王志謹自己並没有撰寫相關著作，但他的弟子却曾爲其編輯過一個語録，這成爲我們今天瞭解王志謹思想的重要文獻。對此王鶚顯然是瞭解的，因爲其在爲《雲山集》所作序言中稱：“近世棲雲大老化導緣深，《語録》一編，高出前輩。”④王志謹的這個語録，即目前傳世的《盤山棲雲王真人語録》，其中主要闡發了他的心性思想，正是這個《語録》奠定了王志謹在

---

① 陳垣編纂：《道家金石略》，文物出版社 1988 年版，第 563 頁。

② ［元］王鶚：《棲雲真人王尊師道行碑》，陳垣編纂：《道家金石略》，文物出版社 1988 年版，第 562 頁。

③ 陳垣編纂：《道家金石略》，文物出版社 1988 年版，第 563 頁。

④ ［元］王鶚：《雲山集》序，《道藏》第 25 册，第 364 頁。

全真道第三代弟子中所具有的重要地位。

《盤山棲雲王真人語録》現存四個本子:第一個本子是北京圖書館藏元至元三十一年(1294)刻本,名爲《盤山棲雲大師語録》,"一册,三十八葉,每半葉十一行,每行二十字,黑口,左右雙邊。"①前有黄祖太序言,共收王志謹語録96條,以下簡稱"北圖元刻本"。第二個本子是《正統道藏》太玄部所收録的《盤山棲雲王真人語録》,前有王志謹弟子論志焕於蒙古定宗貴由二年(1247)所撰寫的序言,署名爲"門人論志焕編次",共收王志謹語録102條,以下簡稱"《道藏》太玄本"。第三個本子是《正統道藏》洞真部《修真十書》卷五十三所收《盤山語録》,該本子没有序言,也没有編者署名,共收王志謹語録96條,以下簡稱"《修真十書》本"。第四個本子是《道藏輯要》昂集九所收《盤山棲雲王真人語録》,前有蒙古定宗貴由二年(1247)論志焕所撰序言,署名爲"門人論志焕編次",共收王志謹語録102條,以下簡稱"《道藏輯要》本"。

經仔細核對,《道藏》太玄本與《道藏輯要》本實爲一個本子,二者不僅所收語録條數一樣,皆爲102條,而且文字基本相同。這兩個本子的關係,或者是兩者所據底本相同,或者是《道藏輯要》本所據底本爲《道藏》太玄本,二者可以《道藏》太玄本爲代表。至於北圖元刻本與《修真十書》本的關係,楊訥先生曾有過專門的研究,他最後的結論是:"經核對,《道藏》中的《盤山語録》文字與各條排列順序與此元刻黄序本完全相同,而黄序比論志焕序晚撰四十七年,因而可以推斷《盤山棲雲王真人語録》所據底本早出,《盤山語録》

---

① 楊訥:《元刻本〈盤山棲雲大師語録〉及其作者王志謹》,《文獻》1992年第1期。

依據的則是經過删改重新編訂的本子。北圖藏的元刻本與《道藏》兩個本子的關係便是如此。"[①]以上楊訥先生提出了兩點看法:其一,因北圖元刻本與《修真十書》本所收語録條數和順序完全相同,應爲同一個本子。其二,因《道藏》太玄本論志焕序言早於北圖元刻本黄祖太序言,所以前者所據底本早出,而北圖元刻本與《修真十書》本所據"是經過删改重新編訂的本子"。對於以上第一點,我們完全贊同,没有任何的疑義,但對於第二點,我們認爲有值得商榷的地方。

首先,楊訥先生根據《道藏》太玄本與北圖元刻本兩個序言撰寫時間的先後斷定前者所據底本早出值得商榷。

《道藏》太玄本前有王志謹弟子論志焕所撰序言,其云:

> 夫瞽者無以預乎青黄之色,聾者無以預乎管籥之音,豈惟形骸有如此哉?而心智亦有之。若夫本分天真,人皆具足,奈以積塵所昧,正眼不明,逐色隨聲,尋蹤覓迹,沉淪惡道,浩劫千生,摸竹管爲陽光,擊銅盤爲日景,不逢宗匠,皂白奚分?殢句執文,轉增迷惑,是以棲雲老師不得已應病施藥,剔耳挑聾,摩睛刮翳,冀得人人澈視,各各開聰,見見聞聞,洒洒落落,咸歸正道,不逐亡羊也。門下劉公先生從師有年,密記老師之謦欬,裒以成集,約百餘則,誠爲初機學道者之指南也。命工鋟梓,以廣其傳。孤峰道人亦得預其徒末。行者見而喜之,乃齋沐而敬,爲之題辭。時丁未正月元日門人論志焕謹序。[②]

以上序言撰於"丁未"年,即蒙古定宗貴由二年(1247),當時王志謹

① 楊訥:《元刻本〈盤山棲雲大師語録〉及其作者王志謹》,《文獻》1992年第1期。

② [元]論志焕編:《盤山棲雲王真人語録》,《道藏》第23册,718頁。

尚在世，但此《語録》是否經過王志謹的審定或首肯不得而知。在序言中，論志焕提到："門下劉公先生從師有年，密記老師之謦欬，裒以成集，約百餘則，誠爲初機學道者之指南也。命工鋟梓，以廣其傳。"由此可知，論志焕只是《語録》的編定者，而非記録者，記録者爲王志謹門下劉公先生，當時很可能只是一個手抄本，存在很多文字、語句甚至記録的錯誤，後經論志焕編輯審定，最終形成語録"約百餘則"，並刻版印刷，以廣其傳。以上還可以説明，經論志焕最後審定過的《盤山棲雲王真人語録》當時就有一百餘條，和我們今天看到的情況是一致的，期間並没有太大的變動。

北圖元刻本前也有一個黄祖太所撰寫的序言，其云：

> 達磨西來，不立文字；盤山老子，忒煞諄諄。二聖本不殊途，何乃一言一默？蓋即心是佛，無言可傳，而垂世立教，無言不傳。盤山老師慈憫衆生業識茫茫，長劫受苦，故設爲問答，以開啓後學而擊包蒙也。祖師經傳明白無過於此，其爲慈悲也至大矣。然譬如盲人遠途求醫，雖憑杖策，實用自行，方達醫所，目明之後則所策之杖本不相干，一無所用。以此觀之，後之學者亦不過假此以爲杖策云耳。至於成佛作祖，須是自己分上著些工夫。若但博覽廣記，以爲藤葛，誠恐無常到來，一帙盡記於我全無寸補。觀者必須究竟老師之言，勇志力行，則老師地位亦何難到。要見老師麽？深院沉沉春夜長，梨花月静啼鵑寂。時至元甲午浴佛日昭陽珠月子黄祖太謹序。①

雖然目前不知道黄祖太的確切情況，更不知道他的宗教信仰，但通過以上序言却可以看出兩點：其一，黄祖太主張佛道同途。這個序

① 《盤山棲雲大師語録》，北京圖書館藏元至元三十一年(1294)刻本。

言具有濃厚的佛教氣味，無論是從一開始其對達磨與老子的比較，還是從最後落款中提到“浴佛日”，都可以證明這一點。但以此並不能確定黄祖太是一位佛教徒，因爲該序言撰於元至元三十一年(1294)，當時正是佛道之争之後，全真道剛剛深受重創，而佛教勢頭正猛，在這種形勢下，要刻印道經，難免需要增加一些佛教因素，這既是當時道教自保的一種方式，也是不得已的做法。其二，黄祖太在序言中稱王志謹爲“盤山老師”，並對其多所肯定，又提到“祖師經傳”等字眼，這説明他極有可能是全真道信徒，至少應該是對全真道存有好感的人，否則，《語録》的刻印者也不可能讓他來撰寫這個序言。

正如楊訥先生所言，《道藏》太玄本論志焕序言撰於公元1247年，而北圖元刻本黄祖太序言則撰於公元1294年，兩者一前一後，相差47年。據此，楊先生《道藏》太玄本所據底本早出的結論，似乎没有任何問題。但是，若細細思來，或許仍有其他的可能。比如，有可能這兩個本子所依據的底本是一個，只不過《道藏》太玄本經過了論志焕的重新編定與補充，而北圖元刻本則没有，從而造成了這兩個本子之間的差异。再如，有可能這兩個本子所依據的底本壓根就不是一個，而是各有底本。按照論志焕序言中的説法，《道藏》太玄本是劉公先生所記録，那麽，王志謹其他的學生有没有記録？或許當時流傳有不同的記録本，而論志焕依據的只是劉公先生記録本，北圖元刻本依據的則是另外的一個記録本。雖然不能確定是否如此，但不能排除以上兩種可能性的存在。

其次，楊先生認爲北圖元刻本所依據的“是經過删改重新編訂的本子”，其言下之意是，《道藏》太玄本與北圖元刻本依據的是同一底本,或者説,北圖元刻本是以《道藏》太玄本爲底本,是對其或其所依據底本進行删改與編訂後形成的一個新的本子。這種説法有其合理性,但也有解釋不通的地方。

其一,通過比較這兩個本子我們發現,除文字差异外,其最主要的不同有兩個:一是各條排列順序不同;二是條數不同,《道藏》太玄本收録102條,北圖元刻本收録96條。雖然進行了詳細核對,仍然不能發現兩個本子順序不同的原因,因爲兩個本子編定的順序都是没有規律的,既不是按照時間來排列的,也不是按照内容來排列的。既然兩個本子各條的排列都没有規律,那麽,爲什麽北圖元刻本或所依底本在删改編訂的時候要改變排列順序呢?這不是多此一舉嗎?《道藏》太玄本比北圖元刻本多出6條,按照楊訥先生的説法,這是後來在重新編訂時删掉了,但爲什麽要删掉呢?總得有個原因。下面羅列這6條内容如下:

1. 或問曰:開眼有塵境,合眼有夢境,衆中有逆順境,如何得安穩去?答曰:修行人,收心爲本,逢着逆境,懽喜過去;遇着順境,無心過去;一切塵境,干己甚事?凡在衆中,雖三歲小童,不敢逆着,不敢觸犯着,常時饒者;一切人逆着自己,觸犯自己,常是忍者;忍過饒過,自有功課。一切人皆敬者,一切難處自承當者,久久應過,心地純熟,在處安穩,一切境界裏平常過去,更無動心處,向諸境萬緣裏心得安穩,更不沾一塵,净灑灑地,晝夜不昧,便合聖賢心也。①

2. 師有云:修行人窮究生死大事,須索自己下工夫,不分晝夜,一心澄澈,六根清静;遇聲色境界,見如不見,聞如不聞,

① [元]論志焕編:《盤山棲雲王真人語録》,《道藏》第23册,第720頁。

内心不受他家擾擾，非干己事，如目前風過一般；若關己事，不得已而應之。如此行持，久久自見功也。①

3. 師常云：修行之人，如大匠斲木，先正心墨，然後於偏邪分外處漸加斤斧，就正成材，隨宜使用，不得動着心墨；若失了心墨，則無所取法矣。偏邪削盡，心墨端然，自與他相應，可以成就一切器用也。②

4. 丹陽真人云："真樂真閑無議論，至微至妙絶商量。"没商量處却近也。③

5. 或問曰：動静境中，如何即是？答云：自心清静，雖在稠人鬧市冗攘之間，不干己事，從他擾擾，却同静室中，百無所有。若在圜堵静室，無人鄉裏，一似十字街頭，對聖對真，不敢起絲毫妄念。如此，則在動境裏也不礙，静境内也不礙，更有甚分外惑人之事？④

6. 或問曰：某今老邁，不能多學，乞師向無上極玄極妙處説一句。答云：把汝這箇求無上極玄極妙底去了，則便是也。⑤

通過仔細分析以上 6 條語録，看不出有什麽明顯的共同特徵，因此也找不到删除以上 6 條語録的原因。況且，不管是《道藏》太玄本，還是北圖元刻本，其編定與刻印者應該都是全真道士，前者序言中明確提到，是由論志焕編定，而後者雖然没有提到編定者，但在佛道之争剛剛過後的嚴峻形勢下，敢於冒著風險刻印全真道

① 《道藏》第 23 册，第 723 頁。
② 《道藏》第 23 册，第 724 頁。
③ 《道藏》第 23 册，第 729 頁。
④ 《道藏》第 23 册，第 731 頁。
⑤ 《道藏》第 23 册，第 732 頁。

經的也只有全真道士,或者更確切地説,應該是王志謹一系的全真道弟子。作爲全真道弟子,他們一般視老師或祖師的著作或言論爲聖經,不會輕易地無緣無故地删節。不要忘記,他們是全真道的信仰者,老師或祖師的著作或言論對他們而言是極爲神聖的,哪裏敢私自删改?因此,要説添加幾條,這是有可能的,但要是説删除幾條,這可能性不大,况且删除的幾條並没有明顯的共同特徵。

其二,按照古籍刊刻的慣例,若是修訂並重新刊刻一本古籍,一般情况下會作出説明,並附上底本或原刊本序言。然而,《修真十書》本與北圖元刻本,既没有加以説明,又没有附任何序言。發生這種情况有以下兩種可能:第一,《修真十書》本、北圖元刻本與《道藏》太玄本用的是同一個底本,但前兩者在刊刻的時候並没有參考後者。正如楊訥先生所言,《修真十書》本與北圖元刻本可能來源於同一個底本,所以它們的語録順序與條數相同,而且兩者成書的時間應該也差不多。北圖元刻本因前有黄祖太至元三十一年(1294)序言,其刊刻應在至元三十一年或其後不久。然而,《修真十書》的編者與成書時間不詳,但其中所收最晚著作是蕭廷芝的《金丹大成》,據此可以推斷出其成書的大概時間。蕭廷芝是白玉蟾的弟子,鄧錡的老師,白玉蟾生於金章宗明昌五年(1194),鄧錡的生平事迹不詳,但其《道德經三解》序言撰於元大德二年(1298),他應該主要活動於元至元至天曆年間。通過白玉蟾和鄧錡的活動時間範圍,可以大致推出蕭廷芝應該活動於金末元初,那麽,《修真十書》的成書也應該在元代中期以前,這與北圖元刻本成書時間差不多。考慮到《修真十書》本、北圖元刻本與《道藏》太玄本語録排列順序不同,而且新的排序找不到任何的規律,那麽,前兩者在編訂時很可能没有見到或者没有參考《道藏》太玄本,它們所依據的可能是與《道藏》太玄本所依據的同一個底本，也可能是不同的另一個底本。所以，楊訥先生認爲它們所依據的“是經過删改重新編訂的本子”，這種可能性不大。

其三，假若如楊訥先生所言，北圖元刻本是一個經過删改和修訂的本子，那麽，它與《道藏》太玄本相比，就應該更爲成熟。但從兩個本子文字的差别來看，事實並非如此。相反，《道藏》太玄本顯得更爲成熟一些。下面略舉幾例加以説明。1.《道藏》太玄本中的“汝”字，北圖元刻本與《修真十書》本皆作“你”。顯然，“汝”與“你”相比，前者更加正式一些，後者則更爲口語化一些。假若北圖元刻本是在《道藏》太玄本或其底本基礎上删改、修訂而成，那麽，情況應該相反。2.《道藏》太玄本第一條有這樣一段話：“又如天之在上，其體常清，清而能容，無所不覆，於彼萬有，利而不害。道人之心，亦當如此。又如大地之寧，寂然不動，負荷萬物，無黨無偏。道人之心，亦當如此。”①而北圖元刻本與《修真十書》本有所不同，其爲：“如天之在上，其體常清，清而能容，無所不覆，地之在下，其體常静，萬有利而一不害。道人之心，亦當如是。”②兩者相比較，後者無“又如大地之寧，寂然不動，負荷萬物，無黨無偏。道人之心，亦當如是”。顯然，就這段話而言，《道藏》太玄本的語句更爲通順和完整，而北圖元刻本與《修真十書》本則不如前者成熟，句意不够完整。類似的例子還有很多，因篇幅的關係，在此不再一一列舉。但通過以上所舉的兩例可以看出，《道藏》太玄本應該比北圖元刻本和《修真十書》本更爲成熟，假若一定要説哪一個是經過修訂的

---

① ［元］論志焕編：《盤山棲雲王真人語録》，《道藏》第23册，第719頁。
② 《修真十書》卷五十三《盤山語録》，《道藏》第4册，第822頁。

本子的話,那一定是前者,而不是後者。

因此,通過以上考察可以看出,《盤山棲雲王真人語録》這幾個版本之間的關係可能與楊訥先生所認爲的有些差别。我們同意楊訥先生的部分看法,即北圖元刻本與《修真十書》本所依據的是同一個底本,但我們不同意楊訥先生所認爲的《道藏》太玄本所依底本早於北圖元刻本與《修真十書》本所依底本,更不同意其所説的後兩者所依底本是一個經過删改與修訂的本子。我們的看法是,不管《道藏》太玄本與北圖元刻本、《修真十書》本所依據的底本是否爲一個本子,但兩者之間並没有直接的繼承關係,它們極有可能是依據同一或不同底本編訂而成的,即使依據的是不同的底本,兩個底本之間也並不存在誰早誰晚的問題。

王志謹的《盤山語録》,語言樸素,寓意深刻,對於初學者有指點迷津之功,正如《盤山棲雲王真人語録》序言中所言,"誠爲初機學道者之指南也。"①特别是其中所藴含的心性思想,代表著全真道心性思想的逐步成熟。全真道心性學説倡導不立文字的修持方法,王磐《玄門嗣法掌教宗師誠明真人道行碑銘並序》云:"全真之教,以識心見性爲宗,損己利物爲行,不資參學,不立文字。"②全真道所尊崇的"不資參學,不立文字","並非絶對地束書不觀,而是針對現實生活所迫切要求解决的問題,提倡向自我根性處了證清净自然的本來面目,彰顯出主體精神,而非稽淹於言教之跧蹄。"③丘處機雪山覲見成吉思汗之後,全真道迅速發展,教内人員素質參差不齊,早期"不資參學,不立文字"的風氣難以爲繼,通過著書立説

① [元]論志焕:《盤山棲雲王真人語録序》,《道藏》第23册,第718頁。
② 陳垣編纂:《道家金石略》,文物出版社1988年版,第601頁。
③ 盧國龍:《道教哲學》,華夏出版社1997年版,第606頁。

來勸導教衆,就顯得尤爲重要。

除《盤山棲雲王真人語録》之外,《鳴鶴餘音》卷一收録有署名盤山真人所撰的《金人捧露盤》,此盤山真人即王志謹。唐圭璋先生所編《全金元詞》也將其收録於内,並署名王志謹。① 現將這首詞的内容轉録如下:

> 喜樂山村,風月知音,信任歲華交换。終日掩柴門,處幽軒,閑看古書慵倦。住坐從容,獨行獨步,都把聲名斷。抱守元陽,情忘境滅,氣神和冲,升沈無碍,玉爐煉至寶,欲結清凉,重生温煖。　寂寂空空,没空色養,真源返朴,默默熟慣。静静與清清,覺心猿意馬,没絲毫亂。放曠無拘,恣情散誕。自在逍遥,行滿與功成,得無生,儘他烏兔走,飛騰休管。世情遠。修真之士休宜晚。②

這首詞談的是内丹修煉,若此詞確爲王志謹所作,那麽,他顯然主張通過修煉心性來達到得道成仙的目的。另據張朝範《〈全金元詞〉校讀》一文考證,《金人捧露盤》爲《金童捧露盤》詞牌之誤。③

---

① 唐圭璋編:《全金元詞》(下),中華書局 1979 年版,第 1196 頁。
② [元]彭致中集:《鳴鶴餘音》卷一,《道藏》第 24 册,第 258 頁。
③ 張朝範:《〈全金元詞〉校讀》,《文獻》1996 年第 3 期。

第二章　心性理論

心性論是中國古代哲學最高且最圓融的理論形態,衡量一個學派對中國哲學的貢獻,或者衡量一位哲學家所建構的哲學體系是否圓融,主要是看其心性論建構得是否完善。在中國古代哲學中,儒、釋、道三家各有自己的心性論,而且都以其心性論建構是否完善作爲其理論體系是否成熟的標志。在儒、釋、道三教中,佛教心性論建構完成的最早,唐代禪宗六祖惠能是其代表人物,惠能在《壇經》中已經提出了較爲系統完善的佛教心性論,代表著佛教心性論的最終完成。儒家早在先秦思孟學派那裏就已經有了自己的心性思想,尤其是孟子,更是詳細探討了心、性、情、才等概念的意義及其相互關係。但儒家心性論的真正自覺建構却深受佛教禪宗的刺激,從北宋周敦頤、二程、張載等開始,中間經過南宋朱熹、陸九淵等的不斷發展,最終在明儒王守仁那裏建構完成。與儒家一樣,道家、道教的心性思想也産生得很早,早在《莊子》《管子》等書中就已經開始探討心性問題,但當時尚未形成體系。後來,經過唐代重玄學的進一步發展,終於在産生於金元之際的全真道那裏最終完成。從淵源上講,全真道的心性論遠可以追溯到先秦老莊,近可以追溯到唐代重玄學與鍾吕金丹道,並深受佛教禪宗心性論的影響。全真道一直主張"三教合一",其思想深受儒、釋、道三教思想的影響,其心性論也是在充分吸收三教心性論理論精華的基礎上建構起來的。全真道心性論的發端者是王重陽,中間經過了全真七子的繼承與發展,最後在尹志平與王志謹那裏得以圓成。王重陽與全真七子關於心性論的表述,散見於他們的詩詞和語録中,尚未有其他集中而系統的表述,把握起來相對比較困難。但到全真道第三代弟子尹志平與王志謹那裏,情況就大不相同了,兩人都有《語録》傳世,尹志平有《清和真人北游語録》,王志謹有《盤山棲雲王真人語録》,他們各自在《語録》中系統闡述了自己的心性理論。從某種意義上可以説,這兩部《語録》實際上代表了全真道心性論的最高成就,是全真道心性論建構完成的標志。

第一節　概念闡釋

全真道心性論與儒、釋二教相比,既有相同的地方,又有自身的特色。全真道探討心性問題,並不是爲了建構一個圓融的理論體系,而是爲了用來指導内丹實踐,心性論是全真道内丹修煉的理論基礎。反過來説,全真道的心性論是通過闡述内丹修煉理論而呈現出來的,正因爲其與内丹學有如此密切的關係,所以張廣保將其稱之爲"内丹心性學"①。全真道的心性論除了探討心性關係問題之外,還探討性

① 張廣保教授著有《金元全真道内丹心性學》(生活・讀書・新知三聯書店 1995 年版)一書,該書首次提出了"内丹心性學"的概念。

命關係問題,心、性、命是全真道心性論的三個最重要的概念,而對這三個概念的理解,全真道與儒、釋二教相比,有相同的地方,也有特异之處,①這一點在王志謹的心性理論中也表現了出來。

一、心

心是心性論的一個最基本的概念,儒、釋二教在規定心這一概念時,都做了形上與形下的區分。儒家孟子首先提出"本心"的概念,宋明儒者在此基礎上進一步做出了道心與人心的區分,道心即形上之心,人心即形下之心,道心即天理,人心即人欲,所以道心與人心的區分,又必然地導向天理與人欲的對立。佛教禪宗同樣如此,六祖惠能在《壇經》中便把心區分爲"佛心"與"衆心"、"妄心"與"本心",一念迷即爲"衆心""妄心",一念悟即爲"佛心""本心",並在此區分的基礎上,提出了"識心見性"的理論。全真道對心的規定也遵循了以上傳統,對心做出了形上與形下的區分,這種區分在王重陽與全真七子那裏都有體現,當然也影響到了後來的王志謹。

王重陽在詩詞中,根據不同的需要,曾對心做出了不同的表述。他有時候强調"道心"與"衆心"的區分,主張"道心不與衆心同",②"一靈真性在,不與衆心同"③;有時候又根據心之狀態的不同,提出"定心"與"亂心"的區分,其在《重陽立教十五論·論降

---

① 張廣保言:"儘管新道教心性論具有自己的獨特內容和形式,但因爲與禪宗相同都是從宗教修煉的角度討論心性問題,加之禪宗心性論在此之前就已相當完善和成熟,所以新道教也與理學一樣,在許多地方借鑒了禪宗心性論內容。"(張廣保:《金元全真道内丹心性學》之《引言》,生活·讀書·新知三聯書店 1995 年版,第 4 頁。)

② [金]王嚞:《重陽全真集》卷四《賀聖朝》,《道藏》第 25 册,第 715 頁。

③ [金]王嚞:《重陽全真集》卷九《辭世頌》,《道藏》第 25 册,第 741 頁。

心》中云:"凡論心之道,若常湛然,其心不動,昏昏默默,不見萬物,冥冥杳杳,不内不外,無絲毫念想,此是定心,不可降也。若隨境生心,顛顛倒倒,尋頭覓尾,此名亂心也,速當剪除,不可縱放,敗壞道德,損失性命。住行坐卧,常勤降聞見知覺,爲[無]病患矣。"①在《五篇靈文注》中,王重陽又提出了"天心""真心"的概念,以對應佛教的"妙明真心",並與"思慮妄想之心"相對立,其云:"天心者,妙圓之真心也,釋氏所謂妙明真心。心本妙明,無染無著,清净之體,稍有染著,即名之妄也。此心是太極之根,虚無之體,陰陽之祖,天地之心,故曰天心也。元神者,乃不生不滅、無朽無壞之真靈,非思慮妄想之心。天心乃元神之主宰,元神乃天心之妙用。故以如如不動、妙圓天心爲主,以不壞不滅、靈妙元神爲用也。"②因受王重陽的影響,馬鈺也提出了"凡心"與"真心"的對立,其云:"凡心滌盡見真心,澆溉靈根雲脚底。自然陡頓忘人我,始覺元初父母你。"③馬鈺所説的"凡心"即"衆心""亂心","真心"即"定心""天心""道心""本心",這與王重陽顯然是一脉相承的。除此之外,王重陽和全真七子還針對心所攀援外物的不同,又把心分爲"色心""貪心""勝心""機心""謗心""欲心""塵心"等,這都是指的形下之心,與形上之本心相對。④

---

① 《道藏》第 32 册,第 153 ~ 154 頁。

② 《藏外道書》第 25 册,第 669 頁。

③ [金]王喆:《重陽分梨十化集》卷上,《道藏》第 25 册,第 794 頁。

④ 張廣保在《金元全真道内丹心性學》一書中説:"早期全真道認爲修行應在心上下功,心是内丹修煉的現實在[載]體。他們提出了有關心的各種概念,對心做了各種深入細緻的區分和判别,設置了如:塵心、貪心;真心和本心,清虚心、冷淡心等各種有關心的概念。"(張廣保:《金元全真道内丹心性學》,生活·讀書·新知三聯書店 1995 年版,第 78 ~ 79 頁)

王志謹繼承了王重陽與全真七子對心的以上區分,也提出了“俗心”與“道心”、“凡心”與“真心”、“動心”與“不動心”等對立的概念。其在《盤山棲雲王真人語録》中云:“修行人常常心上無事,正正當當,每日時時刻刻體究自己本命元神,端的處明白不昧,與虚空打作一團,如此纔是道人底心也。積日累功,自有靈驗。所以見種種作爲不如休歇體究自己去。若一向物上用心,因循過日,却與俗心無异也。”①以上是把“道人之心”與“世俗之心”做了區分和對比。在王志謹看來,道人之心“心上無事”,“與虚空打作一團”,雖日日接物應事,但事、物不累心,所以心無執著挂礙;而與此不同,世俗人之心則喪失自主性,被外物牽引,即“一向物上用心”“因循過日”,漸失自性,昧了真心。又云:“凡心未鍊,喻如石鑛中有白金,未經鍛煉,只是頑石。置之大冶洪鑪,鍊去滓穢,分出真物,既以成金,不復爲鑛。修行人亦復如此,將從來蒙昧染着之心,便同頑鑛,以志節爲大冶,以慧照爲工匠,殷勤鍛煉,一毫不存,煉出自己本初無礙底真心。既已成真,不復爲假,當自保護,堅固收藏,自得受用,此便是亘古圓明底無價寶珠也。”②以上所説的“凡心”,即“蒙昧染著之心”,因其執著外物,又可以稱之爲“頑心”;而“真心”即“本初無礙底真心”,是“亘古圓明底無價寶珠”。煉盡凡心,方得真心。除了以上區分之外,王志謹在《盤山棲雲王真人語録》中還提出了衆多與心有關的概念。比如,與道心、真心相當的概念有“照心”“誠心”“心體”“不動心”等,而與俗心、凡心相當的概念有“私心”“邪心”“欲心”“塵心”“頑心”“怖心”“亂心”“妄心”“動

① 《道藏》第23册,第724頁。

② [元]論志焕編:《盤山棲雲王真人語録》,《道藏》第23册,第730頁。

心”等。

顯然,王志謹已經徹底繼承了王重陽與全真七子對於心的規定,同樣也把心做了形上與形下的區分,並把形上之心與形下之心對立了起來。在王志謹看來,道心與俗心、真心與凡心等不僅有質的區别,而且還是你進我退、你退我進、“道高一尺,魔高一丈”的關係。只有煉盡塵心、滌盡凡心,方得道心、真心。①

二、性

與把心區分爲形上與形下一樣,宋明理學家認爲,人之性也可以分爲“天命之性”與“氣質之性”,“天命之性”即天理,是純善無惡的本體,而“氣質之性”即人欲之根源,惡乃由其所生。“天命之性”或“天地之性”又稱“德性”,是形上之本體,而“氣質之性”又稱“氣性”,乃先天禀氣與後天習染而成,屬形下之性。“窮天理,滅人欲”,即是通過後天的修養,變化氣質,化氣質之性爲天命之性,從而達到德性朗然、純善無惡之境。儒家對性的以上規定,從某種意義上講,影響了全真道,全真道也把性分爲了形上之真性與形下之習性。②

王重陽把人的本性稱之爲“真性”,在他的詩詞中,多次提到“真性”一詞,其曾云:“心中真性修行主。”③又云:“自家真性是家

① 張廣保言:“盤山派經常以真心、本心和塵心、邪心對舉,討論的中心問題是:蕩滌邪心,透悟本心。”(張廣保:《金元全真道内丹心性學》,生活・讀書・新知三聯書店 1995 年版,第 133 頁)

② 張廣保也有相同的看法,請參看張廣保:《金元全真道内丹心性學》,生活・讀書・新知三聯書店 1995 年版,第 148 頁。

③ [金]王嚞:《重陽全真集》卷三,《道藏》第 25 册,第 708 頁。

風。"①類似的表述還有很多,在此不再一一列舉。除了把人的本性稱爲"真性"之外,王重陽有時候又將其稱爲"本來面目""一靈真性""本性""真靈本性""玉性"等。其題名爲《贈道友》的《喜遷鶯》詞云:"問公爲善,這大道無言,如何迴轉。猛捨浮華,搜尋玄妙,閑裏做成修鍊。認取起初真性,捉住根源方便。本來面。看怎生模樣,須令呈現。　親見。堪相戀,請向絳綃宫裏,開瓊宴。會上明明,霞輝萬道,射透玉絲瑶霰。一粒寶珠晶瑩,衮出光同飛電。徹中央,大羅天歸去,永除遷變。"②其中除了提到"認取起初真性,捉住根源方便"之外,還提到了"本來面","本來面"即"本來面目",原屬佛教用語,王重陽在這裏用來代指人之真性。其《辭世頌》云:"地肺重陽子,呼爲王害風。來時長日月,去後任西東。作伴雲和水,爲鄰虚與空。一靈真性在,不與衆心同。"③又曾云:"修持如會識金丹,只要真靈本性全。請看崑崙山上景,碧霞光彩接秦川。"④以上提到的"一靈真性""真靈本性"皆是指人之真性。根據人之真性顯現的特點,王重陽還把真性稱之爲"玉性",其云:"玉性金真,人人皆可化。玉液金丹,頻頻迎迓。玉兔金烏,光光相次亞。照玉欄干種玉芽。　瓊蕊金莖,長長生不謝。玉女金童,常常看舍。玉鎖金匙,門門開闢下。賞玉堂春對玉花。"⑤又云:"玉性玉性。玉鎖緊嚴,金關牢釘。玉房深、百日清清,玉輝光一併。　玉

① [金]王嚞:《重陽全真集》卷一,《道藏》第25册,第694頁。
② [金]王嚞:《重陽全真集》卷五,《道藏》第25册,第719頁。
③ [金]王嚞:《重陽全真集》卷九,《道藏》第25册,第741頁。
④ [金]王嚞:《重陽全真集》卷二,《道藏》第25册,第704頁。
⑤ [金]王嚞:《重陽全真集》卷三,《道藏》第25册,第708頁。

匙開闡通仙逕。玉門中傳令。玉童來、便許全真,玉皇宣已定。"①王重陽爲什麽把真性稱之爲"玉性"呢?他曾在一首《任公問本性》詩中對此做了解釋,其云:"如金如玉又如珠,兀兀騰騰五色鋪。萬道光明俱未顯,一團塵垢盡皆塗。頻頻洗滌分圓相,細細磨揩現本初。不滅不生閒朗耀,方知却得舊規模。"②顯然,玉性是王重陽對真性的形象化描述,因爲真性光明,"如金如玉又如珠,兀兀騰騰五色鋪",就像玉石一樣潔净光亮,經過細細打磨方可顯出本來面目,所以王重陽將其形象地稱之爲"玉性"。

王重陽所説的真性具有以下四個方面的特點:(一)真性本來圓滿。其《王德昭求學道》詩云:"談舌舉却牽情,印真靈道自生。性本來圓又滿,儀能辯濁分清。從上善歸燒鍊,起中丹得去程。麥要公心裏悟,聞此理並無名。"③在王重陽看來,作爲人之本性,真性本來圓滿,能分辨善惡清濁。雖然如此,但因爲後天情欲的原因,真性並不能自己顯現,要經過一定的修煉,去除心中各種情欲,真性方可顯現出來。(二)真性即金丹。金丹是歷代道士修煉的目標,但其有内外之分,鍾吕内丹道産生之前,道書中所説的金丹主要是外丹,作爲鍾吕丹道派的傳人,王重陽所説的金丹並非一外在的客觀存在物,更不是通過化學燒煉所得出的化學物質,而是一種精神的境界或心靈的狀態,或者説是得道以後所得的景象,也就是人之真性顯現出的形象。其著名的《金丹》詩云:"本來真性唤金丹,四假爲鑪鍊作團。不染不思除妄想,自然衮出入仙壇。"④其

① ［金］王嚞:《重陽全真集》卷三,《道藏》第25册,第709頁。
② ［金］王嚞:《重陽全真集》卷一,《道藏》第25册,第693頁。
③ ［金］王嚞:《重陽全真集》卷二,《道藏》第25册,第700頁。
④ ［金］王嚞:《重陽全真集》卷二,《道藏》第25册,第701頁。

《四得頌》又云:"得汞陰消盡,得鉛陽自圍。得命顛倒至,得性見金丹。"[①]在第一首詩中,他明確提出"本來真性唤金丹"的説法,直接把金丹與真性等同了起來,這樣以來,金丹便成爲了真性的另一稱謂。因此,王重陽纔在第二首詩中提出了"得性見金丹"的説法。(三)真性與假身相對。倡導"三教合一"的王重陽,因深受佛教影響,視人的身體爲臭皮囊,爲内丹修煉的障礙,棄之而後快,從而把真性與身體對立了起來。他曾在一首詞中云:"性爲真,身是假。認取圓成,可可頻占惹。自是康强惺復灑。静裏搜閑,急急投嬰姹。　說良因,談道話。開廓靈明,拯出根源也。一顆神珠無有價。衮上瑶臺,永永長游冶。"[②](四)真性乃先天妙明之心。王重陽曾在《五篇靈文注》中云:"先天者,入於無象;後天者,滯於有形。先天者,真净妙明之心也;後天者,端嚴具足之形也。先天妙明真性,本來清净,無始以來,一念垂珠,至於今日,若不得後天具足之體招攝,則陰靈孤渺。後天具足之體,若不得先天靈妙之元神,則不能變化通靈,豈能超凡入聖?"[③]王重陽認爲,與性真身假一樣,無形無象者乃先天的,有形有象者乃後天的,人的真性無形無象,所以是先天的妙明真性,它本來清净,不生不滅,是人能够超凡入聖的内在根基。按照以上四個方面的規定,在王重陽看來,真性是無生無滅、本來圓滿、純真無假、先天存在的,它是超越的、形上的人之先天本性,是人超凡入聖、得道成仙的内在根據。王重陽談性只在形上的層面上,並没有涉及形下之性即氣性的問題,而尹志平、王志謹却在肯定形上之性的同時,從修煉的角度出發,提出了習性

① [金]王嚞:《重陽全真集》卷九,《道藏》第25册,第740頁。
② [金]王嚞:《重陽全真集》卷十三,《道藏》第25册,第762頁。
③ 《藏外道書》第25册,巴蜀書社1994年版,第670頁。

的問題。

尹志平顯然繼承了王重陽與全真七子關於真性的理論，他曾在《清和真人北游語録》卷一中云："先須盡心，認得父母未生前真性，則識天之所賦之命。"①其中便明確提到了真性。但與王重陽等不同，尹志平更多的談的是習性的問題。他曾在《真仙直指語録》卷下云：

> 萬物中惟人最靈最貴，却有千生萬死。喻如眼中觀物，爲無正主，性著於物，是物上生心，謂之生。又耳内聞聲，性却逐聲，聲上生，物上却滅。又鼻聞香，性著香氣，香上生，聲上却滅。又舌嘗味，性著甘味，味上生，聞香處却滅。身好衣袂，衣袂上生，甘味上却滅。意好思慮，思慮上生，衣袂上却滅。但舉一念處爲生，絶一念處爲滅，一日十二時中，無功夫人心上千頭萬緒，縈繫其心，便是千生萬死也。若要絶生滅，但舉一念，先用覺照，照破萬緣盡是虚假，方可物境不能染住，久久行持，覺照亦忘，心上自清静，清静生無爲，無爲自然合大道矣。②

以上尹志平所説的"性"顯然不是真性，因爲真性不生不滅，本來具足，並無攀援、附著、思慮之功能，這個能著於物，能逐聲，能著香氣、甘味、衣袂的"性"，必然不是真性，而應該是形下之心，或者更具體地説，應該是指形下之心中的習性。尹志平在這裏直接用"性"而不用習性，容易令人產生誤解，但他在他處却對習性有明確的説明。其在《清和真人北游語録》卷二中云：

> 吾少日粗學陰陽，故知人皆不出陰陽，且此生所受五常之

① 《道藏》第33册，第157頁。

② 《道藏》第32册，第441頁。

性，即前生所好，既習以成，則有以感之也。謂如前生好仁，今生必得其木相；好禮，必得火相；好義好智，必得金水相之類。所好不一，則必得五行不純駁雜之相，此之謂習性感化，又謂之因果，今之福業貴賤皆不出五行因果也。本來之性，有何習？無習有何感？無感無習，是五行不到之處、父母未生之時也。①

在尹志平看來，人皆有金、木、水、火、土"五常之性"，因"五常之性"駁雜不純，所以易於被外物所感化，從而産生執著與攀援。"五常之性"即"習性"，從性質來説，屬於氣性，而非德性，其乃禀陰陽五行之氣而來。"人禀五行之氣以生，故亦隨其性，如木性多仁，火性多禮之類是也。此皆非吾之本真，須超出五行，始見吾之真性矣。"②顯然，習性與真性不同，真性是人的本來面目，即"五行不到之處，父母未生之時"的先天狀態，而習性則是後天習染而成，它易於被外物牽引，從而蒙蔽真性，是修道的障礙。全真道士若想得道成仙，就必須首先去除各種習性，達到無習無感的先天狀態，真性方能顯現，大道纔能得以成就。

王志謹對性的認識深受王重陽、尹志平等的影響，他同樣在肯定真性的同時，也充分認識到了習性對於修道的危害。《盤山棲雲王真人語録》中云：

或問曰：道家常論金丹，如何即是？答云：本來真性是也。以其快利剛明，變化融液，故曰金；曾經煆煉，圓成具足，萬劫不壞，故名丹。體若虚空，表裏瑩徹，一毫不掛，一塵不染，輝

① 《道藏》第33册，第167頁。
② ［元］段志堅編：《清和真人北游語録》卷一，《道藏》第33册，第157頁。

輝晃晃,照應無方。故師祖云:"本來真性號金丹,四假爲爐煉作團,不染不思除妄想,自然衮出赴仙壇。"①

顯然,王志謹的以上説法來自於王重陽,他還引用了王重陽的《金丹》詩以説明金丹即真性,並對爲什麼稱真性爲金丹做出了解釋。同時,他與尹志平一樣,也承認習性的存在,其云:"修行之人,性有利鈍,性鈍者不可堅執,宜住叢林,低下存心,與達理明心底人結緣,緣熟自然引領入道,漸次開悟。若自性鈍滯,又無見趣,每日常與同類相從,交結塵俗,塵境緣熟,久必退道,或遭魔境,作地獄見,無人救援,一向沉墮,深可痛哉!"②這個有利鈍的性,不可能是真性,真性作爲形上之性,應該是人人具足、個個等同的,人與人之間不可能有差异,有利鈍之性必然是習性,或者更確切地講,它屬於才性,而才性實際上也是習性或氣性的一種。王志謹同樣認爲,習性是人修道的障礙,只有通過煉心來消除了習性,真性方可顯現。其云:"若不鍊心,認物爲我,則一向慳貪習性,窄隘罪過,尋俗誤却前程矣。"③這説明他與尹志平一樣,也把真性與習性對立了起來,真性與習性之間,不僅在理論上有形上與形下的差别,而且在修道實踐上也是此隱彼顯、此消彼長的關係。

王志謹還用中國哲學傳統的體用理論來解釋真性與動静語默的關係,《盤山棲雲王真人語録》中云:

或問曰:視聽食息手拈足行心思,此是性否?答云:道性不即此是,不離此是。動静語默,是性之用,非性之體也。性之體,則非動非静,非語非默。古人有言:"大道要知宗祖,不

---

① 《道藏》第23册,第731頁。
② [元]論志焕編:《盤山棲雲王真人語録》,《道藏》第23册,第726頁。
③ [元]論志焕編:《盤山棲雲王真人語録》,《道藏》第23册,第725頁。

離動静語默。"若認動静語默,便是認奴作主。主能使奴,奴豈是主哉? 一切擡手動足,言語視聽,千狀萬態,及良久不動,皆是奴僕,非主人也,主人堂上終不得明示於外,然得其用使者則自承當作主矣。①

體用論是中國哲學常用的一種理論,比如宋明理學家,就曾經用它來講本體論中的内在道德本體與外在道德行爲之間的關係,因而有"體用一源,顯微無間"的説法。又如當代新儒家,也曾用它來處理儒家道德本體與科學、民主的關係。因受到宋代理學家的影響,王志謹在這裏也用體用關係來解釋人的内在真性與外在行爲之間的關係。在他看來,真性作爲本體,是"非動非静,非語非默"的,即不可以動静語默言本體,因爲本體是超越的,它超越了動静語默之間的差別。然而,本體雖然是超越的,却不是超驗的,本體不是死的或抽象的存在,而是活生生的、可以隨時呈現的,即本體不僅是體,而且有用,它的作用就體現在人的動静語默等日常行爲之中。正是從這一意義上講,王志謹認爲,動静語默雖非真性,但却不離真性,它們是真性的外在表現。

三、命

命是中國哲學中一個重要的概念,儒、道兩家皆講命。儒家所謂的"命"主要是指天命,《論語・爲政》云:"五十而知天命。"《論語・季氏》云:"孔子曰:君子有三畏:畏天命,畏大人,畏聖人之言。小人不知天命而不畏也,狎大人,侮聖人之言。"《中庸》云:"天命之謂性,率性之謂道,修道之謂教。"儒家有時候也把天命簡稱爲命,

---

① [元]論志焕編:《盤山棲雲王真人語録》,《道藏》第23册,第723頁。

比如,《論語·顏淵》云:"死生有命,富貴在天。"孔子在《論語·堯曰》中云:"不知命,無以爲君子也;不知禮,無以立也;不知言,無以知人也。"《孟子·盡心上》云:"盡其心者,知其性也。知其性,則知天矣。存其心,養其性,所以事天也。殀壽不貳,修身以俟之,所以立命也。"以上所説的"命"即是指"天命",兩者意義基本相同。儒家所説的天命主要是指一種人力所無法抗拒的必然性,《論語·憲問》云:"子曰:道之將行也與,命也;道之將廢也與,命也。公伯寮其如命何!"《孟子·萬章上》云:"莫之爲而爲者,天也;莫之致而至者,命也。"在儒家看來,一個人道德水平的高低是自己可以把握的,其正所謂《論語·述而》所言"吾欲仁,斯仁至矣。"但是,人生中有一些東西却是人力無法控制的,比如生死、富貴等,它們屬於《孟子·盡心上》所説的"求之有道,得之有命,是求無益於得也,求在外者也。"從這一意義上講,儒家所説的命或天命主要是針對人的有限性而言,因爲人本身的有限性,導致人生中有許多事情是自己無法操縱的,對於這些事情儒家稱之爲命或天命。

道家也講命,而且其意義與儒家基本相同。比如,《老子》第16章云:"致虛極,守静篤,萬物並作,吾以觀復。夫物芸芸,各復歸其根。歸根曰静,是謂覆命。覆命曰常,知常曰明,不知常,妄作,凶。""覆命"即復歸生命的本然,生命的本然也就是未經後天薰染、上天所賦予人的本來的生命狀態。從表面上看,老子對命的以上規定與儒家不同,而實際上這種不同並不是來自於兩家對命的理解,而是來自於兩家對生命的不同理解。在儒家看來,人力無法改變天命,所以天命永遠是一個人所無法干預、涉足的領域,因人無法參與,所以它永遠處於本然狀態。這與老子所講的並無根本差别,只是兩者的側重點不同,儒家側重於人的限制,是從外在方面來談命,而道家則側重於從内在方面把命視爲人的本然的狀態。所以,到莊子的時候,其所謂的命就與儒家基本相同了。《莊子·人間世》云:"仲尼曰:天下有大戒二:其一,命也;其一,義也。子之愛親,命也,不可解於心;臣之事君,義也,無適而非君也,無所逃於天地之間。是之謂大戒。是以夫事其親者,不擇地而安之,孝之至也;夫事其君者,不擇事而安之,忠之盛也;自事其心者,哀樂不易施乎前,知其不可奈何而安之若命,德之至也。"從莊子認爲命"不可解於心""不可奈何"來看,其所謂的命顯然是一種人力無法操縱的必然性。而且,與儒家把生死、富貴視爲命一樣,《莊子·大宗師》云:"死生,命也,其有夜旦之常,天也。人之有所不得與,皆物之情也。"莊子認爲,對於生死,"人之有所不得與",即生死是由自然而形成的一種生命的必然,是人力所無法改變的,人只有順任,而無法抵抗。

對於性與命的關係,道家談得較少,《莊子·天運》云:"性不可易,命不可變,時不可止,道不可壅。"以上《莊子》只是點出了性與命有一個共同的特點,即不可改變,除此之外無所説。但是,假若根據道家的思想來推測,性與命應該是相同的,因爲無論是性,還是命,皆源於自然。然而,孟子却對性與命有明確區分。《孟子·盡心下》云:"口之於味也,目之於色也,耳之於聲也,鼻之於臭也,四肢之於安佚也,性也,有命焉,君子不謂性也。仁之於父子也,義之於君臣也,禮之於賓主也,知之於賢者也,聖人之於天道也,命也,有性焉,君子不謂命也。"在以上這段話中,孟子明確地把口、目、耳、鼻、四肢等感官與身體對味、色、聲、臭、安佚的欲求視爲命,把仁、義、禮、智乃至天道等道德情感視爲人的本性,這無形中便是把源於肉體的欲求視爲命,把源於精神或道德的欲求視爲性,從而把性與命嚴格區分了開來。與孟子不同,《易傳》習慣於性命連稱,其《乾・彖傳》云:“乾道變化,各正性命,保合太和,乃利貞。”《説卦》又云:“昔者聖人之作《易》也,幽贊於神明而生蓍,參天兩地而倚數,觀變於陰陽而立卦,發揮於剛柔而生爻,和順於道德而理於義,窮理盡性以至於命。昔者聖人之作《易》也,將以順性命之理。”《易傳》所謂的“性命”其實只相當於孟子的“性”,之所以性命連稱,乃是因爲“天命之謂性”,即性乃天之所命,即天命。“窮理盡性以至於命”,即是逆著“天命之謂性”,由人性至天命,這個“命”主要是“命令”之“命”,與孔子所説的天命雖有關聯,但意義不同。

道教對命的理解多源於儒家,而不是源於道家,至少全真道是這樣的。《鍾吕傳道集・論大道第二》中云:“萬物之中,最靈、最貴者,人也。惟人也,窮萬物之理,盡一己之性。窮理盡性以至於命,全命保生以合於道,當與天地齊其堅固,同得長久。”①其中,直接引用了《易傳》中的“窮理盡性以至於命”,雖然這裏所説的“窮理”“盡性”與儒家不完全相同,但在形式上畢竟取法於儒家。吕洞賓的《敲爻歌》云:“命要傳,性要悟,入聖超凡由汝做。三清路上少人行,畜類門前爭入去。報賢良,休慕顧,性命機關堪守護。若還缺一不芳菲,執著波渣應失路。只修性,不修命,此是修行第一病。只修祖性不修丹,萬劫陰靈難入聖。達命宗,迷祖性,恰似鑒容無寶鏡。壽同天地一愚夫,權握家財無主柄。性命雙修玄又玄,海底洪波駕法船。生擒活捉蛟龍首,始知匠手不虛傳。”②顯然,吕洞賓是順承鍾離權的以上説法而來的,即把性與命是作了區分的,但在

① 《藏外道書》第6册,第65頁。

② [清]劉一明:《道書十二種》,書目文獻出版社1996年版,第476~477頁。

意義上却與儒家有了明顯不同。其所謂的"性"與人的精神相關,其所謂的"命"則與人的肉體相關,"修性"就是精神的修煉,"修命"就是肉體的修煉,"性命雙修"即是對人生命整體的修煉與提升,這裏所强調的是兩者的不可偏廢。作爲全真道的理論淵源,鍾吕丹道派對性與命的理解深深影響了王重陽與全真七子。

王重陽與全真七子的詩詞中多次提到"命"字,他們對命的理解,有時候是指命運之命,有時候是指生命之命,更多的時候則是指"性命雙修"之命。比如,王重陽《喜再到醴泉》詩云:"神知命皇天覆,喜今朝到醴泉。"①《壽期》詩云:"害風害風舊病發,壽命不過五十八。"②《警知天命》詩云:"得勢那堪更得時,得時全不畏陰司。也宜積行修因果,惡業隄防有滿時。"③《邵公索要下手修行》云:"我命不由天。"④《贈劉四友》還云:"命中福淺少因緣,只爲勞生日業牽。"⑤丘處機《贈王喬二生》詞云:"知命固窮皆淡薄,樂天清儉不奢華。"⑥《虢縣渭南灤里》云:"此地風光勝。人物俱相應。水竹深藏數十家,户户知天命。"⑦以上所説的"知命""壽命""天命"等,主要是指命運而言。王重陽《王公求放生》詩云:"知公能作自身觀,物命於人没兩般。"⑧《贈傅太丞》詩云:"定膏肓别有按,存性命

① [金]王嘉:《重陽全真集》卷二,《道藏》第25册,第699頁。
② [金]王嘉:《重陽全真集》卷二,《道藏》第25册,第701頁。
③ [金]王嘉:《重陽全真集》卷二,《道藏》第25册,第701頁。
④ [金]王嘉:《重陽全真集》卷四,《道藏》第25册,第714頁。
⑤ [金]王嘉:《重陽全真集》卷十,《道藏》第25册,第745頁。
⑥ [金]丘處機:《磻溪集》卷六,《道藏》第25册,第840頁。
⑦ [金]丘處機:《磻溪集》卷六,《道藏》第25册,第840頁。
⑧ [金]王嘉:《重陽全真集》卷一,《道藏》第25册,第693頁。

没差分。"①《誡潘十四郎省語》云:"一輪明月絶纖埃,一片靈光照玉臺。一粒金丹人不識,一生性命有誰猜。"②以上所説的"性命"一詞,也是普泛的説法,相當於今天我們所説的生命。但是,對王重陽與全真七子而言,"命運""生命"兩意義並不是主要的,他們談的最多的還是"性命雙修"意義上的"命"。比如,王重陽言:"汞鉛相見入長途,性命堅牢得永甦。"③又言:"早悟斯、疾速修行,永完全性命。"④又言:"猿馬住,性命自然知。"⑤還言:"如論性命,須搜夕晝。"⑥諸如此類的表述,在其詩詞中比比皆是。全真七子也屢屢談及修煉性命的問題。馬丹陽曾言:"道心長在常行善,性命圓融。"⑦又言:"學道來,常坦蕩。除性命二字,别無妄想。"⑧丘處機也言:"向碧巖古洞,完全性命,臨風對月,笑傲希夷。"⑨譚處端、劉處玄、王處一、郝大通等也皆多有如此的言論,在此不再贅述。王重陽與全真七子以上對命的規定影響了後來的全真弟子,比如,全真道第三代弟子的佼佼者尹志平對命的使用便與其前輩完全一致。一方面沿襲先秦孔孟老莊對命的理解,在天命的意義上來使用命字。《清和真人北游語録》卷二云:"榮枯生死,莫非自然,人生富貴貧賤,榮枯壽夭,亦各有所命也。惟人不受其命,則苦心勞形,

① [金]王嚞:《重陽全真集》卷二,《道藏》第25册,第699頁。
② [金]王嚞:《重陽全真集》卷二,《道藏》第25册,第701頁。
③ [金]王嚞:《重陽全真集》卷二,《道藏》第25册,第704頁。
④ [金]王嚞:《重陽全真集》卷三,《道藏》第25册,第709頁。
⑤ [金]王嚞:《重陽全真集》卷四,《道藏》第25册,第717頁。
⑥ [金]王嚞:《重陽全真集》卷七,《道藏》第25册,第727頁。
⑦ [金]馬丹陽:《洞玄金玉集》卷七,《道藏》第25册,第599頁。
⑧ [金]馬丹陽:《洞玄金玉集》卷八,《道藏》第25册,第605頁。
⑨ [金]丘處機:《磻溪集》卷五,《道藏》第25册,第833頁。

貪求不已,然則終不能於定分上曾有一毫增益。”[1]另一方面,又更多地是在“性命雙修”意義上使用命字。其在《清和真人北游語録》卷一中云:“初學之人,不知性命,只認每日語言動作者是性,口鼻出入之氣爲命,非也。性命豈爲二端?先須盡心,認得父母未生前真性,則識天之所賦之命。易曰:窮理盡性以至於命。”[2]由以上這兩段引文可以看出,尹志平顯然是把這兩種命的意義糅和在了一起。

當然,作爲郝大通的弟子,王志謹對命的規定與使用可能受郝大通的影響更大一些。郝大通曾在其《周易參同契簡要釋義》中對性、命做了規定,其云:“乾之爲用,見乎變化。變化之功,使物各正性命。性者,天生之質,若剛柔、遲速之别;命者,人所禀受,若貴賤、壽夭之屬。故知無形生於有形,有形之所累也。惟天道有形,能健而不爲所累者,蓋謂乘變化而御大器,静專動直,不失大和。乾之爲體,静住之時,則專一不轉移也;其運動之時,正直不傾邪也。不失大利,豈非正性命之情者邪?乾能正定物之性命,物之性命各有情也。所禀生者謂之性,隨時念慮謂之情。故以真言之,存乎其性;以邪言之,存乎其情。情去性存,命自歸而輔之。”[3]“性者天生之質”“命者人所禀受”,這便是郝大通給性、命所下的定義。從這個定義來看,郝大通所謂的性乃是氣性,與孟子所言之性不同,其主要是指人之性情,即剛柔、遲速之類;而其所謂的命乃是指天命,即貴賤、壽夭之類,這與儒家所講的天命並無二致。同時,郝大通也把全真道“性命雙修”之性、命與傳統的性、命糅合在了一

① 《道藏》第33册,第161頁。
② 《道藏》第33册,第157頁。
③ [金]郝大通:《太古集》卷一,《道藏》第25册,第869頁。

起，從而提出了“情去性存，命自歸而輔之”的觀點。在《真仙直指語録》卷上中，他更是直接談到“性命雙修”的問題，其云：“修真之士，若不降心，雖出家多年，無有是處，爲不見性。既不見性，豈能養命？性命不備，安得成真？”①

王志謹在《盤山棲雲王真人語録》中多次提到命，但主要是從天命、命運意義上來講的。比如，其云：“師因一道人有病，普説云：修行之人，飲食有節，動静有常，心神安泰，别無妄作，偶然得病，便是天命，豈敢不受？亦是自己運數之行，或因宿緣，有此病魔。”②又云：“安以待命，時至則行矣。”③又云：“因緣有數，非由人力，必順自然，安以待命。”④還云：“故凡在上者，乃是天命教在上，當似天一般盖覆，安養存恤一切在下底人，不可分我尊爾卑；凡在人之下者，亦是天命分定在下，當似地一般承奉於天，敬仰從聽在上人者，不敢絲毫怠慢。既在天地之間，必須合天地之道也。”⑤以上“天命”“安以待命”之命，都是命運之命，指的是决定人之生死、貧賤、富貴等的人力無法抗拒的必然性。除此之外，王志謹還經常性、命連用，其云：“修行之人，當本出家，爲此性命事大，歲久，不覺爲物所移，却學口頭伎倆，百種所能，只是爲奴作婢之事。”⑥又云：“大抵居静，本爲性命事大，收拾固濟，涵養爲功，遇境不動，乃是驗也。”⑦以上所言之性命乃是“性命雙修”意義上的性命，其中的命

① 《道藏》第 32 册，第 438 頁。
② 《道藏》第 23 册，第 721 頁。
③ 《道藏》第 23 册，第 722 頁。
④ 《道藏》第 23 册，第 728 頁。
⑤ 《道藏》第 23 册，第 728 頁。
⑥ 《道藏》第 23 册，第 729 頁。
⑦ 《道藏》第 23 册，第 725 頁。

主要是與人的肉體相關聯,修命即是對人之肉體的修煉。通過以上考察可以看出,王志謹對命的規定與王重陽乃至全真七子如出一轍,他既在命運意義上使用命字,又在"性命雙修"意義上使用命字,並因受郝大通的影響,有意於把兩者結合起來。

第二節　識心見性

"明心見性"本爲禪宗術語,却被提倡"三教合一"的全真道所吸收。全真道的心性關係,可以用"明心見性"四個字來概括。前面已經講過,無論是心,還是性,在早期全真道理論中都具有形上與形下兩個層面的意義。若從形上層面講,心爲本心、道心,與真性同義;若從形下層面講,心爲凡心、衆心,性爲習性。在中國哲學中,心性論主要探討的便是形下之心與形上之性的關係,就全真道而言,即凡心、衆心與道心、真性的關係。王重陽曾在《紀夢》詩中云:"古道心中性,三田用内觀。九文陽極數,一字了然看。開德神應爽,扶風氣自團。於予真有助,精耀入雲端。"①從其云"古道心中性"來看,顯然王重陽認爲,性包涵於心中,這裏所説的性即真性,而心即形下的凡心、衆心,"古道心中性"便道出了形下之心與形上之性之間的包涵與被包涵關係。正因爲性在心中,所以私心、欲心、凡心、衆心等,有時候會蒙蔽真性,使真性難以顯現,修道就是要衝破各種凡心的遮蔽,使真性呈現出來,對於這一過程王重陽稱之爲"識心見性",也即是佛教禪宗所説的"明心見性"。

"全真"即全其本真,也即是"真性呈現",而"識心見性"乃是

① ［金］王喆:《重陽教化集》卷三,《道藏》第25册,第784頁。

“真性呈現”的主要方式，所以王重陽在詩詞中多次提到“識心見性”。其《答戰公問先釋後道》詩云：“釋道從來是一家，兩般形貌理無差。識心見性全真覺，知汞通鉛結善芽。馬子休令川撥棹，猿兒莫似浪淘沙。慧燈放出騰霄外，照斷繁雲見彩霞。”①《呂善友索金剛經偈》詩云：“金剛四句首摩訶，其次須尋六字歌。仗起慧刀開般若，能超彼岸證波羅。識心見性通真正，知汞明鉛類蜜多。依得此中端的義，上騰碧落出娑婆。”②又有詩云：“爲觀俗事愚癡子，妄想難除生與死。迴光返照這裏來，識心見性投玄旨。”③從王重陽言“識心見性全真覺”“識心見性通真正”“識心見性投玄旨”來看，“識心見性”乃是全真道心性修煉的要旨，全真道修煉心性的目的即是要達到“識心見性”，只有首先“識心見性”，方能實現“全真而仙”。

與王重陽相比，全真七子較少使用“識心見性”一詞，但這並不意味著他們偏離了王重陽的修煉宗旨，因爲他們雖然不提“識心”，却多次提到“見性”。劉處玄曾云：“三教歸一，弗論道禪。見性成佛，鍊汞通鉛。”④又云：“道論陰陽，釋明見性。文宣五常，外應百行。萬法千門，無分平等。”⑤劉處玄以上兩處提到見性，雖然是針對佛教禪宗的修行方式而言，但從前後文語義來看，他並不反對“識心見性”，而是主張“三教合一”，“萬法千門，無分平等”。王處一《福山王押司因病求教》詩云：“緜緜細細養冲和，寂寂修心出愛

① ［金］王嚞：《重陽全真集》卷一，《道藏》第25册，第691頁。
② ［金］王嚞：《重陽全真集》卷一，《道藏》第25册，第694頁。
③ ［金］王嚞：《重陽全真集》卷十，《道藏》第25册，第744頁。
④ ［金］劉處玄：《仙樂集》卷三，《道藏》第25册，第438頁。
⑤ ［金］劉處玄：《仙樂集》卷三，《道藏》第25册，第439頁。

河。增長谷神常不漏,流傳血脉永無痾。全真發道忘生滅,見性通靈絶障魔。劫劫蓋因功德正,萬神齊捧出娑婆。”①又《灤州劉悟真問疑心》詩云:“隨物捉心鬼,觀空入妙玄。調神投内補,見性滅前愆。默默流瓊液,冥冥綻碧蓮。全真功德備,光耀滿無邊。”②顯然,全真道的修煉是需要通過“見性”來“絶障魔”的,要想“全真功德備”,就必須“見性滅前愆”。丘處機也曾在《長春丘真人寄西州道友書》中云:“神定氣和,乃是見性也,但瑩净與月無异。若人問有象,以無象答之。若人問無象,以有象答之。若有無相參,玄之又玄。”③又《長春真人規榜》中云:“夫住庵者,清虚冷澹,瀟洒寂寥,見性爲體,養命爲用,柔弱爲常,謙和爲德,慈悲爲本,方便爲門。”④丘處機不僅多次提到“見性”,而且還提出了“見性爲體,養命爲用”的説法,用體用理論來處理見性與養命的關係,這可以充分地看出他對見性的重視。

郝大通也曾提到見性與養命的關係,其主要觀點有二:第一,“見性爲體,養命爲用”。其云:“夫吾道以開通爲基,以見性爲體,以養命爲用,以謙和爲德,以卑退爲行,以守分爲功,久久積成,天光内發,真氣冲融,形神俱妙,與道合真。”⑤這一點與丘處機並無二致。第二,見性在先,養命在後。其云:“修真之士,若不降心,雖出家多年,無有是處,爲不見性。既不見性,豈能養命?

---

① [金]王處一:《雲光集》卷一,《道藏》25 册,第 648 頁。
② [金]王處一:《雲光集》卷三,《道藏》第 25 册,第 671 頁。
③ [元]玄全子集:《真仙直指語録》卷上,《道藏》第 32 册,第 437 頁。
④ [元]陸道和集:《全真清規》,《道藏》第 32 册,第 160 頁。
⑤ [元]玄全子集:《真仙真指語録》卷上,《道藏》第 32 册,第 439 頁。

性命不備，安得成真?"①郝大通認爲，"既不見性，豈能養命?"即見性在先，養命在後，見性是養命的前提，先見性而後養命，這正是貫徹了全真道"性命雙修""先性後命"的修煉宗旨。在此基礎上，郝大通尤其重視對心性的修煉，並提出了"情去性存"與"氣和性定"的修煉方法。其云："所禀生者謂之性，隨時念慮謂之情。故以真言之，存乎其性；以邪言之，存乎其情。情去性存，命自歸而輔之。"②郝大通認爲，情邪性真，人之念慮之情有妨於性，若想存性則必須首先去情，只有"情去性存"，纔能"命自歸而輔之"。又云："今之學者，是非、利害、好惡、貪嗔不離於心。心既如是，性豈能定？氣豈能和？自然走失，去道愈遠矣。"③他認爲，是非、利害、好惡、貪嗔之心有違氣和，氣不和則性不定，所以，要想性定，就必須首先去除心中的各種情欲，而消除心中情欲就需要煉心，煉心方能合道。

王志謹繼承了郝大通重視煉心的傳統，堅持以修心爲本。他將心分爲真心與人心，在他看來，真心與人心是體用關係，真心爲體，人心爲用，所謂"古人用處各各不同，妙本靈源未嘗有异，喻如人心之用，在目爲見，在耳爲聞，在口爲言，在心爲思，在手爲拈，在足爲行，所用不同，心體無别"④。王志謹認爲，雖然"妙本靈源未嘗有异"，即真心都是一樣的，而心的作用却有不同。就真心與各種感官的關係而言，"心體無别"，即真心還是那個真心，但通過不同的感官所體現出來的作用却各各不同：通過目體現出來的爲見，

① ［元］玄全子集：《真仙真指語録》卷上，《道藏》第32册，第438頁。
② ［金］郝大通：《太古集》卷一，《道藏》第25册，第869頁。
③ ［元］玄全子集：《真仙真指語録》卷上，《道藏》第32册，第439頁。
④ ［元］論志焕編：《盤山棲雲王真人語録》，《道藏》第23册，第729頁。

通過耳體現出來的爲聞,通過口體現出來的爲言,通過心體現出來的爲思,通過手體現出來的爲拈,通過足體現出來的爲行。雖然作用的表現方式不同,但是"心體無别",真心不會因爲這些形式變化而有所改變。王志謹在談到真心時説:

> 這個有體用、没爾我、正正當當底真心,自從亘古未有天地已前禀受得來,不可道有,不可道無;古今聖賢,天下老道,人皆得此,然後受用;千經萬論,乃至一大藏經,只是説這些子;上天也由這個,入地也由這個,乃至天地萬物、虚空無盡際,亦是這個消息主宰。會得底,不被一切境引將去,不被一切念慮般弄,不被六根瞞過,這個便是神仙底日用,便是聖賢底行蹤,便是前程道子也。①

王志謹認爲,真心"有體用、没爾我"。"有體用"即真心有體有用,是活的存在;"没爾我"即真心無我無物,渾淪不分,並非認知的對象。此乃人從亘古天地未生之前禀受而來,它既不是有,也不是無,而是即有即無、非有非無的道。古今聖賢,天下老道,皆是因爲得了真心,所以纔可以終生受用無窮。千經萬論,乃至所有道教經典,無非是説個真心。真心超越時空,無論上天還是入地都得依賴於它,它就是天地萬物、虚空無際的主宰。修道之人只要能够證得真心,便能够不被一切物境牽引,不被一切念慮般弄,不被六根(眼、耳、鼻、舌、身、意)欺騙,也就離成仙不遠了。

因爲真心"不可道有,不可道無",難以捉摸,不好把握,所以,王志謹便根據自己的修道體驗,運用比喻的方法,對道人之心,也即是真心,進行了描述:

---

① [元]論志焕編:《盤山棲雲王真人語録》,《道藏》第23册,第727頁。

> 如雲之出山，無心往來，飄飄自在，境上物上挂他不住。道人之心，亦當如此。①

在王志謹看來，道人之心就像出山之雲一樣，自然往來，飄飄自在，不爲物牽，不爲事礙。他這是以雲來比喻道人之心，以雲的自由自在、自然而然來比喻心的無拘無束。

> 又如風之鼓動，吹嘘萬物，忽往忽來，略無凝滯，不留影迹，草木叢林礙他不住，劃然過去。道人之心，亦當如此。②

道人之心又如風一樣，來無影，去無蹤，無論是吹過山川河流，還是吹過草木叢林，皆輕輕帶過，不留任何痕迹。這是以風的無影無蹤、無掛無礙來比喻道人之心的無執無著。

> 又如大山，巍巍峩峩，穩穩當當，不摇不動，一切物來，觸他不得。道人之心，亦當如此。③

孔子在《論語・雍也》中云："知者樂水，仁者樂山；知者動，仁者静；知者樂，仁者壽。"山水相比，山性静定，水性靈動，静定者壽，靈動者樂。以上王志謹以山來比喻道人之心，也是要突出山本性静定的特點。在他看來，道人之心就如大山一樣，不受外在一切的干擾，完全達到了"不動心"的狀態。

> 又如水之爲物，性柔就下，利益群品，不與物競，隨方就圓，本性澄湛，至於積成江海，容納百川，不分彼此，魚鱉蝦蟹盡數包容。道人之心，亦當如此。④

---

① ［元］論志焕編：《盤山棲雲王真人語録》，《道藏》第 23 册，第 718 頁。

② ［元］論志焕編：《盤山棲雲王真人語録》，《道藏》第 23 册，第 718 頁。

③ ［元］論志焕編：《盤山棲雲王真人語録》，《道藏》第 23 册，第 718 頁。

④ ［元］論志焕編：《盤山棲雲王真人語録》，《道藏》第 23 册，第 718 ~ 719 頁。

這是以水來比喻道人之心,《道德經》第8章云:“上善若水,水善利萬物而不争。”與山不同,水的本性是柔弱就下、不與物競、隨順自然,包容一切,道人之心也應當如此。

> 又如日月,容光必照,公而無私,明白四達,晝夜不寐,晃朗無邊。道人之心,亦當如此。①

日月照臨萬物,不偏不倚,至公無私,天地之間的萬事萬物,不論美醜、貴賤、賢愚、大小、香臭、善惡等等,日月之照臨無一遺漏。而且,日月照臨萬物,無有絲毫間斷,也没有暫時停歇,永遠是那麽晃朗無邊。這是以日月之容光必照、晝夜不寐比喻真心的大公無私、時時朗然。

> 又如天之在上,其體常清,清而能容,無所不覆,於彼萬有,利而不害。道人之心,亦當如此。又如大地之寧,寂然不動,負荷萬物,無黨無偏。道人之心,亦當如此。②

《中庸》云:“辟如天地之無不持載,無不覆幬。”天無不覆,地無不載,天性常清,地性常静,清則無不能容,静則無時不定,天利而不害,地載而無偏。道人之心應效法天地,純任自然,無爲無執,無偏無黨。

> 又如虚空廣大,無有邊際,無所不容,無所不包,有識無情,天蓋地載,包而不辨。非動非静,不有不無,不即萬事,不離萬事。有天之清,有地之静,有日月之明,有萬物之變化,虚空一如也。道人之心,亦當如此。③

王志謹最後又以虚空來比喻真心,虚空與前面所講過的雲、風、山、

---

① [元]論志焕編:《盤山棲雲王真人語録》,《道藏》第23册,第719頁。
② [元]論志焕編:《盤山棲雲王真人語録》,《道藏》第23册,第719頁。
③ [元]論志焕編:《盤山棲雲王真人語録》,《道藏》第23册,第719頁。

水、日月、天地不同，它不是具體事物，而所有一切具體事物却又都被它所包容，其"無所不容，無所不包"，所以，它兼有雲、風、山、水、日月、天地的所有特徵。真心之所以能像雲、風、山、水、日月和天地一樣，就是因爲它本虛空，所以，虛空是真心的本質所在，其他一切特徵無不是因其虛空而有。虛空"非動非静，不有不無，不即萬事，不離萬事"，即它超出動静、有無之上，與萬事萬物處於若即若離之間。其雖有天之清、地之静、日月之明、萬物之化，但却不著不執，"虛空一如"。①

王志謹以雲、風、山、水、日月、天地、虛空來比喻真心，形象而生動，通俗而易懂，非常有利於初學道者對真心的理解。其之所以這麼做，是因爲他發現當時有的全真道士出現了一種現象："大凡初機學道之人，若便向言不得處理會，無著落、没依倚，必生疑惑，爲心上没工夫。便信不及，信不及必不能行，行不得則胡學亂學，久而退怠。"②初入道的全真道士，大多喜歡好高騖遠，故弄玄虛，不著實在日常生活中下工夫煉心，時間久了，心上没工夫，不但不反思自己方法不對，而且還會對修道本身産生懷疑。更有甚者，由懷疑而導致信仰發生動摇，從而産生退怠之心。所以，王志謹非常注意用形象通俗的語言來描述像真心這樣抽象而難理解的概念。

王志謹還認爲，從先天稟賦上講，真心人人具足，而明澈真心

---

① 張廣保言："風、雲二物是比喻心體的無礙圓融；水、天二物表徵本心的澄湛包容；山與地則象徵心體安静寂然，如如不動。六種自然物分三組分别表徵心體澄湛、静定、包容無礙等三個特徵。而最後以虛空做結語，從總體上描述心體的各種相狀。最終以不有不無，不即萬事不離萬事這種'空'的狀態點出心體的最深層規定。"（張廣保：《金元全真道内丹心性學》，生活·讀書·新知三聯書店 1995 年版，第 135 頁）

② ［元］論志焕編：《盤山棲雲王真人語録》，《道藏》第 23 册，第 718 頁。

是成仙作聖的關鍵。其言：

> 師云：凡聖同途，只因明昧，明之則爲聖，昧之則爲凡。凡人之心，不肯刬情去執，棄妄除邪，逐境遷流，隨情宛轉，取一時之樂，積萬劫之殃，不省不思，莫悟莫覺者也。①

以上王志謹明確提出了“明之則爲聖，昧之則爲凡”的說法，認爲“聖凡同途”，即聖人與凡人在本性上相同，都具有相同的真性，其差别在於真性之明與昧，真性明則爲聖，真性昧則爲凡。這與禪宗六祖慧能所提出的，佛與凡夫之别，只在一念迷悟之間，具有异曲同工之妙。其進一步指出，凡人之心被情執所昧，“不肯刬情去執，棄妄除邪，逐境遷流、隨情宛轉”，只貪圖一時之享樂，却造下萬世之餘殃，而且還不省不悟。但是，只要凡人醒悟，認識到明澈真心纔是成聖成仙之正途，却情去執、棄妄除邪，自作主宰，就可以使真性朗然，由昧轉明，由凡轉聖。

王志謹所說的本心或真性，即是人之本真的狀態，他有時候又把達到這種狀態稱之爲合道，並進而將這種本真的人生境界提升到本體的層面，稱之爲道或真常之道。那麽，什麽是道？

> 或問曰：如何是真常之道？答云：真常且寘一邊，汝向二六時中理會自己心地，看念慮未生時是個甚麽？念慮既生時，看是邪是正？邪念則便泯滅者，正念則當用者。如何是邪念？凡無事時，一切預先思慮，皆是邪妄。如何是正念？目前有事，合接物利生，敬上安衆，種種善心，不爲己事，皆是正念也。其静則體安，其動則用正，不縱不拘，無晝無夜，絲毫不昧，常

① ［元］論志焕編：《盤山棲雲王真人語録》，《道藏》第23册，第731頁。

應常静，平平穩穩，便是真常之道也。①

以上王志謹提出了一個概念，即"正念"，並稱"其静則體安，其動則用正"。其所謂"正念"，即是人所稟受的先天真性，在王志謹看來，正念有體有用，以静爲體，以動爲用。但動必須不失其正。與正念相對的則爲邪念，事前的一切不該有的思慮計謀，皆屬邪念。王志謹認爲，"真常之道"並非存在於世界萬物和人類社會之外，而是在人的心内，要向内求，從自己心地上體會。如何體會呢？即時時刻刻反觀自身，看念慮未生時如何，念慮已生時是邪是正？邪念一起即泯滅，正念一起即保持，只要能做到無時無刻，無晝無夜，不分動静，邪念不起，正念流行，常應常静，平平穩穩，這便是真常之道。

王志謹以心性作爲修行之根本，認爲不能離開心性而悟道。他言："這個有體用、没爾我，正正當當底真心，自從亘古未有天地已前稟受得來，不可道有，不可道無……會得底，不被一切境引將去，不被一切念慮般弄，不被六根瞞過，這個便是神仙底日用，便是聖賢底行蹤，便是前程道子也。"②道即是"真心"，此真心早於天地而存在，它不生不滅，不有不無，有體有用，爲萬物乃至虚空之主宰。有時候王志謹還以混成之性來解釋本來真性，《盤山棲雲王真人語録》云："或問曰：'識得一，萬事畢'，又有云：'抱元守一'，則一者是甚麽？師云：乃混成之性，無分别之時也。既知有此，即墮於數，則不能一矣。一便生二，二便生三，三生萬物，如何守得？不若和一也無。"③以上所講的混成之性，就等同於老子的道，它能够創生萬物。顯然，"混成之性"是王志謹對王重陽"父母未生時，五

① ［元］論志焕編：《盤山棲雲王真人語録》，《道藏》第 23 册，第 722 頁。
② ［元］論志焕編：《盤山棲雲王真人語録》，《道藏》第 23 册，第 727 頁。
③ ［元］論志焕編：《盤山棲雲王真人語録》，《道藏》第 23 册，第 720 頁。

行不到處"①的繼承與發展。

王志謹又以清静爲道。《盤山棲雲王真人語録》云:"或問曰:修行之人,如何得清静?答云:心不逐物謂之安心,心不愛物謂之虚心,心安而虚便是清静,清静便是道也。"②有弟子問他如何使心得清静,王志謹回答説,要想做到清静,先要做到心不逐物、心不愛物,心不逐物稱之爲安心,心不愛物稱之爲虚心,"心安而虚便是清静,清静便是道也"。顯然,在王志謹看來,只要能做到心不被外物所牽引,始終保持清静的狀態,就是得道了。而心的清静狀態實際上也就是心的本然狀態,這時的心就是真心,這時的性就是真性,真心、真性呈現便是得道。王志謹認爲,雖然"真心"人人具足,但却易爲外物牽引,爲念慮欺瞞,修行人只有明澈自己的真心,讓真性充分顯現出來,纔能於一切境上逍遥自在,這時候也就達到了"全真"的狀態,實現了"全真而仙"。這與王重陽説的"真性不亂,萬緣不掛,不去不來,此是長生不死也"③一脉相承,都以真性不亂爲長生不死。顯然,全真道已經徹底放棄了傳統道教所秉持的肉體長生的觀念,轉而强調内在精神的超越。那麽,如何得此"真心",即如何體道呢?

師云:道無不在,頭頭皆是,色色俱真,惟在自己臨時驅用,更别有甚麽?争奈人心塵緣障重,不解根源,摘葉尋枝,隨波逐浪,回機者少。縱有鑽研,不求真實,紐捏做造,見神見鬼,頭上安頭,顛回到顧,不自知覺,幻身有限,光景難留,一息

① [金]王嚞:《重陽全真集》卷四《醴泉覓錢》云:"認取五行不到處,須知父母未生時。"(《道藏》第25册,第717頁)

② [元]論志焕編:《盤山棲雲王真人語録》,《道藏》第23册,第719頁。

③ 《重陽真人授丹陽二十四訣》,《道藏》第25册,第807頁。

不來，若之何也?[1]

王志謹認爲，世俗之人受情欲干擾，塵緣障重，執迷不悟，本來真心被遮蔽。所以，修道之人，要做一番除情去欲的工夫，情欲一去，真心、真性就會顯現，而此真心、真性即是道。正所謂“除了情，到無情，除了欲，得無欲，無情無欲底，則汝道這個是甚麽”[2]。除掉了情欲的干擾，心就可以達到無情無欲的狀態，這時的心即是真心、真性，而真心、真性的顯現即是得道。

王志謹有時候又把真心稱之爲心之體、宗祖、真宰、原本真靈等，把真性又稱之爲道性、混成之性、一點靈明、金丹等。但以上皆爲道的异名，真心、真性、道三者都是“元本真靈”的别稱，其既是人成仙的内在根據，又是全真道士所追求的最高境界。王志謹認爲，真心、真性源於道，其言:“只這主張形骸底一點靈明，從道裏禀受得來。”[3]雖然心性源於道，但真心易於受塵情物欲所遮蔽，被遮蔽的真心即爲人心，只有勤加鍛煉，除情去欲，纔能復返本心，真性纔能得以呈露。

道、真心、真性三者，雖然指向的是同一實體，但正如前面所言，真心、真性是從道中禀受而來的，所以三者是從不同的角度而言。[4] 道是從終極本體角度而言，真心、真性則是從個人修煉角度

① ［元］論志焕編:《盤山棲雲王真人語録》,《道藏》第23册，第728頁。

② ［元］論志焕編:《盤山棲雲王真人語録》,《道藏》第23册，第719頁。

③ ［元］論志焕編:《盤山棲雲王真人語録》,《道藏》第23册，第721頁。

④ 張廣保言:“道、心體、性體雖然都是對‘元本真靈’這一終極實體的不同表述，但三者側重點有所不同。道是從本體與實體雙重意義上對終極實體的指謂，是終極實體最充分的表述。而心體、性體則是從修煉角度而論，是經過精神修煉從人心中鍛造分離出的真心實體。”(張廣保:《金元全真道内丹心性學》,生活·讀書·新知三聯書店1995年版，第153頁)

而言。王志謹在論述道時,特别强調道的普遍性,他言:

道無不在,頭頭皆是,色色俱真,惟在自己臨時驅用,更别有甚麽?①

或問曰:萬形萬狀,各各不同,怎生一體同觀得?答云:天是道,地是道,萬物皆是道,彼亦是道,此亦是道,形象雖殊,道無不在,如何不同得?②

然後静也是道,動也是道,開口也是道,合口也是道,更待别求甚麽?③

在王志謹看來,道具有絶對的普遍性,它無處不在。"天是道,地是道,萬物皆是道",天地萬物皆是道;"彼亦是道,此亦是道",彼此你我皆是道;"静也是道,動也是道,開口也是道,合口也是道",動静語默皆是道。道的普遍性正是道作爲天地萬物和人類本體的重要表現,作爲本體,道具有絶對性與超越性,它既不受時空之限制,又是天地萬物和人類唯一的主宰,自然無所不在,無物不存,無時不有,具有絶對的普遍性。

《老子》第1章云:"道可道,非常道;名可名,非常名。"道作爲天地萬物和人類的本體,它超言絶象,具有不可言説性。王志謹曾用"言不得處""言思路絶處"來指代道,還講:"言思路絶,方始到家,罷問程途矣。"④王志謹認爲,雖然道無法言説、無法思考,但是人要按照道的要求去生活,去體驗道,也即人的行爲要"合道"。所

① [元]論志焕編:《盤山棲雲王真人語録》,《道藏》第23册,第728頁。
② [元]論志焕編:《盤山棲雲王真人語録》,《道藏》第23册,第732頁。
③ [元]論志焕編:《盤山棲雲王真人語録》,《道藏》第23册,第722頁。
④ [元]論志焕編:《盤山棲雲王真人語録》,《道藏》第23册,第730頁。

謂“心無染着,放曠任緣,合道也未?”①王志謹在解釋“全真”時曾言:“返常合道,順理合人”②,這就是要求人們要常常反省自己的行爲是否合乎道。關於如何纔能合道?王志謹給出的答案是,要做到從心上下功夫,自然而然會合乎道的規範,所謂“工夫到日,自然會得,動用合道,自有主者。”③他還曾引用俚語言:“萬般祥瑞不如無,平等安穩却合道。”④王志謹要求人們要按照道的規範去生活,其目的就是使真心得到彰顯,返回到人的本來狀態,捨棄那些背離道的行爲。只有做到這樣,人纔能在存在意義上與道合一,達到我即是道,道即是我,動静語默,處處在道。

第三節　以性統命

全真道的心性理論與内丹修煉密切相關,其内丹修煉的宗旨即是“性命雙修”。“性命雙修”這一術語最早由吕洞賓提出,前面提到,其在《敲爻歌》中云:“只修性,不修命,此是修行第一病。只修祖性不修丹,萬劫陰靈難入聖。達命宗,迷祖性,恰似鑒容無寶鏡。壽同天地一愚夫,權握家財無主柄。性命雙修玄又玄,海底洪波駕法船。生擒活捉蛟龍首,始知匠手不虚傳。”⑤全真道尊奉吕洞賓爲祖師,自然也繼承了其“性命雙修”的思想。王重陽在創立全

---

① [元]論志焕編:《盤山棲雲王真人語録》,《道藏》第23册,第730頁。
② [元]論志焕編:《盤山棲雲王真人語録》,《道藏》第23册,第727頁。
③ [元]論志焕編:《盤山棲雲王真人語録》,《道藏》第23册,第719頁。
④ [元]論志焕編:《盤山棲雲王真人語録》,《道藏》第23册,第724頁。
⑤ [清]劉一明:《道書十二種》,書目文獻出版社1996年版,第476~477頁。

真道之初，就明確提出了“性命雙修”的宗旨，《重陽立教十五論》云：“性者神也，命者氣也。性若見命，如禽得風，飃飃輕舉，省力易成。”又云：“性命是修行之根本，謹緊鍛鍊矣。”[1]《重陽真人金關玉鎖訣》云：“人了達性命者，便是真修行之法也。”[2]其題名爲《與丹陽》的《神光燦》詞云：“栗與芋，芋與栗，兩般滋味休教失。性與命，命與性，兩般出入通賢聖。都要知，都要知，便是長生固蒂時。休想瑶臺並閬苑，六家珍寶出天池。”[3]其在《五篇靈文注》中又云：“炁者天一之水，神者太乙含真；性者無中之有象，命者有中之虚無。命無性不靈，性無命不立。”[4]“命無性不靈，性無命不立”即“性命雙修”，這便是王重陽關於性命關係的基本看法。

全真七子及其後學謹承師教，也多次强調“性命雙修”的重要性。劉處玄在《無爲長生真人至真語録》中云：“根無其水則苗死也，性無其命則身死也。”[5]王處一《雲光集》卷一云：“圓融性命不爲難，孽盡光生道往還。”[6]然而，提倡“性命雙修”並非王重陽所創立全真道的專利，北宋時期張伯端所創立的内丹道派也奉行“性命雙修”的原則。從師承淵源上講，張伯端與王重陽皆爲鍾吕丹道派的傳人，並因此而深受鍾吕内丹道思想的影響，兩者都主張“性命雙修”。王重陽創立的全真道興起之後，元明之際，爲了與張伯端一系内丹道派相區别，便把王重陽與全真七子一系稱之爲全真道

① 《道藏》第 32 册，第 154 頁。
② 《道藏》第 25 册，第 799 頁。
③ ［金］王喆：《重陽分梨十化集》卷上，《道藏》第 25 册，第 793 頁。
④ 《藏外道書》第 25 册，第 670 頁。
⑤ 《道藏》第 23 册，第 709 頁。
⑥ 《道藏》第 25 册，第 653 頁。

北宗，而把張伯端一系則稱之爲全真道南宗。雖然全真道南北二宗皆提倡“性命雙修”，但是在性、命的輕重、先後上却有明顯不同。南宗重命輕性，主張先修命而後修性，而北宗却恰恰相反，提出了重性輕命、先性後命的性命理論。

對於性、命的輕重先後，王重陽並没有明確的表述，但通過他有關性命關係的論述，仍然可以看出其所堅持的基本觀點。王重陽《啄木兒》詞云：“自行自行。見性不用命。自惺自惺。黑飆先捉定。使倒顛併。唯堪詠。兩脉來回皆吉慶。辨清清、與静静。烏龜兒、從兹警省。放眼耀、光明焕炳。恣水中游、濤間逞。望見赫曦山上景。轉波恬、又浪静。”①《重陽立教十五論·論混性命》云：“性者神也，命者氣也。性若見命，如禽得風，飄飄輕舉，省力易成，《陰符經》云‘禽之制在氣’是也。修真之士，不可不參，不可泄漏於下士，恐有神明降責。性命是修行之根本，謹緊鍛鍊矣。”②通過以上提到的“見性不用命”可以看出，在王重陽看來，修性可以代替修命，只要性修煉好了，就可以達到修命的效果，這顯然是一種“性可兼命”的觀點。但王重陽並没有因此而否定修命，“性若見命，如禽得風，飄飄輕舉，省力易成”，修性的同時若兼以修命，可以起到事半功倍的效果，這説明修命有利於修性。顯然，在性命關係上，雖然王重陽有了重性輕命的傾向，但他仍然堅持了鍾吕以來“性命雙修”的原則。

王重陽的性命理論被馬鈺等全真七子所繼承，並在自身丹道修煉實踐中不斷加以改造，終於形成了全真道北宗“重性輕命”“先

① ［金］王嚞：《重陽全真集》卷四，《道藏》第25册，第718頁。

② 《道藏》第32册，第154頁。

性後命”的宗風。馬鈺曾在《真一吟・贈鳳翔府迎祥觀衆大師》云:“命清得長生,性静能久視。命乃氣之名,性乃神之字。氣是神之母,神是氣之子。子母成真一,真一脱生死。”①以上馬鈺以母子來比喻性命的關係,在他看來,性爲神、爲母,命爲氣、爲子,有母方有子,無母何來子?以此觀之,在性命的輕重問題上,馬鈺仍然堅持了王重陽性重於命、性比命更根本的原則。丘處機在《長春真人規榜》中云:“夫住庵者,清虚冷澹,瀟洒寂寥,見性爲體,養命爲用,柔弱爲常,謙和爲德,慈悲爲本,方便爲門。”②與馬鈺以母子來比喻性命關係异曲同工,丘處機則認爲,性爲體,命爲用,性命關係是體用關係,性命兩者之間的輕重自然一目了然。而且,丘處機對待性命關係問題的看法前後是有所發展的,早期他基本上尊奉王重陽、馬鈺重性輕命、先性後命的原則,但到了後來他却越來越重視修性,甚至提出了“七分性學,三分命工”,乃至“只稱性學,不得稱命功”的説法。其在《邱祖語録》中云:“吾宗前三節,皆有爲工夫,命功也。後六節,乃無爲妙道,性學也。三分命工,七分性學。已後只稱性學,不得稱命功,方稱功,有爲之事也。功者,工也。有階有級,性何功哉?佛祖也只完得性學而已。”③

作爲丘處機的繼任者,全真道第六任掌教尹志平仍然堅持前輩們的做法,並明確提出了先性後命的修煉方法。其在《清和真人北游語録》卷一云:“性命豈爲二端?先須盡心,認得父母未生前真

---

① [金]馬丹陽:《洞玄金玉集》卷五,《道藏》第25册,第589頁。

② [元]陸道和集:《全真清規》,《道藏》第32册,第160頁。

③ 《邱祖語録》,[清]傅金銓輯:《證道秘書》下,江蘇廣陵古籍刻印社1994年版,第633頁。

性，則識天之所賦之命。易曰：‘窮理盡性以至於命。’”①尹志平在以上這段話中，首先肯定了“性命雙修”的原則，在此基礎上，他借用儒家“窮理盡性以至於命”“盡心、知性、知天”的説法，强調了修性在修煉中的重要性與首要性。他認爲，修道者要先盡心，盡心方能“認得父母未生前真性”，認得真性之後，纔能“識天之所賦之命”。顯然，修性在前，修命在後，“先性後命”的原則在此表達的淋漓盡致。

作爲王志謹的師父，郝大通對王志謹的影響可能是最大的，而他在處理性命關係上與王重陽、馬鈺、丘處機等基本一致。其言：“所稟生者謂之性，隨時念慮謂之情。故以真言之，存乎其性；以邪言之，存乎其情。情去性存，命自歸而輔之。”②郝大通認爲，“生者謂之性”，真性是人生來具有的，“隨時念慮謂之情”，各種後天産生的思慮皆屬於情，此即爲“性真情邪”。“情去性存”，要想真性顯現就必須却除各種世俗的情欲，情欲却除之後，“命自歸而輔之”。在這裏，郝大通並没有提到如何修命，而是只談論了修性的問題，顯然他認爲修性可以代替修命。其又云：“修真之士，若不降心，雖出家多年，無有是處，爲不見性。既不見性，豈能養命？性命不備，安得成真？”③郝大通在這裏尤其重視降心，而其所謂降心即是修性。他一方面認爲“性命皆備，方得成真”，另一方面又認爲“既不見性，豈能養命？”顯然，他這是在承認“性命雙修”的基礎上，認爲修性重於修命，修性先於修命，衹要做好“降心”，則性命皆得修。在此基礎上，郝大通提出，降心要首先去除以下五種心病：

① 《道藏》第 33 册，第 157 頁。
② ［金］郝大通：《太古集》卷一，《道藏》第 25 册，第 869 頁。
③ 《道藏》第 32 册，第 438 頁。

> 第一心病，見他通達性命之理，自己欲參，不肯低下，他人不肯説，心生怨謗。第二心病，他人有緣，不思自己無，復不能化人生善，徒生惡念，損人道緣。第三心病，見他人看經書，自己不通，而生謗心，此等之人，永不得大智慧，天眼自昧之徒也。第四心病，緣未起行而强起緣，動衆擾亂他人，是不良之人也。第五心病，是心不足，反致心亂，是不足之人也。①

以上五種心病，實際上也就是郝大通前面所説的"邪情"，是障蔽人之真性的罪魁禍首。"除此五病，低下參訪，必得其真。未能大静，且守本分；未通大理，常看經教；未能動人，只合守静；稍得薄緣，莫忘性命。能如此者進道，克日成聖。"②去除以上五種心病之後，再繼續修煉，方能"得其真""克日成聖"。

在性命關係問題上，王志謹深受王重陽與全真七子"重性輕命""先性後命"的性命理論的影響，尤其是王重陽、丘處機和郝大通三位，對此可以從《盤山棲雲王真人語録》中看出。《盤山棲雲王真人語録》記載：

> 或問曰：道家常論金丹，如何即是？答云：本來真性是也。以其快利剛明，變化融液，故曰金；曾經煆煉，圓成具足，萬劫不壞，故名丹。體若虚空，表裏瑩徹，一毫不掛，一塵不染，輝輝晃晃，照應無方。故祖師云："本來真性號金丹，四假爲爐煉作團。不染不思除妄想，自然衮出赴仙壇。"③

前面曾經提到，王重陽曾有一首著名的《金丹詩》，詩中具體闡發了他的内丹修煉思想，詩云："本來真性唤金丹，四假爲鑪鍊作團。不

① 《道藏》第 32 册，第 438 頁。

② 《道藏》第 32 册，第 438 ~ 439 頁。

③ ［元］論志焕編：《盤山棲雲王真人語録》，《道藏》第 23 册，第 731 頁。

染不思除妄想,自然衮出入仙壇。”①在這首詩中,王重陽提出了“真性即金丹”的看法,從某種意義上講,顛覆了傳統的道教修煉理論。首先,唐宋以前,道教界盛行外丹術,以修煉出亘古不壞的金丹作爲其最終的目的,據説人食金丹後可以長生不死。在外丹術中,金丹是一種通過一系列的化學作用所産生的具有一定穩定性的物質,服食之後,輕則中毒,重則喪命,所以,自唐宋以後,外丹術便很少有人相信了。王重陽在以上這首詩中,衹是借用了外丹術常用的金丹這一術語,却賦予了其完全不同的意義。在王重陽那裏,金丹不再是一種化學作用産生的具有一定穩定性的物質,而是變成了“真性”,即一種精神性的存在,或者更確切地説是一種生命性的存在。其這一變革是劃時代的,即把外丹術所講的外在化金丹改造爲了人的一種先天的存在狀態。其次,唐末五代以來,鍾吕内丹道産生,尤其是北宋張伯端一系,提出了系統的内丹修煉方法,以修命爲主的全真道南宗,也經常使用金丹這一術語,但他們所説的金丹主要是指通過内丹修煉所得到的成果,仍然是有形有象的存在。然而,王重陽以上詩中所説的金丹,却完全變成了一種人的生存狀態,或者説是人的一種生命的境界,它雖然有驗,却是無形無象的本體。

王志謹在以上這段話中,不僅直接引用了王重陽的《金丹》詩,而且還對金丹的名稱做出了解釋,對得金丹以後的體驗做了描述。王志謹首先肯定了王重陽“本來真性即金丹”的説法,認爲金丹即“本來真性是也”。接下來,他又對爲什麼把真性叫做金丹作了説明。在他看來,把真性稱之爲金丹只是一種比喻,因爲真性“快利

① [金]王嚞:《重陽全真集》卷二,《道藏》第25册,第701頁。

剛明,變化融液”,所以稱之爲“金”;又因爲其“曾經煅煉,圓成具足,萬劫不壞”,所以稱之爲“丹”。“結金丹”即是真性顯現,或者是説“見性”,即恢復人本真的生存狀態,因這種狀態是人的本來面目,不雜一絲一毫後天因素,所以又被稱之爲人之先天狀態。達到這種狀態後的體驗是,“體若虚空,表裏瑩徹,一毫不掛,一塵不染,輝輝晃晃,照應無方”。“體若虚空”即無我無物、物我爲一,“表裏瑩徹”即無内無外、表裏如一、空明通透,“一毫不掛”即心如朗月、意如流雲、無執無著,“一塵不染”即無情無欲、清静無染,“輝輝晃晃”即虚室生白、吉祥止止,“照應無方”即圓融無礙、純任自然。

王志謹還以混成之性來解釋本來真性,這樣就賦予了本來真性以本體論的意義。《盤山棲雲王真人語録》云:

> 或問曰:“識得一,萬事畢。”又有云:“抱元守一”,則一者是甚麽?師云:乃混成之性,無分别之時也。既知有此,即墮於數,則不能一矣。一便生二,二便生三,三生萬物,如何守得?不若和一也無。故祖師云:“抱元守一是功夫,地久天長一也無。”這個一也無處明出自己本分來,却不無也。故經云:“知空不空,知色不色,名爲照了。”①

“識得一,萬事畢”這句話出自《莊子·天地》,其云:“《記》曰:‘通於一而萬事畢,無心得而鬼神服。’”其中的“一”指的是道。“抱元守一”的思想在老莊著作中也已經存在,《老子》多次提到“抱一”,比如,《老子》第10章云:“載營魄抱一,能無離乎?專氣致柔,能如嬰兒乎?”第22章又云:“聖人抱一爲天下式。”《莊子·在宥》云:“我守其一,以處其和。”其中“抱一”“守一”中的“一”也是指道。

① [元]論志焕編:《盤山棲雲王真人語録》,《道藏》第23册,第720頁。

然而,從以上引文可以看出,王志謹對"抱元守一"的"一"有自己的解釋,他認爲"一""乃是混成之性",即真性。如此以來,"抱元守一"就是保持真性朗然的狀態,之所以稱之爲"一",乃是因爲此時達到了"天人合一",真正消除了物我之别。但是,人若一意識到混成之性的存在,就已經不再是"一",而是變成了"二",這時就有了物我之别,並開始了"道生一,一生二,二生三,三生萬物"的宇宙衍化過程。王志謹對"抱元守一"的以上理解源於王重陽,王重陽曾在《玉花社疏》中轉述晉真人的話時提到"抱元守一",其云:"晉真人云:'若要真功者,須是澄心定意,打疊神情,無動無作,真清真净,抱元守一,存神固氣,乃是真功也。'"①在王志謹看來,"抱元守一"並不是全真道修煉的最終或最高境界,因爲其極易"墮於數",所以,最高的境界應該是"一也無"。

"抱元守一是功夫,地久天長一也無",這是馬鈺的一句詩。王利用撰《全真第二代丹陽抱一無爲真人馬宗師道行碑》云:"大定七年丁亥秋七月,師偕高巨才、戰法師飲于范明叔之怡老亭。酒酣賦詩曰:'抱元守一是工夫,懶漢如今一也無。終日啣杯暢神思,醉中却有那人扶。'"②"知空不空,知色不色,名爲照了"一句出自《太上升玄消災護命妙經》。王志謹認爲,"抱元守一"有執著於"一"之嫌,尚非最終境界,只有達到"一也無"之境,方可謂究竟境界。那麽,"一也無"是一種什麽樣的境界呢?"向這個一也無處明出自己本分來",這就是佛道教所講的"踏破虚空"的功夫。道家道教推崇"虚",佛家佛教追求"空",但兩者却都反對執著,尤其是反對執著

---

① [金]王嚞:《重陽全真集》卷十,《道藏》第25册,第748頁。

② [元]李道謙集:《甘水仙源録》卷一《全真第二代丹陽抱一無爲真人馬宗師道行碑》,《道藏》第19册,第729頁。

於“虛”和“空”,這也是一種執著。所以,最高的境界就是要破除對“虛”“空”的執著,達到虛而不虛、空而不空之境,“虛而不虛”即“不無”,“空而不空”即“照了”。通過以上一段對話可以看出,王志謹的心性理論已經達到了很高的水平,毫不遜色於儒、釋二家,實爲道家道教心性論之大成。真性是全真道所追求的,但執著於真性或者執著於對真性的追求,這也是一種執著,屬於《莊子・齊物論》中所說的“勞神明爲一”之舉,衹有破除對真性的執著,方纔可以説達到了最高境界。對於全真道來説,達到了這個理論境界,就實現了本體與工夫的合一,本體即工夫,工夫即本體,真性即是本體,又是工夫。

真性在王志謹的心性中並不是“衹存有不活動”的抽象本體,而是“既存有又活動”的現實存在,因爲其有體有用。《盤山棲雲王真人語録》云:

> 或問曰:視聽、食息、手拈、足行、心思,此是性否?答云:道性不即此是,不離此是。動静語默,是性之用,非性之體也。性之體,則非動非静,非語非默。古人有言:“大道要知宗祖,不離動静語默。”若認動静語默,便是認奴作主。主能使奴,奴豈是主哉?一切擡手動足,言語視聽,千狀萬態,及良久不動,皆是奴僕,非主人也,主人堂上終不得明示於外,然得其用使者,則自承當作主矣。①

道性即真性。真性作爲本體自然是“非動非静,非語非默”的,但因其是活的本體,所以有體則必有用,只要真性作爲主宰,那麽,視聽、食息、手拈、足行、心思等皆爲其作用表現,從這一意義上講,動

① [元]論志焕編:《盤山棲雲王真人語録》,《道藏》第23册,第723頁。

静語默雖非本體，但不離本性。“體用一源，顯微無間”，體用不離，有體則必有用，有用則必有體，體待用而顯，用賴體而存，兩者不即不離。但王志謹認爲，並非所有的動静語默皆是真性本體的作用表現，關鍵是要看主人是誰，即動静語默的主宰或者説是操縱者是誰。若動静語默皆起於真性，是在真性的主宰下呈現出來的，那麽，此時的動静語默便不離真性。否則，若動静語默非起自真性，而是被外在情欲所引發，自然不能算是真性的作用。

王志謹在《盤山棲雲王真人語録》中多次提到“性”字，如真性、本性、覺性、定性、混成之性等術語比比皆是，這都是在本體的意義上談性，以上術語都可以等同於真性。除此之外，他有時候也把真性稱之爲“本命元神”，但這種情況比較少見，只出現過兩次。然而，《盤山棲雲王真人語録》中“命”字的出現明顯少於“性”字，而且王志謹在提到“命”字時，多是在天命、命運、生命的意義上使用，幾乎没有一次是在“性命雙修”意義上來使用“命”字。《盤山棲雲王真人語録》記載：

> 或問曰：性命之事，如何護持？答云：若在萬塵境界内來去衮纏，雖相應和，要自作得主，不一向逐他去，事不礙心，心不礙事，如護眼睛，但有纖塵，合眼不受，如此保護，久久見功。但心有受，即被他物引將去也，便作主不得。①

有一位弟子問王志謹“性命之事，如何護持”，其所謂“性命之事”應該指的是丹道修煉的問題。但王志謹在回答這個問題時，衹談如何在塵境中修煉心性，却隻字不談修命的問題。從王重陽到全真七子，尤其是到了丘處機那裏，修性越來越重要，很少或基本上不

① 《道藏》第23册，第719頁。

談修命的問題。受這一發展傾向的影響,王志謹就只談心性修煉,而不再談修命的問題。

這一傳統是逐步形成的,而其發端實際上就在王重陽那裏。《重陽立教十五論》中云:"離凡世者,非身離也,言心地也。身如藕根,心似蓮花,根在泥而花在虛空矣。得道之人,身在凡而心在聖境矣。今之人欲永不死而離凡世者,大愚不達道理也。"①在王重陽看來,成仙與人的肉體没有關係,相反,肉體的存在有的時候還是成仙的障礙,成仙指的是"身在凡而心在聖"的一種心境,即"離凡世者,非身離也,言心地也"。正因爲有這樣的認識,全真道不太關心肉體的修煉,把命功視爲性功之輔,甚至認爲修性可以代替修命,做好性功,命功自然便有。所以,在《盤山棲雲王真人語録》中,王志謹經常談到修性的問題,却很少談到修命,因爲在他看來,修命與成仙並無多大的關係,只要把心性修煉好了,就可以做到"全真而仙"。

因此,雖然王志謹在《盤山棲雲王真人語録》中並没有直接談到性命關係,但他以真性爲本體,把修性歸結爲修心,提出修性以煉心爲本的主張,以及極少談到修命的問題。這説明他不僅完全繼承了王重陽與全真七子"重性輕命""先性後命"的傳統,而且還把"以性統命"落實到了具體的修煉實踐上。

① 《道藏》第32册,第154頁。

第三章　工夫理論

因爲王志謹在性命理論上主張“以性統命”,即以修性來代替修命,所以其所謂的工夫主要是指修性的工夫。前面提到,在心性關係上,王志謹繼承了王重陽與全真七子的心性理論,主張“識心見性”,從而把修性與修心統一了起來。在王志謹看來,全真道士所追求的目標即是“見性”,即使真性呈現,而要想見性則必須在心上下工夫,只有把“衆心”“凡心”“私心”“邪心”“欲心”“塵心”“頑心”“怖心”“亂心”“妄心”“動心”等各種因情欲而生的“心”去除掉,真性纔能最終顯現出來,所以工夫應以煉心爲本。

第一節　煉心爲本

前面提到,全真道自王重陽創教以來,就把心性的修煉作爲修道的核心內容。所謂心性修煉,其實就是通過艱苦的心性磨練使本心、真性得以呈現,恢復人之本來面目。王重陽《金丹》詩云:“本來真性唤金丹,四假爲鑪鍊作團。不染不思除妄想,自然衮出入仙壇。"①"不染不思除妄想",即是對心性的修煉。王重陽認爲,通過在心性上下功夫,除掉心中的各種妄想,使心保持純净無染的狀態,本來真性就會得以彰顯,若能做到這樣,就可以步入仙壇。馬鈺也言:"行住坐卧皆是行道,諸公休起心動念,疾搜性命,但能澄心遣欲,便是神仙。"②馬鈺認爲,衹要肯在心上下功夫,不起心動念,澄净本心,遣去欲望,便是神仙。以上説明,在全真道看來,本心、真性的彰顯是成仙的關鍵,而本心、真性的彰顯又直接取決於煉心的工夫,尤其是當面對種種物欲干擾和蒙蔽的時候,煉心的價值和作用就更加重要。郝大通言:"今之學者,是非、利害、好惡、貪嗔不離於心。心既如是,性豈能定?氣豈能和?自然走失,去道愈遠矣。"③郝大通認爲,心如果執著於是非、利害、好惡、貪嗔等各種欲望,則性無法定,氣不能和,氣若走失,去道日遠。因此,他特别强調"降心"的重要性,認爲"修真之士,若不降心,雖出家多年,無有是處,爲不見性。"④不能降心,便不能見性,修心的重要性不言而喻。在此基礎上,他明確提出了"欲入吾教,先要修心"⑤的口號,將修心、降心視爲進入道門之首務。

王志謹秉承了郝大通對降心的重視,以煉心爲修煉法門,所謂

---

① ［金］王嚞:《重陽全真集》卷二,《道藏》第25册,第701頁。

② ［金］馬鈺:《丹陽真人直言》,《道藏》第32册,第155頁。

③ ［元］玄全子集:《真仙直指語録》卷上《郝太古真人語》,《道藏》第32册,第439頁。

④ ［元］玄全子集:《真仙直指語録》卷上《郝太古真人語》,《道藏》第32册,第438頁。

⑤ ［元］玄全子集:《真仙直指語録》卷上《郝太古真人語》,《道藏》第32册,第439頁。

“若不鍊心,認物爲我,則一向慳貪習性,窄隘罪過,尋俗誤却前程矣。”①他認爲,全真道士最重要的任務就是煉心,這也是出家人與俗衆最根本的不同。出家人若不煉心,放縱自己的慳貪習性,心胸窄隘,與世俗無异,便是製造惡業,成人都難,更談不上成仙了。他還進一步强調心的重要性:“千經萬論,乃至一《大藏經》,祇是説這些子;上天也由這個,入地也由這個,乃至天地萬物、虚空無盡際,亦是這個消息主宰。”②他認爲,所有經典所談的無外乎一個“心”字,上天入地要依賴它成就,萬事萬物也要依賴它主宰。所以,對於修道者來説,煉心是根本,若不煉心,出家時間再長,亦是徒勞。

接下來,王志謹還進一步舉例説明了煉心的重要性,其言:

> 昔東堂下遇雨,知事人普請,不擇老幼搬坯,衆皆競應,唯一老仙安坐不出。事畢,大衆團坐,有言於長春真人者,真人呵之云:“坯盡壞,直幾何?一人煉心端的到休歇處,如寶珠無價。且量各人心地用事去!”大抵教門中以得人爲貴也。③

以上這個故事發生在“東堂下”,按照張廣保的説法,“在金元時期的全真教宫觀組織系統中,祖庭與堂下是兩大頗具特色的全真教核心宫觀。它們是全真教遍布全國的宫觀網路的兩大中心。”④依此觀之,“東堂下”極有可能指的是棲霞太虚宫。坯即土坯,主要由泥土和草木混合而成,最怕雨,雨一淋則全毁,古人往往用土坯來蓋房子。故事説的是,東堂下貯存一批土坯,有一次遇到了雨,知事者召集所有道衆都去搬坯,大家都積極響應,只有一位老仙安坐

① ［元］論志焕編:《盤山棲雲王真人語録》,《道藏》第 23 册,第 725 頁。
② ［元］論志焕編:《盤山棲雲王真人語録》,《道藏》第 23 册,第 727 頁。
③ ［元］論志焕編:《盤山棲雲王真人語録》,《道藏》第 23 册,第 726 頁。
④ 張廣保:《金元全真教史新研究》,青松出版社 2008 年版,第 21 頁。

不動。事後,有道士將此事告知了長春真人丘處機,本意是希望丘處機能批評此老仙,却遭到了丘處機的呵斥。在丘處機看來,搬坯與煉心相比,煉心更爲重要,煉心如無價寶珠,坯又能值幾個錢?事有本有末,就以上兩事來看,對於全真道士來説,煉心爲本,搬坯爲末,捨本逐末,事有不值。以上是王志謹借丘處機所言"一人煉心端的到休歇處,如寶珠無價"來説明煉心的重要性,要求修道人要從各自心地上下功夫。

王志謹還曾從修煉的角度,對爲何要"煉心"做出過精彩論述:

或問曰:有云向上一事人人具足,更鍛煉作什麽?答云:凡心未鍊,喻如石鑛中有白金,未經鍛煉,只是頑石。置之大冶洪鑪,鍊去滓穢,分出真物,既以成金,不復爲鑛。修行人亦復如此,將從來蒙昧染著之心,便同頑鑛,以志節爲大冶,以慧照爲工匠,殷勤鍛煉,一毫不存,煉出自己本初無礙底真心。①

以上所言"向上之事"指的是人的本心、真性,這裏强調,雖然人人具足本心、真性,即本心、真性是人生來具有的,永遠也不會喪失,但這衹是説明人人都具備得道成仙的可能,若想真正得道成仙,還需要通過對心性加以修煉,方能使本心、真性得以呈現。王志謹在這裏把凡心比作是礦石,認爲凡心如同礦石一樣,裏面雖然含有白金,但是若不經過冶煉,就仍然只是頑石。要想從礦石中提取出白金,就必須置之大冶洪爐加以鍛煉,將各種雜質除去,這樣真金纔能呈現。同樣,本心、真性的呈現,也必須經歷煉心這一過程。凡心就如同頑礦一樣,要以志節爲大冶,以慧照爲工匠,對蒙昧染著之心殷勤鍛煉,將蒙昧本心的那些情欲除去,煉出自己的本來真

---

① [元]論志焕編:《盤山棲雲王真人語録》,《道藏》第23册,第730頁。

性。具體講來,王志謹對煉心的重視還表現在以下幾個方面:

(一)主張全真道士要以煉心爲先務,一切行動作爲都要以煉心爲主。其云:

> 古人學道,心若未通,不遠千里求師參問,倘若針芥相投,心地明白,更無疑慮。然後,或居圜堵,或寄林泉,或乞市中,或立宮觀,安心守道,更無變壞,此修真之上士也。有等出家,性又不明,更懶參問,心高好勝,自執己是,詐裝高道,虧功失行,兩下落空,駭人供養,不思己德如何銷受?如此之人,住圜也不是,乞食也不是,生死到來,都不中用,蓋不肯於根蒂上下工夫也,直至百年,無有是處。①

以上王志謹對古人與今人的修道方式做了比較,他認爲,古人學道,能充分認識到煉心的重要性,一切以煉心爲主,無論是參訪尋師,還是居圜堵、寄林泉、乞市中、立宮觀等,無不是爲了識心見性、"安心守道",他們個個是"修真上士"。而今人,即當時的全真道士,則已完全不同。他們不僅不在心地下功,而且還懶於參問、心高好勝、自執己是、詐裝高道、駭人供養,這樣的人無論居圜還是乞食,都將是無濟於事,就是修行百年,也一無是處。顯然,在王志謹看來,作爲全真道士,一切行動作爲都要以煉心爲主,只有在心地下功,無論做什麽都是修行,否則,無論做什麽都是徒勞。

(二)反對全真道士只注重知識的學習與培養,而忽視了修道的根本在於煉心。王志謹指出:

> 修行人,本鍊自心,從凡入聖,出家以來,却不肯以心爲事,只向他古人言句裏搜尋,紙上文字裏作活計,尋行數墨,葛

---

① [元]論志煥編:《盤山棲雲王真人語録》,《道藏》第23册,第727頁。

藤自纏，費盡工夫，濟甚麼事？及至閻老來唤，一句也使不着，一字也使不得，却不如百事不知，懵懂過日的却有些似。把如今着恁尋趂工夫，向自己本分事上尋趂，則不到得虛度時光。①

自王重陽立教以來，全真道就非常重視對道衆文化知識的培養，所以，全真七子以及尹志平、李志常、馮志亨等第三代弟子無不是飽學之士。然而，全真道士學習文化知識的目的是爲了有利於修道，學習知識本身並不是目的，若執著於學習知識、研讀經典，那麼，就陷入了本末倒置。針對這種情況，馬鈺曾云："夫道要心契，若復以文字繫縛，何日是了期？所以道'悟徹南華迷更迷'。"②又云："學道者，不須廣看經書，亂人心思，妨人道業。若河上公注《道德經》、金陵子注《陰符經》，二者時看亦不妨，亦不如一切不讀，觜盧都地養氣，最爲上策。"③馬鈺並不反對讀書，却反對執著於讀書，而誤了心性的修煉。受此影響，尤其是針對元初全真道士重文化知識而輕心性修煉的現實狀況，王志謹反對道衆"只向他古人言句裏搜尋，紙上文字裏作活計"，他認爲，"性命事大"，只是"尋行數墨，葛藤自纏，費盡工夫"，而不在心地下功，到頭來於事無補，還不如"百事不知，懵懂過日的却有些似。"所以，他又云：

修行人，正眼不開，圓機不發，但向别人蹤迹上尋覓，言句上裁度，終無是處，喻如無眼人，雖聞人説日月之光，終不自

① ［元］論志焕編：《盤山棲雲王真人語録》，《道藏》第 23 册，第 720 ~ 721 頁。

② ［元］王頤中集：《丹陽真人語録》，《道藏》第 23 册，第 702 頁。

③ ［元］王頤中集：《丹陽真人語録》，《道藏》第 23 册，第 704 頁。

見,只是想像,蓋不曾向自己心上下工夫也。①

(三)反對履空蹈虛、指東畫西,把注意力放在玄虛的理論上,忽視了實實在在的工夫。《盤山棲雲王真人語録》記載:

或問曰:學人如何是覺性? 答云:"指東畫西,這般虛頭且休,不如下些實工夫去,謂如心上有底情欲煩惱、人我無明等,喻似面前有一眼大琉璃滑井,若絲毫不照顧,便墮在裏,許萬劫不得出;若先見人識破,方欲下脚,急須退步,只這個急退步照顧底,便是汝覺性也。若分明墮在人我穽裏,猶自指空畫空,説向上事如何,干甚覺性事?"②

當有一位初入道的年輕道士問王志謹什麼是覺性時,王志謹不僅没有正面回答提問者的問題,反而批評了提問者一通,説他"指東畫西"、履空蹈虛,不下實實在在的工夫。在王志謹看來,作爲一位初學道者,不應該問這一類玄虛的問題,而是應該在心地上多下些工夫。他打了一個比方,初學道之人,就像是面前有一眼大琉璃井,井壁光滑無比,人站在井邊,稍有不慎,便會墜落井中。只有實實在在地在心上做工夫,把心上所有的情欲煩惱、人我無明通通去除乾凈,而且還要時時照顧,保持此純凈的心不喪失,久而久之,覺性自然呈現。否則,若只著意於玄虛,不在心地下功,總有一天會墜落於情欲陷井之中,若真到那時,還談什麼覺性?

(四)反對修行之人執著於一些外在的技巧,而不是通過這些技巧去了達性命之事。王志謹在《盤山棲雲王真人語録》中云:

修行之人,當本出家,爲此性命事大,歲久,不覺爲物所

① [元]論志焕編:《盤山棲雲王真人語録》,《道藏》第23册,第731頁。
② [元]論志焕編:《盤山棲雲王真人語録》,《道藏》第23册,第720頁。

移,却學口頭伎倆,百種所能,只是爲奴作婢之事。何以知之?但凡伎藝,必欲人前呈,似此不是爲人所役也,豈是清净無爲主人之事?①

全真道在金元之際得到了大發展,因當時正處於易代戰亂之時,爲逃避蒙古兵的追殺與羞辱,各色人等皆加入全真道,使當時的全真道衆可謂魚龍混雜,從而引發了各種各樣的問題。其中有一些全真道士,因俗心不死,塵緣難斷,又不下苦功,所以多年修煉無成。於是,就把注意力轉注於"口頭伎倆,百種所能",只學得一個口尖舌利,而無真正的道行。針對這種情況,王志謹再次强調"性命事大",即對於全真道士來説,最重要的事情是首先要解决性命問題,其他皆爲細枝末節。出家人一旦認不清"性命事大",把注意力衹放在"口説伎倆,百種所能"上,很容易墜入俗途,只顧在人前誇口逞强,却忘了自己出家到底是爲了什麽,如此只會虚度時光,浪費生命。王志謹在這裏極力强調"性命事大",其目的仍然是爲了説明煉心的重要性,因爲在他看來修煉性命主要就是依靠煉心。

王志謹認爲,對於一個修煉者來説,最重要的事情便是煉心,而不是應世。《盤山棲雲王真人語録》云:

天下立教,各説异端,自是非他,邪正未知誰是?答云:此有兩端,有修煉者,有應世者。修煉此心如天地一般清静,日月一般明白,四時一般運化,能應其事,法歸其根,更莫問向上如何,此便是正道之作用也,惟修煉者能之。若口頭念誦得,如法身上裝束得,作相一個個堪看,使人人見喜,此是教門中

① 《道藏》第23册,第729頁。

應世底枝梢花葉，干甚修煉事？干甚正道事？此是權時使用。況兼心上争人争我，争財争利，與俗人一般，怎生道得我是正教也？明目者識之。①

按照出家目的不同，王志謹把信徒分爲了兩類，即修煉者與應世者。修煉者以修煉爲目的，在心地下工夫，把心修煉的如天地一般清净，日月一般明白，四時一般運化，“能應其事，能歸其根”，這便是“正道之作用”。然而，應世者的目的並不是修煉，而是迎合世人的喜好。這種人喜歡裝模作樣，嘩衆取寵，欺世盗名，雖然口頭念念有詞，身上法衣莊嚴，扮相十分好看，但不過是道門中應世的枝梢花葉，與修煉大道無關。在王志謹看來，全真道士不是不應事，而是要明根本，應事不過是權宜之計，並非出家人的最終目的，只有修煉纔是全真道士的正道、正教。若只專注於應世，而不煉心，難免會陷入名利、是非、財貨場中不能自拔，與世俗中人没有什麼兩樣，此非正道、正教。

王志謹從煉心爲本出發，强調要在心上切切實實下功夫，反對形式化的東西。這裏面原因主要可以歸結爲兩方面：其一，與王志謹自身的修道體驗有關。《棲雲真人王尊師道行碑》云：“亂甫定，從長春真人北游燕薊，徜徉乎盤山西澗之石龕，草衣木食，若將終身焉。諸方學者日來質疑，由是道價愈增，令聞遐播，然猶執謙，樂居人後。長春仙去，方出徑行，不喜置鉢囊柱杖，盛暑不笠不扇，嚴冬不裘不帽，沿身之外無長物，人有以財物獻者，雖勉受之，過目不問。”②王志謹自己一直奉行苦修的原則，他在盤山修道之時，就曾

① ［元］論志焕編：《盤山棲雲王真人語録》，《道藏》第 23 册，第 732 頁。
② 陳垣編纂：《道家金石略》，文物出版社 1988 年版，第 562 ~ 563 頁。

棲身盤山西澗之石龕,草衣木食,盛暑不笠不扇,嚴冬不裘不帽,進行苦修,其苦修的目的就是爲了煉心。王志謹自己通過苦修煉心而得道的親身經歷,使其認識到了煉心的重要性,所以强調全真道士必須要以煉心爲本。其二,與當時全真道在發展與興盛過程中所出現的問題有關。隨著全真道的進一步發展狀大,尤其是在丘處機西行覲見成吉思汗以後,全真道得到了蒙古宫廷和貴族的信重,加之時值金元易代之際,大批亡金士人遁入全真道,全真道士的人數迅速增長。懷著各種不同目的的人加入全真道,在壯大了全真道力量的同時,也給其帶來了各種問題。其中一個非常嚴重的問題便是喪失了王重陽與全真七子創教時期奉行的苦行煉心原則,出現了追求奢侈浮華的風氣,這也就是全真道的貴盛現象。爲了扭轉這一現象,王志謹纔極力强調全真道士要以煉心爲本。除此之外,王志謹强調修道以煉心爲本,這也是對王重陽與全真七子所確立的全真精神與傳統的繼承與發揚。

第二節　以心煉心

通過上節的論述可以看到,王志謹極爲强調煉心在修道中的作用,認爲煉心是修道的根本,其他的一切行動作爲都要以煉心爲目的,否則,就會誤入邪道,終身無成。那麽,如何煉心呢?前面提到,王志謹認爲,若從形上的層面講,心雖然有種種名稱,如道心、真心、本心、聖心等等,但其意義相同,皆是指人之本心或真性。然而,因内在情欲和外在干擾而形成的形下之心,却千差萬别,煉心煉的就是這千差萬别的形下之心。針對形下之心的形成原因,王志謹提出了兩種煉心的方式,即以心煉心與境上煉心,① 我們這一節先來談談以心煉心。煉心可以分爲内煉與外煉兩種,以心煉心屬於内煉,而境上煉心則屬於外煉。以心煉心並不是説有兩個心,以其中一個來煉另外一個,而實際上每個人只有一個心,却因其存在狀態的不同而分爲形上與形下兩個層次。既然只有一個心,那麽,以心煉心就是心自煉,即通過各種方法來去除情欲對心的干擾與影響,使心永遠保持純真的狀態。通過對《盤山棲雲王真人語録》的考察,可以將王志謹以心煉心的具體方法概括爲以下幾點:

一、棄妄除邪

隨著全真道的不斷發展壯大,道衆人數逐漸增多,而且良莠不齊的現象也日漸明顯,再加之奢侈浮華之風的影響,苦修者越來越少,終身無成者却越來越多。按照全真道的基本理論,人人真性具足,個個皆可成仙,但爲什麽有的人修煉了一生也不能得道呢?對於這個問題全真道必須做出相應的回答。王志謹認爲,雖然修道者人人真性具足,從理論上講,人人皆可成仙,但是現實中却有人終生一無所得,究其原因,就在於其未能明澈本心。他言:

> 凡聖同途,只因明昧,明之則爲聖,昧之則爲凡。凡人之心,不肯刬情去執,棄妄除邪,逐境遷流,隨情宛轉,取一時之

① 張廣保言:"盤山派煉心講究兩個方面的功夫。一是就心煉心,提倡看念慮未生與既生兩個方面相結合的雙重工夫。……但盤山派更注重另外一種煉心法,即以外界事、境煉心。"(張廣保:《金元全真道内丹心性學》,生活·讀書·新知三聯書店 1995 年版,第 141 頁。)

樂,積萬劫之殃,不省不思,莫悟莫覺者也。①

從皆具足真性這一點上看,聖人與凡人並無二致,但聖人與凡人不同的是,聖人心明,而凡人心昧,“明之則爲聖,昧之則爲凡”。爲什麽凡人心昧呢?這是因爲凡人不但不能剗情去執、棄妄除邪,而且還隨波逐流、隨情宛轉,爲了一時之樂,造下了萬劫之殃,心被外物和情欲所蒙昧,“不省不思,莫悟莫覺”,所以終生無法得道。顯然,在王志謹看來,聖人與凡人的區别並不在於本性有差异,而在於是否能够棄妄除邪、明澈本心。若本心真性被邪心妄心遮蔽即爲凡,若本心明澈、真性朗然即爲聖。

王志謹所謂的邪心是什麽呢?其言:“如何是邪念?凡無事時一切預先思慮皆是邪妄。”②所謂邪心,在這裏就是指無事之時所起的私心雜念。所謂妄心,就是指的一切私心、邪心、利心、欲心等。這些凡塵雜念、私心貪欲往往會蒙蔽本心、掩蓋真性,從而滋生出各種惡行。所以,要棄妄除邪,摒棄妄心,去除邪心,方能發明本心真性。這個去邪除妄的過程即是煉心的過程。當有人問王志謹如何煉心時,他回答説:

> 把從來恩愛眷戀、圖謀較計、前思後算、坑人陷人底心,一刀兩段去,又把所着底酒色財氣、是非人我、攀緣愛念、私心邪心、利心欲心,一一罷盡。外無所累,則身輕快,内無所染,則心輕快,久久純熟,自無妄念,更時時刻刻護持照顧,慎言語,節飲食,省睡眠,表裏相助,塵垢净盡,一物不留,他時自然顯露自己本命元神,受用自在,便是個無上道人也。③

---

① [元]論志焕編:《盤山棲雲王真人語録》,《道藏》第23册,第731頁。
② [元]論志焕編:《盤山棲雲王真人語録》,《道藏》第23册,第722頁。
③ [元]論志焕編:《盤山棲雲王真人語録》,《道藏》第23册,第719頁。

王志謹關於煉心的這段精彩論述，實際上涉及到煉心的兩個層面：一者，要把恩愛眷戀、圖謀較計、前思後算、坑人陷人底心，酒色財氣、是非人我、攀緣愛念、私心邪心、利心欲心等等一起除去，這樣就能夠根除妄念，内心無所污染，真心得以顯現。二者，僅僅將這些妄心、邪心除去是不够的，還要時時護持、觀照本心，通過慎言語、節飲食、省睡眠等方式，做到外積功行與内心修煉的統一，這樣便能够塵垢净盡，一物不留，顯露出自己的本來真心、真性，並能够受用自在。

王志謹在强調棄妄除邪方法的同時，還特别重視正心的作用，如其所言："但存是非，自心不正，久進不得，正能掩邪，邪常謗正。"①正是基於此，王志謹提出要泯邪存正、以正治邪。他告誡弟子説：

> 修行之人，如大匠斵木，先正心墨，然後於偏邪分外處漸加斤斧，就正成材，隨宜使用，不得動着心墨；若失了心墨，則無所取法矣。偏邪削盡，心墨端然，自與他相應，可以成就一切器用也。②

以上給出了如何去掉邪心的方法。首先要"正心墨"，所謂"正心墨"就是先明確何爲正心，然後以此正心爲標準，對邪心加以斧正。此處借用木匠在工作中用墨斗來劃綫，然後按照墨綫加工木材的方法，十分傳神的體現了正心在去除邪心過程中的作用。確定了正心的標準，就可以用這個標準去判斷正心與邪心，然後用心去做一番棄妄除邪的工夫，偏邪除盡，真心正心就可以顯現出來。

---

① ［元］論志焕編：《盤山棲雲王真人語録》，《道藏》第23册，第723頁。
② ［元］論志焕編：《盤山棲雲王真人語録》，《道藏》第23册，第724頁。

二、剗情去執

王志謹還經常告誡弟子們，以心煉心時，不要有所執著，否則就會産生執著心。執著心也是一種妄心，煉心時若方法不當，則會重填執著，這樣就會越煉越迷，背道而馳。王志謹曾以掃地爲例，向弟子説明了執著心的危害：

或問曰：某念念相續，掃除不盡，如何即是？答云：朝日掃心地，掃着越不静，欲要心地静，撇下苕箒柄。其人拜謝。①

以上這段話極像一個佛教的公案，佛教經常以掃地來比喻打掃心地。當弟子問王志謹：若念念相續，掃除不盡，怎麽辦？然後，王志謹以一首偈子作答，即“朝日掃心地，掃著越不静，欲要心地静，撇下苕箒柄”。意思是説，天天從早到晚都在打掃心地，却越打掃心越不静，爲什麽會這樣呢？主要是打掃心地的方法不對。去除心中的妄念、邪念，這是一個極爲麻煩的煉心工夫，關鍵在於你以何來去除妄念、邪念，若以念止念，則又重填一念，念念相續不止，越止念越多。如此以來，止念之心越强烈，念頭便越多，無有休止之時。王志謹認爲，如此止念是止不住的，若想念止，就必須放下止念之心，即苕箒柄，順其自然，念自然會止。

然而，假若爲了避免執著而一味地追求不執著，反而又會陷入對不執著的執著。在王志謹看來，刻意地追求不執著，這本身就是一種執著，這種執著於不執著的執著，對於煉心也是有妨害的，所以修道者也要把這種對不執著的執著去掉。《盤山棲雲王真人語録》中云：

---

① ［元］論志焕編：《盤山棲雲王真人語録》，《道藏》第 23 册，第 719 頁。

或問曰：心無染着，放曠任緣，合道也未？答云：起心無着，便是有着，有心無染，亦着無染，才欲静定，已墮意根，縱任依他，亦成邪見。無染無着，等是醫藥，無病藥除，病去藥存，終成藥病。①

有弟子聽到王志謹主張煉心要破除執著，就問他説："只要做到心中無一絲一毫雜染與執著，完全放曠隨緣，是不是就符合道了呢？"王志謹回答説："若有心保持内心無染，就會執著於無染；若有意追求内心的静定，又會執著於静定；若刻意放任隨緣，放任隨緣也可以成爲邪見。"在王志謹看來，因修道者心中有所執著，所以給他們開出了無染無著的藥方，當執著破除之後，若還堅持追求無染無著，那麽，無染無著本身便又成了一種執著。

以上所講的主要是對内在執著的破除，除此之外，其實還有外在的執著，而這也是要破除的。金末元初，有些全真道士只知道模仿祖師的行爲，而不明白祖師這麽做的真正目的，針對這種現象的存在，王志謹在《盤山棲雲王真人語録》中曾多次告誡全真弟子，不要只是執著於外在形式，而忽略了煉心纔是修煉的本質。

或問曰：學道之人終夜不寐，其旨如何？答云：學人不寐，本以鍊心爲事。若不收心，濟甚麽事？至如賭博弈棋、織紡羅磨之人夜夜不睡，則盡是得道底人耶？此等人，十二時中，利心誘引，只是貪財，擾擾心靈，如蚊虻咂膚，故不得眠。②

不煉心，見人不睡，也如此做造，心念如毛，及至觸着便發

① ［元］論志焕編：《盤山棲雲王真人語録》，《道藏》第23册，第730頁。
② ［元］論志焕編：《盤山棲雲王真人語録》，《道藏》第23册，第729頁。

> 烟火，至如百年不睡，濟甚麽事？頑心不盡，依舊輪迴。①

以上王志謹以“戰睡魔”這種修煉方式爲例，來説明不能執著於外在表象，而是要抓住修煉方式背後的本質所在。“戰睡魔”是早期全真道一種重要的修煉方式，據張廣保教授研究發現，在全真道中最早倡導這一修行方式的是丘處機，丘處機曾“夜歷五更，强而不眠”②。在王志謹的弟子中，也有人採用這一修煉方法。據《玄禎觀至德真人記》記載，王志謹之徒程志保“疊石爲龕，塊然獨處，晝夜不卧”③。“戰睡魔”就是要克制睡欲，是通過强忍不睡來煉心的一種修煉方式。尹志平曾談到全真道“戰睡”的原因，其云：

> 修行之害，三欲爲重（食、睡、色），不節食即多睡，睡爲尤重，情慾之所自出。學人先能制此三欲，誠入道之門，人莫不知，然少有能制之者。蓋制之者，志也；敗之者，氣也。志所以帥氣。此志卑而氣盛，不能勝也。必欲制之，先減晝睡，日就月將，無求速效，自然昏濁之氣不生，漸得省力。吾在山東時，亦嘗如此。④

全真道士“戰睡魔”的目的是爲了煉心，不睡只是外在的形式，煉心纔是其真正的意圖。全真道士在修煉過程中，尤其是在一些關鍵環節，最怕睡，因爲人在清醒時可以控制自己的意志、保持内心的清静，但當人睡著之時，自我控制意識減弱，潛意識層面的一些東

---

① ［元］論志焕編：《盤山棲雲王真人語録》，《道藏》第23册，第722頁。

② 張廣保：《金元全真教史新研究》，青松出版社2008年版，第250頁。

③ 王宗昱：《金元全真教石刻新編》，北京大學出版社2005年版，第136頁。

④ ［元］段志堅編：《清和真人北游語録》卷一，《道藏》第33册，第155頁。

西就會悄然興起，極易導致前功盡棄。所以，全真道士要"戰睡魔"，要時刻保持内心的清静狀態，一絲一毫也不能懈怠，直到功夫純熟爲止。針對弟子的提問，王志謹認爲，晝夜不睡只是修煉的一種外在表現形式，並非其本質目的所在，全真道"戰睡魔"的目的在於煉心。若不明白此中道理，只是模仿這種外在形式，就是一千年一萬年不睡，也是無濟於事。若是不睡就是修煉，像那些"賭博弈棋、織紡羅磨"之人，通宵達旦，夜夜不睡，早不得道了？他們之所以不能得道，在於他們雖然不睡，但心中却充滿了各種貪欲，如此不睡，有何用處？因此，王志謹反對執著於外在形式而忽略實質内容的修煉方式。

三、泯滅勝心

對於尚未修煉成功的人而言，執著無疑是其修道的最大障礙。然而，對於修煉已稍有所成的人來說，勝心將成爲阻礙其進一步提升的障礙。王志謹認爲，修行之人，如果有所成就，難免會産生勝心，而勝心一生，就有所障礙，很難做到心空境滅。他言：

> 修行人，有一分工夫，便生一分勝心，有十分工夫，便生十分勝心，既有勝心，則有我相，我相勝心作大障礙，如何得到心空境滅也？却要重添决烈，把自己身心挫在萬物之下，常居人後，自念千萬不如人，然後可以遣却勝人底心。心同太虚則無我也，無我則與道相應矣。①

修道之人與世俗中人一樣，修煉稍有所成，便會産生驕矜好勝之心，而且隨著功夫的不斷增長，這種勝心會越來越嚴重。勝心的滋

---

① ［元］論志焕編：《盤山棲雲王真人語録》，《道藏》第23册，第725頁。

長必然擾亂人虚静平和的心態，也同様可以遮蔽真性，使其不能呈現。因此，王志謹强調，要想修道最終得以成功，就必須去掉“勝心”。勝心如何消除呢？要想消除勝心，首先要找到勝心産生的原因。在王志謹看來，人們之所以會産生勝心，乃是因爲對自我的執著所導致。對自我的執著，又可以簡稱爲我執，有了我執便有了我相，爲人處事就要處處分出個你我高下，難以保持心空境滅之境。既然如此，王志謹認爲，要想消除勝心，就要首先破除我相。人我之别是人類最根源的一種自覺意識，要想破除非常困難，需要“重添决烈”，時時把自己放置於萬物之下、他人之後，保持一顆謙遜柔弱、甘於處下居後之心。久而久之，不僅勝心可以消除，而且還可以達到心同太虚，達到心同太虚就可以實現無我，達到無我則可以與道相應。

以上所説勝心只是衆多勝心中的一種，即驕矜好勝之心。除此之外，還有一種勝心，即求勝之心，也是修道的一種障礙。王志謹認爲，修道是一件需要持之以恒的事情，必須經過長時間的精進煉心，纔能够有所成就。如果心存求勝之心，急於求成，幻想下幾年工夫就能求得超脱，這樣不但達不到目的，而且還會消磨人的意志，使修道半途而廢，前功盡棄。《盤山棲雲王真人語録》云：

> 或問曰：某下三年死工夫，可以脱得輪迴麽？答云：修行之人，當立决定志，時時刻刻精進煉心，不預未來，豈敢内存勝心，便要超脱？昔有道人初出家來，乃大言云：某覷輪迴小可，着些工夫便是免了。有志下功，不測篤疾纏身，數年不愈，漸消其志。此豈可以勝心爲之哉？①

① ［元］論志焕編：《盤山棲雲王真人語録》，《道藏》第23册，第723頁。

有弟子問王志謹,說我下三年的死工夫,能不能脱離生死輪迴?王志謹告訴他,修行之人敢於立志、勤於煉心是好事,但若預設目標却不利於修行。首先,若預設修道幾年成功,就會想方設法在規定時間内達到此目標,這無形中會生出許多執著,反而妨礙修道。其次,預設了修煉的目標,極易於急於求成,而"欲速則不達",急於求成,不僅不利於修道,而且憑空又會生出一個急於求成之心來。最後,預設目標後,若到時間實現不了,會影響修道者的情緒,嚴重者還會消磨其意志,使其喪失信心,產生退道之心。因此,王志謹强調,雖然立志對於修道者來説是必要的,但是更重要的是,修道者要踏踏實實在心地下功,不要管最終的結果。他舉了一個真實的例子,來説明求勝之心的危害。以前,有一位剛出家的道人,認爲只要下些功夫,很快就能够脱出生死輪迴。雖然他意志堅定,躬修苦行,但是天有不測風雲,忽患疾病,數年不愈,其意志便逐漸消沉。所以,在王志謹看來,修道者應該保持心態的平和虚静,不要讓急功近利等思想打破自己内心的虚静。否則,就算是下再大的功夫,也將是徒勞無功的。

四、常搜己過

除了勝心外,另一個修道的障礙便是是非之心。自王重陽和全真七子開始,全真道就非常强調破除是非之心在修道過程中的重要性。王重陽就曾勸人要"跳出是非門"①,馬鈺認爲"悟徹是非海,出離生死關"②,譚處端認爲"是非絶盡方通妙,人我俱忘始悟

① [金]王嚞:《重陽全真集》卷一,《道藏》第25册,第698頁。

② [金]馬丹陽:《洞玄金玉集》卷四,《道藏》第25册,第586頁。

玄”①,丘處機則提倡“是非人我絶談論”②。王志謹繼承了全真道的這一傳統,非常重視消除是非之心。他言:“居大衆中,及有作務,專防自心,不可易動,常搜己過,莫管他非,乃是功行。”③在王志謹看來,人之所以有是非之心,乃是因爲缺乏自我反省意識,所以他主張通過“常搜己過”來消除是非之心。王志謹在教導弟子時,多次强調修行之人要關注自己的内心,要常常反省自己的過錯,不要過多的關注他人是非。

王志謹説:

修行之人,大忌説人長短是非,及人間興廢,一切世事,非干己者,口不可論,心不可思,但説是非,便是昧了自己。若專鍊心,常搜己過,那得工夫管他家屋底事?但凡爲人,須有好處,宜相倣効,他人惡處,自當迴避,更莫關心,漸到休歇也。④

王志謹禁言他人是非,雖有全真道戒律的成份在裏面,但更重要的是强調修行人要重視自己心性的修煉,通過反省、檢查以發現和找出自己思想和行爲中的不良傾向,這是從“抑惡”的角度提出的煉心的方法。其目的在於剔除心中邪念,而保留善念。對於别人的長處,有益於自己修道的,就要向人家學習,反之,對於别人的缺點,要遠離和迴避,不要關心别人的是非。王志謹還進一步對爲什麽不能關心别人的是非做出了解釋:

修行之人,但見人用事好處,自己倣效去,不可見他人過,却失了自己也。不得遞相是非。但存是非,自心不正,久進不

---

① [金]譚處端:《水雲集》卷上,《道藏》第 25 册,第 850 頁。

② [金]丘處機:《磻溪集》卷六,《道藏》第 25 册,第 842 頁。

③ [元]論志煥編:《盤山棲雲王真人語録》,《道藏》第 23 册,第 725 頁。

④ [元]論志煥編:《盤山棲雲王真人語録》,《道藏》第 23 册,第 727 頁。

> 得，正能掩邪，邪常謗正。凡存我相，常謗人者，此等人不明自己，乃是外道邪宗也。若有正知正見，必於自己心上體究偏邪，搜求過失，若管他非，非正人也。①

他認爲，别人的長處應該效仿學習，但是不能因爲議論别人的是非，傷害了自己的本心。若關心别人的是非，則自己的心就無法放正，心不正則生邪心、私欲。因此，關心别人是非的人不能真正明悟自己的本心。倘若人有正知正見，就會在自己心上體究偏邪，搜求自身的過失，而不是去關心他人是非。

五、涵養本心

王志謹在從抑惡的角度提出了一系列以心煉心方法的同時，還注意在明徹本心以後，對本心的涵養和維護。

> （真心）既已成真，不復爲假，當自保護，堅固收藏，自得受用，此便是亘古圓明底無價寶珠也。②

王志謹强調真心顯現以後，要對真心進行保護，堅固收藏，方能自得受用，並將真心稱爲“亘古圓明底無價寶珠”。關於保護真心，王志謹還曾言：

> 修行之人，塵心頓歇，俗慮消亡，孤然顯出自己元本真宗，便是從來先天的主人。自承當得，逍遥自在，種種法界，一時透徹。若到此地，才要韜光晦迹，保護涵養多則功多，若舉意顯揚，則不覺暗損光明矣。③

此處所言“元本真宗”即是指的真心、本心。王志謹認爲，修行之人

---

① ［元］論志焕編：《盤山棲雲王真人語録》，《道藏》第 23 册，第 723 頁。
② ［元］論志焕編：《盤山棲雲王真人語録》，《道藏》第 23 册，第 730 頁。
③ ［元］論志焕編：《盤山棲雲王真人語録》，《道藏》第 23 册，第 726 頁。

通過修行,塵心頓歇,俗慮消亡,人的真心、真性便能够孤然顯露出來。真心顯露出來以後,便逍遥自在,能够透徹種種法界。既然真心已經顯現,就要韜光養晦,注意保護涵養真心,這樣纔能積累更多的功行。但是如果刻意張揚,就會損害本心。

第三節　境上煉心

王志謹煉心的兩種方式,一種是以心煉心,另一種就是境上煉心。對於以心煉心,上一節已經講過,這一節主要來探討一下如何境上煉心。境與心相對,心在内,境在外,但境可以影響心,所以佛教有"境由心造"之説。"境"的意義相當於通常所説的"塵","境上煉心"即是指在塵世中煉心,又可以稱之爲"事上磨煉",一般與避世隱修相對。雖然隱修是全真道的重要修煉方式之一,但衹是避世隱修是不够的,到了一定的時候,還需要到塵境中煉心,這樣纔可以最終大成。所以,丘處機在《長春丘真人寄西州道友書》中云:"大抵修真慕道,須憑積行累功,若不苦志虔心,難以超凡入聖。或於教門用力,大起塵勞,或於心地下功,全抛世事。"①其中"教門用力,大起塵勞"即屬於境上煉心。金元之際,隨著全真道生存境遇的發展變化,境上煉心越來越受到重視,這一點在王志謹的思想中有明顯的體現。

一、反對隱修

境上煉心是指在世俗生活中煉去塵心,使心達到不爲物移、

---

① ［元］玄全子集:《真仙直指語録》卷上,《道藏》第32册,第436頁。

不爲境遷的境界。王志謹非常强調境上煉心的重要性,他言:“不曾於境上鍊心,雖静坐百年,終無是處,但似繫馬而止者,解其繩,則奔馳如舊矣。”①王志謹認爲,境上煉心是非常必要的,若只是静坐修行,不接塵境,就是修上一百年也没用。因爲,静坐修行的人,表面上看起來,已經達到了内心的清静,但這是假的,並不是真正的清静,一遇塵境便原形畢露。王志謹打了一個比方,這就好比是養馬,養馬的人給馬套上各種馬具,把它繫在馬樁上,表面看起來,它已經十分馴服,不再奔馳。但這並不是真的馴服了,而是因爲養馬人强力約束的結果,一旦有機會争脱韁繩,馬便會絶塵而去。人心如馬,喜歡奔馳,通過静坐雖然可以暫時安撫其心,但若不經過境上鍛煉,仍然難以真正降伏。一遇塵境,便會心猿意馬,奔馳如舊。

王志謹强調,只有在境上煉心,方能於境中顯性,本心纔不會隨波逐流,爲外境所牽。正是基於此,王志謹反對避世隱修,他還以自身的經歷來説明境上煉心的重要性。

> 師云:往昔在山東住持,終日杜門,不接人事,十有餘年,以静爲心,全無功行,向没人處獨坐,無人觸着。不遇境,不遇物,此心如何見得成壞?便是空過時光,若天不利物則四時不行,地不利物則萬物不生,不能自利利他,有何功德?故長春真人云:“動則安人利物”,蓋與天地之道相合也。②

他認爲,如果杜門不出,不接人事,只是在静處獨自修煉,就無法積

---

① [元]論志焕編:《盤山棲雲王真人語録》,《道藏》第23册,第724頁。

② [元]論志焕編:《盤山棲雲王真人語録》,《道藏》第23册,第727～728頁。

功累行。並且如果不遇境,不遇物,雖自覺得道,實際上不過是執著於知覺幻象,無法判斷是否真正明悟本心,這無异於空過時光。王志謹正是從自身修道體驗出發,反對隱修,對傳統的坐圜、住山等隱修行爲持批評態度。那麽,什麽是坐圜呢?"環堵也,中起一屋,築圜牆圍之,别開小牖以通飲食,使人供送也。絶交友,專意修行也。"①所謂"圜",也就是指修真的場所,主要有兩部分組成,一是小屋,此爲修道者所居之所。二是環牆,用來隔絶與外界的聯繫。但是在環牆上會留有一個窗户,以便能够傳送生活用品。坐圜的目的,無外乎不受外界干擾,能够專心修行。王志謹曾引用兩個故事來批評坐圜者。

其一:

師因人論居圜守静事,乃云:昔有道人,坐圜有年,一日衆人請出,隨意行止,舊友見而問之曰:師兄向静處得來底於鬧處可用?未知師兄得到端的不動處也未?其人傲然,良久不言。友人進云:某有試金石,可辨真僞。師兄試説汝數年静處得來底心,看如何也?其人云:静處有甚麽可説?友人曰:似恁麽,則披毛戴角還他口債去也。其人忿然大怒,以至出駡。友人笑曰:此是汝圜中得底也,果試出矣。其人遂怨,終身絶交。此人不曾於境上錬心,雖静坐百年,終無是處,但似繫馬而止者,解其繩,則奔馳如舊矣。②

其二:

或問曰:守圜之人,其功如何?答云:昔長春真人在山東

---

① 《修真十書》卷五十三《盤山語録》,《道藏》第4册,第825頁。

② [元]論志焕編:《盤山棲雲王真人語録》,《道藏》第23册,第724頁。

> 時，行至一觀，後有坐圜者。其衆修齋次，有人覆真人言：圜中先生欲與真人語。真人令齋畢相見去。不意間，真人因出外，尋及圜所，以杖大擊其門數聲，圜中先生以爲常人，怒而應之，真人便回。齋畢，衆人復請以相見，真人曰：已試過也，此人人我心尚在，未可與語。遂去之。大抵居静，本爲性命事大，收拾固濟，涵養爲功，遇境不動，乃是驗也。今此擊門之聲是境，應者是心，心若忘我，如同灰滅，撥之有明，亦無火焰，遇境不動，安詳應過，便是心上有工夫也。今聞些子虚聲便早動心，一切惡境怎生過去？雖居圜中，濟甚麽事？受人供養，口債怎生不還得？却不如向動用境中、物上事上，專一磨鍊此心去，却是個有見趣底人也。①

細究這兩個故事不難發現，王志謹批評修道之人只是在圜中静坐，没有境上煉心，心上没工夫。他認爲坐圜者的静坐，看似心思平静，但是一旦受到外界刺激，就無法保持不動心。所以，他認爲這種修行方式就如同將馬拴住，一旦解開繩子，馬就奔馳而去。真正的心上有功夫的人應該是："心若忘我，如同灰滅，撥之有明，亦無火焰，遇境不動，安詳應過。"王志謹正是通過批評坐圜這種隱修方式，來勸説人們向動處境中、物上事上下功夫，磨去塵心。

王志謹還曾舉了一個住山修道者的例子來説明境上煉心的重要性。其云：

> 修行之人，物來要識破，境來要應過，應過一番，便同應過一舉。昔有道人住山，草衣木食，誓不下山，以爲屏盡塵俗之

① ［元］論志焕編：《盤山棲雲王真人語録》，《道藏》第 23 册，第 725～726 頁。

累。一日，忽有二人各持兵仗來索飲食，先生旋煮山果以待之，未及軟，其一人就釜中手取而嘗，怒而言曰：此等物以與人食！便欲搗去釜裹。先生初不言，見此二人怒色，兼以惡言激切，先生密謀，乃因事出外，探得所藏之棒，手按大呼云：二人出來，爾等未必近得我！二人出門笑曰：先生住山養成如此勝心，不如下山爲俗人去。二人遂行，望之忽不見。先生方疑是聖賢校勘，悔之而已。此是境上試不過也。①

王志謹批評了通過隱修來摒盡塵俗之累的做法，認爲隱於山林只是隱掉身形，却無法磨滅自己的勝心，不能做到物來識破，境來應過。全真道早期倡導的修行方式大都有避世隱修的色彩：王重陽曾在終南山挖掘"活死人墓"以修道；馬鈺擅長坐圜煉心；丘處機則在磻溪和龍門隱修十三年；郝大通則於沃州橋上静坐修行六年；王處一則在鐵槎山苦修九年。王志謹早年也是杜門不出，不接人事，專心修行，他後來也曾在盤山西澗石龕中隱修。但是爲什麽王志謹後來却提倡煉心，反對避世隱修呢？這與王志謹所處的環境有關，也與全真道發展的需要有關。這裏有一點需要説明的是，境上煉心並不是王志謹的獨創，劉處玄曾"獨遁迹於洛京，鍊性於塵埃混合之中，養素於市廛雜沓之叢。管絃不足以滑其和，花柳不足以撓其精；心灰爲之益寒，形木爲之不春"②。可見，劉處玄的修行方式與衆人不同，不在山林之中避世隱修，而選擇煉性於塵埃之間，修行於鬧市之中，不受外界各種俗情干擾，心如死灰枯木，不起一念，遂有所成。王志謹提倡境上煉心，與劉處玄所選擇的煉性於

① ［元］論志焕編：《盤山棲雲王真人語録》，《道藏》第23册，第724頁。
② ［元］李道謙集：《甘水仙源録》卷二《長生真人劉宗師道行碑》，《道藏》第19册，第733頁。

鬧市頗爲類似。

王志謹此處反對隱修，不衹是對傳統修道方式的一種革新。從另一角度來説，也是對社會大環境改變的一種反應。此時全真道發展正處於興盛時期，經濟上非常富足，道衆隊伍也十分龐大，原有的修行方式已不再適應管理道衆的需要。此外，由於這一時期戰亂頻繁，全真道士的身份十分複雜，很多人爲了逃避戰争和災禍纔加入了道門，本身並没有對道教的虔誠信仰，要求他們避世隱修，不如要求他們在世俗生活中修煉更現實。

二、叢林修行

叢林制度是佛教禪宗的寺院管理制度，其最早産生於唐代，後被全真道所吸收。《重陽立教十五論》中云："立身之本在叢林，全憑心志，不可順人情，不可取相貌，唯擇高明者是上法也。"①實際上，在王重陽創立全真道之時，全真道尚無大的道觀，所以並不存在全真道叢林。後來，隨著全真道的迅速發展，尤其是丘處機西行覲見成吉思汗之後，全真道士人數急劇增加，全真道的修行方式發生了重大變化，由早期主要以游方苦行爲主轉變爲了住廟修持，解決如何在大道觀中修行的問題，便成爲了當務之急，因此一些較大的全真道觀纔引進了佛教的叢林制度。

雖然根據文獻記載，王重陽、馬鈺、丘處機等都曾經提到過叢林，但全真道叢林制度的真正形成却是在金末元初，到尹志平、王志謹時，已經把叢林修行作爲了全真道士的主要修行方式。王志謹十分提倡叢林修行，反對雲游四方，《盤山棲雲王真人語録》記載：

---

① 《道藏》第32册，第153頁。

師因勸衆住叢林,乃云:丹陽真人有詞云:"學道住叢林,校淺量深,擇其善者作知音。如是未能明至理、挈領提衿。"凡在叢林,遞相指教,提綱振領,共修無上心地大法門,非小可事。有等無見趣底,不尋知友,不住叢林,又不論心地,南去北來,千山萬水,空費草鞋,只尋便宜自在處,觸着磕着又早走也。及要快着自己尋好住處,兼覓因緣,不知甚麽是自己緊切處,不知怎生過日?只圖自在便是了也。殊不知,前面有底,生死决定到來,看汝着甚支吾?豈可因循過日,虛度時光?當本出家圖個甚底?惺惺君子,細細思之。①

雲游是早期全真道的重要修行方式之一,王重陽在《重陽立教十五論》中曾專門對雲游有所論述,其云:"參尋性命,求問妙玄,登巇嶮之高山,訪明師之不倦,渡喧轟之遠水,問道無厭,若一句相投,便有圓光内發,了生死之大事,作全真之丈夫。如此之人,乃真雲游也。"②但從以上所引王志謹的話來看,他却提倡住叢林,反對四方雲游。他認爲,住叢林可以"共修無上心地",而"不住叢林,漫説雲游,又不論心地,南去北來,千山萬水,空費草鞋"。在王志謹看來,住叢林可以煉心,而雲游却只是浪費時光,"空費草鞋",於煉心一無用處。所以,王志謹十分重視住叢林對於初入道者的作用,他曾言:"初心出家,未能獨立,須仗叢林,或結道伴,遞相扶持,不至偏頗。"③他認爲,對於一個初出家的全真道士來説,最好的修行方式便是住叢林,因爲住叢林可以選擇好的道伴同修共證,互相請教,而最不適合雲游訪道。

① [元]論志焕編:《盤山棲雲王真人語録》,《道藏》第23册,第725頁。
② 《道藏》第32册,第153頁。
③ [元]論志焕編:《盤山棲雲王真人語録》,《道藏》第23册,第719頁。

王志謹在提倡叢林修行的同時,反對住山避世清修。在他看來,住山避世清修的人,只知空煉心性,不知道接待十方、自利利他,更不能在事上磨煉心性,通過這樣的方式所修得的心之清靜,並非真清靜。他言:

> 出家人久居叢林,朝夕訓誨,朝夕磨鍊,尚且乖踈,因循不進,道心漸減,塵事日增,放蕩猖狂,不能虛静,况在俗中孤行獨立,塵情荏苒,愛境牽纏,障道因緣,頭頭皆是,不自知覺,雖遇聖賢,不能勸化,百端紐捏,誑惑閭閻,迤邐沉淪,福銷業長,漸漬深重;若肯回頭,猶能救得;合塵背道,無可奈何,地獄不遠矣。①

王志謹認爲,叢林修行,修道環境十分優越,衆人可以結伴修行,朝夕訓誨,即使如此,還會出現道心漸減,凡事日增的現象。倘若獨自修行,便不能自持,很快墮入凡塵,合塵背道。因此,他極力提倡在叢林中修行。

三、常應常静

叢林制度有一個特點,即宮觀的每一位道士都要承擔相應的工作,其中主要有"三都""五主""十八頭"等,②宮觀住持安排做什麼工作,就要做什麼工作,有些工作還極爲繁忙。那麼,對於住在叢林宮觀的全真道士來説,如何處理好個人修煉與承擔宮觀工作的關係呢?若按照全真道傳統的修煉方式來説,這兩者是有矛盾的。因爲早期全真道的修煉方式無非有以下幾種,如雲游、乞食、戰睡、坐圜等等,這些修煉方式無不與承擔宮觀工作有衝突。面對這一問題,尤其是

① [元]論志焕編:《盤山棲雲王真人語録》,《道藏》第23册,第729頁。
② 參見李養正編著:《新編北京白雲觀志》,宗教文化出版社2003年版,第342~344頁。

當住觀修持成爲全真道士的常態以後,就必須提出新的修煉方式來解決以上矛盾。自丘處機開始提倡的"打塵勞"的修煉方式,就是針對這一情況提出來的。"打塵勞",就是在處理或承擔宫觀日常事務中煉心,其所遵遁的修煉原則就是"常應常静"。

何爲常應常静呢?《盤山棲雲王真人語録》中云:

> 師因有作務,普説云:昔東堂下有張仙者,爲木匠,不曾逆人,謙卑柔順,未嘗見怒形於色。衆皆許可,而常讚歎,遂聞於真人。真人曰:未也,試過則可,喻如黄金,未曾鍊過,不見真僞。一日,令造坐榻,其人應聲而作。工未畢,又令作門窗,亦姑隨之,已有慢意。工未及半,又令作匣子數個,其人便不肯。遂於真人前辯證,欲了却一事更作一事。真人乃云:前因衆人許汝能應人不逆,未曾動心,今日却試脱也。修行之人,至如鍊心應事,内先有主,自在安和,外應於事,百發百中,何者爲先,何者爲後,從緊處應,粉骨碎身,惟心莫動。至如先作這一件又如何?先作那一件又如何?俱是假物,有甚定體?心要死,機要活,只據目前緊處應將去,平平穩穩,不動不昧,此所謂"常應常静"也。①

以上王志謹通過一個事例來説明何爲常應常静。以前,丘處機門下有一位張姓道士,擅長木工,性格謙卑柔順,從來没有人見他發過怒,大家都誇他修煉有成。此事傳到了丘處機的耳朵裏,爲了驗證一下他是否真的達到了不動心的境地,丘處機便有意試他一下。有一天,讓張道士去做一張床,他爽快地答應了,並接著幹了起來。當床還没有做完的時候,又吩咐他去做門窗,他雖然没説什麽,但

---

① [元]論志焕編:《盤山棲雲王真人語録》,《道藏》第23册,第721頁。

心中已有些不高興。當門窗剛剛做了一半的時候,却又讓他去做匣子,這一下他終於發作了,不僅不肯做,而且還跑到丘處機面前理論。這個例子説明,張道士平時謙卑柔順,未曾有過怒色,並不是真的修煉到了不動心的地步,而是没有遇到能令他發怒的事情。也就是説,他的不動心是假的,没有在境上事上煉過,所以,一遇到事情便顯露原形了。在王志謹看來,一個人要想真正得道,就必須要在境上煉心,將各種俗情雜念從根上一一磨盡。修道之人並不是不做事情,若刻意迴避事情,躲進深山老林終日静坐,這本身就是一種執着。要想真正修煉有成,就必須在境上事上煉心,該做什麼事就做什麼事,但無論做什麼事,都不要讓事情擾亂了内心的清静。王志謹認爲,煉心應事,内心要有主,即不要心隨境遷,而是要始終保持自在安和,只有這樣,對外應事時纔能百發百中。至於先做什麼,後做什麼,俱爲執着,應當破除,一切隨順自然。但是有一點,不管做什麼事情,都要保持内心不動。做到心死而機活,這就是所謂的"常應常静"。

以上説明,要做到"常應常静",關鍵在於時時刻刻都要保持不動心。能否做到任何時候都不動心,是檢驗修行者是否有成的靈丹妙藥。對此,《盤山棲雲王真人語録》云:

> 師因衆議不動心,乃云:昔山東有道人於師父處自言煉盡無明火也。師云:無明火盡則心不動,便是好人。他日師密遣人試之。日暮造門,庵門已閉,其人厲聲,以杖大擊其門,先生内應,聲已不順,勉强開門,來人形狀躁暴,先生見之,顔色已動,又至堂上,其人不解履便跳上座,殊無禮貌,先生大怒,深責其人。其人拱手笑云:某非敢如此,師令某來校勘先生不動底心來,今未及試已見矣,不須再勘。其人大慙,無言可對。

> 大抵修行人,雖有功夫,豈敢自矜?不覺時便勘脱。其時實到灰心槁形,則却無自誇之念;既自矜誇,便勘脱矣。便直饒到得不動處,向上更有事在。①
>
> 師云:昔長春真人②堂下有當厨者,衆皆許其柔和低下,未嘗見動心。真人知之,密令人試。早晨於厨中所用什物移之他處,其人造粥漬米及釜,急求匕杓不得,以至溢出,乃大動心。真人見之,教云:直饒溢盡,只是外物,何消壞心?其人方省,禮謝而已。③

以上用生動活潑的語言,講述了兩個關於不動心的例子。在前一個例子中,某道士自稱煉盡了無明火,但煉盡無明火的人能做到不動心,只要一驗證他是否做到了不動心,就可以判斷出他是否真正煉盡了無明火。找人一試探,他很快就現了原形。這説明他不僅没有煉盡無明火,而且還有自吹自擂的毛病。在王志謹看來,越是有工夫的人越是謙遜,不可能自誇自矜,因爲一個人若真正做到了不動心,其心會如死灰槁木一般,無論何時都不會起心動念,更不用説自誇自矜了。况且,真正煉到了不動心,也並不是煉心的完成,還有更高的境界在後面等著,那裏有暇去自吹自擂。在後一個例子中,這位在丘處機堂下當厨的道人,表面上看起來似乎做到了不動心,但經丘處機一試,便大動心了。他的情况與第一個例子不同,在第一個例子中,某道士是因别人的無禮對待而動心,他則是因爲心爲外物牽引而動心,兩者雖然動心的具體原因不同,却都是未能在境上煉心所導致。

---

① [元]論志焕編:《盤山棲雲王真人語録》,《道藏》第23册,第724頁。
② 北圖元刻本與《修真十書》本"長春真人"皆作"長生真人"。
③ [元]論志焕編:《盤山棲雲王真人語録》,《道藏》第23册,第726頁。

通過以上幾個例子可以看出，在王志謹看來，達到不動心是境上煉心的第一步。但何爲不動心呢？王志謹以木雕爲例做了精彩的說明。他言：

修行之人，收拾自心，如一尊雕木聖像坐於堂中，雖終日無人亦如此，旛蓋簇擁亦如此，香花供養亦如此，往來毁謗亦如此，惟比木像通靈通聖，活潑潑地，明道明德，一切事上物上却不住着也。①

王志謹認爲，修行之人，若達到了不動心的境界，其收拾自心，應當如木雕聖像一樣，端坐於堂中，不管是否有人參拜，不管香花供養，還是往來毁謗，其只安坐不動，既不遂物，也不受物。但是，木雕聖像是死的，而人是活的，所以人比木像更通靈通神。達到不動心的人，其心不是死的，而是活潑潑的，明道明德，圓融自在，無執無著。王志謹還以金雞爲例來說明何爲不動心。其云：

道人錬心，如鑄金作雞，形色雖與雞一般，而心常不動，獨立於雞群，雞雖好鬭，無有敢近傍者。體道之人，心若寒灰，形如槁木，天下之人，雖有好争者，則不能與争矣。故經云："夫惟不争，故天下莫能與之争。"②

王志謹認爲，道人煉心就像是鑄造金雞，雖然形狀與顔色和真雞一樣，但心却不一樣，金雞心常不動，所以能獨立於雞群。顯然，在王志謹看來，達到不動心的道人，心如寒灰，形如槁木，不起一念，雖與物無争，但萬物莫能與之争。

除此之外，王志謹在《盤山棲雲王真人語録》中還探討了大量

① ［元］論志焕編：《盤山棲雲王真人語録》，《道藏》第23册，第727頁。
② ［元］論志焕編：《盤山棲雲王真人語録》，《道藏》第23册，第727頁。

修煉心性的理論，而且還從自身修道的體驗出發，總結了一些行之有效的修道原則。

1. 不厭參問

王志謹認爲，參問對修道之人而言，是必不可少的，不能只是埋頭修道，要經常參問，纔能少走彎路。他的這種提法主要是基於兩點考慮：第一，雖然每個人都真性具足，但個人先天禀賦不一樣，領悟能力也有差异，所謂“凡住叢林，雲集方來，豈得人人一等，個個同條？喻如大山，草木畢備，有不材者，有成材者，有特立者，有依附者，也有靈苗瑞草，也有荒榛荊棘”①。但是，大部分人是凡夫俗子，天性愚鈍，所以他人的點撥就顯得極爲重要了，也即“修行之人，性有利鈍，性鈍者不可堅執，宜住叢林，低下存心，與達理明心底人結緣，緣熟自然引領入道，漸次開悟”②。第二，修道之事，尤其是在某些重要的階段，必須要有明師指點，最終纔能成功。王志謹言：

> 學道之人，不厭參問，如人行路，勤問則不迷。人間小伎無師則不得，况兹大道？視之不見、聽之不聞。初機不遇，憑何了幹？苦中之大，莫過生死，不親至人，如何免得？故有云：“古人學道非草草，侍奉真師直到老。”若不知下手去處，又不親近達人，雖有志行持，千差萬錯矣。③

心性的修煉是一個很艱苦的過程，中間可能會經歷很多的磨難。而且，煉心重在修煉者的内在體悟，無法以語言來系統表達，這就需要明師在身邊隨機指點。參訪就是爲了尋找明師，就自己煉心過程中的一些疑問向明師請教，這樣會起到事半功倍的效果。否

---

① ［元］論志焕編：《盤山棲雲王真人語録》，《道藏》第23册，第727頁。
② ［元］論志焕編：《盤山棲雲王真人語録》，《道藏》第23册，第726頁。
③ ［元］論志焕編：《盤山棲雲王真人語録》，《道藏》第23册，第729頁。

則，若盲學瞎煉，浪費時光不説，還極易誤入歧途。郝大通曾在《金丹詩》中言："出家稟意望求仙，必在真師口訣傳。"①王志謹自己也曾説："古人學道，心若未通，不遠千里求師參問。"②這都是在强調尋訪明師的重要性。

除此之外，因當時的全真道士大多住觀修持，生活安逸，缺少苦修的磨煉，這從某種意義上講影響了他們對大道的了悟，所以參問就顯得尤其重要。

2. 善結道伴

王志謹不僅强調擇師的重要性，而且還十分看重道伴在修道過程中的作用。其言：

> 初心出家，未能獨立，須仗叢林，或結道伴，遞相扶持，不至偏頗。然有三等，有雲朋霞友，有良朋知友，有狂朋怪友。凡有志節，鍊心地，究罪福，絶塵情，逍遥方外，同志相求，遂與爲友，此等謂之雲朋霞友也，以其心與雲霞相似，塵事礙他不住故也。又有習學經教，琴書吟詠，高談闊論，褒貶是非，此等謂之良朋知友，以其雖不鍊心，亦不能作惡故也。又有一等，不治心地，不看經典，不顧罪福，出語乖訛，作事狂蕩，觸着一毛，便起争鬬，誇强逞俊，恃力持勝，欺壓良善，相率成黨，此等之人謂之狂朋怪友。③

以上王志謹强調"結道伴"的重要性，與當時全真道發展的現實狀況有關。當時的全真道正處於最興盛的時候，道衆猛增，宫觀林

---

① ［金］郝大通：《太古集》卷四，《道藏》第 25 册，第 881 頁。

② ［元］論志焕編：《盤山棲雲王真人語録》，《道藏》第 23 册，第 727 頁。

③ ［元］論志焕編：《盤山棲雲王真人語録》，《道藏》第 23 册，第 719 ~ 720 頁。

立,爲了便於管理,住觀修行成爲當時修煉的主要形式。然而,丹道的修煉需要滿足法、財、侶、地等相關條件,其中的"侶"即是指道伴,住觀修持時如何選擇道伴,就顯得十分重要。如果能够找到好的道伴,就能够遞相扶持,反之,則會相互危害,有妨於修道。王志謹把道伴分爲三類:一是雲朋霞友。這類道伴有修道的志節,能够煉心地,究罪福,絶塵情,逍遥方外,志同道合,塵世礙他不住。二是良朋知友。這類道伴往往習學經教,琴書吟詠,高談闊論,褒貶是非,雖然不煉心,但是對人無害。三是狂朋怪友。這類道伴既不像雲朋霞友那樣治心地,也不像良朋知友那樣看經典,而是不顧罪福,出語乖訛,作事狂蕩,觸著一毛,便起争鬥,誇强逞俊,恃力持勝,欺壓良善,相率成黨。這三類道伴孰優孰劣,一目了然。

關於合道伴的問題,在王重陽那裏已經受到重視,《重陽立教十五論》中言:

> 道人合伴,本欲疾病相扶,你死我埋,我死你埋。然先擇人,而後合伴,不可先合伴,而後擇人。不可相戀,相戀則繫其心;不可不戀,不戀則情相離。戀欲不戀,得其中道可矣。有三合三不合:明心、有慧、有志,此三合也;不明著外境、無智慧性愚濁、無志氣乾打閧,此三不合也。立身之本在叢林,全憑心志,不可順人情,不可取相貌,唯擇高明者是上法也。①

以上説明,王重陽對於如何選擇道伴已經提出了基本的原則,即三合、三不合。"三合"是明心、有慧、有志,"三不合"是"不明著外境""無智慧性愚濁""無志氣乾打閧"。王重陽主張要選擇"三合"的人爲道伴,而不能選擇"三不合"的人爲道伴。王志謹關於道伴

① 《重陽立教十五論》,《道藏》第32册,第153頁。

的劃分,與王重陽的“三合”與“三不合”原則有异曲同工之妙。

3. 須立志節

自王重陽創教開始,全真道就一直奉行出家的原則,對於任何人來説,徹底抛棄塵緣出家修道都需要有猛烈的决心。出家之後,修道的過程又極爲艱難,若無堅定的志節與超人的毅力很難堅持到底,所以立志極爲重要。丘處機就曾多次强調立志的重要性,《真仙直指語録》卷上云:

> 或問曰:“修行在志?提挈在聖賢?”師答云:“全在志,若無志,聖賢如何提挈?”又問:“如何是志?”師云:“勿令念起,乃志也。”又曰:“初做道人,下七八年苦志不退,雜念不生,莫忘初志,旋添决烈,遇魔不妨,聖賢暗中照顧,不肯壞了修行人。”①

或許是受到了丘處機以上思想的影響,王志謹非常重視立志在修道過程中的作用。他言:

> 修行之人,須要立志節,及至有志節,却多執固,執固則事物上不通變,及至事物上通變得,却便因循過日也,以此學者如牛毛,達者如麟角。有立志者却知不得底,有知者却行不得底,雖行者有久不得底。大抵學道之人,先要歸宗祖,次要有志節,須要識通變,專一勤行,久久不已,無不成就也。②

王志謹認爲,修行之人必須要確立志節,有了志節的保障方能最終修道成功。但有了志節之後,又往往易於陷入執著,有了執著就不能變通,有妨於修道。然而,會變通者又往往缺乏志節。有志者却

① 《道藏》第32册,第437頁。

② [元]論志焕編:《盤山棲雲王真人語録》,《道藏》第23册,第722頁。

不能盡知,盡知者却不能實行,能實行者却不能持久。這是一個矛盾,很少有人能處理得很好,這也是爲什麽修道的人很多而真正成功者却鳳毛麟角的原因。其後,王志謹還提出了修道之人必須要切記的幾條重要原則:第一,先要歸宗祖。所謂歸宗祖,就是要明確識心見性在修持中的重要地位,做到以煉心爲本。第二,次要有志節。雖有志節,但還要識通變,即不執著於這一志節。在此基礎上,專一勤行,堅持不懈,就一定會修道有成。

王志謹還專門對如何立志給出了自己的建議,《盤山棲雲王真人語録》云:

> 或問曰:自來修行之人,必先立志,如何立志?答云:每在動處静處,一切境界裏,行住坐卧,念念在道,逢魔不變,遇害不遷,安穩處亦如此,巇嶮處亦如此。拚此一身,更無回顧,精進直前,生死不懼,便是個有志底人,故經云:"强行者有志。"①

王志謹在回答如何立志的問題時,極力强調在一切境界裏都要念念在道,即不管在動處還是静處,不管在安穩處還是危險處,都要保持自己的心念符合於道,逢魔不變,遇害不遷。此外,還要有堅定的信念,精進直前,生死不懼,這樣纔算是一個有志向的人。所以,老子在《道德經》第32章中言:"强行者有志。"

第四節　外積功行

全真道創立之初,在佛教普度衆生與儒家濟世思想的影響下,

---

① [元]論志焕編:《盤山棲雲王真人語録》,《道藏》第23册,第719頁。

王重陽確立了“功行雙全”的修煉理論。他强調把内丹修煉與濟世救人的入世情懷結合起來，主張把真功與真行統一，大力提倡“功行雙全”。在王重陽看來，做到“功行雙全”是實現“全真而仙”的前提。他在《三州五會化緣榜》中言：

晉真人云：若要真功者，須是澄心定意，打疊神情，無動無作，真清真静，抱元守一，存神固氣，乃真功也。若要真行者，須是修仁藴德，濟貧救苦，見人患難，常行拯救之心，或化誘善人入道修行。所行之事，先人後己，與萬物無私，乃真行也。①

以上王重陽借用晉真人的話，對真功、真行的内涵作了解釋。在他看來，“真功”即抱元守一、存神固氣等内煉功夫，而真行即濟貧救苦、普度衆生、積功累行的濟世情懷。“功行雙全”，即真功與真行的統一，它不僅是全真道倡導的修行方式，也是實現“全真而仙”的必要前提。正是因爲王重陽把“功行雙全”作爲了全真道士立身行世的根本原則，尤其是他所提倡的濟世救人的真行，培養了全真道士先人後己、苦己利人的高尚品格，並做了大量的造福百姓、利濟蒼生的好事，使全真道在社會上樹立了良好的形象，改變了道教的精神風貌，爲全真道的順利發展創造了良好的條件。

王重陽“功行雙全”的思想在全真七子那裏得到了繼承與發展，尤其是馬鈺和丘處機，還在王重陽“功行雙全”思想的基礎上，提出了自己新的理解，極大地豐富和發展了全真道的這一思想。馬鈺繼承王重陽“功行雙全”的思想，提出了“内外日用”理論。他言：

日用有二，有外日用，有内日用。外日用者，大忌見他人之過，自誇己德，妒賢嫉能，起無明火、塵俗念，生勝衆之心，人

---

① ［金］王喆：《重陽教化集》卷三，《道藏》第25册，第788頁。

我是非，口辯憎愛。內日用者，休起狐疑心，長莫忘於內，若雲游住坐，亦澄心遣欲，無挂無礙，不染不着，真清真净，逍遥自在。①

“日用”即全真道士的日常作爲。馬鈺認爲，對於全真道士來説，日用有二：一是外日用，二是內日用。外日用是指時時刻刻在外在行爲上約束自己，日用常行中去除自矜、嫉妒、好勝、是非、憎愛等邪心和各種塵俗雜念。內日用是指通過煉心，時刻保持內心的清静，做到日用常行中要“澄心遣欲，無挂無礙，不染不着，真清真净，逍遥自在”。顯然，馬鈺所説的內外日用都屬於王重陽真功的範圍，外日用相當於事上磨煉，而內日用則相當於心地下功，這裏没有涉及到真行的問題。

然而，丘處機却在馬鈺“內外日用説”的基礎上，提出了自己對內外日用的新的理解。其言：

問內外日用，丘曰：“捨己從人，克己復禮，乃外日用。饒人忍辱，絶盡思慮，物物心休，乃內日用。”次日，又問內外日用，丘曰：“先人後己，以己方人，乃外日用。清静做修行，乃內日用。”又曰：“常令一心澄湛，十二時中，時時覺悟，性上不昧，心定氣和，乃真內日用。修仁藴德，苦己利他，乃真外日用。”②

以上丘處機多次談到內外日用的問題。丘處機認爲，“外日用”即“捨己從人，克己復禮”“先人後己，以己方人”“修仁藴德，苦己利他”，這都是有關人我關係的，即全真道士對外的態度。在丘處機看來，全真道士在立身行事或與他人交往中，要堅持捨己從人、先

① ［金］馬鈺：《丹陽真人直言》，《道藏》第32册，第155頁。

② ［元］玄全子集：《真仙直指語録》卷上《長春丘真人寄西州道友書》，《道藏》第32册，第437頁。

人後已、苦已利人、濟世救人的原則，而這本身就是境上煉心、事上磨煉、積功累行的過程。“内日用”即“饒人忍辱，絶盡思慮，物物心休”“清静做修行”“一心澄湛”“心定氣和”等，這都是“以心煉心”的内煉功夫。丘處機還特别强調内、外日用相結合是修煉成仙的必要條件，他言：“大抵修真慕道，須憑積行累功，若不苦志虔心，難以超凡入聖。”①又説：“大抵外修福行，内固精神，内外功深，則仙階可進，洞天可游矣。”②丘處機此處所言“積行”與“外修福行”即“外日用”，“累功”與“内固精神”即“内日用”。這與王重陽所謂的“真功真行”是一脉相承的，是對王重陽“功行雙全、全真而仙”思想的進一步發展。

與王重陽相比，馬鈺顯然更重視内煉工夫，而丘處機則尤其强調積功累行在修煉過程中的作用。丘處機曾言：“世之人，雖天資明敏，學海汪洋，若福行未加，則終不能探其道元之妙。古今得道聖賢，道通爲一，福則有异。外功大者，仙位之高，外行卑者，階居其下。”③在丘處機看來，修道之人要福慧雙修，慧即以上所説的“天資明敏，學海汪洋”之類，而福則是指積功累行，天分、悟性再高，若不通過捨己從人、苦已利他、修仁蘊德、濟世救人等外日用積累福行，仍然不能“探道元之妙”。尹志平作爲丘處機最得意的弟子，繼承了丘處機的思想，也非常强調外積功行的重要性。他言：

① ［元］玄全子集：《真仙直指語録》卷上《長春丘真人寄西州道友書》，《道藏》第32册，第436頁。

② ［元］玄全子集：《真仙直指語録》卷上《長春丘真人寄西州道友書》，《道藏》第32册，第437頁。

③ ［金］丘處機：《學仙記》，《全元文》卷一，江蘇古籍出版社1999年版，第19頁。

“爲道之要無他,積累功德而已矣。……不以功行爲本,焉可成道乎?”①“今之學者,不積功行,直欲造道,必無此理。”②可見,尹志平把積累功行作爲首要的修行方式,將其作爲煉心的主要途徑。

王志謹繼承了早期全真道在工夫論上强調“功行雙全”的傳統,强調内功外行在修道中的作用。他認爲,積功累行是得道成仙不可或缺的一個部分,只有積累功行到一定程度,纔能最終得道成仙。《盤山棲雲王真人語録》云:

> 或問曰:如何是功行?答云:合口爲功,開口爲行。如何是合口爲功?默而得之,無思無慮,緘口忘言,不求人知,韜光晦迹,此是合口爲功也。如何是開口爲行?施諸方便,教人行持,利益群生,指引正道,是開口爲行也。③

以上王志謹提出了“合口爲功,開口爲行”的功行理論。其所說的“合口爲功”,即是指以默然静修爲主的以心煉心工夫,其意在説明修道之人要默默修行,收斂自心,閉口不言,不求名利,這相當於丘處機所説的内日用;而所謂“開口爲行”,即是指化人入道、利益群生的濟世救人之功,相當於丘處機所説的外日用。

王志謹也繼承了王重陽關於“功行雙全、全真而仙”的思想,④

---

① [元]段志堅編:《清河真人北游語録》卷一,《道藏》第33册,第158頁。

② [元]段志堅編:《清河真人北游語録》卷一,《道藏》第33册,第158頁。

③ [元]論志焕編:《盤山棲雲王真人語録》,《道藏》第23册,第723頁。

④ 張廣保言:“盤山派又把這種不即世不離世的修行稱爲功行。强調把方内與方外的修行互相結合,這在盤山派中有一專門術語叫‘功行雙全’。所謂功,即是内功。也就是‘全拋世事,心地下功’。行即是外行,也就是濟物利他。”(張廣保:《金元全真道内丹心性學》,生活·讀書·新知三聯書店1995年版,第144頁)

認爲修行人要想真正得道,既要修内功,又要有外行,只有内外圓融,方可達聖賢地位。他言:

修行人,本宗上無虧,行業上用意,物境上速過去,人事裏不住着,私邪念不起,纖毫不立,微塵不染,晃朗虚明,不着空,不着有,不執法相,不執我見,兼衆人之光明,久久相資,融通表裏,便是聖賢地位,更有甚可疑也?①

在王志謹看來,修行之人,無論執著於内,還是執著於外,都是執著,都有妨於修道。只有做到内不著空,外不著有,對内無我,對外無物,物我兩忘,空有雙遣,表裏融通,内外圓融,無執無著,最終纔能"全真而仙"。

王志謹繼承了全真道"功行雙全"的傳統,但較之早期全真道的功行思想,更體現出重視積累功德,强調有爲的特徵。他言:

修行之人,若玄關不通,心地不明,忙忙業識不能無爲者,蓋爲無福德故也,乃當於有爲處、教門中隨分用力,立功立事,接待方來,低下存心,恭敬師友,常行方便,屏去私邪,久久緣熟,日進一日,自有透得處。不勝兩頭空擔?不能無爲,不能有爲,因循度日,無功無行,穩處着脚,甜處着口,閑管世事,鬧處出頭,恣縱身心,不懼神明,打筭有日,豈不聞長春真人云:"心地下功,全抛世事,教門用力,大起塵勞。"又無心地工夫,又不教門用力,因循過日,請自思之,是何人也?②

以上所説的"無爲"即内日用,而"有爲"即外日用。丘處機曾在《長春丘真人寄西州道友書》中説:"大抵修真慕道,須憑積行累功,

---

① [元]論志焕編:《盤山棲雲王真人語録》,《道藏》第23册,第728頁。
② [元]論志焕編:《盤山棲雲王真人語録》,《道藏》第23册,第728頁。

若不苦志虔心，難以超凡入聖。或於教門用力，大起塵勞，或於心地下功，全拋世事。"①丘處機所説的"心地下功，全拋世事"即是"無爲""日内用"，而"教門用力，大起塵勞"即是"有爲""外日用"。王志謹認爲，修行之人，若修煉多年，仍然"玄關不通，心地不明"，即内煉没有成效，便説明此人不適合這種修煉方式，而應該放棄"無爲"的方式，而選擇"有爲"的方式。其所説的"有爲"方式，即通常所説的"打塵勞"，也就是做好教門事務，在宫觀日常事務中磨煉心性。在王志謹看來，每個修行人的具體情況不同，有的適合行無爲之法，而有的適合行有爲之法。尤其是當無爲之法久而無效之時，這肯定是修行者功行積累不够所致，在這種情況下，修行人應該轉爲境上煉心、事上磨煉，多做一些積功累行之事，久久純熟，自然會有所得。

王志謹認爲，修道之人能否做到積功累行、功行雙全，完全區决於自己，所以，他特别强調修行者積功累行的自覺性和主動性。他曾言："内功外行，全在自心，自能着力，自己有功，行與不行，各各自得。教門不開，須當隱伏，心與天通；教門既開，外功亦應，合天應人。功不厭多，行不厭廣，但在此心堅固，乃可成就耳。"②在王志謹看來，内功外行，全在自心，自己努力，必有所得，自己不努力，難以有成。而且，修行者在選擇修行方法時，要注意與時勢相適應。當教門不開之時，宜以内功爲主；教門既開，宜以外行爲主。但不管如何，修行者自己的自覺性與主動性至關重要。同時，他又借用佛教因果報應的觀念，來規勸和鞭策門徒，認爲修道之人受十

---

① ［元］玄全子集：《真仙直指語録》卷上，《道藏》第32册，第436頁。

② ［元］論志焕編：《盤山棲雲王真人語録》，《道藏》第23册，第728頁。

方供養,倘若不苦己利人,暗積功行,他日欠下口債,反而於己不利。他言:"自來學道之人,只許苦己利他,暗積功行。若復縱心,非理行事,不惟有辱教門,抑亦自招殃咎。爲身爲口,不清不儉,與俗無异,如此受用十方汗血之物,未是便宜,樂中受了,苦裹還他,生死到頭,更無支吾。既居門下,何不鍊心?"①對於出家修道的人來説,既然已經出了家,就必須積累功行,否則,受人供養,無功無德,必然招來殃咎。

雖然王志謹極爲强調積累功行的重要性,苦口婆心地勸説信徒要有積功累行的自覺意識,但是他却反對在積累功行方面存在功利思想。他告誡人們,不要爲做好事而做好事,不要因逃避罪責而行善。《盤山棲雲王真人語録》云:

> 或有匠人問云:某修大殿,不徵工價,如此誠心,合有何果? 答云:不如清净人默坐一時辰,蓋有爲之福有壞,無爲之福無壞。②

有人問王志謹,他爲廟裏修大殿不要工錢,這樣的誠心,會得到怎樣的果報? 王志謹却回答説:還比不上修道的人默坐一個時辰。因爲在他看來,"有爲之福有壞,無爲之福無壞"。"有爲之福",即是爲了得到福報,有意識地去做善事,類似於孟子所説的"行仁義";"無爲之福",即是不計較任何回報地去做善事,類似於孟子所説的"仁義行"。王志謹認爲,行善而不求回報纔是真正的善舉,這樣的善舉得來的是永恒的福報;如果以求得回報而行善事,不僅違背了積累功行的初衷,而且所得福報也極易於喪失。因此,他十分

---

① [元]論志焕編:《盤山棲雲王真人語録》,《道藏》第23册,第729頁。
② [元]論志焕編:《盤山棲雲王真人語録》,《道藏》第23册,第726頁。

强調在行善積德之時,要堅持自然無爲的原則,不能懷有任何的私心,不要計較任何的功利。

王志謹對内功外行的倡導,主要是基於以下兩個方面的原因:第一,叢林修行的需要。隨著全真道的發展與興盛,全真道士的數量不斷增加,宫觀經濟狀況也日益好轉,住觀修持逐步取代了原來的雲游苦行,成爲全真道最主要的修持方式。在叢林中,衆多道衆一起修行,就有一個分工與合作的問題,宫觀生活很多的雜事也需要有人來做。所以,强調在日常生活中煉心,給繁瑣枯燥的宫觀勞作賦以修道的内涵,有利於叢林的管理。第二,全真道社會責任意識的覺醒。金元之際的全真道通過自己的努力,既得到了蒙古統治者的支持,又滿足了很多人避難求安的需要。在這種情況下,全真道自覺參與社會的意識日益增强,其社會責任感和服務意識開始覺醒,不僅積極舉行各種齋醮儀式,還爲衆多流亡者提供避難之所。在全真道所接納的大量流民中,除少數亡金士人文化程度較高外,大部分流民文化水平偏低,更是缺乏必要的信仰根基,修道的先天資質也比較差。針對這種狀況,王志謹纔大力提倡通過内功外行來修煉,而且尤其重視"打塵勞""住叢林"等修行方式。這從某種意義上講,既維持了道觀的日常運作,又易於被道衆所接受,而且還提升了全真道在下層民衆中的影響力。

第四章　宗系傳承

王志謹一系門徒衆多，其在盤山弘道之時，便已聲名遠播，前來參問拜師者，絡繹不絶。姬志真《洛陽棲雲觀碑》云："辛巳秋，真人開道盤山，方來修煉之士，多往質疑，令聞遠播，黄冠野服游其門者，不可勝計，亦當時輔教之首出者。"①姬志真《盤山棲雲觀碑》則云："辛巳春，承本州同知許公議請棲雲真人住持此山，應命而至。居無幾，參學奔赴，虚往實歸，日數之而不及也。席下皆茂德耆宿，履踐皆抱樸明真，徒輩日增，遂營爲觀。"②丘處機仙逝之後，王志謹離開盤山，雲游四方，興建琳宇，弘道布教，投於其門下的全真道士更是不計其數。王鶚《棲雲真人王尊師道行碑》云："車轍所經，願爲門弟子者動以千數，達官著姓，白叟黄童，山林緇素之流，闤闠笄總之子，莫不羅拜於前，其爲世景仰如此。"③又云："師所至，日書

① 陳垣編纂：《道家金石略》，文物出版社 1988 年版，第 557 頁。
② 陳垣編纂：《道家金石略》，文物出版社 1988 年版，第 465 頁。
③ 陳垣編纂：《道家金石略》，文物出版社 1988 年版，第 563 頁。

法名,不知其數。”①下面根據現有史料,對王志謹一系在金元時期的傳承情況加以考察。

第一節　掌教傳承

王志謹的傳道經歷可以分爲前後兩個時期,前期他主要以盤山爲基地,盤山成爲其這一系弟子的傳教中心。自蒙古太宗窩闊台五年(1233)修建朝元宫以後,王志謹一系弟子的傳教中心便轉移到了朝元宫,並以朝元宫爲基地在河南等地廣泛展開傳教與弘道活動,朝元宫也成爲了王志謹一系全真道士的祖庭。根據現有史料記載,王志謹一系在朝元宫一直傳了八代。《知常姬真人事迹》云:“棲雲登真,以師嗣主教事。”②王志謹之後,執掌他這一系的爲王志謹弟子姬志真,其繼位的時間爲元中統四年(1263)六月。又根據程巨夫《徐真人道行碑》記載,姬志真之後嗣任本宗首領的是李志居,李志居之後爲徐志根,其云:“師諱志根,梁之扶溝人。父某,仕金至昭武將軍。師沉質魁偉,弱冠爲道士,學於王真人志謹。初,重陽入梁,主太寧坊王氏,嘗曰:吾後必宅是。金亡,其地爲墟。後六十四年,志謹即之爲宫,廣袤七里,賜名朝元。工未竟而志謹傳之姬志真,志真傳之李志居,志居傳之師。”③王之綱《玉清觀碑》也有類似的記載,其云:“真人姓王氏,曹州東明人,道號棲雲子,以誠化導,以惠利人,雲車所過,拜者塞途,隨立宫觀,在在有之,年開九秩,翛然而往,實洞天之列仙歟!

---

① 陳垣編纂:《道家金石略》,文物出版社 1988 年版,第 563 頁。
② [元]李道謙集:《甘水仙源録》卷八,《道藏》第 19 册,第 792 頁。
③ 陳垣編纂:《道家金石略》,文物出版社 1988 年版,第 713 頁。

初傳而得姬知常，再傳而至李通和，今吾洞陽，凡三主教矣。"①以上兩條史料證明，王志謹之後，其這一宗前三代掌教的傳承頗爲清晰，依次爲姬志真、李志居、徐志根。

關於姬志真、李志居、徐志根三者的關係，劉將孫《汴梁路棲雲觀記》云："重陽六子，棲雲父郝太古，從丘長春，遂爲嗣祖，棲雲之是似者，姬與李志居、徐志根也。"②程巨夫《徐真人道行碑》也有類似的記載，其云："師以郝爲祖，王爲父，姬、李爲兄。"③由以上可知，徐志根以郝大通爲祖師，以王志謹爲師，以姬志真和李志居爲師兄，姬志真、李志居、徐志根皆爲王志謹親傳弟子，三人是師兄弟關係。由上述王志謹一系掌教傳承的情況可以看出，其傳承方式與早期全真道掌教的傳承方式完全一致。王重陽仙逝之時，曾"遺訓四子主掌教門"④，其仙逝以後，按此遺訓，馬鈺、譚處端、劉處玄、丘處機依次嗣任全真道掌教，而此四子亦是師兄弟關係。這兩個例子充分說明，全真道及其各宗系的掌教傳承在元初還没有形成師徒相承的傳統。

徐志根之後，繼承本宗掌教的爲孫履道。程巨夫《徐真人道行碑》云："皇慶元年冬十有二月，朝元萬壽宫孫真人履道狀其師徐君之行來徵文。……而今孫君之嗣掌教事也，先是歸河東，師知其賢，累請不起，固請乃起，賜號泰定虚白文逸真人，道甚高。"⑤以上

① 陳垣編纂：《道家金石略》，文物出版社 1988 年版，第 655 頁。

② 陳垣編纂：《道家金石略》，文物出版社 1988 年版，第 646 頁。

③ 陳垣編纂：《道家金石略》，文物出版社 1988 年版，第 713 頁。

④ ［金］金源璹：《長真子譚真人仙迹碑銘》，［元］李道謙集：《甘水仙源録》卷一，《道藏》第 19 册，第 732 頁。

⑤ 陳垣編纂：《道家金石略》，文物出版社 1988 年版，第 712 ~ 713 頁。

提到,孫履道受徐志根之請“執掌教事”,衆所周知,孫履道曾經繼藍道元之後擔任過第十五任全真道掌教,那麽,以上所説“執掌教事”是否就是指其擔任全真道掌教之事呢?姚燧《重修中太一宫碑》云:“泰定虚白文逸真人孫君履道實四傳而嗣其師惠慈之位,以有國者作之於全盛之時,而數子者修之於已壞之後,度力校財,不能萬一,其舉羸於時詘,瘁盡而智殫,久其年而勤不少懈,迄用有成,與國妥神,祈天永命,惓惓爲心,其如何也。”①以上所提到的“惠慈”即是指王志謹。可見,孫履道確實曾經做過王志謹一系的掌教,《徐真人道行碑》所云“執掌教事”並非是指執掌整個全真道,而是指執掌王志謹一系全真弟子。據民國《虞鄉縣志》卷九《金石考》記載,孫履道曾自述其世系言:“履道幼事老子教,違先君訓,幸累聖不遺方外厄,三降璽書,一爲提點,再爲真人。龍光載躬,恩渥數异,且獲踵太古棲雲真人之後。都提點太古棲雲宗教十餘年。帝賜玉圭寶冠西錦法衣。”②除此之外,孫履道雖然做過全真掌教,但據張廣保教授考證,其執掌全真道的時間爲元泰定元年(1324)至天曆元年(1328)之間。③ 而《徐真人道行碑》云:“甲辰六月十日夜,有星隕於寢所,無疾而逝,年九十一。”④顯然,徐志根仙逝於元大德八年(1304),其請孫履道執掌教事,必在元大德八年(1304)之前。以上説明,皇慶元年(1312)孫履道請程巨夫爲徐志根撰寫碑

① 陳垣編纂:《道家金石略》,文物出版社 1988 年版,第 724 頁。

② [民國]周振聲等修,李無逸等編:《虞鄉縣志》卷九《金石考》,民國九年(1920)石印本。1310 年劉致游汴梁,孫爲其言世系,劉致評價他:“公雖爲老子言,而洞佛言,尤邃儒言。”

③ 張廣保:《金元全真教史新研究》,青松出版社 2008 年版,第 160 頁。

④ 陳垣編纂:《道家金石略》,文物出版社 1988 年版,第 713 頁。

文時,其已經執掌王志謹一系。因此,孫履道執掌王志謹一系教事在前,成爲全真道掌教在後。

關於孫履道之後王志謹一系的傳承情況,現存史料很少提及,只有不多的一些綫索。許有壬《龍德宫記》云:“文醇德懿知常翊教大真人姬公既襲教,積儉儲贏,以待後用。至元丙子,虚玄應物通真道人李公命宫主高志和、陳道祥即熙春閣基建通明殿以奉昊天上帝,營東西廡以庇其徒。貤至崇玄誠德洞陽真人徐公、泰定虚白文逸明德真人孫公,俱以善繼見稱。八傳而至通玄文德虚逸真人王公,公名德衡,天均其自號也。”①以上提到王志謹一系掌教,八傳而至王德衡。對於王德衡的具體情況,因史料缺乏,難以詳知。據許有壬撰《龍德宫記》記載,其曾主持修復過龍德宫,其云:“公名德衡,天均其自號也。述事尤力,闕者備之,弊者新之,秩秩就緒矣。爰自乙未構築,丙子增建,且百二十年,或創或葺,厥惟艱哉。天均念祖師經始之難,前輩繼承之勤,不勒之石,曷暢玄風,曷永教事?命提點陳道新狀其故,絶河來請。”②王德衡當時是住在朝元宫,還是龍德宫,這裏没有提到。但是,既然他已經繼任王志謹一系第八代掌教,按照一貫的傳統,他應該是住在朝元宫。實際上,這與他主持修復龍德宫並不矛盾,龍德宫歸屬於朝元宫,同屬王志謹一系道觀,作爲本宗掌教,主持修復屬觀龍德宫,並請許有壬撰寫碑文,這完全合情合理。

綜合上述史料可知,王志謹執掌朝元萬壽宫以後,朝元本宗的傳承爲王志謹—姬志真—李志居—徐志根—孫履道。孫履道之後

---

① 陳垣編纂:《道家金石略》,文物出版社 1988 年版,第 781 頁。
② 陳垣編纂:《道家金石略》,文物出版社 1988 年版,第 781 頁。

的情况不明,只知第八代掌教爲王德衡,號天均,贈號"通玄文德虚逸真人"。

朝元宫在當時頗有影響,執掌朝元宫的歷代掌教也十分受朝廷重視。中統二年(1261),元世祖忽必烈詔賜盤山棲雲道人王志謹"惠慈利物至德真人"之號;①至元四年(1267)春二月,姬志真被賜予"文醇德懿知常真人"之號。② 至元六年(1269),詔贈棲雲之師郝大通"廣寧通玄太古真人"之號;至元二十三年(1286),詔賜棲雲弟子徐志根"崇玄誠德洞陽真人"之號。③ 通過以上王志謹一系師徒頻繁受册封可以説明,當時這一系高道輩出,具有較强的影響力,深受元代宫廷與諸王的器重。

以上有關王志謹一系傳承情况的考察,給我們提供了極爲重要的信息。按照史料記載,雖然後來全真七子各自創派立宗,但因史料缺乏,七真道派早期的情况極爲模糊。而以上的考察表明,至少自元初開始,王志謹一系就已經有了自覺的宗派意識,而且有較爲系統明確的掌教傳承。雖然,至今仍然不能確定,王志謹一系在元代的傳承情况是否與後來奉郝大通爲祖師的華山派有聯繫,但至少可以確定,全真道各系很早就有了自覺的宗派意識,而且這種宗派意識,對於以後七真道派的形成,必然産生了重要的影響。除此之外,還有一點頗值得注意。以往我們認爲,全真道只有歷代大宗師方可以稱爲掌教,而以上的考察説明,除了大宗師之外,各宗系執掌者亦可以稱爲掌教,而且這一點當時還得到了統治者的認可。

---

① 陳垣編纂:《道家金石略》,文物出版社 1988 年版,第 672 頁。
② [元]李道謙集:《甘水仙源録》卷八,《道藏》第 19 册,第 792 頁。
③ 陳垣編纂:《道家金石略》,文物出版社 1988 年版,第 713 頁。

第二節　親炙弟子

王志謹弟子衆多,早在至盤山修道之前,他就已經開始收徒,後來在各地傳教與弘道過程中,也不斷有人拜在其門下。尤其是修復開封朝元宫之後,王志謹名聲大振,拜在其門下的全真道士更是不計其數。但是,因其大部分弟子史書無載,所以他們的生平事已不可考。只有《道家金石略》《金元全真教石刻新編》、各種方志、現存碑刻等文獻,記載了其三十四位親炙弟子的情況,其中包括以上提到的姬志真、李志居和徐志根。下面根據以上文獻對這三十四位親炙弟子的生平事迹加以介紹。

一、姬志真

《甘水仙源録》卷八收有《知常姬真人事迹》,現主要根據這一材料對姬志真生平作一概述。姬志真(1192～1268),名翼,字輔之,澤州高平(今山西高平)縣人。姬志真祖上爲長安雍氏,金世宗完顔雍即位以後,爲了避諱,舉家易爲姬姓。據稱,姬翼的母親在生他的時候,曾夢見一個仙人授予她玉石一塊,吞下之後,便生下了姬翼。姬翼自幼雅重,認識他的人都稱其不凡。他四歲開始讀書,九歲時父母雙亡,等到十三歲的時候,便能吟詩作賦。二十歲時,他已天文地理,陰陽律曆,無所不通。金興定五年(1221),蒙古大軍攻下河東澤潞,百姓大多淪爲俘虜,姬翼孤身一人,顛沛流離,借住於冀州南宫。蒙古太宗窩闊台六年(1234),王志謹傳道路過南宫,偶遇姬翼,一言相契,遂收爲弟子,並賜名志真,號知常子。其後,姬志真跟隨王志謹回到盤山,頤真養浩,大蒙印可,深受器重。元憲宗二年(1252),時任全真道掌教李志常於燕京大長春宫起置玄學,姬志真被邀請爲講師,"日與四方師德遞主法席,後學之士多賴進益"①。元憲宗四年(1254)春,王志謹赴燕京參加普天醮事,醮事結束之後,姬志真跟隨他回到汴梁,居於朝元宫。元中統四年(1263),王志謹仙逝,把本宗掌教之位傳於姬志真。元至元四年(1267)春二月,聖主降詔,賜予姬志真"文醇德懿知常真人"之號。元至元五年(1268)十二月三十日,姬志真昇霞,春秋七十有六。有《雲山集》《道德經總章》《周易直解》行於世。②

二、李志居

現存史料對李志居的生平事迹多語焉不詳,有關他的記載亦只是隻言片語。王鶚在《棲雲王真人道行碑》中云:"歲閼逢困敦正月朏,師之門人論志元、魏志言持師行狀,洎提點張志格、李志居書,不遠數千里乞銘於予。"③劉將孫《汴梁路棲雲觀記》云:"重陽六子,棲雲父郝太古,從丘長春,遂爲嗣祖,棲雲之是似者,姬與李志居、徐志根也。"④以上表明,元至元元年(1264)時,李志居爲道教提點,而且其與姬志真、徐志根同爲王志謹弟子。又《徐真人道行碑》云:"工未竟而志謹傳之姬志真,志真傳之李志居,志居傳之

① [元]李道謙集:《甘水仙源録》卷八,《道藏》第19册,第792頁。
② 姬志真的著作大多亡佚,只有《雲山集》八卷傳世,現存於《正統道藏》太平部。另外,國家圖書館現存元延祐六年李懷素刻本《雲山集》五卷。
③ 陳垣編纂:《道家金石略》,文物出版社1988年版,第563頁。
④ 陳垣編纂:《道家金石略》,文物出版社1988年版,第646頁。

師。"[①]王之綱《玉清觀碑》云:"初傳而得姬知常,再傳而至李通和,今吾洞陽,凡三主教矣。"[②]以上證明,李志居曾經繼姬志真以後,成爲本宗掌教。許有壬《龍德宫記》云:"文醇德懿知常翊教大真人姬公既襲教,積儉儲嬴,以待後用。至元丙子,虚玄應物通真道人李公命宫主高志和、陳道祥即熙春閣基建通明殿以奉昊天上帝,營東西廡以庇其徒。貤至崇玄誠德洞陽真人徐公、泰定虚白文逸明德真人孫公,俱以善繼見稱。"[③]結合該碑上下文可知,以上提到的"虚玄應物通真道人李公"即是李志居。

三、徐志根

程巨夫《徐真人道行碑》[④]對徐志根的生平有較爲詳細的記載,該碑爲皇慶元年(1312)冬程巨夫受徐志根之徒孫履道之請而作。根據碑文的記載,徐志根(1213~1304),梁之扶溝(今河南扶溝縣)人。其父曾官至金昭武將軍。徐志根自幼沉質魁偉,弱冠爲道士,拜在王志謹門下。元至元年間,徐志根繼李志居之後擔任王志謹一系掌教。元至元二十三年(1286),被賜號"崇玄誠德洞陽真人"。元大德八年(1304)六月十日夜,有星隕於寢所,徐志根無疾而逝,享年九十一歲。綜觀徐志根的一生,一直在實踐和貫徹著全真道濟世利人的精神,對此可以從以下幾件事情上看出:

首先,拾金不昧。《徐真人道行碑》云:"壬寅優詔存撫,師益奮勵,以弘道濟物自任。遠近慕向,云歸川赴宫之役。夜自輦土

① 陳垣編纂:《道家金石略》,文物出版社1988年版,第713頁。
② 陳垣編纂:《道家金石略》,文物出版社1988年版,第655頁。
③ 陳垣編纂:《道家金石略》,文物出版社1988年版,第781頁。
④ 陳垣編纂:《道家金石略》,文物出版社1988年版,第712~713頁。

石，道得遺橐數百金，伺其主，乃榷場盜也。懇致其半，師曰：‘女亡命利此，爲貧耳。我欲之，固全有，何半耶？速持去，速持去，邏卒不女貸。’盜愧謝而去，師未嘗言，盜後傳其事。”①元大德六年(1302)，爲了建造宫觀，徐志根夜間運送土石，路上撿到數百金，便在原地等候失主。失主是一個盜賊，錢是偷來的，請求與徐志根平分錢財。徐志根説：“你不惜性命偷得錢財，是因爲貧窮，我若想要這些錢財，早就全部拿走了，不會在此等你。”固辭不受，並催促盜賊速速離開。對於此事，徐志根自己從未講過，後來由盜賊口中傳出。徐志根對於這件事的處理是否得當，我們暫且不説，但通過這件事情，至少可以看出徐志根的品行高節。對於一般人來説，遇到這種情況，或者將全部錢財據爲己有，或者與盜賊平分錢財。然而，徐志根並没有這樣做，他不僅没有將錢財據爲己有，而且還將其歸還了失主，尤其是當盜賊主動提出要與他平分錢財時，他也不爲所動。正因爲徐志根有這樣的修行，所以纔在王志謹一系弟子中具有較高的威望，並被推選爲本宗掌教。

其次，收留災民。《徐真人道行碑》云：“河朔歲饑，民争繈負趨河南，無所於歸。師館谷唯恐後。被掠者贖而歸之，明年秋成，或歸或留，或願入爲道士，惟其欲。”②有一年，河朔地區鬧饑荒，飢民爲逃荒而奔赴河南，很多人投奔到徐志根所在的道觀，徐志根管吃管住，救濟災民。第二年，河朔地區獲得豐收，飢民有的選擇回家，有的選擇留下，有的選擇當道士，徐志根一概不加干涉，聽其自便，隨其意願。這件事説明，徐志根收留災民，完全是出於一位出家人

① 陳垣編纂：《道家金石略》，文物出版社 1988 年版，第 713 頁。

② 陳垣編纂：《道家金石略》，文物出版社 1988 年版，第 713 頁。

所具有的悲天憫人的濟世情懷,並没有任何的其他目的。正因爲這樣,纔顯示出了他的高風亮節。

最後,安置待選官員。《徐真人道行碑》云:“大德中,待選行省者,歲久食盡來謁,師悉不拒,日就食者數百人。一日當祝釐,群官咸在,師設齋坐衆人堂下。相君驚曰:‘此何爲者?’師告之故,且曰:‘食此數月矣。’相大感動,即調遣之。”①元大德年間(1297～1307),朝廷挑選行省官員,因時間過長,很多待選者生活遇到困難,於是便來到朝元宫。徐志根時爲朝元宫住持,悉心接待,安排食宿,來者不拒,每天在朝元宫用餐者達數百人。有一天,恰爲祈福之日,徐志根設齋招待群官,當朝宰相見數百待選者食於堂下,頗感詫异,便問其故。徐志根言:“他們在此用餐已幾個月了。”宰相大爲感動,這纔對待選者作了安置。

另據《廣寧通玄太古真人郝宗師道行碑》記載,元至元二十三年(1286),徐琰赴官湖南,路經汴梁,受徐志根之請,撰《郝宗師道行碑》。該碑不僅詳盡介紹了郝大通的生平、著述等相關情况,而且還對徐志根有極高的評價,其云:“今洞陽耆艾敦厖,剛毅木訥,食師之德,幹父之蠱,當釋道紛争,摧敗挫衂之際,寂然湛然,守之以謙冲,安之以委順,處之以鎮静,操修無方,精進不輟,用能上取聖知,特降璽書褒美。較其難易,又不出於棲雲之下,謂非太古之澤,將何歸乎?凡今之人,欲知太古,請觀其子,欲知其子,請觀其孫。”②又云:“棲雲老仙亦難逢,住世賴有徐神翁。”③

除此之外,徐志根慧眼識珠,頗有伯樂之賢。其請孫履道主朝

① 陳垣編纂:《道家金石略》,文物出版社 1988 年版,第 713 頁。
② [元]李道謙集:《甘水仙源録》卷二,《道藏》第 19 册,第 740 頁。
③ [元]李道謙集:《甘水仙源録》卷二,《道藏》第 19 册,第 740 頁。

元宫事,且賜其號爲“泰定虚白文逸真人”,後孫果得以嗣任全真掌教,此爲郝大通一系弟子唯一一次做全真掌教,意義非凡。對於孫履道的情況,因後面還要專門介紹,在此不再贅述。

四、張志格

姬志真《盤山棲雲觀碑》云:“有棲雲子者,密通玄奥,頗喜林泉,飛舄擇地。其徒有張志格等,庚辰歲預及此山。薙荒擗徑,披尋故址,巧與心會,遂營卜築。辛巳春,承本州同知許公議請棲雲真人住持此山,應命而至。”①根據該碑記載,張志格在王志謹住持盤山之前,已經拜在王志謹門下,是王志謹早年重要弟子,王志謹開道盤山,其居功厥偉。王鶚《棲雲真人王尊師道行碑》亦提及張志格,其云:“歲閼逢困敦正月朏,師之門人論志元、魏志言持師行狀,洎提點張志格、李志居書,不遠數千里乞銘於予。”②顯然,元至元元年(1264)時,張志格曾與李志居同任道教提點。

五、儒志久

姬志真《咸寧清華觀碑》云:“儒公大師諱志久,儒其姓也,全州人。自幼而道,師事棲雲真人,親炙有年,密通其奥。”③儒志久,全州人,自幼好道,師事王志謹,爲王志謹門下弟子。道成之後,杖屨西游,“丙戌,耆艾請住祈真觀。癸巳,田侯請住京兆迎祥觀”④。蒙古太祖二十一年(1226),儒志久曾住持祈真觀。蒙古

① 陳垣編纂:《道家金石略》,文物出版社 1988 年版,第 465 頁。
② 陳垣編纂:《道家金石略》,文物出版社 1988 年版,第 563 頁。
③ 陳垣編纂:《道家金石略》,文物出版社 1988 年版,第 515 頁。
④ 陳垣編纂:《道家金石略》,文物出版社 1988 年版,第 515 頁。

太宗窩闊台五年(1233),又因田侯之請,住持京兆迎祥觀。但儒志久一生做的最重要的事情則是修建咸寧清華觀,《咸寧清華觀碑》云:“暨而尋及夏侯之里,躊躕四顧,清絶可觀,曩爲名公達士游息採真之地,忍視蕪没,縱狐兔豺狼之嗥嘯於其間,遂擇隱約,摭瓦薙荒垣而限之,經内外之田以畝計者二百八十有奇,立文以畀之,儒公乃卜築於是。以至聖宇真堂,靖廬特室,隨宜序立,足以棲遲清侶,鄭重熏修,貧敬盟真,祝延皇祚,以報洪恩之罔極也。落成之始,走請於宗師,額之曰清華。”①清華觀占地二百八十多畝,規模極爲巨闊,而且周圍風景也極爲秀麗。《咸寧清華觀碑》云:“京兆之西四十里,川曰華嚴,山水明秀之所鍾,竹木鬱茂之所庇。左連杜曲,右接白雲,玉案之平極於南,鳳棲之原倚其後,中之墅曰夏侯,琳琅晻藹之間有觀曰清華。”②可見,清華觀衆山環圍,山水明秀,確實是一個修真勝地。《咸寧清華觀碑》又云:“壬子夏四月,真常真人承旨代祀名山大川,以暇及此,喜其地秀人杰,信宿而還。觀夫天之開圖,地之孕秀,山之静,水之流,蒼翠惟此君,周旋無俗物,清入毛骨,豁爽神襟,宜乎棲心煉性者之所居,固可朝夕於是,造次顛沛而不離於是,神物俯仰,不無助焉。其自得之妙,可盡模哉!”③蒙古憲宗蒙哥元年(1251),李志常時任全真掌教,受命於蒙古統治者代祀名山大川。第二年,李志常路經咸寧,於清華觀游覽逗留,深深被其清幽的景色所吸引。以此可知,清華觀確實爲一個修真聖地,而建造這樣一個洞天府地則是儒志久之功。

① 陳垣編纂:《道家金石略》,文物出版社 1988 年版,第 515 頁。
② 陳垣編纂:《道家金石略》,文物出版社 1988 年版,第 515 頁。
③ 陳垣編纂:《道家金石略》,文物出版社 1988 年版,第 515 頁。

六、張志信

姬志真《開州神清觀記》云:“其立志超卓,爲人之所不能爲者,有張公先生乃其人也。名志信,號逍遥子,彰川人。賦性剛决,芥視塵累。丁貞祐南遷之亂,居民嘯聚,互相攻剽。先生慮禍所及,以身爲大患,自逸而之深山窮谷,思所以出世之方而未之得也。聞棲雲王老師開道盤山,而方來之學道者多從之。遂不遠千里,趼足往覘其所以而聶許焉。久之,獲預席下,鄭重參謁,曾無少怠,曲盡其妙。”①張志信,號逍遥子,四川彰川人。金貞祐之亂後,拜師王志謹。出師之後,“辭師下山,鶉居鷇食,心之所存,非向之有我者之能爲也。特以天地爲蘧廬,形骸爲逆旅,衣絮帶索,面垢首蓬,歲時寒暑之易,一如也”②。蒙古太祖二十二年(1227),張志信來到澶淵,縣令趙侯敦請其留居於靈顯真君廟。“自是游其門者日數之而不及也。其徒數百人,坐不教,立不議,虚往實歸者有之。會首蔡公喜其爲人也,以己廟側之田文而畀之,别爲卜築締構,俾居而廬之。”③安撫使王公嘉其制行嚴謹,加以資助,道觀於是建成,並請於掌教大宗師,賜額神清。

七、任公先生

姬志真《終南山棲雲觀碑》云:“有任公先生者,其族相臺人也,捨俗投玄,北游燕薊,師事棲雲真人,從道有年,密傳其妙。”④顯然,

---

① 陳垣編纂:《道家金石略》,文物出版社 1988 年版,第 529 頁。
② 陳垣編纂:《道家金石略》,文物出版社 1988 年版,第 529 頁。
③ 陳垣編纂:《道家金石略》,文物出版社 1988 年版,第 529 ~ 530 頁。
④ 陳垣編纂:《道家金石略》,文物出版社 1988 年版,第 589 頁。

任公先生也是王志謹的弟子,但可惜的是他的名號失載。金正大二年(1225)春,任公先生下山行化於秦、晉之間,後來到終南山重陽萬壽宫。重陽萬壽宫東約五里梁家莊古有洞清庵,據稱"乃重陽神化之所立",金元之際戰亂頻仍,洞清庵因此荒廢已久。任公先生於是率領弟子李志勤、温志清等數十人,同心協力,重修洞清庵。建成後的道觀,"前後約七十餘畝,徑穿修竹,環以清流,堂殿僅完,廊廡序列,方壺在後,特室處幽"。後蒙宣差權省移剌公幫助,清和真人尹志平題其額曰"棲雲"。①

八、崔志隱、管志道、董道亨、李志希

姬志真《洛陽棲雲觀碑》云:"辛巳秋,真人開道盤山,方來修煉之士,多往質疑,令聞遠播,黄冠野服游其門者,不可勝計,亦當時輔教之首出者。而四子一曰崔志隱,二曰管志道,次曰董道亨,次曰李志希,俱在席下參學有年,皆蒙印可,其心莫逆,相與爲友。"②根據以上碑刻記載,崔志隱、管志道、董道亨、李志希爲王志謹弟子,於盤山投在王志謹門下。蒙古太宗窩闊台六年(1234)九月,四子結伴而游,自北而南,遍歷燕、趙、齊、魯各地。蒙古太宗窩闊台八年(1236),四子又同游洛京,在陳昌遇故人石公,石公待之甚厚,留居家中數月。後四子看中一個廢棄的道觀,欲重修以爲棲真之所。《洛陽棲雲觀碑》云:"丙申夏四月,數子渡孟津而游洛京,暮及陳昌,遇故人石公,見而驚喜,相待甚厚,眷戀不已。留居數月,周覽山川明秀,與心會處,以安蓬蓽,而及朱

① 陳垣編纂:《道家金石略》,文物出版社 1988 年版,第 589 頁。
② 陳垣編纂:《道家金石略》,文物出版社 1988 年版,第 557 頁。

葛。顧視四方,何异深山大澤,迴絶人境,棲真養浩,不無助焉。訪其鄰,實董道亨之故里也。備知土地磽肥,彼此畔埒,皆荒蕪四塞,藜藋參天,殊無主者,惟存廢址瓦礫而已。數子於是議經道觀爲之張本,繼而王、楊、江、李尋至,同心戮力,有作争先。卜築垍茨,芟薙墾擗,摧枯拉朽,剪荒榛枳棘之叢,解穢除紛,樹火棗交梨之木。朝勤暮止,日改月化,幾二十年,是觀浸興。"①後來,有王、楊、江、李等數子亦來到此地,八人同心戮力,經過近二十年的營構,道觀終於建成。爲了不忘師恩,取名棲雲。棲雲觀建成之後,崔志隱、管志道、董道亨跟從王志謹回到開封,只留李志希住持棲雲觀。②

九、陳志昂

王之綱《玉清觀碑》云:"志昂世爲相臺鶴壁里人,號清真大師,禮惠慈利物至德真人爲師。親炙日久,深蒙許可。"③"惠慈利物至德真人"爲王志謹之號,陳志昂師承王志謹,爲王志謹一系重要成員。他曾創建朝元宫下院衛州玉清觀,《玉清觀碑》云:"直衛州西北一舍而遠,太行蒼谷之中,有觀曰玉清,實南京朝元宫之别院也。初谷中有廣施王祠,土人事之惟謹。壬辰兵變,祠亦廢。道士陳志昂游歷於斯,見其山水明麗,梅竹叢茂,遂有終焉之志,乃修廢祠以奉香火,尋即祠東創構道院。不數年,殿宇、齋厨、庫廄焕然一新,至於碓磑、蔬圃、園林亦有攸序。"④元至元四年(1267),陳志昂無

① 陳垣編纂:《道家金石略》,文物出版社 1988 年版,第 557 頁。
② 陳垣編纂:《道家金石略》,文物出版社 1988 年版,第 557 頁。
③ 陳垣編纂:《道家金石略》,文物出版社 1988 年版,第 654 頁。
④ 陳垣編纂:《道家金石略》,文物出版社 1988 年版,第 654 頁。

疾而逝，享年八十。此後，其法弟烟霞子楚志雲繼其事。不久，楚志雲引退，狀請於朝元本宗掌教徐志根，命志昂高弟耿道明來住持玉清觀。①

十、鄧志迴、卜志平、楊志友

據康璧《增修長春大元都宮碑》記載，鄧志迴、卜志平、楊志友也爲王志謹弟子。其云："高唐坤維，有福地曰長春大元都宮。基於宋金，名曰慧元觀。聖元大宗師真常真人承制，革斯宮額。先是辛卯歲，盤山棲雲王真君高第弟子鄧志迴、卜志平、楊志友，大爲經營，廣其制。知宮大師楊道明謁三洞講經師知常子姬志真，文紀諸石。"②金正大八年（1231），王志謹弟子鄧志迴、卜志平、楊志友曾增修長春大元都宮。

十一、賈志福

據袁桷《通玄觀賈道士記》記載，通玄觀道士賈志福及其徒王道深曾修建燕京通玄觀。賈志福"始爲汝南民，弱冠得法於棲雲王真人，王曰：知者不言，子游四方，能果不言以自全乎？後游南陽，遇軍帥，脅以語，不對，復辱以箠榎，師正色，畫地作'無語'

---

① 該碑作於元至元二十三年（1286）七月，碑陰刻有：宗師惠慈利物至德真人（王志謹）、清真大師宗主陳志昂、誠真大師知觀耿道明、希真大師副觀魏志夷、夷然虛静大師提點楚志雲、希望子前知觀齊道寧；另有南關棲雲觀都事韓志仙、王志敬；南關棲雲庵康志寧、張道清；南村棲雲觀徐志清等題名。皆爲這一地區屬王志謹法脉的道衆，由此可見王志謹一脉在衛州的傳承與發展情況。（陳垣編纂：《道家金石略》，文物出版社 1988 年版，第 655 頁）

② 王宗昱編：《金元全真教石刻新編》，北京大學出版社 2005 年版，第 20 頁。

二字,軍師竦愧,謝以白金,將築室奉之。會得間走京兆,復遇其師曰:汝志已完,忍辱易,忍寵難,其居京師以觀子之有成。於是迄歸於京師。”①賈志福拜師王志謹之後,王志謹讓他學“不言”之教、“忍辱”之法,終有所成。後在京師又遇到王志謹,王志謹又讓其學“忍寵”之法,於是留居京師。至京師後,又聽從祁志誠的建議,居京師通玄觀,號清静散人。春秋八十三,坐化於通玄觀。②

十二、李志方

《真元觀記》云:“舊都城廣陽坊故孝靖宫,乃金世宗嬪御老而無子者之所居。自經變故,屋宇榛蕪。棲雲真人命李志方度材用工,極力三十年,正殿雲堂,方壺厨舍,碾房蔬圃,罔不畢備。志方,沃州人,禮棲雲王公師其道。歲丁未,普度天下道流,飛舄來燕。暇日過此地,棲雲曰:此雖瓦礫之場,實是祈福之地。因建爲觀,名曰真元。”③李志方,(河北)沃州人,禮王志謹爲師。蒙古定宗貴由三年(1248),王志謹率衆雲游至燕京,路過孝靖宫,見其雖荒廢,但却是一塊寶地,遂命其徒李志方度材用工,歷時三十年,建成真元觀。

十三、宋志瑩

據段成己《創修棲雲觀記》記載,王志謹的弟子還有宋志瑩,

① 陳垣編纂:《道家金石略》,文物出版社 1988 年版,第 778 頁。

② 陳垣編纂:《道家金石略》,文物出版社 1988 年版,第 778 頁。

③ 王宗昱編:《金元全真教石刻新編》,北京大學出版社 2005 年版,第 113 頁。

其云:“先師諱志瑩,宋姓。世爲邑德門,喪亂流落燕城,鞠於父女弟適范氏之姑。以幼失怙恃,死心向道,餘事不能亂也。求訪真訣,得盤山王真人,師之。”①蒙古太宗窩闊台五年(1233),宋志瑩出師,辭歸故里,結廬以居,前來問道者不絶。《創修棲雲觀記》云:“歲癸巳,辭歸里閈,披荊棘,結廬居之,終日危坐若無與於世者。其積於中者厚,輝光發越,有不能掩者,人之慕之,日輳於門,如流水之就下,不可遏也。”②滎河舊有道觀大寧宫,後來荒廢。“宫之東有地百畝,突起數仞,昔爲民居,净穢相雜,干戈以來,曠爲閑壤,前對披雲亭,仰揖金山,俯瞰黄流,幽闃寥闃,天然幽棲之地。”③宋志瑩就其地而興觀,“南構殿三架,宇前後各二,立元始道君老子像,使[　]起敬信。後爲堂,與殿相稱,列七真人於座,求全吾真者,得知所自出。堂之左右,延宇垂阿,武安、靈官位奠焉。東西兩廡,共十二楹四榱,中爲賓館,以待四遠游方之士。前爲大門,三筵四桷。廡西偏室,南北各三間。北爲盤山蹊[　]爲方丈堂之東北,行十餘步,有地中高外下,下環喬木百章,緑陰[　][　]光[　]到地,瓏玉靈蔽芾,清風自生。中爲玉皇殿,殿袤四楹,膳房静居,分列其次。”④由以上可知,宋志瑩所建道觀,供奉了老子、七真、武安、靈官、玉皇等神像,規模宏大,氣象不凡。

---

① 王宗昱編:《金元全真教石刻新編》,北京大學出版社 2005 年版,第 134 頁。

② 王宗昱編:《金元全真教石刻新編》,北京大學出版社 2005 年版,第 134 頁。

③ 王宗昱編:《金元全真教石刻新編》,北京大學出版社 2005 年版,第 134 ~ 135 頁。

④ 王宗昱編:《金元全真教石刻新編》,北京大學出版社 2005 年版,第 135 頁。

但工未成而宋志瑩仙逝,遂囑弟子張志覺繼完之。“經營未幾,中道而逝,鳩僝之功,託於志覺。堂之構之,垂四十年,於今僅得就緒。”①前後歷經四十年,道觀終於建成,爲示不忘師恩,取觀名棲雲。

十四、楊志谷

據論志元《大元國廣寧府路尖山單家寨創建大玄真宫祖碑》記載,王志謹門下弟子還有楊志谷,其云:“其徒有棲雲大師王公,迺真人之高第也。亦存神過化,隨立庵觀。門下有楊志谷者,本深州束鹿縣人氏。節行清高,全家入道已有年矣。”②楊志谷(1185~1258),深州束鹿人,節行清高,全家皆入道。金正大四年(1227)之後,楊志谷“逍遥雲水,寓泊林泉。飯乞於門,衣穿百衲”③,過著苦修的生活。後來到廣寧府單家寨,“杖履經過本府,民淳土腴,徘徊久之,乃喟然歎曰:此方雄藍巨刹,樓閣相望,家庠户序,學校如林。三教鼎峙,道院獨遺,未知其可。遂於單家寨下擇其爽塏,後高前平,左崇右卑,正得[ ]陽之所昭,卜築而居。”④經過楊志谷與同道們幾年的辛勤勞作與苦心經營,道觀終於建成,設有三清殿、七真堂等。“爲兵塵之後,土地荒蕪,暨同志

① 王宗昱編:《金元全真教石刻新編》,北京大學出版社 2005 年版,第 135 頁。

② 王宗昱編:《金元全真教石刻新編》,北京大學出版社 2005 年版,第 232 頁。

③ 王宗昱編:《金元全真教石刻新編》,北京大學出版社 2005 年版,第 232 頁。

④ 王宗昱編:《金元全真教石刻新編》,北京大學出版社 2005 年版,第 232 頁。

者二三人，摭瓦礫，薙蒿萊，經之營之，不數年間，七真堂岌岌然已立像於其後，三清殿汲汲然構木於其前。香厨灑落，净室虚明。"[①]後來，清和真人尹志平題其額曰"玄真"。楊志谷道行高絶，品德超群，"自公住持以來，幾三十年，外修萬行，内煉一真，恤孤憐貧，書符療病，接待方來，自始及終，未嘗少衰。"[②]李志常任全真道掌教時，聽聞他的事迹，深爲感動，於是賜其號曰"和光弘德大師"。[③]

十五、論志元

上引《大元國廣寧府路尖山單家寨創建大玄真宫祖碑》署名"鶴游野人明真子論志元撰文"，顯然，論志元號明真子，又稱鶴游野人。[④]《棲雲王真人道行碑》云："師之門人論志元、魏志言持師行狀，洎提點張志格、李志居書，不遠數千里乞銘於予。"[⑤]因此，鶴游野人明真子論志元亦爲王志謹門下弟子。

十六、程志保

據王構《玄禎觀至德真人記》記載，程志保，字德全，號通真子。

---

① 王宗昱編：《金元全真教石刻新編》，北京大學出版社 2005 年版，第 232 頁。

② 王宗昱編：《金元全真教石刻新編》，北京大學出版社 2005 年版，第 232 頁。

③ 王宗昱編：《金元全真教石刻新編》，北京大學出版社 2005 年版，第 232 頁。

④ 王宗昱編：《金元全真教石刻新編》，北京大學出版社 2005 年版，第 231 頁。

⑤ 陳垣編纂：《道家金石略》，文物出版社 1988 年版，第 563 頁。

自幼“性稟端潔,幼不葷食,不嬉狎。稍長,儀觀秀偉,寡言笑,屏居一室,翛然有離塵之想”①。先是來到河北真定五嶽觀,一位老師見其“玄機超解,日用合律”,便推薦他去拜王志謹爲師。當時王志謹正在燕都弘道,遂負笈而往,拜在王志謹門下,並深受器重。《玄禎觀至德真人記》云:“棲雲延置席下,日奉几杖,備服勤勞,至於析薪汲井之役,亦所弗憚。每升堂演法,師必領其緘要,棲雲許之,爲道統他日所寄。”②出師之後,程志保隱修於白霫都山,“白霫都山岩谷深峭,人迹之所不及。疊石爲龕,塊然獨處,晝夜不卧。久之,惟覺天宇泰然,神光外映,素芒黄氣,紛綸膠轕於寥天之域,豈非蒙莊所謂昭徹而見獨者歟?”③ 在白霫都山道業大成之後,應當地百姓的邀請,往來城市,居修真舊址。不久,又應元帥覃公之請,居奉仙庵。居一年之後,便開始擴建道觀,“創玄元殿,翼以東西洞房,聖座雲敷,分位星列。後辟道院,構真祠,祖東華,亞棲雲,各依傳緒之次。以至齋堂丈室,賓館衆寮,庫厩庖湢,一一完具,不侈不陋,咸有規制。”④ 蒙古定宗貴由三年(1248),掌教大宗師真常真人李志常賜以觀額玄禎。蒙古海迷失后二年(1250),都道録樊志應薦其名,蒙古定宗簡平皇帝賜金冠法衣,仍升額爲大玄真萬壽宮。元中統三年(1262),駙馬高

① 王宗昱編:《金元全真教石刻新編》,北京大學出版社 2005 年版,第 136 頁。

② 王宗昱編:《金元全真教石刻新編》,北京大學出版社 2005 年版,第 136 頁。

③ 王宗昱編:《金元全真教石刻新編》,北京大學出版社 2005 年版,第 136 頁。

④ 王宗昱編:《金元全真教石刻新編》,北京大學出版社 2005 年版,第 136 頁。

唐郡王承制加號曰“冲虚清净至德真人”。元至元十七年（1280）二月九日，召門弟子劉志訓，付以後事而逝，春秋七十八。清雍正《山西通志》云：“元真觀在縣（交城縣）西北隅，元元帥覃公爲道士程志保建。定宗賜志保金冠法衣，改額大玄真萬壽宫，中統間賜號冲虚清净至德真人。自號通真子，至元十七年三月化，葬北山簶。”① 以上所稱元真觀即玄禎觀，後改觀額爲“大玄真萬壽宫”。

十七、陶志頤

《長春道教源流》卷六引《山西通志》記載，認爲陶志頤爲王志謹弟子。其云：“陶志頤，榆次人，號隱真子，晉靖節處士之裔也。幼師張真人，傳以修真煉性之方，曰‘致虚極，守静篤’。尋抵燕，與棲雲真人王公參究印證所疑，久之，歸隱萬春宫，杜户不出者累年。一日，召門人曰：‘人自始至終，大化有四：嬰孩也，少壯也，老耄也，死亡也。浮生七十者稀，吾今九十矣。此歸期也。’夷然而瞑。”② “靖節處士”即晉代末期著名詩人陶淵明，陶淵明字元亮，一名潜，私謚靖節，潯陽柴桑（今江西省九江市）人。由此可知，陶志頤爲陶淵明的後裔。陳教友將陶志頤歸爲丘處機的再傳弟子，其依據即是陶志頤爲王志謹弟子。《山西通志》云：“真常觀在縣（榆次縣）西，元至正七年，隱真子陶志頤建。”顯然，榆次真常觀爲陶志頤所建。又云：“萬春宫在縣北聶村，金皇統二年建，元隱真子陶志頤修

---

① ［清］覺羅石麟修，儲大文纂：《山西通志》卷一六八，清雍正十二年（1734）刻本。

② ［清］陳教友：《長春道教源流》卷六，《藏外道書》第 31 册，第 111 ~ 112 頁。

煉於此。"①

十八、劉志實

王惲《大都路漷州隆禧觀碑銘》云:"住持圓素大師劉志實者,許之長葛人,夙秉淑質,自童行入道,師希真劉志永。永即長春丘公高弟清虚韓志谷一再傳也。初師永誅茅於都之東郊,刳心坐忘,凝塵空竁者十年。盤山王棲雲道價高一時,歆其精修,枉道造謁,自號麻衣老,壽八十四,怡然而逝。"②劉志實自幼入道,先師劉志永爲師,劉志永爲丘處機弟子韓志谷再傳弟子。其苦修事迹被王志謹得知,"歆其精修,枉道造謁",自稱"麻衣老",並收其爲弟子。劉志實"师之在弟子列也,侍晨昏,服勤勞,人所不堪,己自若也。積寒暑三紀猶一日,然麻衣見其持守不易,皮毛盡而真實在,可與有立,於是以通真觀屬院曰玉晨庵者,令主張是"③。王志謹見劉志實修道之心虔誠可嘉,於是將通真觀的下院玉晨庵交與其住持。蒙古憲宗蒙哥八年(1258),劉志實在張志敬的支持下,擴建玉晨庵,並改名隆禧觀。《大都路漷州隆禧觀碑銘》云:"戊午間,誠明真人愛其地佳而氣腴,囑之增建以應有開之先。始焉荒壥二十餘畝,敝屋數間,蔽風雨而已。師乃以和光同塵,樸實感物爲方,至一鄉欽向,願言信施,有不期然而然者。助益既多,功用漸集,遂起三清殿,繪玄聖於堵,所謂上九位者居其中,又畫日月、星官、歲德、師聖、嶽瀆等神列侍兩傍,雲舒霞蔚,澎彩絢目。殆玄象肇分,端倪呈

---

① [清]覺羅石麟修,儲大文纂:《山西通志》卷一八六《寺觀》,清雍正十二年(1734)刻本。

② 陳垣編纂:《道家金石略》,文物出版社 1988 年版,第 697 頁。

③ 陳垣編纂:《道家金石略》,文物出版社 1988 年版,第 697 頁。

露，下至巖裡有壇，静棲有室，凡所需皆具。以屋而計者三十楹，歲時清供，真仙來臨，鐘磬之音，隱然空際，誠迎祥之别館，一方之榮觀也。”①誠明真人即張志敬，時任全真掌教，這次重修活動是在他的幫助下完成的。

十九、劉之

據姬元《重修長春觀記》記載，王志謹還有個女冠弟子劉之②。其云：“治鄉之中，觀曰長春，古有之[　]東原[　][　]真散人劉之至而重興之。劉其姓也，[　]則其法名。雲[　]東原之安樂人，家世官。玆當(真)[貞]祐之季，陵谷推遷，山川[　][　][　]真不死，易衣而遁，灰槁其迹，鶉居鷇食者有年矣。聞[　]棲雲[　]真人[　][　]而往[　]焉。側聆謦咳，有悟元旨。”③後來，劉之在元帥成公的幫助下，重修長春觀。元中統元年(1260)十二月，古燕姬元撰文記此事。

二十、李守正

張道亨《桃花洞記》云：“女真姓張諱惠全，道號慧通散人，寶定滿城人也。祖自世家，總角悟真，未笄，遁而尋師訪道。經金粟太

---

① 陳垣編纂：《道家金石略》，文物出版社 1988 年版，第 697 頁。

② 章偉文著《郝大通學案》在“郝大通所授弟子傳承譜系”第二系中，提到王志謹有弟子劉之至(第 30 頁)，同書第 49 頁又言：“劉之至居河南孟縣王屋山天壇”。顯然，章偉文教授認爲，“劉之”應爲“劉之至”。但《重修長春觀記》云：“劉其姓也，[　]則其法名。”其法名應爲一個字，而不是兩個字。所以，我們認爲，王志謹該女弟子名字應爲“劉之”，而不是“劉之至”。

③ 王宗昱編：《金元全真教石刻新編》，北京大學出版社 2005 年版，第 157 頁。

清觀,禮女冠李守正,迺棲雲真人之高弟也。”①顯然,慧通散人張惠全的師父李守正爲王志謹弟子,曾經修道於金粟太清觀。張惠全爲寶定滿城人,當地世家,自幼即有出家修道之志,禮李守正爲師。李守正仙逝以後,張惠全雲游四方,後訪桃花洞主松囊子任君先生,遂居桃花洞修道。元至元十八年(1281)樗庵道人張道亨記此事。②

二十一、周妙元、韓妙温

王惲《汴梁路城隍廟記》記載有全真女冠周妙元、韓妙温之事,其云:“歲甲辰,劉侯命侍人周氏、韓氏披戴,禮棲雲王真人爲師,訓周曰妙元,韓曰妙温,與妙明爲徒侶。”③由此可知,周妙元與韓妙温亦爲王志謹弟子。據碑文記載,汴梁舊有城隍廟,歷史悠久,後毀於戰火,廢撤不存。河南路兵馬都總管劉侯在新昌重建城隍廟,敦請女冠孟景禮、向妙順、朱妙明等人相與住持。蒙古乃馬真后三年(1244),劉侯命其侍人周氏、韓氏披戴,禮棲雲王真人爲師,王志謹訓周名爲妙元,韓名爲妙温,與朱妙明共同主持城隍廟。洞明真人祁志誠曾贈周妙元“純貞素德散人”之號。

二十二、李守遷

據姬志真《大元國寶峰觀記》記載,王志謹還收有一個女冠

---

① 王宗昱編:《金元全真教石刻新編》,北京大學出版社2005年版,第177頁。

② 詳情參見趙衛東:《金元全真道在濟源的傳播》,《濟源職業技術學院學報》2012年第1~2期。

③ 王宗昱編:《金元全真教石刻新編》,北京大學出版社2005年版,第190頁。

弟子李守遷，其云："兹林州之南四十里，鄉曰仙岩，墅名元康，中有道院曰寶峰觀，原其經始，自女冠安真散人之至而建之也。散人姓李氏，名守遷，散人則其道號云。其祖大名人，盛年穎悟，塵境靡常，捐俗而道，刳心穢迹，參棲雲真人修煉忘物忘我之道，以之獨立周行，密而得之，歷久不渝。"[1]李守遷，大名人，盛年穎悟，出家修道，拜師王志謹，修煉忘物、忘我之道。後李守遷修建寶峰觀，未及竣工，人便仙逝。李守遷仙逝以後，其門人范妙奇、韓妙温[2]繼其事。

二十三、衛志隱

據《崇寧葆光大師衛公道行之碑》[3]記載，衛志隱（1189～1283），河南萬泉人。自幼穎悟，早有知識，淡泊世事，志慕修道。拜棲雲真人王志謹爲師，志行確苦，默契玄理，道介浸重，深受王志謹的器重。金天興元年（1232），蒙古軍進攻河南，衛志隱跟隨王志謹運用成吉思汗授予全真道的特權，到處招集散民入道，"儒釋道流賴以釋俘者甚衆"。蒙古太宗窩闊台七年（1235），衛志隱被濟源地方長官延請住持奉仙觀，《崇寧葆光大師衛公道行之碑》云："乙未，要官暗散忽都虎暨尚書田闊闊以禮延致，居濟源之奉仙觀。"奉仙觀形勢優美，歷史悠久，自唐代以來就是河南著名的道教宫觀，多有高道棲息其間。《崇寧葆光大師衛公道行之碑》云："奉仙面河背濟，左覃懷，右天壇，地形之勝，山川之美，具

① 陳垣編纂：《道家金石略》，文物出版社 1988 年版，第 609 頁。

② 此韓妙温與前面《汴粱路城隍廟記》提到的韓妙温並非同一個人。

③ 《崇寧葆光大師衛公道行之碑》現存於河南省濟源市奉仙觀，該碑立於元至元二十二年（1285），李謙撰文，寇元德書丹，王博文題額。

焉。其爲觀也，肇自有唐，羽士魯和光、寇元杲、宋賀蘭棲真諸名流迭居其中，垂拱、長安、開元、天寶及紹聖間石刻往往而在，從昔人境俱勝，謂非師莫可主，因請居焉。”衛志隱住持奉仙觀後，繼續發揚早期全真道的優良傳統，以身作責，自力更生，嚴格治觀，經過多年經營，宫觀經濟好轉，便開始擴建修復宫觀。《崇寧葆光大師衛公道行之碑》云：“師既至，以身表衆，不妄丐貸，不事禳禬，弟子講學之外，俾耕桑以給衣食，種蓺以供蔬茹，創爲輾磑以補助常費。歲積餘贏，則爲興修土木之資，敝者補之，闕者增之。五十年間，凡爲殿四，一奉三清，一位玉皇，次則列三官及前代高真，皆象設事之，講授有堂，集會有所，門宇庖湢，莫不畢具。”通過衛志隱及道衆的戮力經營，奉仙觀很快成爲濟源一所重要的全真道觀。元憲宗時期（1251～1259），旭烈錫賜衛志隱道號“無爲引道真人”，並改奉仙觀爲奉仙萬慶宫。至元二十年（1283），衛志隱仙逝，享年九十四歲。其嗣業弟子主要有楊道素、任志淳、郭道成、續道元、張道理等，其中較著名者爲楊道素，曾擔任河南孟州道正兼奉仙萬慶宫提領，號“遠塵崇德大師”。①

二十四、劉公先生、論志焕

據《盤山棲雲王真人語録序》記載，王志謹的親炙弟子還有劉公先生和論志焕。其云：“若夫本分天真，人皆具足，奈以積塵所昧，正眼不明，逐色隨聲，尋蹤覓迹，沉淪惡道，浩劫千生，摸竹

---

① 關於衛志隱的生平事迹，筆者已經在《金元全真道在濟源的傳播》（《濟源職業技術學院學報》2012 年第 1～2 期）和《河南濟源全真道宗派傳承考》（《道教研究學報：歷史、宗教與社會》2013 年第 5 期，香港中文大學出版社）兩文中有所介紹，内容基本相同，在此特別說明。

管爲陽光，擊銅盤爲日景，不逢宗匠，皂白奚分？殢句執文，轉增迷惑。是以棲雲老師不得已應病施藥，剔耳挑聾，摩睛刮翳，冀得人人澈視，各各開聰，見見聞聞，洒洒落落，咸歸正道，不逐亡羊也。門下劉公先生，從師有年，密記老師之謦欬，裒以成集，約百餘則，誠爲初機學道者之指南也。命工鋟梓，以廣其傳。孤峰道人亦得預其徒末。行者見而喜之，乃齋沐而敬，爲之題辭。時丁未正月元日門人論志焕謹序。"①以上提到，"門下劉公先生，從師有年，密記老師之謦欬，裒以成集"，顯然，《盤山棲雲王真人語録》乃劉公先生所記録，此人跟隨王志謹多年，應爲王志謹親炙弟子無疑。此外，該序言的作者論志焕，自稱"門人"，而且《盤山棲雲王真人語録》署"門人論志焕編次"字樣，説明該書付印前經過了論志焕的編輯，既然論志焕自稱"門人"，那麽，他也應該是王志謹的親炙弟子。

二十五、吴道素

據薛友諒《棲雲王真人開澇水記》記載，安西道録吴道素也是王志謹的弟子。前面已經多次提到，蒙古定宗貴由二年(1247)，王志謹率徒衆至全真道祖庭重陽萬壽宫拜祭祖師王重陽，並在太傅移剌保儉、總管田德燦的幫助下，開澇水以濟百姓，深得當地官民的讚揚與愛戴。但此事一直没有立碑，直到元至元十六年(1279)，纔立碑以記其事。《棲雲王真人開澇水記》云："至元己卯，公之高弟安西道録吴道素持秦蜀道教提點真人李天樂所紀本末，求予文之石。予嘗以後學荒謬，不足發揚盛事之萬一，而吴君之事師也，

① 《道藏》第23册，第718頁。

既不忘其本,又能述其功,以若輩觀之,亦鮮矣,感其義而勉爲之記。”①以上證明,吴道素爲王志謹弟子,而且從薛友諒的評價來看,吴道素頗有師風,是一位修煉有成的全真道士。

二十六、張志夷、田志凈

姚燧《重修中太一宫碑》云:“皇元祝金曆於甲午之歲,宫由凋於兵,榱楝傾落,牆阤崩弛,風雨震凌,牛羊降陟,知開封府富察君哀之,謂非藉名德之師,疇能以興。乃書遣警副董德輝香幣迎致惠慈利物至德真人於河朔,請主上清及是宫。上清由規南征,撤以造舟,真人求得重陽開化真君爲道所廬作新朝元宫,他不暇爲,署其徒提點張志夷、知宫田志凈責使營葺。若有緒矣,而志夷逝後,惟志凈與知宫王志實,吴志超、提點劉道資、朱道輝爲之,積七十餘年而三清殿、真室、歲君殿、周廡庖廩既美既完。”②以上説明,張志夷、田志凈爲王志謹弟子,曾經負責重修中太一宫。而王志實、吴志超、劉道資、朱道輝等,也應該屬於王志謹一系弟子,但因碑中没有提及他們與王志謹的關係,所以不好妄自揣測。

除此之外,河南濟源奉仙觀現存《崇寧葆光大師衛公道行之碑》碑陰刻有宗派傳承圖,其中列有王志謹弟子六十多位。傳承圖共分五排:第一排列“五祖”“七真”。第二排除王志謹以外,還列有其十三位弟子,即道用九、道□道、南京路都道録吴、真定府神霄玉萬壽宫提點吴、燕京天長觀本宗門下都提點李志微、敕賜南京朝元萬壽宫本宗提點郭志安、棲雲門下提點兼諸路道教提點師棲真大

---

① 陳垣編纂:《道家金石略》,文物出版社 1988 年版,第 621 頁。
② 陳垣編纂:《道家金石略》,文物出版社 1988 年版,第 723 ~ 724 頁。

師趙志恒、文□德□知常真人、温真人、虚玄應物通和真人、諸路道教都提點湛然明道悟真大師董道宣、敕賜南京朝元萬壽宫前知宫完顔、安西府本宗門下提點本路道録吴。其中"文□德□知常真人"即姬志真,"虚玄應物通和真人"即李志居,其他十一位皆第一次出現。第三排列衛志隱、闞志藴、楊志和等五十多位懷孟路、濟源縣、河内縣、南陽縣、曲沃縣、棗陽縣等地王志謹弟子。第三排以後則是衛志隱的徒孫輩。該傳承圖相當重要,通過它既可以看出郝大通、王志謹一系弟子在河南的分布情況,又可以瞭解元代王志謹一系全真道的發展狀況。

第三節　再傳弟子

因王志謹弟子衆多,所以其再傳弟子數量更是不計其數。雖然對於當時王志謹一系的盛況,我們已不得而知,但通過其再傳弟子孫履道曾任全真道掌教這一點,就可以略窺其一斑。然而,因史料缺乏,現在可考者並不多。通過對《道家金石略》《金元全真教石刻新編》等文獻的檢索,找到生平可考的王志謹再傳弟子二十多位,其中孫履道、李道元生平的史料有較詳細記載,其他只是略有提及。下面將生平可考的這二十多位再傳弟子的情況略作介紹。

一、孫履道

程巨夫《徐真人道行碑》云:"皇慶元年冬十有二月,朝元萬壽宫孫真人履道狀其師徐君之行來徵文。……而今孫君之嗣掌教事也,先是歸河東,師知其賢,累請不起,固請乃起,賜號泰定虚白文逸真人,道甚高。”①由以上可知,孫履道曾經住持過朝元萬壽宫,做過本宗掌教。除了上碑外,姚燧《重修中太一宫碑》也可以證明這一點,其云:“泰定虚白文逸真人孫君履道實四傳而嗣其師惠慈之位。”②關於孫履道繼承本宗掌教之事,前已述及,兹不贅述。

陳垣《道家金石略》收有一篇吴澄所擬《封孫真人制》,其云:

> 大道先天地而混成,至德正性命而順受,其能凝神守一,則可保身全生。我家啓運之初,异人乘時而出,素行上孚於睿鑒,玄功下濟於寰區,繼繼逮今,繩繩嗣教。以爾泰定虚白文逸真人孫履道,恬淡抱樸,謙冲葆光,方外從游,早逍遥於冀北,環中善應,晚楷式於豫南。屬長春之席暫虚,幸太古之傳未泯,遠尋支派,丕闡宗風,可特授神仙玄門演道大宗師、泰定虚白文逸明德真人,掌管諸路道教所、知集賢院道教事。於戲!心齋而有吉祥,爾懋明於寧極,年熟而無疵癘,朕永賴於蕃釐。宜令孫履道。准此。③

由上述碑文可知,孫履道曾被授予“神仙玄門演道大宗師”,掌管諸路道教所,知集賢院道教事。關於孫履道接任全真道大宗師的時間,虞集《河圖仙壇之碑》提供了重要信息,其云:“泰定元年春,長春掌教真人闕,上用公薦,以汴梁朝元宫孫公履道主之。”④由此可知,孫履道掌教時間爲泰定元年(1324)春。

關於孫履道的生平,《封孫真人制》稱其“方外從游,早逍遥於

---

① 陳垣編纂:《道家金石略》,文物出版社 1988 年版,第 712 ~ 713 頁。
② 陳垣編纂:《道家金石略》,文物出版社 1988 年版,第 724 頁。
③ 陳垣編纂:《道家金石略》,文物出版社 1988 年版,第 768 頁。
④ 陳垣編纂:《道家金石略》,文物出版社 1988 年版,第 964 頁。

冀北，環中善應，晚楷式於豫南。"顯然，孫履道早年雲游於冀北，晚年傳道於河南，這與《徐真人道行碑》的記載基本一致。另據《虞鄉縣志》卷九《金石考》記載：孫履道曾自述其世系云："履道幼事老子教，違先君訓，幸累聖不遺方外臣，三降璽書，一爲提點，再爲真人。龍光載躬，恩渥數异，且獲踵太古棲雲真之後。都提點太古棲雲宗教十餘年。帝賜玉圭寶冠西錦法衣。"由此可知，孫履道備受朝廷重視，曾被授予提點之職及真人尊號，又曾執掌太古棲雲一系十餘年，被皇帝賜玉圭寶冠西錦法衣。除此之外，許有壬《上清儲祥宫記》還云："泰定三年，虚白文逸明德真人天游孫公，以故宫（上清儲祥宫——引者注）之基，石刻故在，不可終廢，命提點純素清逸大師黄道真從事修復。"①據張廣保教授考證，苗道一於天曆元年（1328）即位爲掌教，孫履道執掌全真教應在元泰定元年（1324）至天曆元年（1328）之間。②

二、李道元

張仲壽《抱元真静清貧李真人道行碑》云："先生姓李氏，諱道元，自號清貧子，衛輝路淇州朝歌人也。年甫十歲，父母俱喪，後於本邑鐵户孫提舉家爲婿。方登不惑之年，忽起一念，志欲出家。因托疾毁身，針灸成瘡，持鉢化飯，雲游西秦京兆。於古廟破窑之中，毁煉睡眠。已經年載，心地未明，遂上武當山，投[　　][　　][　　]棲雲玉真人門下袁先生爲師。"③李道元，號清貧子，衛

---

① 陳垣編纂：《道家金石略》，文物出版社 1988 年版，第 780 頁。

② 張廣保：《金元全真教史新研究》，青松出版社 2008 年版，第 160 頁。

③ 王宗昱編：《金元全真教石刻新編》，北京大學出版社 2005 年版，第 47 頁。以上所言棲雲玉真人應爲棲雲王真人之誤。

輝路淇州朝歌人。幼年父母雙亡，四十歲時，忽然想出家，於是持鉢化飯，在京兆地區雲游，居於古廟破窑，毀煉睡眠，但無收穫。於是，奔赴武當山，拜棲雲真人門下袁先生爲師。後隨師前往鄧州土洞興緣，元至元二十六年(1289)，在大都洞陽觀暫住。同年四月，來到雲州金閣山，主持金閣十餘年，建成大殿、壽宮、靈堂，並立碑以記。元大德六年(1302)，李道元來到崑崙山紫金峰東華宮，大興土木，開鑿石洞，並塑五祖七真神像於洞中。① 另據《大東華宮紫府洞記》記載，其所開鑿的石洞即是紫府洞，其云："先是庚子歲，王道寬始拓宮之故基而新之。武道彬、蕭道固等纘其遺規，鳩工掄材，百役具舉，而洞卒成於道元也。"②又云："大德甲辰，主是山者李道元，……乃斫白石爲五祖七真像祠其中，期與兹山不朽。"③元大德三年(1299)，欽蒙晉王令旨，李道元被封爲抱元真静清貧真人。大德九年(1305)，李道元往萊州迎仙宮會葬丹陽師祖。關於此事，《丹陽真人歸葬記》云："東華宮山主李道元□□爲棺以殯之，會葬之日，□雲現空，……至大辛亥，提點成志希、王志筌、山主李道元遣一介請記於予曰……。"④元至大三年(1310)三月，欽受聖旨，護持東華宮。當年秋七月，經寧海王位下綜觀忻都保舉，敬受寧海王聖旨，護持東華宮。元延祐元年(1314)，萊陽縣信衆敦請李道元重修萊陽迎仙宮，李道元到任

① 王宗昱編：《金元全真教石刻新編》，北京大學出版社 2005 年版，第 47 頁。

② 王宗昱編：《金元全真教石刻新編》，北京大學出版社 2005 年版，第 44 頁。

③ 王宗昱編：《金元全真教石刻新編》，北京大學出版社 2005 年版，第 44 頁。

④ 陳垣編纂：《道家金石略》，文物出版社 1988 年版，第 740 頁。

後，整飭一新。延祐四年（1317）夏四月，欽奉聖旨，護持迎仙宫。延祐七年（1320）三月，把修建東華宫門前石橋之事委託給弟子耿道清，無疾而逝，享年七十六歲。①

李道元之後，其弟子耿道清對於東華宫及膠東地區全真道的發展也貢獻頗多。據《東華宫玉皇閣記》記載，耿道清曾擔任東華宫提點，並且於東華洞之上修建玉皇閣，工未竣，羽化登仙，後經山主殷志和、提點韓道微、董道安等人的共同努力，終於完工。② 另據《寓真資化順道真人唐四仙姑祠堂碑》記載："本宫提點耿道清話及仙姑歸真至今一百六十餘年，未曾遷葬。公即回轡烟霞，叩墳瞻禮。"③後得寧海州監郡拜也和判官蔣本敬的支持，與神清宫提舉林道潤共同促成遷葬唐四仙姑一事。

三、趙志完

據姬志真《開州神清觀記》記載，王志謹有一位弟子爲逍遥子張志信，而張志信曾有一位弟子趙志完，趙志完應爲王志謹的再傳弟子。《開州神清觀記》云："逍遥子張公可謂有矣！其徒趙志完誦其人之志操，思其所居之陳迹，將刊諸石，以壽其傳，囑予爲文。"④據以上記載，趙志完曾於蒙古憲宗蒙哥七年（1257）請姬

① 關於李道元和東華宫的關係，可參見張琰《全真教遇仙派祖庭東華宫歷史沿革考》一文，《華中師範大學學報》2010 年第 1 期。又可參看趙衛東：《金元全真道教史論》，齊魯書社 2005 年版，第 376～380 頁。

② 王宗昱編：《金元全真教石刻新編》，北京大學出版社 2005 年版，第 59～60 頁。

③ 王宗昱編：《金元全真教石刻新編》，北京大學出版社 2005 年版，第 53 頁。

④ 陳垣編纂：《道家金石略》，文物出版社 1988 年版，第 530 頁。

志真爲神清觀撰寫碑記。又據高鳴《清虚宫重顯子返真碑銘》記載，馬鈺四傳弟子重顯子陳道益曾有弟子名趙志完，其云："矧子挺然奮起，閎衍之氣超出夷等，而所度弟子又無慮千人，其劇者如高志筌、史志筌、趙志完輩，例能光揚羽翼，擴其師之意，故在處若庵若觀，營建至百所，譆可謂能也已。"①該碑立於蒙古憲宗蒙哥五年(1254)，雖然從時間上來看，比較吻合，但從宗系傳承來看，却相差太遠，一個屬郝大通四傳，一個屬馬丹陽五傳，是否爲同一人待考。

四、李志勤、温志清

據姬志真《終南山棲雲觀碑》記載，李志勤、温志清師終南山棲雲觀任公先生，屬王志謹再傳弟子。其云："門下有任公先生者，……師事棲雲真人，從道有年，密傳其妙。乙酉春，下山飛舄，行化於秦晉之間，以及終南，至於重陽萬壽之宫，東約五里，有墅曰梁家莊，世傳古有洞清庵，乃重陽神化之所立也，未詳其實。……先生乃率其門弟李志勤、温志清等數十輩，同心戮力，經營建立，復成是觀。"②

五、范妙奇、韓妙温

據姬志真《大元國寶峰觀記》記載，王志謹曾有女冠弟子李守遷，而李守遷有兩位弟子，即范妙奇、韓妙温。其云："斯觀之主李守遷，功未及圓，順化而往，後人范妙奇、韓妙温繼而主之。"又

---

① 陳垣編纂:《道家金石略》，文物出版社 1988 年版，第 476 頁。

② 陳垣編纂:《道家金石略》，文物出版社 1988 年版，第 589 頁。

云:"知觀女冠范妙奇、韓妙温立石。"[①]顯然,根據該碑的記載,寶峰觀屬於南京(開封)朝元宫下院,乃王志謹一系弟子所屬道觀。該碑最後又列有寶峰觀道士題名若干,即"李守謙、□□奇、郭□□、張守冲、韓妙温、蔡興重、尚妙玄、宋安□、馬□□、□□□、董守□、□□□、李守玄。"[②]其中有范妙奇、韓妙温,以上道士應該皆爲王志謹弟子或李守遷弟子,但可惜的是,碑漫漶嚴重,姓名殘缺不全,無法詳考。

六、李妙元、王守志

據劉將孫《汴梁路棲雲觀記》記載,姬志真曾有女冠弟子李妙元、王守志,她們也屬王志謹再傳弟子。《汴梁路棲雲觀記》云:"全真教,汴朝元宫爲盛。去宫數百步,當城西北隅,大寧坊迎秋門街左,觀曰棲雲,女冠居之,皆祖重陽真人。宫有姚翰林碑,觀創於姬志真之徒李妙元,妙元南宫人,父寬蚤没,與母王氏俱入道。中統癸亥,至汴禮姬爲師,姬賜號文醇德懿知常真人,棲雲則姬之師王所號也。"[③]李妙元爲開封南宫人,其父李寬早亡,便與其母王氏一起出家爲道士。元中統四年(1263),李妙元至朝元宫拜姬志真爲師,成爲王志謹的再傳弟子,其母王氏也於第二年拜姬志真爲師,得道名守志。其後,李妙元、王守志母女二人,歷時三十年修復了棲雲觀,對於修復過程,《汴梁路棲雲觀記》有詳細記載。其云:"觀由妙元母子以起,至元甲子,知常名妙元母曰守志,授地三畝,卓庵居之,日闢以至爲觀。三十年間,構前殿奉玄元,後堂祠列祖,齋壇

---

① 陳垣編纂:《道家金石略》,文物出版社 1988 年版,第 610 頁。
② 陳垣編纂:《道家金石略》,文物出版社 1988 年版,第 610 頁。
③ 陳垣編纂:《道家金石略》,文物出版社 1988 年版,第 646 頁。

蔬圃悉備，監壇里域各爲祠，又拓地十畝有奇。去年余按事夷門，妙元之徒李妙常，具觀始末請記。”①通過以上記載，我們還可以知道，李妙元有弟子李妙常，其爲王志謹四傳弟子。

七、楚志雲、耿道明

據王之綱《玉清觀碑》記載，楚志雲、耿道明爲陳志昂弟子，屬王志謹再傳弟子。《玉清觀碑》云：“志昂世爲相臺鶴壁里人，號清真大師，禮惠慈利物至德真人爲師。親炙日久，深蒙許可。歲丁卯，春秋八十，無疾而逝。繼其事者法弟烟霞子楚志雲也。未幾引退，狀請於朝元本宗掌教崇玄誠德洞陽真人，命志昂高弟耿道明來主是觀。道明敬遵遺躅，增葺有加，則肯堂之能事畢矣。”②

八、王道深

據袁桷《通玄觀賈道士記》記載，王道深乃王志謹再傳弟子。《通玄觀賈道士記》云：“通玄觀道士賈志福，年八十三，化於其居，有徒曰王道深者，言曰：‘吾師以不言爲宗，其學澄寂寡約，不爲翕翕詭幻。……’”賈志福“始爲汝南民，弱冠得法於棲雲王真人”，爲王志謹弟子，王道深自然爲王志謹再傳弟子，但其事迹不詳。碑中王道深又云：“師少時嘗得奇疾，夢一老人，授以七桃食之，寤而愈。其徵家爲道士者凡七人，有弟曰德常，亦守其學，今居大名之嶽祠，韜静完絜，與吾師無异。”③按照王道深的以上説法，賈志福之弟賈德常，亦

① 陳垣編纂：《道家金石略》，文物出版社 1988 年版，第 646 頁。

② 陳垣編纂：《道家金石略》，文物出版社 1988 年版，第 654 ~ 655 頁。

③ 陳垣編纂：《道家金石略》，文物出版社 1988 年版，第 778 頁。

出家爲道士，而且“亦守其學”，很可能也在賈志福弟子之列。①

九、張志凈、王道瑞

據論志元《大元國廣寧府路尖山單家寨創建大玄真宫祖碑》記載，楊志谷爲王志謹弟子，對此前面已經做了介紹，不再贅述。碑中還提到楊志谷的兩位弟子，即張志凈與王道瑞，其云：“中統辛酉八月望日，門人知宫棲玄子大師張志凈率法弟明真子大師王道瑞等，不遠千里，徵文於予。欲碑其事，以傳不朽。”②顯然，張志凈、王道瑞爲王志謹再傳弟子。另外，該碑還提到幾位道士姓名，其云：“葆和寧真明德大師尖山大玄真宫住持提點王道明等立。”“葆和[　]濟大師廣寧路都道録尖山大玄真宫住持兼遼陽省本宗門下提點明[　]道[　]經始[　][　][　]。”“[　]在應妙大師玄真宫副提點金志[　]。”③除王道明外，其他幾位因碑刻破損姓名已不完整，但以上幾位既然都是玄真宫的道士，而且與張志凈、王道瑞同時，他們應該也屬於王志謹一系，只是他們與王志謹的關係已無

---

① 《重修修真觀碑》云：“通妙大師王道深，本邑城南車河莊人，七歲師道士王志謹於鐵槎山雲光洞延壽宫。其宫乃玉陽真君得道之所，聖水玉虚萬壽宫之派。道深後爲棲霞縣道官威儀。”（王宗昱編：《金元全真教石刻新編》，北京大學出版社 2005 年版，第 51 頁。）以上碑文中提到，王道深七歲時於鐵槎山雲光洞拜王志謹爲師，顯然此王道深並非彼王道深。據現存史料來看，未曾發現王志謹曾到過鐵槎山雲光洞的記載。但郝大通曾於金大定九年（1169）至十一年（1171）間與王處一在鐵槎山同修，王志謹爲了尋訪師迹，完全有可能曾到鐵槎山。

② 王宗昱編：《金元全真教石刻新編》，北京大學出版社 2005 年版，第 232 頁。

③ 王宗昱編：《金元全真教石刻新編》，北京大學出版社 2005 年版，第 233 頁。

法考知。

十、張惠全

據《桃花洞記》記載，王志謹有女冠弟子李守正，李守正有弟子張惠全，張惠全爲王志謹再傳弟子。《桃花洞記》云："女真姓張諱惠全，道號慧通散人，寶定滿城人也。祖自世家，總角悟真，未笄，遁而尋師訪道。經金粟太清觀，禮女冠李守正，迺棲雲真人之高弟也。侍之歸寂之後，厭市廛，樂山水。歷覃懷西北河内宋寨村小谷重陽觀，訪桃花洞主松囊子任君先生，接話心會，召而居焉。"①

十一、張志覺

據段成己《創修棲雲觀記》記載，榮河棲雲觀宋志瑩有一位弟子張志覺，其云："至元十八年五月甲午，榮河棲雲觀張志覺介清風觀主人王志瑞、鄉進士周從善狀其師立觀始末，繪而圖之，就平陽寓舍來謁文志其事。余以王周二君積年相向之誠，雖耋老懶惰，使余不得違也。……曰：先師諱志瑩，宋姓。世爲邑德門，喪亂流落燕城，鞠於父女弟適范氏之姑。以幼失怙恃，死心向道，餘事不能亂也。求訪真訣，得盤山王真人，師之。"②前面已提到，宋志瑩爲王志謹親炙弟子，自然張志覺應爲王志謹再傳弟子，至於以上提到的王志瑞是否爲王志謹一系弟子暫時難以確定。

---

① 王宗昱編：《金元全真教石刻新編》，北京大學出版社 2005 年版，第 177 頁。

② 王宗昱編：《金元全真教石刻新編》，北京大學出版社 2005 年版，第 134 頁。

十二、劉志訓

前面已經提到，據王構《玄禎觀至德真人記》記載，通真子程志保爲王志謹親炙弟子。《玄禎觀至德真人記》又云："至元庚辰春二月九日，（程志保——引者注）召門弟子劉志訓，付以後事。翌日黎明，具湯沐，易冠服，枕肱而逝，春秋七十有八。月餘入殮，容色如生，人以爲尸解云。初，壬申之秋，環步北山近麓，擇一隙地，葬棲雲冠履，以寓歲時之敬。至是，志訓等舉其蜕宫祔於幢側，從師志也。二十九年季冬，參政郝公繼先攜元道明、喬道濟賫漆用彰所狀師之行實來請銘。吾知繼先舊矣，乃爲書其始末。"①以上證明，劉志訓爲程志保弟子，自然爲王志謹再傳弟子。至於以上提到的元道明、喬道濟，是否亦爲程志保弟子，因碑中没有交待，難以確知。

十三、楊道素、任志淳、郭道成、續道元、張道理等

據河南濟源奉仙觀現存《崇寧葆光大師衛公道行之碑》記載，衛志隱在奉仙觀收有衆多弟子，他們也是王志謹的再傳弟子。《崇寧葆光大師衛公道行之碑》云："嗣業弟子，曰遠塵崇德大師，即道素也，曰任志淳，曰郭道成，曰續道元，曰張道理。"其中較著名者爲楊道素，其曾擔任河南孟州道正兼奉仙萬慶宫提領，號"遠塵崇德大師"。衛志隱仙逝後第三年，即元至元二十二年（1285），楊道素"狀師行實，與夫奉仙觀興建始末，走書幣京師，請（李謙）爲文刻之

① 王宗昱編：《金元全真教石刻新編》，北京大學出版社2005年版，第137頁。

石。”除此之外,《崇寧葆光大師衛公道行之碑》碑陰還刻有宗派傳承圖,第四排列衛志隱一系弟子八位,除上面提到的楊道素、任志淳、郭道成、張道理、續道元等五位外,還列有懷州録事司烈士坊楊雲□、棲雲庵圓明真人郭妙善、前知宫張道弘、李英童。楊雲□、郭妙善、張道弘、李英童也有可能爲衛志隱弟子。

除以上提到的二十二位確定爲王志謹再傳弟子外,還有一些身份暫時難以確定。比如,許有壬《龍德宫記》云:“文醇德懿知常翊教大真人姬公既襄教,積儉儲羸,以待後用。至元丙子,虚玄應物通真道人李公命宫主高志和、陳道詳即熙春閣基建通明殿以奉昊天上帝,營東西廡以庇其徒。”①其中的高志和、陳道詳也可能爲王志謹再傳弟子。再如,康璧《增修長春大元都宫碑》云:“聖元大宗師真常真人承制,革斯宫額。先是辛卯歲,盤山棲雲王真君高第弟子鄧志迴、卜志平、楊志友,大爲經營,廣其制。知宫大師楊道明謁三洞講經師知常子姬志真,文紀諸石。後五十年,守正盟真冲和大師、道門提點史公志照,方童丱,以吾高唐世家子簪裳入院,師通妙頤真重顯大師劉公志和。”②其中提到的楊道明、史志照、方童丱也有可能是王志謹一系弟子。另外,王之綱《玉清觀碑》碑陰有“宗師道衆官僚士庶”,列王志謹一系弟子以及所屬宫觀若干,但因排列不規則,難以判斷他們與王志謹的關係。③

---

① 陳垣編纂:《道家金石略》,文物出版社 1988 年版,第 781 頁。

② 王宗昱編:《金元全真教石刻新編》,北京大學出版社 2005 年版,第 20 頁。

③ 陳垣編纂:《道家金石略》,文物出版社 1988 年版,第 655 頁。

第四節　徒裔列表

序號	姓名	道號	籍貫	師承	道觀	相關記載	來　源
1	姬志真	知常子,文德醇懿知常真人	澤州高平	王志謹弟子	朝元萬壽宮	《知常姬真人事迹》云:"甲午,棲雲王真人演教諸方,道出於此,師一言相契,遂執弟子禮。賜名志真,號知常子。……棲雲登真,以師嗣主教事。"	《甘水仙源録》卷八《知常姬真人事迹》(《道藏》第19册,第792頁)
2	李志居	通和,虛玄應物通真道人	不詳	王志謹弟子	朝元萬壽宮	《棲雲真人王尊師道行碑》云:"歲閼逢困敦正月朏,師之門人論志元、魏志言持師行狀,洎提點張志格、李志居書,不遠數千里乞銘於予。"	《棲雲真人王尊師道行碑》《玉清觀碑》《徐真人道行碑》《龍德宮記》(《道家金石略》,第563、655、713、781頁)
3	徐志根	洞陽,崇玄誠德洞陽真人	梁之扶溝	王志謹弟子	朝元萬壽宮	《徐真人道行碑》云:"謹按師諱志根,梁之扶溝人。……師沉質魁偉,弱冠爲道士,學於王真人志謹。"	《徐真人道行碑》(《道家金石略》,第713頁)
4	張志格	不詳	不詳	王志謹弟子	盤山棲雲觀	《棲雲真人王尊師道行碑》云:"歲閼逢困敦正月朏,師之門人論志元、魏志言持師行狀,洎提點張志格、李志居書,不遠數千里乞銘於予。"	《盤山棲雲觀記》《棲雲真人王尊師道行碑》(《道家金石略》,第465、563頁)

（續表）

序號	姓名	道號	籍貫	師承	道觀	相關記載	來　源
5	儒志久	不詳	全州	王志謹弟子	祈真觀、京兆迎祥觀、咸寧清華觀	《咸寧清華觀碑》云："儒公大師諱志久，儒其姓也，全州人。自幼而道，師事棲雲真人，親炙有年，密通其奧，……。"	《咸寧清華觀碑》（《道家金石略》，第515頁）
6	張志信	逍遥子	彰川	王志謹弟子	開州神清觀	《開州神清觀記》云："有張公先生乃其人也。名志信，號逍遥子，彰川人。……聞棲雲王老師開道盤山，而方來之學道者多從之。遂不遠千里，跰足往覘其所以而聶許焉。久之，獲預席下，鄭重參謁，曾無少怠，曲盡其妙。"	《開州神清觀記》（《道家金石略》，第529頁）
7	崔志隱	不詳	不詳	王志謹弟子	洛陽棲雲觀	《洛陽棲雲觀碑》云："核其迹之本末，實棲雲真人門下四子經始而建之也。……而四子一曰崔志隱，二曰管志道，次曰董道亨，次曰李志希，俱在席下參學有年，皆蒙印可，其心莫逆，相與爲友。"	《洛陽棲雲觀碑》（《道家金石略》，第557頁）

（續表）

序號	姓名	道號	籍貫	師承	道觀	相關記載	來　源
8	管志道	不詳	不詳	王志謹弟子	洛陽棲雲觀	《洛陽棲雲觀碑》云："核其迹之本末，實棲雲真人門下四子經始而建之也。……而四子一曰崔志隱，二曰管志道，次曰董道亨，次曰李志希，俱在席下參學有年，皆蒙印可，其心莫逆，相與爲友。"	《洛陽棲雲觀碑》（《道家金石略》，第557頁）
9	董道亨	不詳	不詳	王志謹弟子	洛陽棲雲觀	《洛陽棲雲觀碑》云："核其迹之本末，實棲雲真人門下四子經始而建之也。……而四子一曰崔志隱，二曰管志道，次曰董道亨，次曰李志希，俱在席下參學有年，皆蒙印可，其心莫逆，相與爲友。"	《洛陽棲雲觀碑》（《道家金石略》，第557頁）
10	李志希	不詳	不詳	王志謹弟子	洛陽棲雲觀	《洛陽棲雲觀碑》云："核其迹之本末，實棲雲真人門下四子經始而建之也。……而四子一曰崔志隱，二曰管志道，次曰董道亨，次曰李志希，俱在席下參學有年，皆蒙印可，其心莫逆，相與爲友。"	《洛陽棲雲觀碑》（《道家金石略》，第557頁）

（續表）

序號	姓名	道號	籍貫	師承	道觀	相關記載	來　源
11	論志元	不詳	不詳	王志謹弟子	朝元萬壽宮	《棲雲真人王尊師道行碑》云："歲閼逢困敦正月朏，師之門人論志元、魏志言持師行狀，洎提點張志格、李志居書，不遠數千里乞銘於予。"	《棲雲真人王尊師道行碑》（《道家金石略》，第563頁）
12	魏志言	不詳	不詳	王志謹弟子	朝元萬壽宮	《棲雲真人王尊師道行碑》云："歲閼逢困敦正月朏，師之門人論志元、魏志言持師行狀，洎提點張志格、李志居書，不遠數千里乞銘於予。"	《棲雲真人王尊師道行碑》（《道家金石略》，第563頁）
13	任公先生	不詳	相臺	王志謹弟子	終南山棲雲觀	《終南山棲雲觀碑》云："門下有任公先生者，其族相臺人也，捨俗投玄，北游燕薊，師事棲雲真人，從道有年，密傳其妙。"	《終南山棲雲觀碑》（《道家金石略》，第589頁）
14	李守遷（女冠）	安真散人	大名	王志謹弟子	寶峰觀	《大元國寶峰觀記》云："兹林州之南四十里，鄉曰仙岩，墅名元康，中有道院曰寶峰觀，原其經始，自女冠安真散人之至而建之也。散人姓李氏，名守遷，散人則其道號云。其祖大名人，盛年穎悟，塵境靡常，捐俗而道，刳心穢迹，參棲雲真人修煉忘物忘我之道，以之獨立周行，密而得之，歷久不渝。"	《大元國寶峰觀記》（《道家金石略》，第609頁）

（續表）

序號	姓名	道號	籍貫	師承	道觀	相關記載	來　源
15	吴道素	不詳	不詳	王志謹弟子	不詳	《棲雲王真人開澇水記》云:"至元己卯,公之高弟安西道録吴道素持秦蜀道教提點真人李天樂所紀本末,求予文之石。"	《棲雲真人開澇水記》(《道家金石略》,第621頁)
16	陳志昂	清真大師	相臺鶴壁	王志謹弟子	玉清觀	《玉清觀碑》云:"志昂世爲相臺鶴壁里人,號清真大師,禮惠慈利物至德真人爲師。"	《玉清觀碑》(《道家金石略》,第654頁)
17	楚志雲	烟霞子	不詳	王志謹弟子	玉清觀	《玉清觀碑》云:"歲丁卯,春秋八十,無疾而逝。繼其事者法弟烟霞子楚志雲也。"	《玉清觀碑》(《道家金石略》,第654頁)
18	劉志實	圓素大師	許之長葛人	劉志永弟子、王志謹弟子	瀰州隆禧觀	《大都路瀰州隆禧觀碑銘》云:"住持圓素大師劉志實者,許之長葛人,夙秉淑質,自童行入道,師希真劉志永。永即長春丘公高弟清虚韓志谷一再傳也。初師永誅茅於都之東郊,刳心坐忘,凝塵空竈者十年。盤山王棲雲道價高一時,歆其精修,枉道造謁,自號麻衣老,壽八十有四,怡然而逝。師之在弟子列也……。"	《大都路瀰州隆禧觀碑銘》(《道家金石略》,第697頁)

（續表）

序號	姓名	道號	籍貫	師承	道觀	相關記載	來　源
19	張志夷	不詳	不詳	王志謹弟子	開封中太一宮	《重修中太一宫碑》云："真人（王志謹）求得重陽開化真君爲道所廬作新朝元宫，他不暇爲，署其徒提點張志夷、知宫田志净責使營葺。"	《重修中太一宫碑》（《道家金石略》，第724頁）
20	田志净	不詳	不詳	王志謹弟子	開封中太一宫	《重修中太一宫碑》云："真人（王志謹）求得重陽開化真君爲道所廬作新朝元宫，他不暇爲，署其徒提點張志夷、知宫田志净責使營葺。"	《重修中太一宫碑》（《道家金石略》，第724頁）
21	賈志福	清静散人	汝南	王志謹弟子	通玄觀	《通玄觀賈道士記》云："通玄觀道士賈志福，……始爲汝南民，弱冠得法於棲雲王真人……。"	《通玄觀賈道士記》（《道家金石略》，第778頁）
22	鄧志迴	不詳	不詳	王志謹弟子	長春大元都宫	《增修長春大元都宫碑》云："先是辛卯歲，盤山棲雲王真君高第弟子鄧志迴、卜志平、楊志友，大爲經營，廣其制。"	《增修長春大元都宫碑》（《金元全真教石刻新編》，第20頁）
23	卜志平	不詳	不詳	王志謹弟子	長春大元都宫	《增修長春大元都宫碑》云："先是辛卯歲，盤山棲雲王真君高第弟子鄧志迴、卜志平、楊志友，大爲經營，廣其制。"	《增修長春大元都宫碑》（《金元全真教石刻新編》，第20頁）

（續表）

序號	姓名	道號	籍貫	師承	道觀	相關記載	來源
24	楊志友	不詳	不詳	王志謹弟子	長春大元都宫	《增修長春大元都宫碑》云:“先是辛卯歲,盤山棲雲王真君高第弟子鄧志迥、卜志平、楊志友,大爲經營,廣其制。”	《增修長春大元都宫碑》(《金元全真教石刻新編》,第20頁)
25	李志方	不詳	沃州	王志謹弟子	真元觀	《真元觀記》云:“棲雲真人命李志方度材用工,極力三十年,正殿雲堂,方壺厨舍,碾房蔬圃,罔不畢備。志方,沃州人,禮棲雲王公師其道。”	《真元觀記》(《金元全真教石刻新編》,第113頁)
26	宋志瑩	不詳	不詳	王志謹弟子	滎河棲雲觀	《創修棲雲觀記》云:“先師諱志瑩,宋姓。世爲邑德門,喪亂流落燕城,鞠於父女弟適范氏之姑。以幼失怙恃,死心向道,餘事不能亂也。求訪真訣,得盤山王真人,師之。”	《創修棲雲觀記》(《金元全真教石刻新編》,第134頁)
27	程志保	通真子,冲虚清净至真德人	不詳	王志謹弟子	玄禎觀	《玄禎觀至德真人記》云:“師諱志保,字德全,通真子其號也。……棲雲延置席下,日奉几杖,備服勤勞,至於析薪汲井之役,亦所弗憚。每升堂演法,師必領其緘要,棲雲許之,爲道統他日所寄。”	《玄禎觀至德真人記》(《金元全真教石刻新編》,第136頁)

（續表）

序號	姓名	道號	籍貫	師承	道觀	相關記載	來　源
28	楊志谷	和光弘德大師	深州東鹿縣	王志謹弟子	大玄真宫	《大元國廣寧府路尖山單家寨創建大玄真宫祖碑》云："其徒有棲雲大師王公，迺真人（丘處機）之高第也。亦存神過化，隨立庵觀。門下有楊志谷者，本深州東鹿縣人氏。節行清高，全家入道已有年矣。"	《大元國廣寧府路尖山單家寨創建大玄真宫祖碑》（《金元全真教石刻新編》，第232頁）
29	周妙元（女冠）	純貞素德散人	不詳	王志謹弟子	汴梁路城隍廟	《汴梁路城隍廟記》云："歲甲辰，劉侯命侍人周氏、韓氏披戴，禮棲雲王真人爲師，訓周曰妙元，韓曰妙温，與妙明爲徒侣。"	《汴梁路城隍廟記》（《金元全真教石刻新編》，第190頁）
30	韓妙温（女冠）	不詳	不詳	王志謹弟子	汴梁路城隍廟	《汴梁路城隍廟記》云："歲甲辰，劉侯命侍人周氏、韓氏披戴，禮棲雲王真人爲師，訓周曰妙元，韓曰妙温，與妙明爲徒侣。"	《汴梁路城隍廟記》（《金元全真教石刻新編》，第190頁）
31	劉之（女冠）	□真散人	東原安樂	王志謹弟子	長春觀	《重修長春觀記》云："治鄉之中，觀曰長春，古有之[　]東原[　][　]真散人劉之至而重興之。劉其姓也，[　]則其法名。雲[　]東原之安樂人，家世官。……聞[　]棲雲[　]真人[　][　]而往[　]焉。"	《重修長春觀記》（《金元全真教石刻新編》，第157頁）

（續表）

序號	姓名	道號	籍貫	師承	道觀	相關記載	來　源
32	李守正（女冠）	不詳	不詳	王志謹弟子	金粟太清觀	《桃花洞記》云："女真姓張諱惠全，……禮女冠李守正，迺棲雲真人之高弟也。"	《桃花洞記》（《金元全真教石刻新編》，第 177 頁）
33	袁先生	不詳	不詳	王志謹弟子	武當山	《抱元真静清貧李真人道行碑》云："先生姓李氏，諱道元，自號清貧子，……遂上武當山，投［　］［　］［　］棲雲玉真人門下袁先生爲師。"	《抱元真静清貧李真人道行碑》（《金元全真教石刻新編》，第 47 頁）
34	陶志頤	隱真子	榆次	張真人弟子 王志謹弟子	真常觀	《長春道教源流》卷六引《山西通志》云："陶志頤，榆次人，號隱真子，晉靖節處士之裔也。幼師張真人，……尋抵燕，與棲雲真人王公參究印證所疑，久之，歸隱萬春宫，杜户不出者累年。"	《長春道教源流》卷六，清雍正《山西通志》卷一八六《寺觀》
35	衛志隱	遠塵崇德大師	河南萬泉	王志謹弟子	河南濟源奉仙觀	《崇寧葆光大師衛公道行之碑》云："幼穎悟，蚤有知識，厭薄世味，遂師事惠慈利物至德真人，一見以妙器許之，謂其有受道之質。"	河南濟源奉仙觀現存《崇寧葆光大師衛公道行之碑》
36	論志焕	不詳	不詳	王志謹弟子	不詳	《盤山棲雲王真人語録序》云："時丁未正月元日門人論志焕謹序。"	《盤山棲雲王真人語録》（《道藏》第 23 册，第 718 頁）

（續表）

序號	姓名	道號	籍貫	師承	道觀	相關記載	來　源
37	劉公先生	不詳	不詳	王志謹弟子	不詳	《盤山棲雲王真人語録序》云："門下劉公先生從師有年，密記老師之謦欬，裒以成集，約百餘則，誠爲初機學道者之指南也。"	《盤山棲雲王真人語録》（《道藏》第23册，第718頁）
38	孤峰道人	不詳	不詳	王志謹弟子	不詳	《盤山棲雲王真人語録序》云："門下劉公先生從師有年，密記老師之謦欬，裒以成集，約百餘則，誠爲初機學道者之指南也。命工鋟梓，以廣其傳。孤峰道人亦得預其徒末。"	《盤山棲雲王真人語録》（《道藏》第23册，第718頁）
39	道用九	不詳	不詳	王志謹弟子	不詳	《崇寧葆光大師衛公道行之碑》碑陰宗派傳承圖題名有"道用九"。	河南濟源奉仙觀現存《崇寧葆光大師衛公道行之碑》碑陰宗派傳承圖
40	道□道	不詳	不詳	王志謹弟子	不詳	《崇寧葆光大師衛公道行之碑》碑陰宗派傳承圖題名有"道□道"。	河南濟源奉仙觀現存《崇寧葆光大師衛公道行之碑》碑陰宗派傳承圖
41	吴	不詳	不詳	王志謹弟子	不詳	《崇寧葆光大師衛公道行之碑》碑陰宗派傳承圖題名有"南京路都道録吴"。	河南濟源奉仙觀現存《崇寧葆光大師衛公道行之碑》碑陰宗派傳承圖

（續表）

序號	姓名	道號	籍貫	師承	道觀	相關記載	來　源
42	吴	不詳	不詳	王志謹弟子	神霄玉萬壽宫	《崇寧葆光大師衛公道行之碑》碑陰宗派傳承圖題名有“真定府神霄玉萬壽宫提點吴”。	河南濟源奉仙觀現存《崇寧葆光大師衛公道行之碑》碑陰宗派傳承圖
43	李志微	不詳	不詳	王志謹弟子	燕京天長觀	《崇寧葆光大師衛公道行之碑》碑陰宗派傳承圖題名有“燕京天長觀本宗門下都提點李志微”。	河南濟源奉仙觀現存《崇寧葆光大師衛公道行之碑》碑陰宗派傳承圖
44	郭志安	不詳	不詳	王志謹弟子	朝元萬壽宫	《崇寧葆光大師衛公道行之碑》碑陰宗派傳承圖題名有“敕賜南京朝元萬壽宫本宗提點郭志安”。	河南濟源奉仙觀現存《崇寧葆光大師衛公道行之碑》碑陰宗派傳承圖
45	趙志恒	棲真大師	不詳	王志謹弟子	不詳	《崇寧葆光大師衛公道行之碑》碑陰宗派傳承圖題名有“棲雲門下提點兼諸路道教提點趙志恒”。	河南濟源奉仙觀現存《崇寧葆光大師衛公道行之碑》碑陰宗派傳承圖
46	温真人	不詳	不詳	王志謹弟子	不詳	《崇寧葆光大師衛公道行之碑》碑陰宗派傳承圖題名有“温真人”。	河南濟源奉仙觀現存《崇寧葆光大師衛公道行之碑》碑陰宗派傳承圖

（續表）

序號	姓名	道號	籍貫	師承	道觀	相關記載	來源
47	董道宣	湛然道明真悟大師	不詳	王志謹弟子	不詳	《崇寧葆光大師衛公道行之碑》碑陰宗派傳承圖題名有“諸路道教都提點董道宣”。	河南濟源奉仙觀現存《崇寧葆光大師衛公道行之碑》碑陰宗派傳承圖
48	完顔	不詳	不詳	王志謹弟子	朝元萬壽宫	《崇寧葆光大師衛公道行之碑》碑陰宗派傳承圖題名有“敕賜南京朝元萬壽宫前知宫完顔”。	河南濟源奉仙觀現存《崇寧葆光大師衛公道行之碑》碑陰宗派傳承圖
49	吴	不詳	不詳	王志謹弟子	不詳	《崇寧葆光大師衛公道行之碑》碑陰宗派傳承圖題名有“安西府本宗門下提點本路道録吴”。	河南濟源奉仙觀現存《崇寧葆光大師衛公道行之碑》碑陰宗派傳承圖
50	闞志藴	不詳	不詳	王志謹弟子	不詳	《崇寧葆光大師衛公道行之碑》碑陰宗派傳承圖題名有“懷孟路宗門提點闞志藴”。	河南濟源奉仙觀現存《崇寧葆光大師衛公道行之碑》碑陰宗派傳承圖
51	楊志和	不詳	不詳	王志謹弟子	不詳	《崇寧葆光大師衛公道行之碑》碑陰宗派傳承圖題名有“副提點前懷孟路道判楊志和”。	河南濟源奉仙觀現存《崇寧葆光大師衛公道行之碑》碑陰宗派傳承圖

（續表）

序號	姓名	道號	籍貫	師承	道觀	相關記載	來　源
52	李	不詳	不詳	王志謹弟子	不詳	《崇寧葆光大師衛公道行之碑》碑陰宗派傳承圖題名有“懷孟路本宗提舉李”。	河南濟源奉仙觀現存《崇寧葆光大師衛公道行之碑》碑陰宗派傳承圖
53	吴守敬	不詳	不詳	王志謹弟子	濟源潘村北溪南觀	《崇寧葆光大師衛公道行之碑》碑陰宗派傳承圖題名有“潘村北溪南觀吴守敬”。	河南濟源奉仙觀現存《崇寧葆光大師衛公道行之碑》碑陰宗派傳承圖
54	范妙廣	不詳	不詳	王志謹弟子	濟源潘村北溪南觀	《崇寧葆光大師衛公道行之碑》碑陰宗派傳承圖題名有“潘村北溪南觀范妙廣”。	河南濟源奉仙觀現存《崇寧葆光大師衛公道行之碑》碑陰宗派傳承圖
55	張惠忠	不詳	不詳	王志謹弟子	濟源軹城村洞真觀	《崇寧葆光大師衛公道行之碑》碑陰宗派傳承圖題名有“軹城村洞真觀張惠忠”。	河南濟源奉仙觀現存《崇寧葆光大師衛公道行之碑》碑陰宗派傳承圖
56	范志藏	隱真子	不詳	王志謹弟子	濟源遇真庵	《崇寧葆光大師衛公道行之碑》碑陰宗派傳承圖題名有“遇真庵范志藏”。	河南濟源奉仙觀現存《崇寧葆光大師衛公道行之碑》碑陰宗派傳承圖

（續表）

序號	姓名	道號	籍貫	師承	道觀	相關記載	來　源
57	劉道昌	不詳	不詳	王志謹弟子	河內北冷村修真觀	《崇寧葆光大師衛公道行之碑》碑陰宗派傳承圖題名有“北冷村修真觀劉道昌”。	河南濟源奉仙觀現存《崇寧葆光大師衛公道行之碑》碑陰宗派傳承圖
58	楊順玄	不詳	不詳	王志謹弟子	河內監軍莊玉泉庵	《崇寧葆光大師衛公道行之碑》碑陰宗派傳承圖題名有“監軍莊玉泉庵楊順玄”。	河南濟源奉仙觀現存《崇寧葆光大師衛公道行之碑》碑陰宗派傳承圖
59	文守慧	不詳	不詳	王志謹弟子	河內西吳村修真觀	《崇寧葆光大師衛公道行之碑》碑陰宗派傳承圖題名有“西吳村修真觀文守慧”。	河南濟源奉仙觀現存《崇寧葆光大師衛公道行之碑》碑陰宗派傳承圖
60	王	不詳	不詳	王志謹弟子	南陽西冶牆村棲雲觀	《崇寧葆光大師衛公道行之碑》碑陰宗派傳承圖題名有“西冶牆村棲雲觀王”。	河南濟源奉仙觀現存《崇寧葆光大師衛公道行之碑》碑陰宗派傳承圖
61	崔	不詳	不詳	王志謹弟子	南陽東冶牆長春觀	《崇寧葆光大師衛公道行之碑》碑陰宗派傳承圖題名有“東冶牆長春觀崔”。	河南濟源奉仙觀現存《崇寧葆光大師衛公道行之碑》碑陰宗派傳承圖

（續表）

序號	姓名	道號	籍貫	師承	道觀	相關記載	來　源
62	胡妙謙	不詳	不詳	王志謹弟子	孟州棲雲宮	《崇寧葆光大師衛公道行之碑》碑陰宗派傳承圖題名有“孟州棲雲宮胡妙謙”。	河南濟源奉仙觀現存《崇寧葆光大師衛公道行之碑》碑陰宗派傳承圖
63	李志玉	聖象保安純德通真大師	不詳	王志謹弟子	不詳	《崇寧葆光大師衛公道行之碑》碑陰宗派傳承圖題名有“聖象保安純德通真大師李志玉、元道誠、雲中子趙志祥等塑”。	河南濟源奉仙觀現存《崇寧葆光大師衛公道行之碑》碑陰宗派傳承圖
64	元道誠	不詳	不詳	王志謹弟子	不詳	《崇寧葆光大師衛公道行之碑》碑陰宗派傳承圖題名有“聖象保安純德通真大師李志玉、元道誠、雲中子趙志祥等塑”。	河南濟源奉仙觀現存《崇寧葆光大師衛公道行之碑》碑陰宗派傳承圖
65	趙志祥	雲中子	不詳	王志謹弟子	不詳	《崇寧葆光大師衛公道行之碑》碑陰宗派傳承圖題名有“聖象保安純德通真大師李志玉、元道誠、雲中子趙志祥等塑”。	河南濟源奉仙觀現存《崇寧葆光大師衛公道行之碑》碑陰宗派傳承圖
66	郭妙覔	不詳	不詳	王志謹弟子	南陽東華村臨泉庵	《崇寧葆光大師衛公道行之碑》碑陰宗派傳承圖題名有“東華村臨泉庵郭妙覔”。	河南濟源奉仙觀現存《崇寧葆光大師衛公道行之碑》碑陰宗派傳承圖

（續表）

序號	姓名	道號	籍貫	師承	道觀	相關記載	來源
67	孔志揚	寂照大師	不詳	王志謹弟子	曲沃縣修真觀	《崇寧葆光大師衛公道行之碑》碑陰宗派傳承圖題名有“曲沃縣修真觀寂照大師孔志揚”。	河南濟源奉仙觀現存《崇寧葆光大師衛公道行之碑》碑陰宗派傳承圖
68	□志堅	不詳	不詳	王志謹弟子	不詳	《崇寧葆光大師衛公道行之碑》碑陰宗派傳承圖題名有“懷孟路宗門提舉□志堅”。	河南濟源奉仙觀現存《崇寧葆光大師衛公道行之碑》碑陰宗派傳承圖
69	李道順	不詳	不詳	王志謹弟子	河內徐澗村遇仙觀	《崇寧葆光大師衛公道行之碑》碑陰宗派傳承圖題名有“徐澗村遇仙觀李道順”。	河南濟源奉仙觀現存《崇寧葆光大師衛公道行之碑》碑陰宗派傳承圖
70	馬道進	不詳	不詳	王志謹弟子	河內逯村清真觀	《崇寧葆光大師衛公道行之碑》碑陰宗派傳承圖題名有“逯村清真觀馬道進”。	河南濟源奉仙觀現存《崇寧葆光大師衛公道行之碑》碑陰宗派傳承圖
71	王志筌	不詳	不詳	王志謹弟子	河內興福村朝元觀	《崇寧葆光大師衛公道行之碑》碑陰宗派傳承圖題名有“興福村朝元觀主王志筌”。	河南濟源奉仙觀現存《崇寧葆光大師衛公道行之碑》碑陰宗派傳承圖

（續表）

序號	姓名	道號	籍貫	師承	道觀	相關記載	來　源
72	劉志洞	不詳	不詳	王志謹弟子	河內寶封村純德觀	《崇寧葆光大師衛公道行之碑》碑陰宗派傳承圖題名有“寶封村純德觀劉志洞”。	河南濟源奉仙觀現存《崇寧葆光大師衛公道行之碑》碑陰宗派傳承圖
73	張道明	不詳	不詳	王志謹弟子	河內張家村通玄觀	《崇寧葆光大師衛公道行之碑》碑陰宗派傳承圖題名有“張家村通玄觀張道明”。	河南濟源奉仙觀現存《崇寧葆光大師衛公道行之碑》碑陰宗派傳承圖
74	李志恭	不詳	不詳	王志謹弟子	河內焦家村葆真觀	《崇寧葆光大師衛公道行之碑》碑陰宗派傳承圖題名有“焦家村葆真觀李志恭”。	河南濟源奉仙觀現存《崇寧葆光大師衛公道行之碑》碑陰宗派傳承圖
75	趙道寬	不詳	不詳	王志謹弟子	河內趙埰村玉泉觀	《崇寧葆光大師衛公道行之碑》碑陰宗派傳承圖題名有“趙埰村玉泉觀趙道寬”。	河南濟源奉仙觀現存《崇寧葆光大師衛公道行之碑》碑陰宗派傳承圖
76	傅道傳	不詳	不詳	王志謹弟子	河內西向村虛靈觀	《崇寧葆光大師衛公道行之碑》碑陰宗派傳承圖題名有“西向村虛靈觀傅道傳”。	河南濟源奉仙觀現存《崇寧葆光大師衛公道行之碑》碑陰宗派傳承圖

（續表）

序號	姓名	道號	籍貫	師承	道觀	相關記載	來　源
77	李道和	不詳	不詳	王志謹弟子	河内趙㭘村紫微觀	《崇寧葆光大師衛公道行之碑》碑陰宗派傳承圖題名有"趙㭘村紫微觀李道和"。	河南濟源奉仙觀現存《崇寧葆光大師衛公道行之碑》碑陰宗派傳承圖
78	吴道琦	不詳	不詳	王志謹弟子	河内聚溝村棲雲觀	《崇寧葆光大師衛公道行之碑》碑陰宗派傳承圖題名有"聚溝村棲雲觀吴道琦"。	河南濟源奉仙觀現存《崇寧葆光大師衛公道行之碑》碑陰宗派傳承圖
79	穆道柔	不詳	不詳	王志謹弟子	河内狄家村棲雲庵	《崇寧葆光大師衛公道行之碑》碑陰宗派傳承圖題名有"狄家村棲雲庵穆道柔"。	河南濟源奉仙觀現存《崇寧葆光大師衛公道行之碑》碑陰宗派傳承圖
80	蕭道安	不詳	不詳	王志謹弟子	河内西塢頭村保真觀	《崇寧葆光大師衛公道行之碑》碑陰宗派傳承圖題名有"西塢頭村保真觀蕭道安"。	河南濟源奉仙觀現存《崇寧葆光大師衛公道行之碑》宗派傳承圖
81	秦道宗	不詳	不詳	王志謹弟子	河内王屋白鵓村棲真觀	《崇寧葆光大師衛公道行之碑》碑陰宗派傳承圖題名有"王屋白鵓村棲真觀秦道宗"。	河南濟源奉仙觀現存《崇寧葆光大師衛公道行之碑》碑陰宗派傳承圖

（續表）

序號	姓名	道號	籍貫	師承	道觀	相關記載	來　源
82	張道元	不詳	不詳	王志謹弟子	河内白鵝村洞真觀	《崇寧葆光大師衛公道行之碑》碑陰宗派傳承圖題名有“白鵝村洞真觀張道元”。	河南濟源奉仙觀現存《崇寧葆光大師衛公道行之碑》碑陰宗派傳承圖
83	張	不詳	不詳	王志謹弟子	河内趙堞村白雲觀	《崇寧葆光大師衛公道行之碑》碑陰宗派傳承圖題名有“趙堞村白雲觀張”。	河南濟源奉仙觀現存《崇寧葆光大師衛公道行之碑》碑陰宗派傳承圖
84	王	不詳	不詳	王志謹弟子	河内趙堞村北□濮□會真庵	《崇寧葆光大師衛公道行之碑》碑陰宗派傳承圖題名有“趙堞村北□濮□會真庵王”。	河南濟源奉仙觀現存《崇寧葆光大師衛公道行之碑》碑陰宗派傳承圖
85	常志久	不詳	不詳	王志謹弟子	不詳	《崇寧葆光大師衛公道行之碑》宗派傳承圖云:“本宗宿德常志久、門先生、岳法師、酒先生、王道寬、孟先生、竹揚先生。”	河南濟源奉仙觀現存《崇寧葆光大師衛公道行之碑》碑陰宗派傳承圖
86	門先生	不詳	不詳	王志謹弟子	不詳	《崇寧葆光大師衛公道行之碑》宗派傳承圖云:“本宗宿德常志久、門先生、岳法師、酒先生、王道寬、孟先生、竹揚先生。”	河南濟源奉仙觀現存《崇寧葆光大師衛公道行之碑》碑陰宗派傳承圖

(續表)

序號	姓名	道號	籍貫	師承	道觀	相關記載	來　源
87	岳法師	不詳	不詳	王志謹弟子	不詳	《崇寧葆光大師衛公道行之碑》宗派傳承圖云："本宗宿德常志久、門先生、岳法師、酒先生、王道寬、孟先生、竹揚先生。"	河南濟源奉仙觀現存《崇寧葆光大師衛公道行之碑》碑陰宗派傳承圖
88	酒先生	不詳	不詳	王志謹弟子	不詳	《崇寧葆光大師衛公道行之碑》宗派傳承圖云："本宗宿德常志久、門先生、岳法師、酒先生、王道寬、孟先生、竹揚先生。"	河南濟源奉仙觀現存《崇寧葆光大師衛公道行之碑》碑陰宗派傳承圖
89	王道寬	不詳	不詳	王志謹弟子	不詳	《崇寧葆光大師衛公道行之碑》宗派傳承圖云："本宗宿德常志久、門先生、岳法師、酒先生、王道寬、孟先生、竹揚先生。"	河南濟源奉仙觀現存《崇寧葆光大師衛公道行之碑》碑陰宗派傳承圖
90	孟先生	不詳	不詳	王志謹弟子	不詳	《崇寧葆光大師衛公道行之碑》宗派傳承圖云："本宗宿德常志久、門先生、岳法師、酒先生、王道寬、孟先生、竹揚先生。"	河南濟源奉仙觀現存《崇寧葆光大師衛公道行之碑》碑陰宗派傳承圖
91	竹揚先生	不詳	不詳	王志謹弟子	不詳	《崇寧葆光大師衛公道行之碑》宗派傳承圖云："本宗宿德常志久、門先生、岳法師、酒先生、王道寬、孟先生、竹揚先生。"	河南濟源奉仙觀現存《崇寧葆光大師衛公道行之碑》碑陰宗派傳承圖

（續表）

序號	姓名	道號	籍貫	師承	道觀	相關記載	來　源
92	孫履道	定白逸泰虛文真人	不詳	志徐根弟子	梁汴元朝萬壽宮	《徐真人道行碑》云："皇慶元年冬十有二月，朝元萬壽宮孫真人履道狀其師徐君之行來徵文。謹按師諱志根，梁之扶溝人。父某，仕金至昭武將軍。師沉質魁偉，弱冠爲道士，學於王真人志謹。"	《徐真人道行碑》《重修中太一宮碑》《封孫真人制》《上清儲祥宮記》（《道家金石略》，第712～713、724、768、780頁）
93	李道元	清貧子	輝淇衛路州朝歌	先袁生弟子	東嶓山崑山東華宮	《抱元真静清貧李真人道行碑》云："先生姓李氏，諱道元，自號清貧子，衛輝路淇州朝歌人也。……投[　][　][　]棲雲玉真人門下袁先生爲師。"	《大東華宮紫府洞記》《抱元真静清貧李真人道行碑》《東華宮玉皇閣記》《東華紫府輔元立極大帝君碑》《丹陽真人歸葬記》（《金元全真教石刻新編》第44、47、59～60頁，《道家金石略》，第737～738、740～741頁）
94	趙志完	不詳	不詳	志張信弟子	州開神清觀	《開州神清觀記》云："逍遥子張公可謂有矣！其徒趙志完誦其人之志操，思其所居之陳迹，將刊諸石，以壽其傳，囑予爲文。"	《開州神清觀記》（《道家金石略》，第530頁）

（續表）

序號	姓名	道號	籍貫	師承	道觀	相關記載	來　源
95	李志勤	不詳	不詳	任公先生弟子	終南山棲雲觀	《終南山棲雲觀碑》云："先生乃率其門弟李志勤、温志清等數十輩，同心戮力，經營建立，復成是觀。"	《終南山棲雲觀碑》（《道家金石略》，第589頁）
96	温志清	不詳	不詳	任公先生弟子	終南山棲雲觀	《終南山棲雲觀碑》云："先生乃率其門弟李志勤、温志清等數十輩，同心戮力，經營建立，復成是觀。"	《終南山棲雲觀碑》（《道家金石略》，第589頁）
97	范妙奇（女冠）	不詳	不詳	李守遷弟子	林州寶峰觀	《大元國寶峰觀記》云："斯觀之主李守遷，功未及圓，順化而往，後人范妙奇、韓妙温繼而主之。"	《大元國寶峰觀記》（《道家金石略》，第610頁）
98	韓妙温（女冠）	不詳	不詳	李守遷弟子	林州寶峰觀	《大元國寶峰觀記》云："斯觀之主李守遷，功未及圓，順化而往，後人范妙奇、韓妙温繼而主之。"	《大元國寶峰觀記》（《道家金石略》，第610頁）
99	李妙元	不詳	南宫	姬志真弟子	汴梁路棲雲觀	《汴梁路棲雲觀記》云："觀創於姬志真之徒李妙元，妙元南宫人，父寬蚤没，與母王氏俱入道。"	《汴梁路棲雲觀記》（《道家金石略》，第646頁）
100	王守志	不詳	不詳	姬志真弟子弟子（李妙元母）	汴梁路棲雲觀	《汴梁路棲雲觀記》云："觀由妙元母子以起，至元甲子，知常名妙元母曰守志，授地三畝，卓庵居之，日闢以至爲觀。"	《汴梁路棲雲觀記》（《道家金石略》，第646頁）

（續表）

序號	姓名	道號	籍貫	師承	道觀	相關記載	來　源
101	耿道明	不詳	不詳	陳志昂弟子	玉清觀	《玉清觀碑》云:"志昂世爲相臺鶴璧里人,號清真大師,禮惠慈利物至德真人爲師。親炙日久,深蒙許可。歲丁卯,春秋八十,無疾而逝。繼其事者法弟烟霞子楚志雲也。未幾引退,狀請於朝元本宗掌教崇玄誠德洞陽真人,命志昂高弟耿道明來主是觀。"	《玉清觀碑》(《道家金石略》,第654~655頁)
102	王道深	不詳	不詳	賈志福弟子	通玄觀	《通玄觀賈道士記》云:"通玄觀道士賈志福,年八十三,化於其居,有徒曰王道深者……。"	《通玄觀賈道士記》(《道家金石略》,第778頁)
103	張志净	棲玄子	不詳	楊谷弟子	玄真宫	《大元國廣寧府路尖山單家寨創建大玄真宫祖碑》云:"中統辛酉八月望日,門人知宫棲玄子大師張志净率法弟明真子大師王道瑞等,不遠千里,徵文於予。"	《大元國廣寧府路尖山單家寨創建大玄真宫祖碑》(《金元全真教石刻新編》,第232頁)
104	王道瑞	明真子	不詳	楊谷弟子	玄真宫	《大元國廣寧府路尖山單家寨創建大玄真宫祖碑》云:"中統辛酉八月望日,門人知宫棲玄子大師張志净率法弟明真子大師王道瑞等,不遠千里,徵文於予。"	《大元國廣寧府路尖山單家寨創建大玄真宫祖碑》(《金元全真教石刻新編》,第232頁)

(續表)

序號	姓名	道號	籍貫	師承	道觀	相關記載	來源
105	張惠全	慧通散人	寶定滿城	李守正弟子	洛陽山桃花洞	《桃花洞記》云:"女真姓張諱惠全,道號慧通散人,寶定滿城人也。……禮女冠李守正,迺棲雲真人之高弟也。"	《桃花洞記》(《金元全真教石刻新編》,第177頁)
106	張志覺	不詳	不詳	宋志瑩弟子	滎河棲雲觀	《創建棲雲觀記》云:"至元十八年五月甲午,滎河棲雲觀張志覺介清風觀主人王志瑞、鄉進士周從善狀其師立觀始末,繪而圖之,就平陽寓舍來謁文志其事。"	《創建棲雲觀記》(《金元全真教石刻新編》,第134頁)
107	劉志訓	不詳	不詳	程志保弟子	玄大真萬壽宮	《玄禎觀至德真人記》云:"至元庚辰春二月九日,召門弟子劉志訓,付以後事。"	《玄禎觀至德真人記》,(《金元全真教石刻新編》,第137頁)
108	楊道素	遠塵崇德大師	不詳	衛志隱弟子	河南濟源奉仙觀	《崇寧葆光大師衛公道行之碑》云:"嗣業弟子,曰遠塵崇德大師,即道素也,曰任志淳,曰郭道成,曰續道元,曰張道理。"	河南濟源奉仙觀現存《崇寧葆光大師衛公道行之碑》
109	任志淳	不詳	不詳	衛志隱弟子	河南濟源奉仙觀	《崇寧葆光大師衛公道行之碑》云:"嗣業弟子,曰遠塵崇德大師,即道素也,曰任志淳,曰郭道成,曰續道元,曰張道理。"	河南濟源奉仙觀現存《崇寧葆光大師衛公道行之碑》

(續表)

序號	姓名	道號	籍貫	師承	道觀	相關記載	來源
110	郭道成	不詳	不詳	衛志隱弟子	河南濟源奉仙觀	《崇寧葆光大師衛公道行之碑》云:"嗣業弟子,曰遠塵崇德大師,即道素也,曰任志淳,曰郭道成,曰續道元,曰張道理。"	河南濟源奉仙觀現存《崇寧葆光大師衛公道行之碑》
111	續道元	不詳	不詳	衛志隱弟子	河南濟源奉仙觀	《崇寧葆光大師衛公道行之碑》云:"嗣業弟子,曰遠塵崇德大師,即道素也,曰任志淳,曰郭道成,曰續道元,曰張道理。"	河南濟源奉仙觀現存《崇寧葆光大師衛公道行之碑》
112	張道理	不詳	不詳	衛志隱弟子	河南濟源奉仙觀	《崇寧葆光大師衛公道行之碑》云:"嗣業弟子,曰遠塵崇德大師,即道素也,曰任志淳,曰郭道成,曰續道元,曰張道理。"	河南濟源奉仙觀現存《崇寧葆光大師衛公道行之碑》
113	楊雲□	不詳	不詳	衛志隱弟子	懷州録事司烈士坊	《崇寧葆光大師衛公道行之碑》碑陰宗派傳承圖云:"懷州録事司烈士坊楊雲□。"	河南濟源奉仙觀現存《崇寧葆光大師衛公道行之碑》碑陰宗派傳承圖
114	郭妙善	圓明真人	不詳	衛志隱弟子	棲雲庵	《崇寧葆光大師衛公道行之碑》碑陰宗派傳承圖云:"棲雲庵圓明真人郭妙善。"	河南濟源奉仙觀現存《崇寧葆光大師衛公道行之碑》碑陰宗派傳承圖

（續表）

序號	姓名	道號	籍貫	師承	道觀	相關記載	來　源
115	張道弘	不詳	不詳	衛志隱弟子	河南濟源奉仙觀	《崇寧葆光大師衛公道行之碑》碑陰宗派傳承圖云："前知宮張道弘、李英童、知宮□道元。"	河南濟源奉仙觀現存《崇寧葆光大師衛公道行之碑》碑陰宗派傳承圖
116	李英童	不詳	不詳	衛志隱弟子？	河南濟源奉仙觀	《崇寧葆光大師衛公道行之碑》碑陰宗派傳承圖云："前知宮張道弘、李英童、知宮□道元。"	河南濟源奉仙觀現存《崇寧葆光大師衛公道行之碑》碑陰宗派傳承圖
117	□道元	不詳	不詳	衛志隱弟子	河南濟源奉仙觀	《崇寧葆光大師衛公道行之碑》碑陰宗派傳承圖云："前知宮張道弘、李英童、知宮□道元。"	河南濟源奉仙觀現存《崇寧葆光大師衛公道行之碑》碑陰宗派傳承圖
118	李妙常	不詳	不詳	李妙元弟子	汴梁路棲雲觀	《汴梁路棲雲觀記》云："去年余按事夷門，妙元之徒李妙常，具觀始末請記。"	《汴梁路棲雲觀記》（《道家金石略》，第646頁）
119	王志實	不詳	不詳	不詳	開封中太一宮	《重修中太一宮碑》云："若有緒矣，而志夷逝後，惟志净與知宮王志實、吴志超、提點劉道資、朱道輝爲之，積七十餘年而三清殿、真室、歲君殿、周廡庖廩既美既完。"	《重修中太一宮碑》（《道家金石略》，第724頁）

（續表）

序號	姓名	道號	籍貫	師承	道觀	相關記載	來　源
120	吴志超	不詳	不詳	不詳	開封中太一宫	《重修中太一宫碑》云:"若有緒矣,而志夷逝後,惟志净與知宫王志實、吴志超、提點劉道資、朱道輝爲之,積七十餘年而三清殿、真室、歲君殿、周廡庖廩既美既完。"	《重修中太一宫碑》(《道家金石略》,第724頁)
121	劉道資	不詳	不詳	不詳	開封中太一宫	《重修中太一宫碑》云:"若有緒矣,而志夷逝後,惟志净與知宫王志實、吴志超、提點劉道資、朱道輝爲之,積七十餘年而三清殿、真室、歲君殿、周廡庖廩既美既完。"	《重修中太一宫碑》(《道家金石略》,第724頁)
122	朱道輝	不詳	不詳	不詳	開封中太一宫	《重修中太一宫碑》云:"若有緒矣,而志夷逝後,惟志净與知宫王志實、吴志超、提點劉道資、朱道輝爲之,積七十餘年而三清殿、真室、歲君殿、周廡庖廩既美既完。"	《重修中太一宫碑》(《道家金石略》,第724頁)
123	黄道真	純素清逸大師	不詳	不詳	上清儲祥宫	《上清儲祥宫記》云:"泰定三年,虚白文逸明德真人天游孫公,以故宫之基,石刻故在,不可終廢,命提點純素清逸大師黄道真從事修復。"	《上清儲祥宫記》(《道家金石略》,第780頁)

（續表）

序號	姓名	道號	籍貫	師承	道觀	相關記載	來源
124	高志和	不詳	不詳	不詳	龍德宮	《龍德宮記》云:"虛玄應物通真道人李公命宮主高志和、陳道祥即熙春閣基建通明殿以奉昊天上帝,營東西廡以庇其徒。"	《龍德宮記》(《道家金石略》,第781頁)
125	陳道祥	不詳	不詳	不詳	龍德宮	《龍德宮記》云:"虛玄應物通真道人李公命宮主高志和、陳道祥即熙春閣基建通明殿以奉昊天上帝,營東西廡以庇其徒。"	《龍德宮記》(《道家金石略》,第781頁)
126	王德衡	玄德逸人,天均通文虛真	不詳	不詳	梁元壽宮汴朝萬	《龍德宮記》云:"王公,公名德衡,天均其自號也。述事尤力,闕者備之,弊者新之,秩秩就緒矣。"	《龍德宮記》(《道家金石略》,第781頁)
127	陳道新	不詳	不詳	不詳	龍德宮	《龍德宮記》云:"天均念祖師經始之難,前輩繼承之勤,不勒之石,曷暢玄風,曷永教事?命提點陳道新狀其故,絶河來請。"	《龍德宮記》(《道家金石略》,第780頁)
128	元道明	不詳	不詳	劉志訓弟子	玄禎觀	《玄禎觀至德真人記》云:"二十九年季冬,參政郝公繼先攜元道明、喬道濟齎漆用彰所狀師之行實來請銘。"	《玄禎觀至德真人記》(《金元全真教石刻新編》,第137頁)

（續表）

序號	姓名	道號	籍貫	師承	道觀	相關記載	來　源
129	喬道濟	不詳	不詳	劉志訓弟子	玄禎觀	《玄禎觀至德真人記》云："二十九年季冬，參政郝公繼先攜元道明、喬道濟賫漆用彰所狀師之行實來請銘。"	《玄禎觀至德真人記》（《金元全真教石刻新編》，第137頁）
130	史志照	不詳	不詳	不詳	長春大元都宫	《增修長春大元都宫碑》云："知宫大師楊道明謁三洞講經師知常子姬志真，文紀諸石。後五十年，守正盟真冲和大師、道門提點史公志照，方童丱，以吾高唐世家子簪裳入院，師通妙頣真重顯大師劉公志和。"	《增修長春大元都宫碑》（《金元全真教石刻新編》，第20頁）
131	方童丱	不詳	不詳	不詳	長春大元都宫	《增修長春大元都宫碑》云："知宫大師楊道明謁三洞講經師知常子姬志真，文紀諸石。後五十年，守正盟真冲和大師、道門提點史公志照，方童丱，以吾高唐世家子簪裳入院，師通妙頣真重顯大師劉公志和。"	《增修長春大元都宫碑》（《金元全真教石刻新編》，第20頁）
132	王道明	葆和寧真明德大師	不詳	不詳	尖山大玄真宫	《大元國廣寧府路尖山單家寨創建大玄真宫祖碑》云："葆和寧真明德大師尖山大玄真宫住持提點王道明等立。"	《大元國廣寧府路尖山單家寨創建大玄真宫祖碑》（《金元全真教石刻新編》，第233頁）

（續表）

序號	姓名	道號	籍貫	師承	道觀	相關記載	來源
133	金志□	□在應妙大師	不詳	不詳	尖山大玄真宮	《大元國廣寧府路尖山單家寨創建大玄真宮祖碑》云："[ ]在應妙大師玄真宮副提點金志[ ]。"	《大元國廣寧府路尖山單家寨創建大玄真宮祖碑》（《金元全真教石刻新編》，第233頁）
134	王道深	山東文登	不詳	王志謹弟子	文登修真觀	《重修修真觀碑》云："通妙大師王道深，本邑城南車河莊人，七歲師道士王志謹於鐵槎山雲光洞延壽宮。其宮乃玉陽真君得道之所，聖水玉虛萬壽宮之派。道深後爲棲霞縣道官威儀。文登東南三十里有山曰鵂鶹，舊有修真觀。耆宿王世賢請道深住持斯觀。"	《重修修真觀碑》（《金元全真教石刻新編》，第51頁）
135	魏志夷	希真大師	不詳	不詳	衛州玉清觀	《玉清觀碑》碑陰云："希真大師副觀魏志夷。"	《玉清觀碑》（《道家金石略》，第655頁）
136	齊道寧	希望子	不詳	不詳	衛州玉清觀	《玉清觀碑》碑陰云："希望子前知觀齊道寧。"	《玉清觀碑》（《道家金石略》，第655頁）
137	王道果	不詳	不詳	不詳	衛州玉清觀	《玉清觀碑》碑陰"宗師道衆官僚士庶"題名，提到王道果。	《玉清觀碑》（《道家金石略》，第655頁）

(續表)

序號	姓名	道號	籍貫	師承	道觀	相關記載	來源
138	鄒福童	不詳	不詳	不詳	衛州玉清觀	《玉清觀碑》碑陰“宗師道衆官僚士庶”題名,提到鄒福童。	《玉清觀碑》(《道家金石略》,第655頁)
139	夏道顏	通玄子	不詳	不詳	衛州玉清觀	《玉清觀碑》碑陰“宗師道衆官僚士庶”題名,提到“夏道顏通玄子”。	《玉清觀碑》(《道家金石略》,第655頁)
140	秦安童	不詳	不詳	不詳	衛州玉清觀	《玉清觀碑》碑陰“宗師道衆官僚士庶”題名,提到秦安童。	《玉清觀碑》(《道家金石略》,第655頁)
141	韓志先	不詳	不詳	不詳	衛州北□玄真觀	《玉清觀碑》碑陰“宗師道衆官僚士庶”題名,提到“衛州北□玄真觀□主韓志先、崔道和。”	《玉清觀碑》(《道家金石略》,第655頁)
142	崔道和	不詳	不詳	不詳	衛州北□玄真觀	《玉清觀碑》碑陰“宗師道衆官僚士庶”題名,提到“衛州北□玄真觀□主韓志先、崔道和。”	《玉清觀碑》(《道家金石略》,第655頁)
143	韓志仙	不詳	不詳	不詳	南關棲雲觀	《玉清觀碑》碑陰“宗師道衆官僚士庶”題名,提到“南關棲雲觀都事韓志仙、王志敬。”	《玉清觀碑》(《道家金石略》,第655頁)
144	王志敬	不詳	不詳	不詳	南關棲雲觀	《玉清觀碑》碑陰“宗師道衆官僚士庶”題名,提到“南關棲雲觀都事韓志仙、王志敬。”	《玉清觀碑》(《道家金石略》,第655頁)

（續表）

序號	姓名	道號	籍貫	師承	道觀	相關記載	來　源
145	康志寧	不詳	不詳	不詳	南關棲雲庵	《玉清觀碑》碑陰"宗師道衆官僚士庶"題名，提到"南關棲雲庵康志寧、張道清。"	《玉清觀碑》（《道家金石略》，第655頁）
146	張道清	不詳	不詳	不詳	南關棲雲庵	《玉清觀碑》碑陰"宗師道衆官僚士庶"題名，提到"南關棲雲庵康志寧、張道清。"	《玉清觀碑》（《道家金石略》，第655頁）
147	魏守一	不詳	不詳	不詳	在坊煉真觀	《玉清觀碑》碑陰"宗師道衆官僚士庶"題名，提到"在坊煉真觀魏守一、王道幽。"	《玉清觀碑》（《道家金石略》，第655頁）
148	王道幽	不詳	不詳	不詳	在坊煉真觀	《玉清觀碑》碑陰"宗師道衆官僚士庶"題名，提到"在坊煉真觀魏守一、王道幽。"	《玉清觀碑》（《道家金石略》，第655頁）
149	徐志靖	不詳	不詳	不詳	唐村棲雲觀	《玉清觀碑》碑陰"宗師道衆官僚士庶"題名，提到"唐村棲雲觀徐志靖"。	《玉清觀碑》（《道家金石略》，第655頁）
150	滑道通	不詳	不詳	不詳	太公泉紫微觀	《玉清觀碑》碑陰"宗師道衆官僚士庶"題名，提到"太公泉紫微觀宗主滑道通、知觀崔道和"。	《玉清觀碑》（《道家金石略》，第655頁）
151	崔道和	不詳	不詳	不詳	太公泉紫微觀	《玉清觀碑》碑陰"宗師道衆官僚士庶"題名，提到"太公泉紫微觀宗主滑道通、知觀崔道和"。	《玉清觀碑》（《道家金石略》，第655頁）

（續表）

序號	姓名	道號	籍貫	師承	道觀	相關記載	來　源
152	韓志温	葆光冲和大師	不詳	不詳	黄山正陽觀	《玉清觀碑》碑陰“宗師道衆官僚士庶”題名，提到“黄山正陽觀宗主葆光冲和大師韓志温、知觀李志冲”。	《玉清觀碑》（《道家金石略》，第655頁）
153	李志冲	不詳	不詳	不詳	黄山正陽觀	《玉清觀碑》碑陰“宗師道衆官僚士庶”題名，提到“黄山正陽觀宗主葆光冲和大師韓志温、知觀李志冲”。	《玉清觀碑》（《道家金石略》，第655頁）
154	張道成	不詳	不詳	不詳	不詳	《玉清觀碑》碑陰“宗師道衆官僚士庶”題名，提到“彰德路道判張道成”。	《玉清觀碑》（《道家金石略》，第655頁）
155	杜志忠	不詳	不詳	不詳	不詳	《玉清觀碑》碑陰“宗師道衆官僚士庶”題名，提到“南京路前道録杜志忠”。	《玉清觀碑》（《道家金石略》，第655頁）
156	徐志道	不詳	不詳	不詳	輝州東關延壽宫	《玉清觀碑》碑陰“宗師道衆官僚士庶”題名，提到“輝州東關延壽宫宗門提點徐志道”。	《玉清觀碑》（《道家金石略》，第655頁）
157	王道安	不詳	不詳	不詳	西關天真觀	《玉清觀碑》碑陰“宗師道衆官僚士庶”題名，提到“西關天真觀宗門提舉王道安”。	《玉清觀碑》（《道家金石略》，第655頁）

（續表）

序號	姓名	道號	籍貫	師承	道觀	相關記載	來　源
158	張福童	不詳	不詳	衛志隱徒孫	河南濟源奉仙觀	《崇寧葆光大師衛公道行之碑》碑陰宗派傳承圖題名	河南濟源奉仙觀現存《崇寧葆光大師衛公道行之碑》碑陰宗派傳承圖
159	周寶童	不詳	不詳	衛志隱徒孫	河南濟源奉仙觀	《崇寧葆光大師衛公道行之碑》碑陰宗派傳承圖題名	河南濟源奉仙觀現存《崇寧葆光大師衛公道行之碑》碑陰宗派傳承圖
160	張壽童	不詳	不詳	衛志隱徒孫	河南濟源奉仙觀	《崇寧葆光大師衛公道行之碑》碑陰宗派傳承圖題名	河南濟源奉仙觀現存《崇寧葆光大師衛公道行之碑》碑陰宗派傳承圖
161	徐道清	不詳	不詳	衛志隱徒孫	河南濟源奉仙觀	《崇寧葆光大師衛公道行之碑》碑陰宗派傳承圖題名	河南濟源奉仙觀現存《崇寧葆光大師衛公道行之碑》碑陰宗派傳承圖
162	杜道□	不詳	不詳	衛志隱徒孫	河南濟源奉仙觀	《崇寧葆光大師衛公道行之碑》碑陰宗派傳承圖題名	河南濟源奉仙觀現存《崇寧葆光大師衛公道行之碑》碑陰宗派傳承圖

（續表）

序號	姓名	道號	籍貫	師承	道觀	相關記載	來　源
163	張道顯	不詳	不詳	衛志隱徒孫	河南濟源奉仙觀	《崇寧葆光大師衛公道行之碑》碑陰宗派傳承圖題名	河南濟源奉仙觀現存《崇寧葆光大師衛公道行之碑》碑陰宗派傳承圖
164	馮道揚	不詳	不詳	衛志隱徒孫	河南濟源奉仙觀	《崇寧葆光大師衛公道行之碑》碑陰宗派傳承圖題名	河南濟源奉仙觀現存《崇寧葆光大師衛公道行之碑》碑陰宗派傳承圖
165	吴齊童	不詳	不詳	衛志隱徒孫	河南濟源奉仙觀	《崇寧葆光大師衛公道行之碑》碑陰宗派傳承圖題名	河南濟源奉仙觀現存《崇寧葆光大師衛公道行之碑》碑陰宗派傳承圖
166	周元童	不詳	不詳	衛志隱徒孫	河南濟源奉仙觀	《崇寧葆光大師衛公道行之碑》碑陰宗派傳承圖題名	河南濟源奉仙觀現存《崇寧葆光大師衛公道行之碑》碑陰宗派傳承圖
167	金珎童	不詳	不詳	衛志隱徒孫	河南濟源奉仙觀	《崇寧葆光大師衛公道行之碑》碑陰宗派傳承圖題名	河南濟源奉仙觀現存《崇寧葆光大師衛公道行之碑》碑陰宗派傳承圖

（續表）

序號	姓名	道號	籍貫	師承	道觀	相關記載	來源
168	陳志常	不詳	不詳	孔志揚弟子	河南曲沃縣修真觀	《崇寧葆光大師衛公道行之碑》碑陰宗派傳承圖題名有"曲沃縣修真觀寂照大師孔志揚，門人提點陳志常、提舉朱道和"。	河南濟源奉仙觀現存《崇寧葆光大師衛公道行之碑》碑陰宗派傳承圖
169	朱道和	不詳	不詳	孔志揚弟子	河南曲沃縣修真觀	《崇寧葆光大師衛公道行之碑》碑陰宗派傳承圖題名有"曲沃縣修真觀寂照大師孔志揚，門人提點陳志常、提舉朱道和"。	河南濟源奉仙觀現存《崇寧葆光大師衛公道行之碑》碑陰宗派傳承圖
170	陳道隆	不詳	不詳	秦道宗弟子	河南王屋白鵝村棲真觀	《崇寧葆光大師衛公道行之碑》碑陰宗派傳承圖題名有"王屋白鵝村棲真觀秦道宗，門人陳道隆"。	河南濟源奉仙觀現存《崇寧葆光大師衛公道行之碑》碑陰宗派傳承圖

第五章　宫觀網絡

除了弟子之外,另一種可以體現全真道傳承與發展狀況的因素便是宫觀。全真道初創時期以游方苦行爲修煉方式,不是太重視建造宫觀,至少王重陽、馬鈺是這樣的。第一位建造大規模宫觀的是劉處玄,金大定二十一年(1181)東歸山東之後,劉處玄便在家鄉萊州武官莊建造起了規模宏大的武官觀,這是全真道建造大規模宫觀之始。金大定末明昌初,王處一和丘處機也各自建立起了自己的宫觀,自此以後,全真道建造宫觀漸成風氣。丘處機西行覲見成吉思汗之後,因獲得了在蒙古統治區域内隨處立觀的特權,一時之間,全真道宫觀如雨後春笋般涌現,形成了"東盡海,南薄漢淮,西北歷廣莫,雖十廬之聚,必有香火一席之奉"①的局面。自金末建立盤山棲雲觀開始,王志謹及其徒裔建立或接收了一系列宫觀,通過對這些宫觀的考察,既可以看出王志謹一系弟子的活動範圍,又可以看出其這一系的發展狀況,有利於深入瞭解金元時期全真道各宗系之間的關係。

---

① 陳垣編纂:《道家金石略》,文物出版社 1988 年版,第 476 頁。

第一節　核心宫觀

元代全真道擁有衆多的宫觀，但是這些宫觀的地位並不完全相同。根據是否爲“五祖”遺迹、宫觀規模的大小、宫觀所有權歸屬、宫觀管理狀况等不同，宫觀通常既有祖庭與堂下之分，又有叢林與子孫廟之别。具有祖師遺迹而又規模較大的宫觀，往往會成爲核心宫觀，並擁有衆多下院，從而形成一個主次高低顯明的宫觀網絡。而全真道每一系宫觀的情况與其整體的狀况基本一致，每一系弟子都有一座或幾座核心宫觀，其周圍又會有衆多的從屬宫觀，從而形成一個由核心宫觀與衆多從屬宫觀共同組成的宫觀網絡。就王志謹一系而言，其核心宫觀主要有兩個，即盤山棲雲觀與開封朝元宫。前期主要以盤山棲雲觀爲核心，後期則以開封朝元宫爲核心。下面先簡單介紹一下盤山棲雲觀與開封朝元宫的基本情况。

一、盤山棲雲觀

盤山棲雲觀在漁陽西北之盤山，即今天津市薊縣盤山，因古有齊人田盤先生棲居於此，並在此地修道成真，後人因此稱此山爲盤山或田盤山。王志謹的弟子張志格，於金興定四年(1220)來到盤山，開荒闢地，開始營造宫觀。第二年(1221)春，王志謹應薊州同知許公的邀請前來住持此山。《盤山棲雲觀碑》云：“有棲雲子者，密通玄奥，頗喜林泉，飛舄擇地。其徒有張志格等，庚辰歲預及此山。薙荒擗徑，披尋故址，巧與心會，遂營卜築。辛巳春，承本州同知許公議請棲雲真人住持此山,應命而至。”①自此,前來參拜者絡繹不絶,影響不斷擴大,宮觀很快修成。《洛陽棲雲觀碑》云:“辛巳秋,真人開道盤山,方來修煉之士,多往質疑,令聞遠播,黄冠野服游其門者,不可勝計,亦當時輔教之首出者。”②金正大三年(1226)春,王志謹邀請丘處機至盤山作黄籙大醮,丘處機便以王志謹的法號棲雲子爲名,題觀額曰“棲雲”,盤山棲雲觀由此而來。對於丘處機在盤山舉行黄籙大醮之事,《長春真人西游記》有較爲詳細的記載,其云:“丙戌正月,盤山請師黄籙醮三晝夜。是日,天氣晴霽,人心悦懌,寒谷生春。將事之夕,以詩示衆云:‘詰曲亂山深,山高快客心。群峰争挺拔,巨壑太蕭森。似有飛仙過,殊無宿鳥吟。黄冠三日醮,素服萬家臨。’”③

丘處機在盤山舉行醮事後不久,王志謹便離開了棲雲觀,來到燕京天長觀。《盤山棲雲觀碑》云:“厥後名播諸方,京師官僚士庶,復請出山,住燕京天長觀。”④以上並没有提到王志謹離開盤山棲雲觀的具體時間,但《盤山棲雲觀碑》後面又云:“丁亥秋真人升霞之後,大師由是率衆南邁,所過者化,郡縣郊迎,隨立宮觀,創新葺故者不可勝數,皆其門弟所主焉。”⑤“丁亥”即金正大四年(1227),也就是丘處機至盤山舉行醮事的第二年,這一年丘處機仙逝於燕京天長觀。王鶚《重修天長觀碑銘》記載:“燕京之會仙坊,有觀曰天長,其來舊矣。……聖代龍興,玄風大振,長春應聘還,命盤山棲雲子王志謹主領興

---

① 陳垣編纂:《道家金石略》,文物出版社 1988 年版,第 465 頁。
② 陳垣編纂:《道家金石略》,文物出版社 1988 年版,第 557 頁。
③ [元]李志常述:《長春真人西游記》卷下,《道藏》第 34 册,第 497 頁。
④ 陳垣編纂:《道家金石略》,文物出版社 1988 年版,第 465 頁。
⑤ 陳垣編纂:《道家金石略》,文物出版社 1988 年版,第 465 頁。

建，垂二十年，建正殿五間，即舊額曰玉虚，妝石像於其中。”①按照以上記載，請王志謹至天長觀的是丘處機，那麽，其離開盤山棲雲觀至燕京天長觀的時間，應在丘處機至盤山舉行醮事與其仙逝於燕京天長觀之間，即公元1226年正月至1227年七月之間。以上《盤山棲雲觀碑》還提到，丘處機仙逝之後，王志謹就帶領弟子們南邁傳道，但没有提到其離開的具體時間。王志謹離開盤山之後，棲雲觀便由其弟子負責管理，但其後的情况因史料缺乏，已不得而知。我們現在能知道的是，盤山棲雲觀後來毁於佛道之争。

元代釋祥邁的《大元至元辨僞録》卷三提到盤山棲雲觀的興亡過程，其云：“初盤山中盤法興寺，亥子年間天兵始過，罕有僧人，海山本無老師之嗣，振公長老，首居上方，橡栗充粮，以度朝夕。全真之徒，挾丘公之力，謀占中盤。乃就振公，假言借住，振公以謂道人棲宿，猶勝荒凉，且令權止。占居既久，遂規永定王道政、陳知觀、吴先生等，乃改拆殿宇，打損佛像，又冒奏國母太后娘娘，立碑改額爲棲雲觀。院内古佛舍利寶塔高二百尺，又復平蕩，影堂正殿三門雲堂，悉皆拆壞。屢僧争奪而不能革。乙卯年聖旨斷與和尚，不肯分付。後上方長老雲公忿其無理，破碎其碑。奏告今上皇帝，又共那摩大師、少林長老朝覲蒙哥皇帝具陳其事。聖旨委付今上皇帝，改正其弊，却爲僧院，即戊午年九月初四日也。”②“亥子年間”是指乙亥與丙子兩年，即金貞祐三年（1215）至金貞祐四年（1216）之間。《大元至元辨僞録》出自釋氏之手，其以維護佛教利益爲目的，以上所言，多誇大其詞，未

① 王宗昱編：《金元全真教石刻新編》，北京大學出版社2005年版，第110頁。

② 釋祥邁：《大元至元辨僞録》卷三，《續修四庫全書》編纂委員會編：《續修四庫全書》第1289册，上海古籍出版社2002年版，第447～448頁。

必盡爲事實。比如,其認爲王志謹入主盤山是"全真之徒挾丘公之力,謀佔中盤",而實際的情況則是如《盤山棲雲觀碑》所云,"承本州同知許公議請棲雲真人住持此山",《大元至元辨僞録》顯然有故意詆毁全真道之嫌。雖其如此,但《大元至元辨僞録》仍然可以反映出部分史實。比如,其云盤山原爲釋氏所居,這是真實的,因爲《盤山棲雲觀碑》亦云:"累經劫代,爲浮圖氏所居。"①抛開這些具體的問題,《大元至元辨僞録》的真正價值在於從一個側面反映了佛道兩教勢力在當時的消長過程。蒙古憲宗蒙哥五年(1255)以後,盤山棲雲觀復爲僧人所佔,仍名法興寺,後來雲威禪師住持法興寺,在元宣政院使脱克托的幫助下,奉旨改法興寺爲北少林禪寺。正如《大元至元辨僞録》所説,元憲宗五年(1255)棲雲觀斷與佛教之後,僧人們毁壞了觀中所有碑刻,這使我們難以瞭解王志謹離開盤山之後的情況。

尹志平《葆光集》卷上收録有《盤山棲雲觀》五言律詩一首,該詩寓情於景,言直意紆,境界高遠,描繪了一副修道深山、遠離喧囂、怡然自得的畫面。其云:"盤山路不深,道院正當心。一谷水流細,滿山松布蔭。庵前閑散髪,亭上静披襟。羽客朝舂藥,幽人夜操琴。雲生添瑞景,風動轉清音。此地全真樂,予知勝萬金。"②丘處機仙逝之後,尹志平嗣任第六任全真掌教,其《盤山棲雲觀》詩説明,他曾經到過盤山棲雲觀,而且在詩中表達了自己對盤山景色的讚美和對其幽静環境的嚮往,這也從另一角度反映了盤山棲雲觀在當時的影響。

二、開封朝元宫

剛纔提到,金正大四年(1227)丘處機仙逝以後,王志謹攜徒離

① 陳垣編纂:《道家金石略》,文物出版社 1988 年版,第 465 頁。

② [元]尹志平:《葆光集》卷上,《道藏》第 25 册,第 515 頁。

開盤山,率衆南邁傳道,一路上度化道衆,新建或修葺道觀不計其數。《盤山棲雲觀碑》云:“特於南京重陽祖師升霞之所,鄭重傾心,構朝元宫,最爲壯麗也。”①關於開封朝元宫修建的由來,《棲雲真人王尊師道行碑》的記載頗爲詳細,其云:“初,重陽真人西歸,挈丹陽輩四子傳道於汴之逆旅。主人王氏不禮,反謗毁之,重陽曰:‘吾居之地,他日當令子孫卜築於此。’主人以爲狂。未幾重陽登仙,後六十有四年,汴降,師挈其徒迹其地,不十數年,殿宇壯麗,氣壓諸方,識者知重陽之言始驗,師亦不以爲功,曰‘諸人之力也’。”②可見,開封朝元宫爲王志謹率其門徒所建,修建的緣由是因爲全真道祖師王重陽曾於此升霞,修建時間爲重陽登仙後六十四年。王重陽卒於金大定十年(1170)正月,後推六十四年,即蒙古太宗窩闊台五年(1233)。許有壬《上清儲祥宫記》云:“長春以汴重陽觀故基,實主教重陽真君升化之地,命棲雲主之。”③許有壬《龍德宫記》也有大同小异的説法,其云:“歲乙未,長春以汴之重陽觀實真君升舉之地,命盤山入汴主之。”④蒙古太宗窩闊台五年(1233)修建朝元宫時,丘處機已經仙逝,其不可能直接授命王志謹修建朝元宫,或許丘處機在世時曾有此想法,但未及實現就仙逝了,後來王志謹及其弟子最終完成了丘處機的遺願。許有壬《上清儲祥宫記》云:“營建幾三十年,是爲朝元宫。”⑤《徐真人道行碑》云:“志謹即之爲宫,廣袤七里,賜名朝元。工未竟而志謹傳之姬志真,志真傳之李志

① 陳垣編纂:《道家金石略》,文物出版社 1988 年版,第 465 頁。
② 陳垣編纂:《道家金石略》,文物出版社 1988 年版,第 563 頁。
③ 陳垣編纂:《道家金石略》,文物出版社 1988 年版,第 780 頁。
④ 陳垣編纂:《道家金石略》,文物出版社 1988 年版,第 780 頁。
⑤ 陳垣編纂:《道家金石略》,文物出版社 1988 年版,第 780 頁。

居,志居傳之師。師躬畚鍤,率夫役,勤力而勞心,早作而夜休,克潰於成,壯麗甲四方。"①朝元宫的修建歷時久遠,按許有壬的説法,前後共花費了三十年時間,歷經幾代人的努力,纔最終完成。其工程之浩大,規模之宏闊,氣勢之雄偉,可想而知。許有壬《龍德宫記》稱之爲:"肇建大朝元宫,構築規制之大,甲江北諸宫觀。"②劉將孫《汴梁路棲雲觀記》則稱之爲:"全真教,汴朝元宫爲盛。"③後元世祖賜名"大朝元萬壽宫"。

朝元宫建好之後,便成爲王志謹一系全真弟子的傳教基地,除蒙古定宗貴由二年(1247)曾致祭全真祖庭終南山重陽萬壽宫之外,王志謹的後半生主要就住在朝元宫。比如,姚燧《重修中太一宫碑》云:"上清由規南征,撤以造舟,真人求得重陽開化真君爲道所廬作新朝元宫,他不暇爲,署其徒提點張志夷、知宫田志净責使營葺。"④以上説明,王志謹得朝元宫之後,就全力營造、悉心經營,"他不暇爲",可見他對於朝元宫的重視。姬志真《鄢陵黄籙大齋之碑》云:"仍敦請南京朝元宫棲雲真人,掌行醮事。"⑤姬志真《滎陽修建黄籙大醮記》云:"來歲秋,敦請南京大朝元宫棲雲真人,求哀懇切。衆感其誠,躍往助之。"⑥按照以上記載,王志謹主持鄢陵與滎陽黄籙大醮時都是居於朝元宫,而且最後他也仙逝並安葬於朝元宫。上面曾經提到,王志謹仙逝之後,繼任其這一宗系掌教者主

① 陳垣編纂:《道家金石略》,北京:文物出版社,1988年,第713頁。
② 陳垣編纂:《道家金石略》,文物出版社1988年版,第780頁。
③ 陳垣編纂:《道家金石略》,文物出版社1988年版,第646頁。
④ 陳垣編纂:《道家金石略》,文物出版社1988年版,第724頁。
⑤ 陳垣編纂:《道家金石略》,文物出版社1988年版,第466頁。
⑥ 王宗昱編:《金元全真教石刻新編》,北京大學出版社2005年版,第154頁。

要有姬志真、李志居、徐志根、孫履道、王德衡等，而他們皆居於朝元宫。比如，《知常姬真人事迹》云："甲寅春，棲雲來燕，赴普天大醮事。禮竟，挈師還汴梁，居朝元宫。無幾，棲雲登真，以師嗣主教事。"①以上既可以證明王志謹最後仙逝於朝元宫，又可以證明姬志真嗣教之後，仍然居住於朝元宫。徐琰《廣寧通玄太古真人郝宗師道行碑》云："是年三月，予將赴官湖南，道出汴梁，時洞陽掌本宗教，住朝元宫，率其屬來見。"②"洞陽"即徐志根，他當時爲王志謹一系掌教，住於朝元宫。許有壬《龍德宫記》云："汴朝元宫通玄文德虚逸真人天均王公，屬記上清儲祥宫，屢伻不倦，乃徵其迹而敘之。"③"通玄文德虚逸真人"即王志謹一系八傳掌教王德衡，當時也住於朝元宫。這説明汴梁朝元宫已經成爲王志謹一系弟子的傳教核心，從某種意義上講，其這一系弟子皆以朝元宫爲祖庭。

據《汴京遺迹志》卷十記載，朝元宫後來毁於元末戰火，元末紅巾軍起義，劉福通廢朝元宫，惟存齋堂，明代以之爲延慶觀。其云："延慶觀，在城内汴河之北，浚儀橋之西，舊爲朝元萬壽宫齋堂。今軍儲倉即朝元萬壽宫之遺址也。元世祖時，盤山棲雲道人王志謹建。④ 元末僞宋太保劉福通廢之，惟存齋堂耳。國朝洪武初爲寶錢局鑄錢之所，後移局於蔡河灣，而齋堂悉已頹毁。洪武六年，設道紀司於内；十年，都紀邵惟真、副都紀鄭德柔等改建，正殿奉三清，

① ［元］李道謙集：《甘水仙源録》卷八，《道藏》第 19 册，第 792 頁。

② ［元］李道謙集：《甘水仙源録》卷二，《道藏》19 册，第 738 頁。

③ 陳垣編纂：《道家金石略》，文物出版社 1988 年版，第 779 頁。

④ 以上記載有誤，按照《棲雲真人王尊師道行碑》記載，王志謹於蒙古太宗窩闊台五年(1233)，即王重陽仙逝後六十四年，於王重陽升霞之地創建朝元宫，並非是在元世祖之時。

又建左右高真之殿及東西兩廡。永樂十年,都紀趙德信又建三門,焕然一新。觀内有宋時諸名公石刻甚多,今悉散矣,無復存者矣。"①清康熙《河南通志》卷二十云:"延慶觀在府治東南,舊爲朝元萬壽宫,明洪武六年改今額,置道紀司於内,成化十六年修。"②

第二節　主要下院

王志謹一系弟子具有很自覺地宗派意識,經過王志謹、姬志真、李志居、徐志根、孫履道等的管理與經營,其這一系弟子具有很强的組織性,對於這一點可以從其所屬宫觀之間的關係中看出。朝元宫作爲本宗祖庭,它不僅是王志謹及其徒裔傳教弘道的中心,而且還是本宗弟子的聖地,本系所屬宫觀多數皆爲朝元宫下院。因史料不足,對於當時朝元宫有多少所下院,已不得而知。但通過對相關文獻的檢索,目前可以明確爲汴梁朝元宫下院的宫觀主要有:衛州玉清觀、林州寶峰觀、汴梁棲雲觀、孟縣長春觀、汴梁龍德宫、開封中太一宫、上清儲祥宫與龍德宫等。下面對以上宫觀的基本情況作簡單介紹。

一、衛州玉清觀

王之綱《玉清觀碑》記載:"直衛州西北一舍而遠,太行蒼谷之中,有觀曰玉清,實南京朝元宫之别院也。"③"南京"即指開封,

---

① ［明］李濂:《汴京遺迹志》卷十,民國十一年(1922)刻本。

② 賈漢復修,沈荃纂,徐化成續纂修:《河南通志》卷二十,清康熙九年(1670)刻本。

③ 陳垣編纂:《道家金石略》,文物出版社1988年版,第654頁。

南京朝元宫即開封朝元宫。由以上可知,衛州玉清觀爲開封朝元宫下院。據《玉清觀碑》記載,衛州玉清觀的建立者是王志謹的弟子陳志昂,其云:"初谷中有廣施王祠,土人事之惟謹。壬辰兵變,祠亦廢。道士陳志昂游歷於斯,見其山水明麗,梅竹叢茂,遂有終焉之志,乃修廢祠以奉香火,尋即祠東創構道院。……志昂世爲相臺鶴壁里人,號清真大師,禮惠慈利物至德真人爲師。"① 其中提到的"惠慈利物至德真人"即王志謹,陳志昂爲王志謹弟子,這很可能就是衛州玉清觀屬朝元宫下院的原因。《玉清觀碑》又云:"自長春應召,至誠明主席,五六十年間,非無修心煉性,超世出塵之士,俱未若惠慈利物至德真人,年彌高,德彌邵,嶷然爲一代大宗師也。真人姓王氏,曹州東明人,道號棲雲子。"② 陳志昂仙逝之後,其弟子烟霞子楚志雲繼主玉清觀事,時間不長,楚志雲便引退,"狀請於朝元本宗掌教崇玄誠德洞陽真人,命志昂高弟耿道明來主是觀"③。"崇玄誠德洞陽真人"即王志謹弟子徐志根,時爲朝元宫住持、本宗掌教。通過衛州玉清觀住持的人選,最後要報請開封朝元宫指定,這也從另一個方面證明了玉清觀確爲朝元宫下院的事實。

該碑碑陰刻有"宗師道衆官僚士庶"題名,其中也提到了一些道觀名稱,比如:衛州北□玄真觀、南關棲雲觀、南關棲雲庵④、在坊煉真觀、唐村棲雲觀、太公泉紫微觀、黄山正陽觀、輝州東關延壽宫

---

① 陳垣編纂:《道家金石略》,文物出版社 1988 年版,第 654 頁。

② 陳垣編纂:《道家金石略》,文物出版社 1988 年版,第 655 頁。

③ 陳垣編纂:《道家金石略》,文物出版社 1988 年版,第 654~655 頁。

④ 疑"南關棲雲觀"與"南關棲雲庵"爲同一道觀,但原碑如此,故照録之,以待後考。

與西關天真觀等。雖然没有明確注明,但既然爲"宗師道衆"題名,而且以上宫觀名稱後道士題名前,多有"宗主""宗門提點""宗門提舉"等稱謂,這説明它們可能皆爲朝元宫下院。①

二、林州寶峰觀

姬志真《大元國寶峰觀記》云:"兹林州之南四十里,鄉曰仙岩,墅名元康,中有道院曰寶峰觀,原其經始,自女冠安真散人之至而建之也。散人姓李氏,名守遷,散人則其道號云。"②顯然,林州寶峰觀爲全真女冠安真散人李守遷所建,而李守遷爲王志謹弟子,《大元國寶峰觀記》稱其"參棲雲真人修煉忘物忘我之道,以之獨立周行,密而得之,歷久不渝"③。李守遷與其弟子們苦心經營,歷時三十年,寶峰觀方建成,"甫成之始,請名於宗師,額之曰寶峰"④。觀尚未完成,李守遷仙逝,其弟子范妙奇、韓妙温繼主觀事。寶峰觀創建者爲王志謹弟子李守遷,而《大元國寶峰觀記》的撰文者爲"夷山知常老人",即王志謹弟子姬志真,該碑撰於元至元十一年(1274),此時姬志真正住持開封朝元宫,又該碑碑陰有"南京朝元宫下"⑤字様,綜合以上各方面因素推測,寶峰觀極有可能爲開封朝元宫下院。

三、汴梁棲雲觀

劉將孫《汴梁路棲雲觀記》云:"全真教,汴朝元宫爲盛。去宫數

---

① 陳垣編纂:《道家金石略》,文物出版社 1988 年版,第 655 頁。
② 陳垣編纂:《道家金石略》,文物出版社 1988 年版,第 609 頁。
③ 陳垣編纂:《道家金石略》,文物出版社 1988 年版,第 609 頁。
④ 陳垣編纂:《道家金石略》,文物出版社 1988 年版,第 609 頁。
⑤ 陳垣編纂:《道家金石略》,文物出版社 1988 年版,第 610 頁。

百步,當城西北隅,大寧坊迎秋門街左,觀曰棲雲,女冠居之,皆祖重陽真人。"①雖然,《汴梁路棲雲觀記》没有明言棲雲觀爲朝元宫下院,但從其名爲"棲雲",而且"皆祖重陽真人"來看,棲雲觀應爲朝元宫下院。據上碑記載,該觀由全真女冠李妙元及其母王守志創建,而李妙元乃王志謹弟子姬志真之徒,其云:"觀創於姬志真之徒李妙元,妙元南宫人,父寬蚤没,與母王氏俱入道。中統癸亥,至汴禮姬爲師,姬賜號文醇德懿知常真人,棲雲則姬之師王所號也。教行於汴,則棲雲始然,爲朝元開山,觀以棲雲名,不忘其所以興也。"②該觀之建造,亦得到姬志真的幫助,上引碑云:"觀由妙元母子以起,至元甲子,知常名妙元母曰守志,授地三畝,卓庵居之,日辟以至爲觀。"③該觀的創建者李妙元、王守志皆爲姬志真弟子,而觀又是在姬志真的幫助下建成的,又以棲雲爲名,其爲朝元宫下院無疑。

四、孟州長春觀

據姬元《重修長春觀記》記載,孟州長春觀應爲朝元宫下院,其云:"河陽之北,不及三舍,名鄉曰治。治鄉之中,觀曰長春,古有之[ ]東原[ ][ ]真散人劉之至而重興之。"④孟州長春觀由全真道士劉之重興,而劉之爲王志謹弟子。《重修長春觀記》云:"劉其姓也,[ ]則其法名。雲[ ]東原之安樂人,家世官。玆當(真)[貞]祐之季,陵谷推遷,山川[ ][ ][ ]真不死,易衣而遁,灰

① 陳垣編纂:《道家金石略》,文物出版社 1988 年版,第 646 頁。

② 陳垣編纂:《道家金石略》,文物出版社 1988 年版,第 646 頁。

③ 陳垣編纂:《道家金石略》,文物出版社 1988 年版,第 646 頁。

④ 王宗昱編:《金元全真教石刻新編》,北京大學出版社 2005 年版,第 157 頁。

槁其迹，鶉居觳食者有年矣。聞[　]棲雲[　]真人[　][　]而往[　]焉。側聆謦咳，有悟元旨。”①據清乾隆《孟縣志》記載，該碑碑陰額正書“棲雲真人”，下横書“長春觀禮汴中朝元宫爲宗”，後面又有“俱真人門下。又有法親之號”字樣，以上可以證明，孟縣長春觀應爲開封朝元宫下院。②

五、汴梁中太一宫

中太一宫位於汴京，即今天的開封，始建於北宋元豐年間。姚燧《重修中太一宫碑》云：“勝國昔有中土也，作三太一宫，太平興國於東南郊，慶曆於西郊，元豐於汴都，故隨其方東、西、中爲名。中後火於崇寧，政和復之，其東、西見毁者，豈在金垂亡，恐資敵用爲攻具耶？……予於中統辛酉屢躋覽焉，及觀黔迹。故曉中太一惟半存者，豈异然耶？”③按照以上記載，東西太一宫毁於金末戰亂，而中太一宫則於北宋崇寧年間毁於火，政和年間又加以修復，但仍未能倖免於金末戰亂的破壞。《重修中太一宫碑》又云：“皇元祝金曆於甲午之歲，宫由凋於兵，榱棟傾落，牆阤崩弛，風雨震凌，牛羊降陟，知開封府富察君哀之，謂非藉名德之師，疇能以興。乃書遣警副董德輝香幣迎致惠慈利物至德真人於河朔，請主上清及是宫。”④蒙古太宗窩闊台六年（1234），因中太一宫傾圮，開封府知府富察君

① 王宗昱編：《金元全真教石刻新編》，北京大學出版社 2005 年版，第 157 頁。

② 王宗昱編：《金元全真教石刻新編》，北京大學出版社 2005 年版，第 157 頁。

③ 陳垣編纂：《道家金石略》，文物出版社 1988 年版，第 723 頁。

④ 陳垣編纂：《道家金石略》，文物出版社 1988 年版，第 723 ~ 724 頁。

乃派遣警副董德輝請王志謹住持上清宫和中太一宫。《重修太一宫碑》云:"上清由規南征,撤以造舟,真人求得重陽開化真君爲道所廬作新朝元宫,他不暇爲,署其徒提點張志夷、知宫田志浄責使營葺。若有緒矣,而志夷逝後,惟志浄與知宫王志實、吴志超、提點劉道資、朱道輝爲之,積七十餘年而三清殿、真室、歲君殿、周廡庖廪既美既完。"①但當時因王志謹正忙於修建開封朝元宫,無暇他顧,便派遣其弟子張志夷任提點,田志浄任知宫,負責營葺中太一宫之事。張志夷仙逝以後,田志浄與知宫王志實、吴志超,提點劉道資、朱道輝繼續修建,歷時七十餘年纔最終完成。《重修中太一宫碑》雖然没有明確提到中太一宫爲朝元宫下院,但因其屬於王志謹一系,由其一系弟子住持,重修過程中又多蒙本宗歷任掌教支持,所以它應該也是朝元宫的下院。

六、汴梁上清儲祥宫

許有壬《上清儲祥宫記》云:"長春以汴重陽觀故基,實主教重陽真君升化之地,命棲雲主之。營建幾三十年,是爲朝元宫。丞相史公復請兼主太一、上清、龍德諸宫觀事。"②王志謹主中太一宫之事,已如上説,而其主龍德宫之事,下面會有所交待,這裏只談一談王志謹主上清儲祥宫之事。上清宫始建於北宋初年,有宋一代屢經興廢,《上清儲祥宫記》云:"勝國之崇事玄教也,導原於端拱,懷襄於祥符,崇、政土木之迹可徵焉。"③金末毁於戰火,入元以後,丞相史天澤請王志謹主持上清宫事,但因上清宫爲潦水所圮,不易於

① 陳垣編纂:《道家金石略》,文物出版社 1988 年版,第 724 頁。
② 陳垣編纂:《道家金石略》,文物出版社 1988 年版,第 780 頁。
③ 陳垣編纂:《道家金石略》,文物出版社 1988 年版,第 779 頁。

擴建,於是就在惠和坊購地六十畝,以上清宫舊料重建。《上清儲祥宫記》云:"惟上清爲潦水所圮,規制宏闊,力不能,復命巨提點者,購地於惠和坊,爲畝六十,撤故宫材,崇三清之殿於前,次列真之宇於後,神門壇壝,左右雲堂,四周接屋餘百楹,雖非其地而名不泯也。"①元泰定三年(1326),孫履道任本宗掌教,又命黄道真修復原來的上清宫。黄道真盡心竭力,遂成三殿,尊玄元聖像於前,奉棲雲祖師於後,且輔之以齋堂。《上清儲祥宫記》云:"泰定三年,虚白文逸明德真人天游孫公,以故宫之基,石刻故在,不可終廢,命提點純素清逸大師黄道真從事修復。道真殫力承命,遂成三殿,尊玄元聖像於前,奉棲雲祖師於後,翼以齋序,繚以周垣,庖廥場圃,所資悉備。視舊規雖有逕庭,而存古修廢,功亦懋哉。"②以上説明,當時王志謹已經被作爲本宗祖師塑神像加以供奉。據目前所掌握的史料來看,除了上清宫外,將王志謹加以供奉的還有山西交城的玄禎觀,王構《玄禎觀至德真人記》云:王志謹的弟子通真子程志保曾經建玄禎觀,"後辟道院,構真祠,祖東華,亞棲雲,各依傳緒之次"③。以此可以看出,王志謹在郝大通一系全真道士中的地位非同一般。顯然,上清宫應屬王志謹一系宫觀,雖未明言其屬於朝元宫下院,但依以上記載,其應爲朝元宫下院無疑。

七、汴梁龍德宫

據許有壬《龍德宫記》記載,汴梁龍德宫北宋時爲同樂園,南宋

---

① 陳垣編纂:《道家金石略》,文物出版社 1988 年版,第 780 頁。

② 陳垣編纂:《道家金石略》,文物出版社 1988 年版,第 780 頁。

③ 王宗昱編:《金元全真教石刻新編》,北京大學出版社 2005 年版,第 136 頁。

時改爲道觀,其云:“龍德,宋同樂園,道君既禪之所居。地直乾位,故爲是名。有十洲三島,亭臺樓觀,極土木之侈。居無何而北矣。宋南渡爲道宫,馴至今日。”①其之所以稱之爲“龍德”,乃是因居乾位,故稱龍德。《龍德宫記》又云:“長春法系之弟曰太古真人郝公,太古傳盤山真人王公。歲乙未,長春以汴之重陽觀實真君升舉之地,命盤山入汴主之。肇建大朝元宫,構築規制之大,甲江北諸宫觀。丞相史公以龍德亦古名地,請盤山並主之。構殿熙春閣,基之前扁無極以奉三清,與朝元遂爲宗屬。”②因爲當時王志謹居朝元宫,所以丞相史天澤便請其住持龍德宫,所以龍德宫成爲朝元宫的下院。王志謹接手龍德宫之後,其一系弟子不斷修繕與維護,其一直作爲朝元宫在汴京的重要下院。《龍德宫記》云:“文醇德懿知常翊教大真人姬公既襲教,積儉儲贏,以待後用。至元丙子,虚玄應物通真道人李公命宫主高志和、陳道祥即熙春閣基建通明殿以奉昊天上帝,營東西廡以庇其徒。貤至崇玄誠德洞陽真人徐公、泰定虚白文逸明德真人孫公,俱以善繼見稱。八傳而至通玄文德虚逸真人王公,公名德衡,天均其自號也。述事尤力,闕者備之,弊者新之,秩秩就緒矣。爰自乙未構築,丙子增建,且百二十年,或創或葺,厥惟艱哉。”③按照以上記載,龍德宫曾經姬志真、李志居、徐志根、孫履道、王德衡等王志謹一系掌教的支持與維護。初改爲宫觀在蒙古太宗窩闊台七年(1235),一百年以後,即元後至元二年(1336),時任王志謹一系掌教李志居曾命高志和、陳道祥,增建通明殿,營東西廡。二十年以後,即王德衡爲本宗掌教之時,龍德宫

① 陳垣編纂:《道家金石略》,文物出版社 1988 年版,第 780 ~ 781 頁。

② 陳垣編纂:《道家金石略》,文物出版社 1988 年版,第 780 頁。

③ 陳垣編纂:《道家金石略》,文物出版社 1988 年版,第 781 頁。

又得到重修。與中太一宫、上清儲祥宫一樣，龍德宫也應該是朝元宫下院。

第三節　其他宫觀

除了以上提到的幾所宫觀之外，還有一些宫觀由王志謹一系弟子創建或住持，雖然可以確定其屬於王志謹一系所屬宫觀，但却不能確定它們與朝元宫之間的具體關係，即不能確定它們是否屬於朝元宫下院。經過對《道家金石略》《金元全真教石刻新編》等文獻的檢索，此類宫觀主要有：咸寧清華宫、開州神清觀、洛陽棲雲觀、終南山棲雲觀、滁州隆禧觀、滎河棲雲觀、尖山玄真宫、陽洛山桃花洞、濟源奉仙觀等。下面簡單介紹一下以上宫觀的基本情况。

一、咸寧清華宫

京兆咸寧清華宫由王志謹弟子儒志久所建，姬志真《咸寧清華觀碑》云："京兆之西四十里，川曰華嚴，山水明秀之所鍾，竹木鬱茂之所庇。左連杜曲，右接白雲，玉案之平極於南，鳳棲之原倚其後，中之墅曰夏侯，琳琅晻藹之間有觀曰清華。覈其所起，自宣差總管田侯洎儒公大師之張本也。"①"京兆"即今陝西西安，該觀位於西安西四十里華嚴川。"田侯"即田雄，時任陝西五路總管，《咸寧清華觀碑》云："田侯諱雄，祖全州人，初以勇武聞。壬午擢爲隰州元帥兼節度使，四方向風慕義，不召而歸者多有之。癸巳

① 陳垣編纂：《道家金石略》，文物出版社1988年版，第515頁。

秋九月，以征討有功，遷陝西五路總管，存恤軍民，懷來郡邑，治政之暇，兼崇道德，凡所營葺，皆力贊之。與儒公大師有昆弟之舊，聞謦欬而敬信之。……”①“儒公”即王志謹弟子儒志久，他與田雄是同鄉，皆爲全州人，因有同鄉之誼，所以田雄請他住持京兆迎祥觀。有一次，儒志久偶然經過咸寧，發現了一塊風景優美的勝地，於是便建造了清華宫。《咸寧清華觀碑》云：“儒公大師諱志久，儒其姓也，全州人。自幼而道，師事棲雲真人，親炙有年，密通其奥，杖履諸方，西游吉隰。丙戌，耆艾請住祈真觀。癸巳，田侯請住京兆迎祥觀。暨而尋及夏侯之里，躊躕四顧，清絶可觀，曩爲名公達士游息採真之地，忍視蕪没，縱狐兔豺狼之嗥嘯於其間，遂擇隱約，摭瓦薙荒垣而限之，經内外之田以畝計者二百八十有奇，立文以畀之，儒公乃卜築於是。以至聖宇真堂，靖廬特室，隨宜序立，足以棲遲清侣，鄭重熏修，僉敬盟真，祝延皇祚，以報洪恩之罔極也。落成之始，走請於宗師，額之曰清華。”②清華宫由王志謹弟子儒志久創建，觀額乃“走請於宗師”而得。此處稱“宗師”而不是“大宗師”，説的應該是本宗掌教，時任本宗掌教爲姬志真，而且《咸寧清華宫碑》的撰文者亦爲姬志真。綜合以上諸點，咸寧清華宫無疑應屬王志謹一系所屬宫觀。以上還提到，儒志久除了清華宫外還有另外兩所宫觀，即祈真觀與迎祥觀，它們也應該屬於王志謹一系所屬宫觀。

二、開州神清觀

開州（今河南濮陽）神清觀乃王志謹弟子張志信創建，是王志

---

① 陳垣編纂：《道家金石略》，文物出版社 1988 年版，第 515 頁。

② 陳垣編纂：《道家金石略》，文物出版社 1988 年版，第 515 頁。

謹一系所屬宫觀。張志信，號逍遥子，彰川人，於金末拜王志謹爲師。出師之後，游方苦行於各地，“丁亥秋七月，先生步及澶淵，是俗洒然异之，有尸而祝之之意焉。縣令趙侯見而敦請留居於靈顯真君之廟，時往餉之。自是游其門者日數之而不及也。其徒數百人，坐不教，立不議，虚住實歸者有之。會首蔡公喜其爲人也，以己廟側之田文而畀之，别爲卜築締構，俾居而廬之。安撫使王公嘉其制行嚴謹，裁成費助，浸興是觀。崇修正殿以奉三清，次建堂厨以延静侣，丈室序列以宜福地。告成走請於宗師真人，額之曰神清。”①蒙古太祖二十二年（1227）七月，張志信來到河南濮陽一帶，當時稱澶淵，受縣令趙侯敦請居於靈顯真君廟。後在會首蔡公、安撫使王公的幫助下，創建道觀一所，請額“神清”。張志信之後，其弟子趙志完繼主神清觀。因神清觀由王志謹弟子張志信師徒創建管理，所以其爲王志謹一系所屬宫觀。

三、洛陽棲雲觀

洛陽棲雲觀由王志謹弟子崔志隱、管志道、董道亨、李志希創建，對於它的創建過程《洛陽棲雲觀碑》有詳細記載。其云：“兹洛京之南及一舍，古墅曰朱葛，左連嵩少，右顧龍門，萬安之山峙其前，伊洛之川注其北，中立道觀曰棲雲。核其迹之本末，實棲雲真人門下四子經始而建之也。辛巳秋，真人開道盤山，方來修煉之士，多往質疑，令聞遠播，黄冠野服游其門者，不可勝計，亦當時輔教之首出者。而四子一曰崔志隱，二曰管志道，次曰董道亨，次曰

① 陳垣編纂：《道家金石略》，文物出版社 1988 年版，第 529 ~ 530 頁。

李志希，俱在席下參學有年，皆蒙印可，其心莫逆，相與爲友。"①崔志隱等四人皆屬王志謹早期弟子，他們於盤山拜王志謹爲師。蒙古太宗窩闊台六年（1234）出師之後，四人結伴游方於燕趙齊魯之間，太宗窩闊台八年（1236）來到洛陽，在王、楊、江、李四道友的幫助下，經二十幾年的努力，創建了洛陽棲雲觀。"立正殿以奉三清，後真堂以尊衆聖，雲會在右，芬積居東，附近門牆，膏腴之田六百畝，栽培覆護，果實之木千餘株。檜柏蕭森，門庭清肅，養生儲蓄，取諸左右而豐，敬接方來，兼有自他之利。"②道觀建成之後，取名棲雲，以示不忘其師。不久，崔志隱、管志道、董道亨三人跟隨王志謹回到朝元宫，由李志希住持此廟。棲雲觀既然由王志謹弟子創建，而且名爲棲雲，應爲王志謹一系所屬宫觀。

四、終南山棲雲觀

據姬志真《終南山棲雲觀碑》記載，終南山重陽萬壽宫東五里梁家莊棲雲觀，乃王志謹弟子任公先生所建，爲王志謹一系所屬宫觀。其云："門下有任公先生者，其族相臺人也，捨俗投玄，北游燕薊，師事棲雲真人，從道有年，密傳其妙。乙酉春，下山飛舄，行化於秦晉之間，以及終南，至於重陽萬壽之宫，東約五里，有墅曰梁家莊，世傳古有洞清庵，乃重陽神化之所立也，未詳其實。經易世之後，荒蕪四合，通鼪鼬之徑而已。因有是迹，及承京兆府總管給據，令射占開辦住持。先生乃率其門弟李志勤、温志清等數十輩，同心戮力，經營建立，復成是觀。"③據以上記載，只知任公先生乃相臺

① 陳垣編纂：《道家金石略》，文物出版社 1988 年版，第 557 頁。
② 陳垣編纂：《道家金石略》，文物出版社 1988 年版，第 557 頁。
③ 陳垣編纂：《道家金石略》，文物出版社 1988 年版，第 589 頁。

人,名字失載,拜於棲雲真人王志謹門下爲弟子。蒙古太祖二十年(1225),其行化於秦晉之間,與弟子李志勤、温志清等一起,於全真祖庭重陽萬壽宫東五里梁家莊創建道觀一所。該道觀規模弘闊,風景優美,“前後約七十餘畝,徑穿修竹,環以清流,堂殿僅完,廊廡序列,方壺在後,特室處幽”①。清和真人尹志平題其觀額曰“棲雲”,“以爲祝延聖壽之鄉,薦享祈禳之地”②。

五、涿州隆禧觀

據王惲《大都路涿州隆禧觀碑銘》記載,涿州城西北方有一所道觀,名爲隆禧觀,乃王志謹弟子劉志實增修。《大都路涿州隆禧觀碑銘》云:“住持圓素大師劉志實者,許之長葛人,夙秉淑質,自童行入道,師希真劉志永。永即長春丘公高弟清虚韓志谷一再傳也。初師永誅茅於都之東郊,刳心坐忘,凝塵空竃者十年。盤山王棲雲道價高一時,歆其精修,枉道造謁,自號麻衣老,壽八十有四,怡然而逝。”③劉志實原爲韓志谷弟子,屬丘處機一系,但後來却又拜在了王志謹門下,也可以算是王志謹弟子。劉志實在跟隨王志謹期間,“侍晨昏,服勤勞,人所不堪,己自若也。”王志謹“見其持守不易”,“於是以通真觀屬院曰玉晨庵者,令主張是”。④ 蒙古憲宗蒙哥八年(1258),劉志實遵時任全真掌教誠明真人張志敬之囑,增修玉晨庵。對於增修的緣起與過程,《大都路涿州隆禧觀碑銘》有詳細記載,其云:“戊午間,誠明真人愛其地佳而氣腴,囑之增建以應

① 陳垣編纂:《道家金石略》,文物出版社 1988 年版,第 589 頁。
② 陳垣編纂:《道家金石略》,北京:文物出版社,1988 年,第 589 頁。
③ 陳垣編纂:《道家金石略》,文物出版社 1988 年版,第 697 頁。
④ 陳垣編纂:《道家金石略》,文物出版社 1988 年版,第 697 頁。

有開之先。始焉荒廛二十餘畝,敝屋數間,蔽風雨而已。師乃以和光同塵,樸實感物爲方,至一鄉欽向,願言信施,有不期然而然者。助益既多,功用漸集,遂起三清殿,繪玄聖於堵,所謂上九位者居其中,又畫日月、星官、歲德、師聖、嶽瀆等神列侍兩傍,雲舒霞蔚,澎彩絢目。殆玄象肇分,端倪呈露,下至嚴裡有壇,静棲有室,凡所需皆具。以屋而計者三十楹,歲時清供,真仙來臨,鐘磬之音,隱然空際,誠迎祥之别館,一方之榮觀也。"①增修完成之後,張志敬又題其額曰"隆禧",自此玉晨庵改名爲隆禧觀。隆禧觀既然曾爲王志謹一系所屬道觀通真觀屬院,劉志實又曾拜在王志謹門下,其應該也爲王志謹一系所屬宫觀。

六、滎河棲雲觀

據段成己《創修棲雲觀記》記載,滎河有棲雲觀,乃王志謹弟子宋志瑩所建。其云:"先師諱志瑩,宋姓。世爲邑德門,喪亂流落燕城,鞠於父女弟適范氏之姑。以幼失怙恃,死心向道,餘事不能亂也。求訪真訣,得盤山王真人,師之。"②蒙古太宗窩闊台五年(1233),宋志瑩辭歸故里,結廬隱居,終日静坐。滎河過去曾有一座道觀名大寧宫,毀於金末戰亂,宋志瑩便立志修復。在甯志寬以及弟子張志覺、王志瑞等幫助下,歷經四十年,最終完成。對於建成之後道觀的情況,《創修棲雲觀記》云:"南構殿三架,宇前後各二,立元始道君老子像,使[ ]起敬信。後爲堂,與殿相稱,列七真人於座,求全吾真者,得知所自出。堂之左右,延宇垂阿,武安、靈

① 陳垣編纂:《道家金石略》,文物出版社1988年版,第697頁。

② 王宗昱編:《金元全真教石刻新編》,北京大學出版社2005年版,第134頁。

官位奠焉。東西兩廡,共十二楹四榱,中爲賓館,以待四遠游方之士。前爲大門,三筵四桷。廡西偏室,南北各三間。北爲盤山蹊[　]爲方丈堂之東北,行十餘步,有地中高外下,下環喬木百章,緑陰[　][　]光[　]到地,瓏玉靈蔽芾,清風自生。中爲玉皇殿,殿袤四楹,膳房静居,分列其次。"①道觀建成之後,"棲雲盤山之號,師取以名觀,示不忘本也。"②

七、白霫玄禎觀

據王構《玄禎觀至德真人記》記載,王志謹弟子通真子程志保曾於白霫建玄禎觀。程志保自幼好道,後經人指點,拜在王志謹門下,深受乃師器重。出師之後,獨自來到白霫隱修,"白霫都山岩谷深峭,人迹之所不及。疊石爲龕,塊然獨處,晝夜不卧。久之,惟覺天宇泰然,神光外映,素芒黄氣,紛綸膠轕於寥天之域,豈非蒙莊所謂昭徹而見獨者歟?猛獸時過龕下,皆弭耳馴服,猶聽命焉。"③元帥覃公聞其名,請其住於奉仙庵,"居歲餘,告於公曰:立觀度人,道家之盛事,一物不棄,是謂襲明。不然,雖枯死山林竟何補益?於是,相與傾囷發橐,庀工蕆事,創玄元殿,翼以東西洞房,聖座雲敷,分位星列。後辟道院,構真祠,祖東華,亞棲雲,各依傳緒之次。以至齋堂丈室,賓館衆寮,庫廄庖湢,一一完具,

① 王宗昱編:《金元全真教石刻新編》,北京大學出版社 2005 年版,第 135 頁。

② 王宗昱編:《金元全真教石刻新編》,北京大學出版社 2005 年版,第 135 頁。

③ 王宗昱編:《金元全真教石刻新編》,北京大學出版社 2005 年版,第 136 頁。

不侈不陋，咸有規制。”①蒙古定宗貴由三年（1248），時任全真掌教真常大師李志常賜觀額“玄禎”，蒙古海迷失后二年（1250），應都道録樊志應陳請，皇帝賜程志保金冠法衣，並陞玄禎觀爲“大玄真萬壽宮”。由玄禎觀供奉棲雲真人王志謹來看，它應該爲王志謹一系所屬宮觀。

八、尖山單家寨玄真宮

據論志元《大元國廣寧府路尖山單家寨創建大玄真宮祖碑》記載，王志謹弟子楊志谷曾於廣寧府路尖山單家寨創建玄真宮，其云：“棲雲大師王公……門下有楊志谷者，本深州束鹿縣人氏。節行清高，全家入道已有年矣。丁亥之後，逍遥雲水，寓泊林泉。飯乞千門，衣穿百衲。杖履經過本府，民淳土腴，徘徊久之，乃喟然歎曰：此方雄藍巨刹，樓閣相望，家庠户序，學校如林。三教鼎峙，道院獨遺，未知其可。遂於單家寨下擇其爽塏，後高前平，左崇右卑，正得[　]陽之所昭，卜築而居。爲兵塵之後，土地荒蕪，暨同志者二三人，摭瓦礫，薙蒿萊，經之營之，不數年間，七真堂岌岌然已立像於其後，三清殿汲汲然構木於其前。香厨洒落，净室虚明。與徒衆之所居，賓僚之所憩，雖未大備，亦足以爲雲朋霞友挂[　]鉢之所。”②道觀在建造過程中得到了當地官僚士紳的大力支持，“蒙北京路都元帥兀也兒，及本府主官失剌萬户，爲外護功德主，暨一方官僚士民，或施之以財，或助之以力，所以贊成勝

① 王宗昱編：《金元全真教石刻新編》，北京大學出版社2005年版，第136頁。

② 王宗昱編：《金元全真教石刻新編》，北京大學出版社2005年版，第232頁。

事也。"[1]道觀建成之後，時任全真掌教清和大師尹志平題其觀額"玄真"，這就是玄真宫的由來。蒙古憲宗蒙哥八年(1258)楊志谷仙逝之後，其門人張志净、王道瑞、王道明等繼主玄真宫，至元至順三年(1332)立碑時，玄真宫仍由其弟子王道明擔任住持提點。

九、陽洛山桃花洞

據元至元十八年(1281)張道亨撰《桃花洞記》記載，全真女冠張惠全曾於河南濟源陽洛山桃花洞修真。張惠全拜師全真女冠李守正，而李守正乃王志謹弟子，張惠全爲王志謹徒孫。李守正仙逝後，張惠全尋訪棲息之所，"歷覃懷西北河内宋寨村小谷重陽觀，訪桃花洞主松囊子任君先生，接話心會，召而居焉。"[2]在桃花洞住下後，張惠全便開始了自己的苦修生涯，她"晝則清風滿榻，孤鶴唳空，夜則明月當軒，猛獸擁户。日就月將，越七年矣。"[3]在這七年時間裏，張惠全邊苦修，邊修造桃花洞。"供粢者，糲者食；施衣者，壞者褐。精者畜而募工鑿石，開龕設像。"[4]元至元十八年(1281)，桃花洞的開鑿設像工程終於完成，"中曰元元聖祖太上老君，左曰西王金母元君，右曰正[　]純陽三真君

① 王宗昱編：《金元全真教石刻新編》，北京大學出版社2005年版，第232頁。

② 王宗昱編：《金元全真教石刻新編》，北京大學出版社2005年版，第177頁。

③ 王宗昱編：《金元全真教石刻新編》，北京大學出版社2005年版，第177頁。

④ 王宗昱編：《金元全真教石刻新編》，北京大學出版社2005年版，第177頁。

也。繪以金碧，睟容儼然。"①據以上記載，當時的桃花洞主爲松囊子任志樸，並不是張惠全。另據陳志忠撰《陽洛山三清洞銘》②記載，元元貞二年(1296)全真女冠閻妙定至桃花洞時，當時的桃花洞仍屬於陽洛山重陽觀所有，閻妙定住桃花洞要得到重陽觀于宗主的允許。任志樸和于姓宗主的宗派歸屬，因史料缺乏，已不得而知。但有一點值得注意，據桃花洞現存《重修桃花洞記》③記載，明正德三年(1508)時，桃花洞住持爲閆演玄，屬全真道華山派，而且碑陰題名列有宗派之圖，所列弟子皆屬華山派，看來明大德時桃花洞由華山派住持。④

十、濟源奉仙觀

據河南濟源奉仙觀現存李謙撰《崇寧葆光大師衛公道行之碑》記載，王志謹弟子衛志隱曾住持奉仙觀，奉仙觀爲王志謹一系所屬宫觀。元太宗窩闊台七年(1235)，衛志隱被濟源地方長官延請住持奉仙觀，《崇寧葆光大師衛公道行之碑》云："乙未，要官暗散忽都虎暨尚書田闊闊以禮延致，居濟源之奉仙觀。"奉仙觀形勢優美，歷

---

① 王宗昱編:《金元全真教石刻新編》，北京大學出版社2005年版，第177頁。

② 王宗昱編:《金元全真教石刻新編》，北京大學出版社2005年版，第186頁。

③ 該碑現在河南省濟源市五龍口鎮東逯寨村桃花洞，明正德三年(1508)立。圓首。高139厘米，寬71.5厘米，厚13.5厘米。碑陽額題"重修桃花洞記"，碑陰額題"碑陰題名"。碑陰云："重陽觀桃花洞洞真子閆演玄，徒張全京、欒全鳳、李全玉、白全明、劉全禄。"

④ 關於明代桃花洞的宗派傳承情況，請參看趙衛東《河南濟源全真道宗派傳承考》一文，《道教研究學報:歷史、宗教與社會》2013年第5期，香港中文大學出版社，第99~100頁。

史悠久，自唐代以來就是河南著名的道教宫觀，多有高道棲息其間，《崇寧葆光大師衛公道行之碑》云："奉仙面河背濟，左覃懷，右天壇，地形之勝，山川之美，具焉。其爲觀也，肇自有唐，羽士魯和光、寇元杲、宋賀蘭棲真諸名流迭居其中，垂拱、長安、開元、天寶及紹聖間石刻往往而在，從昔人境俱勝，謂非師莫可主，因請居焉。"衛志隱住持奉仙觀後，繼續發揚早期全真道的優良傳統，以身作責，自力更生，嚴格治觀，經過多年經營，宫觀經濟好轉，便開始擴建修復宫觀。《崇寧葆光大師衛公道行之碑》云："師既至，以身表衆，不妄丐貸，不事禳禬，弟子講學之外，俾耕桑以給衣食，種蓺以供蔬茹，創爲輾磑以補助常費。歲積餘贏，則爲興修土木之資，敝者補之，闕者增之。五十年間，凡爲殿四，一奉三清，一位玉皇，次則列三官及前代高真，皆象設事之，講授有堂，集會有所，門宇庖湢，莫不畢具。"通過衛志隱及道衆的戮力經營，奉仙觀很快成爲濟源一所重要的全真道觀，蒙古憲宗蒙哥時期（1251～1259），旭烈錫賜衛志隱道號"無爲引道真人"，並改奉仙觀爲奉仙萬慶宫。至元二十年（1283），衛志隱仙逝之後，奉仙觀由其嗣業弟子楊道素任住持。①

另外，該碑碑陰刻有宗派傳承圖，記載了當時河南王志謹一系所屬宫觀的分布情況，其中提到如下宫觀：濟源雲溪觀、濟源潘村北溪南觀、軹城村洞真觀、遇真庵、河内北冷村修真觀、河内徐澗村靈應觀、河内監軍莊玉泉庵、河内西吴村修真觀、南陽西冶牆村棲雲觀、南陽東冶牆長春觀、孟州棲雲宫、南陽東華村臨泉庵、

---

① 以上根據河南省濟源市奉仙觀現存《崇寧葆光大師衛公道行之碑》，本段未注明出處的引文皆出於此碑。

曲沃縣修真觀、河內善太村長春觀、河內徐澗村遇仙觀、河內逯村清真觀、河內興福村朝元觀、河內寶封村純德觀、河內張家村通玄觀、河內焦家村葆真觀、河內趙㮙村玉泉觀、河內西向村虛靈觀、河內趙㮙村紫微觀、河內聚溝村棲雲觀、河內狄家村棲雲庵、河內西塢頭村保真觀、河內王屋白鵝村棲真觀、河內白鵝村洞真觀、河內趙㮙村白雲觀、河內趙㮙村北□濮□會真庵、棗陽縣通真觀等，以上道觀都應該屬於王志謹一系所屬宫觀。

十一、崑嵛山東華宫

據張仲壽《抱元真静清貧李真人道行碑》記載，清貧子李道元，於不惑之年拜王志謹弟子武當山袁先生爲師，屬王志謹徒孫。元至元二十六年(1289)，李道元先是因洞明真人祁志誠的垂青，住大都洞陽觀，旋即至雲州金閣山，主金閣十餘年。《抱元真静清貧李真人道行碑》云："當年四月，至雲州金閣山。今生勿憚勞苦。不受苦中苦，難爲人上人。乃因清貧爲山主，拜而受之，其志愈堅。晝服重役，夜煉睡眠。閲三載，真人登仙。清貧凡主金閣十餘年，成就大殿壽宫靈堂及豎立豐碑，皆與有力焉。"①元大德六年(1302)，李道元離開金閣山來到山東崑嵛山東華宫，"大德之壬寅歲，清貧下山迤南，至東華宫，竭力興葢，開石洞，取玉石，於萊州鑱五祖七真等法身一十七尊，竭坐洞中。供案瓶爐，皆石爲之。復採玉石，建立五碑，記修建等事。以碑爲壁，作石樓閣。

① 王宗昱編:《金元全真教石刻新編》，北京大學出版社 2005 年版，第 47 頁。

乃起三殿兼齋厨，鑿石爲山門石欄杆，功緣畢集。”①元延祐元年（1314），李道元又重修萊陽迎仙宫，“清貧既到，瞻彼殿宇塑像，前後裝飾嚴整，其殿簷壁飾壓階，盡已毁拆。補修間，於後庭尋得任師父遺蜕，即造石槨，擇日葬本宫艮維。復立摶閣及造玉石像，安奉於内。”②延祐七年（1320）李道元於東華宫仙逝之後，其弟子耿道清嗣任東華宫住持，繼承師志，繼續修建東華宫，《抱元真静清貧李真人道行碑》云：“門弟子耿道清不違先師付囑，托鉢南游，往江西路訪先師舊會首南豐州達魯花赤那懷等官處抄注。聞清貧歸化，還此緣事，助施中統鈔五千餘貫。依師所措，建石橋，高四十尺，長一百二十尺，闊一十二尺，欄杆俱備。師身後之緣，壯觀宫前之勝。”③李道元一生曾修復過多所道觀，如以上提到的雲州金閣山道觀、山東崑嵛山東華宫、山東萊陽迎仙宫等，其中東華宫在李道元、耿道清任住持時應爲王志謹一系所屬宫觀，而金閣山、迎仙宫的情况則不明。

十二、燕京真元觀

據蒲德修《真元觀記》記載，王志謹曾委派弟子李志方修復燕京真元觀，《真元觀記》云：“舊都城廣陽坊故孝靖宫，乃金世宗嬪御老而無子者之所居。自經變故，屋宇榛蕪。棲雲真人命李志方度

---

① 王宗昱編：《金元全真教石刻新編》，北京大學出版社 2005 年版，第 47 ~ 48 頁。

② 王宗昱編：《金元全真教石刻新編》，北京大學出版社 2005 年版，第 48 頁。

③ 王宗昱編：《金元全真教石刻新編》，北京大學出版社 2005 年版，第 48 頁。

材用工,極力三十年,正殿雲堂,方壺厨舍,碾房蔬圃,罔不畢備。志方,沃州人,禮棲雲王公師其道。歲丁未,普度天下道流,飛舄來燕。暇日過此地,棲雲曰:此雖瓦礫之場,實是祈福之地。因建爲觀,名曰真元。"①真元觀位居金都,原爲孝靖宫,是金世宗安置老而無子嬪御的地方,金末戰亂中毁壞。王志謹命弟子李志方修復,李志方歷時三十年方修建完成。蒙古定宗貴由二年(1247),王志謹至燕京,曾住過真元觀,觀名也是王志謹當時所起。真元觀既然是王志謹弟子李志方所建,觀名也是其所起,而且其本人還曾居住過,其極有可能爲王志謹一系所屬宫觀。

除此之外,王志謹還參與了北京白雲觀、亳州太清宫與明道宫、登封嵩陽宫等幾座全真著名宫觀的修復和重建工作。王鶚《重修天長觀碑銘》記載:"燕京之會仙坊,有觀曰天長,其來舊矣。肇基於唐之開元,復於咸通七年。及遼摧圮,金大定初增修。泰和壬戌正月望日焚毁殆盡。貞祐南遷,止餘石像,觀額爲風雨所剥,委荊榛者有年。聖代龍興,玄風大振,長春應聘還,命盤山棲雲子王志謹主領興建,垂二十年,建正殿五間,即舊額曰玉虚,妝石像於其中。"②孛術魯翀《大元奉元明道宫修建碑銘》記載:"憲宗皇帝四年,龍集甲寅,故太師汝南忠武張王闓亳,得太清、明道兩宫遺址,兵燼悉爲荒墟。以文之燕,請事修復。長春嗣教真常大真人李宗師,遣隱真大師提點石志玉、通微大師知宫李志祕綜其務。歲丙

① 王宗昱編:《金元全真教石刻新編》,北京大學出版社2005年版,第113頁。

② 王宗昱編:《金元全真教石刻新編》,北京大學出版社2005年版,第110頁。

辰,誠明真人張宗師奏請崇道真人張尊師、棲雲真人王尊師主其宫制。"[①]"太師汝南忠武張王"指的是張柔,因爲王鶚《重修亳州太清宫太極殿碑》在記載此事時提到"時則有今安肅公張柔成兵亳社"[②]。元憲宗四年(1254),張柔兵駐亳州,倡議重修毁於戰火的明道、太清兩座宫觀。時全真道掌教李志常派遣石志玉、李志祕主持太清宫、明道宫的重修。元憲宗六年(1256),掌教張志敬又奏請由張志素和王志謹主領重修太清宫、明道宫。王鶚《重修亳州太清宫太極殿碑》對此事也有記載,其云:"逮吾誠明之嗣教也,承海都太子之命,敦請崇道真人張志素、棲雲真人王志謹同辦其事。棲雲未幾物故,其門人輩尤爲致力,崇道則朝夕以之,始終匪懈,增築故基丈餘,間架九楹,視舊制殊爲壯麗。"[③]《亳州太清宫令旨碑》[④]亦談及此事。《敦請棲雲真人住持嵩陽宫疏》云:

> 竊以大道含弘,施生有普。至人慈憫,利益無方。住既隨緣,行亦應物。眷嵩陽之勝地,實方外之洞天。緑水逶迤,青山環抱。背標玉柱,枝不老之乾坤;傍挂金壶,貯無窮之日月。啓母石聖迹盤礴,將軍柏老幹輪囷。乃古師傳道之場,亦上士修真之所。青羊再降,重玄廣布於人間;白鹿上升,塵世又遭於劫火。遂令勝概,亦被兵殘。人物雖非,山川良是。必欲振起衰廢之迹,須仰老成了達之人。恭惟棲雲真人,躬祖法淵源,宗道流模範。游息乎清虚之境,逍遥乎淡泊之場。曩求黄帝之珠,得於罔象;今斫郢人之鼻,運以成風。以扶持妙教爲

---

① 陳垣編纂:《道家金石略》,文物出版社 1988 年版,第 789 頁。

② 陳垣編纂:《道家金石略》,文物出版社 1988 年版,第 847 頁。

③ 陳垣編纂:《道家金石略》,文物出版社 1988 年版,第 847 頁。

④ 陳垣編纂:《道家金石略》,文物出版社 1988 年版,第 529 頁。

> 心,以整頓玄綱爲任。聖凡同喜,緣法大行。未嘗徇利而居成功,惟欲盡力而興勝事。汴水之志願已畢,便可轉身;嵩山之功行未施,正當下手。况此有幽深之趣,可以爲棲隱之居。仰望慈憐,俯從懇請。四面雲山改色,滿川花木生光。興仙迹於千年,止勞一舉;祝聖君之萬歲,第效三呼。便好承當,無煩退讓。"①

根據這篇疏文的記載,河南登封嵩山嵩陽宫環境清幽,原爲一方道教聖地,後毁於戰火。時任登封縣令馬居仁,欲重新修復這一勝迹,需要一個老成了達之人負責此事,聽聞王志謹躬祖法淵源,宗道流模範,於是以疏敦請。至於王志謹這次是否接受了邀請,因史料闕如,已不得而知。

王志謹在住持和參與修建各地宫觀的同時,還曾經轉贈宫觀與其他高道。《十方昭明觀記》云:"十方昭明觀,在舊城金廢宫北闉,内有道館曰昭明。乃修真道人弘玄子及其徒郭志真所建。其地則平章軍國重事密里沙公初以施棲雲真人,棲雲聞弘玄名,遂以地請居之。"②王志謹將别人施捨給自己的土地,轉贈給了弘玄子孟道宣及其徒郭志真,用以重建昭明觀。袁桷《通玄觀賈道士記》還提到,通玄觀道士賈志福爲王志謹弟子,其與徒弟王道深所住宫觀是通玄觀,其是否爲王志謹一系所屬宫觀,因史料缺乏,難以確定,暫時存疑。

---

① 王宗昱編:《金元全真教石刻新編》,北京大學出版社 2005 年版,第 191 頁。

② 王宗昱編:《金元全真教石刻新編》,北京大學出版社 2005 年版,第 108 頁。

第四節　宫觀列表

序號	名稱	地點	修建時間	主建者	修建情況	功德主	資料來源
1	盤山棲雲觀	天津薊縣	金興定四年、蒙古太祖十五年(1220)	王志謹、張志格	《盤山棲雲觀碑》云:"辛巳春,承本州同知許公議請棲雲真人住持此山,應命而至。居無幾,參學奔赴,虚往實歸,日數之而不及也。席下皆茂德耆宿,履踐皆抱樸明真,徒輩日增,遂營爲觀。"	不詳	《盤山棲雲觀碑》(《道家金石略》,第465頁)
2	祈真觀	吉隰	金正大三年、蒙古太祖二十一年(1226)	儒志久	《咸寧清華觀碑》云:"丙戌,耆艾請住祈真觀。"	不詳	《咸寧清華觀碑》(《道家金石略》,第515頁)
3	迎祥觀	京兆	金天興二年、蒙古太宗窩闊台五年(1233)	儒志久	《咸寧清華觀碑》云:"癸巳,田侯請住京兆迎祥觀。"	田雄	《咸寧清華觀碑》(《道家金石略》,第515頁)
4	咸寧清華觀	京兆之西四十里	金天興二年、蒙古太宗窩闊台五年(1233)之後	儒志久	《咸寧清華觀碑》云:"暨而尋及夏侯之里,……儒公乃卜築於是。以至聖宇真堂,靖廬特室,隨宜序立,足以棲遲清侣,鄭重熏修,僉敬盟真,祝延皇祚,以報洪恩之罔極也。落成之始,走請於宗師,額之曰清華。"	田雄	《咸寧清華觀碑》(《道家金石略》,第515頁)

（續表）

序號	名稱	地點	修建時間	主建者	修建情况	功德主	資料來源
5	神清觀	開州	金正大四年、蒙古太祖二十二年(1227)之後	張志信	《開州神清觀記》云:"會首蔡公喜其爲人也,以己廟側之田文而界之,别爲卜築締構,俾居而廬之。安撫使王公嘉其制行嚴謹,裁成費助,浸興是觀。崇修正殿以奉三清,次建堂厨以延静侶,丈室序列以宜福地。告成走請於宗師真人,額之曰神清。"	會首蔡公、安撫使王公	《開州神清觀記》(《道家金石略》,第530頁)
6	靈顯真君廟	澶淵	金正大四年、蒙古太祖二十二年(1227)	張志信	《開州神清觀記》云:"縣令趙侯見而敦請留居於靈顯真君之廟,時往餉之。自是游其門者日數之而不及也。"	縣令趙侯	《開州神清觀記》(《道家金石略》,第529頁)
7	洛陽棲雲觀	洛陽	蒙古太宗窩闊台八年(1236)	崔志隱、管志道、董道亨、李志希	《洛陽棲雲觀記》云:"四子一曰崔志隱,二曰管志道,次曰董道亨、次曰李志希,……丙申夏四月,數子渡孟津而游洛京,……於是議經道觀爲之張本,繼而王、楊、江、李尋至,同心戮力,有作争先。……幾二十年,是觀浸興。……甫成而後,額之曰棲雲。"	不詳	《洛陽棲雲觀碑》(《道家金石略》,第557頁)

（續表）

序號	名稱	地點	修建時間	主建者	修建情況	功德主	資料來源
8	朝元宫	河南開封	金天興二年、蒙古太宗窩闊台五年（1233）	王志謹及其門人	《棲雲真人王尊師道行碑》云：“重陽登仙，後六十有四年，汴降，師挈其徒迹其地，不十數年，殿宇壯麗，氣壓諸方，識者知重陽之言始驗，師亦不以爲功，曰‘諸人之力也’。”	不詳	《棲雲真人王尊師道行碑》（《道家金石略》，第563頁）
9	終南山棲雲觀	陝西終南山重陽萬壽宫東五里梁家莊	金正大二年、蒙古太祖二十年（1225）	任公先生、李志勤、温志清等	《終南山棲雲觀碑》云：“乙酉春，……先生（任公）乃率其門弟李志勤、温志清等數十輩，同心戮力，經營建立，復成是觀。……清和真人爲之題其額曰棲雲，以爲祝延聖壽之鄉，薦享祈禳之地。”	京兆總府管差省權移剌史公	《終南山棲雲觀碑》（《道家金石略》，第589頁）
10	寶峰觀	河南林縣	蒙古乃馬真后三年（1244）前後	李守遷、范妙奇、韓妙温	《大元寶峰觀記》云：“散人姓李氏，名守遷，散人則其道號云。……及慕山間林下絶塵之迹，偶及是里。里中之好道宋元同妻郭氏、及信善之族，見其志操异常，共留止之。……俾廬以居之，作道場地。散人遂率其徒，經營卜築，隨力締構，殿堂厨庫，僅以完備，從本及末，三十餘年，寖成道院。”	宋元同妻郭氏及信善之族	《大元寶峰觀記》（《道家金石略》，第609頁）

（續表）

序號	名稱	地點	修建時間	主建者	修建情况	功德主	資料來源
11	汴梁路棲雲觀	河南開封	元至元元年(1264)	王守志、李妙元、李妙常	《汴梁路棲雲觀記》云:"觀由妙元母子以起,至元甲子,知常名妙元母曰守志,授地三畝,卓庵居之,日辟以至爲觀。"	不詳	《汴梁路棲雲觀記》(《道家金石略》,第646頁)
12	玉清觀	河南衛州	不詳	陳志昂、楚志雲、耿道明	《玉清觀碑》云:"道士陳志昂游歷於斯,見其山水明麗,梅竹叢茂,遂有終焉之志,乃修廢祠以奉香火,尋即祠東創構道院。不數年,殿宇、齋厨、庫厩焕然一新,至於碓磑、蔬圃、園林亦有攸序。"	不詳	《玉清觀碑》(《道家金石略》,第654頁)
13	隆禧觀	涿州	蒙古憲宗蒙哥八年(1258)	劉志實	《大都路涿州隆禧觀碑銘》云:"於是(王志謹)以通真觀屬院曰玉晨庵者,令主張是。戊午間,誠明真人愛其地佳而氣腴,囑之增建以應有開之先。始焉荒廛二十餘畝,敝屋數間,蔽風雨而已。師乃以和光同塵,樸實感物爲方,至一鄉欽向,願言信施,有不期然而然者。助益既多,功用漸集,遂起三清殿,繪玄聖於堵,所謂上九位者居其中,又畫日月、星官、歲德、師聖、嶽瀆等神列侍兩傍,雲舒霞蔚,灝彩絢目。"	不詳	《大都路涿州隆禧觀碑銘》(《道家金石略》,第697頁)

（續表）

序號	名稱	地點	修建時間	主建者	修建情況	功德主	資料來源
14	中太一宫	開封	蒙古太宗窩闊台六年（1234）	張志夷、田志净、王志實、吴志超、劉道資、朱道輝	《重修中太一宫碑》云：“署其徒提點張志夷、知宫田志净責使營葺。若有緒矣，而志夷逝後，惟志净與知宫王志實、吴志超、提點劉道資、朱道輝爲之，積七十餘年而三清殿、真室、歲君殿、周廡庖廩既美既完。”	開封知府富察君、警副董德輝	《重修中太一宫碑》（《道家金石略》，第724頁）
15	通玄觀	京師	不詳	賈志福、王道深	《通玄觀賈道士記》云：“通玄觀道士賈志福，……弱冠得法於棲雲王真人，……然居通玄而號清静散人，實洞明祁公之所强也。”	不詳	《通玄觀賈道士記》（《道家金石略》，第778頁）
16	上清儲祥宫	河南開封	不詳	王志謹、巨提點、孫履道、黄道真	《上清儲祥宫記》云：“丞相史公復請兼主太一、上清、龍德諸宫觀事。惟上清爲潦水所圮，規制宏闊，力不能，復命巨提點者，購地於惠和坊，爲畝六十，撤故宫材，崇三清之殿於前，次列真之宇於後，神門壇壝，左右雲堂，四周接屋餘百楹，雖非其地而名不泯也。……命提點純素清逸大師黄道真從事修復，道真殫力承命，遂成三殿，尊玄元聖像於前，奉棲雲祖師於後，翼以齋序，繚以周垣，庖廥場圃，所資悉備。”	史天澤	《上清儲祥宫記》（《道家金石略》，第780頁）

（續表）

序號	名稱	地點	修建時間	主建者	修建情況	功德主	資料來源
17	龍德宮	河南開封	蒙古太宗窩闊台七年（1235）	王志謹、姬志真、李志居、高志和、陳道祥、徐志根、孫履道、王德衡	《龍德宮記》云："丞相史公以龍德亦古名地，請盤山並主之。……爰自乙未構築，丙子增建，且百二十年，或創或葺，厥惟艱哉。"	史天澤	《龍德宮記》（《道家金石略》，第780～781頁）
18	奉元明道宮	河南苦縣	蒙古憲宗蒙哥六年（1256）	張志素、王志謹	《大元奉元明道宮修建碑銘》云："歲丙辰，誠明真人張宗師奏請崇道真人張尊師、棲雲真人王尊師主其宮制。無幾何，棲雲蛻化，其門人輩亦皆協力，崇道則始終不懈。未逾一紀，締構宏麗。"	張柔	《大元奉元明道宮修建碑銘》（《道家金石略》，第789頁）
19	亳州太清宮	河南苦縣	蒙古憲宗蒙哥六年（1256）	張志素、王志謹	《重修亳州太清宮太極殿碑》云："逮吾誠明之嗣教也，承海都太子之命，敦請崇道真人張志素、棲雲真人王志謹同辦其事。棲雲未幾物故，其門人輩尤爲致力，崇道則朝夕以之，始終匪懈，增築故基丈餘，間架九楹，視舊制殊爲壯麗。像太上於其中，東華、文始列於左右，洞靈、通玄、冲虛、南華次之，仙貌儼然，見者加敬。"	海都太子	《重修亳州太清宮太極殿碑》（《道家金石略》，第847頁）

（續表）

序號	名稱	地點	修建時間	主建者	修建情況	功德主	資料來源
20	長春大元都宫	山東高唐	金正大八年、蒙古太宗窩闊台三年(1231)	鄧志迥、卜志平、楊志友	《增修長春大元都宫碑》云："先是辛卯歲，盤山棲雲王真君高第弟子鄧志迥、卜志平、楊志友，大爲經營，廣其制。"	不詳	《增修長春大元都宫碑》(《金元全真教石刻新編》，第20頁)
21	天長觀	北京	不詳	王志謹	《重修天長觀碑銘》云："聖代龍興，玄風大振，長春應聘還，命盤山棲雲子王志謹主領興建，垂二十年，建正殿五間，即舊額曰玉虚，妝石像於其中。層簷峻宇，金碧爛然。方丈廬室，舍館厨庫，奂然一新。"	不詳	《重修天長觀碑銘》(《金元全真教石刻新編》，第110頁)
22	真元觀	燕京	蒙古定宗貴由二年(1247)	李志方	《真元觀記》云："棲雲真人命李志方度材用工，極力三十年，正殿雲堂，方壺厨舍，碾房蔬圃，罔不畢備。……歲丁未，普度天下道流，飛舄來燕。暇日過此地，棲雲曰：此雖瓦礫之場，實是祈福之地。因建爲觀，名曰真元。"	不詳	《真元觀記》(《金元全真教石刻新編》，第113頁)

（續表）

序號	名稱	地點	修建時間	主建者	修建情況	功德主	資料來源
23	滎河棲雲觀	山西滎河	蒙古太宗窩闊台十二年(1240)	宋志瑩、張志覺	《創修棲雲觀記》云:"邑舊有大寧宫,一方之觀,故制宏麗,猶存一二,廢不復興。宫之東有地百畝,突起數仞,昔爲民居,净穢相雜,干戈以來,曠爲閑壤,前對披雲亭,仰揖金山,俯瞰黄流,幽闃寥闃,天然幽棲之地。師因人心居中,人從而屍祝俎豆之,乃剗辟朽壤,剪焚榛穢,披而攘之,鬀而夷之,選其中尤亢爽者,度材相攸。……師經始之日,瞻前顧後,目規心畫,因高下各定其位。經營未幾,中道而逝,鳩僝之功,托於志覺。堂之構之,垂四十年,於今僅得就緒。始基於庚子之冬,落成於至元辛巳之夏。雖不足以繼先志,而勤亦至矣。棲雲盤山之號,師取以名觀,示不忘本也。"	寧志寬	《創修棲雲觀記》(《金元全真教石刻新編》,第134～135頁)
24	玄禎觀	山西交城	不詳	程志保、劉志訓、元道明、喬道濟	《玄禎觀至德真人記》云:"時元帥覃公即却波西北築奉仙庵,一遇便盡素契。……後闢道院,構真祠,祖東華,亞棲雲,各依傳緒之次。"	元帥覃公	《玄禎觀至德真人記》(《金元全真教石刻新編》,第136頁)

（續表）

序號	名稱	地點	修建時間	主建者	修建情況	功德主	資料來源
25	長春觀	河南孟縣治牆村	蒙古太宗窩闊台七年（1235）	劉之	《重修長春觀記》云："承元帥成公盡［　］［　］見其待撫异常，詢之居人，而留止之。卜築於長春之故址，遂營葺焉。時乙未之秋九月［　］［　］完［　］［　］［　］備其堂勞績，序列有［　］，足以旦夕［　］［　］，朔望［　］禮。"	元帥成公	《重修長春觀記》（《金元全真教石刻新編》，第157頁）
26	城隍廟	開封	不詳	景向、孟禮、妙順、朱妙明、周妙元、妙韓温、徒妙單真	《汴梁路城隍廟記》云："歲甲辰，劉侯命侍人周氏、韓氏披戴，禮棲雲王真人爲師，訓周曰妙元，韓曰妙温，與妙明爲徒侶。所需衣糧皆出劉侯資給。妙温妙明俱壽臻期頤，相繼蟬蜕。既而劉侯第四子保定路總尹某卒，夫人徒單氏，痛伉儷之中暌，感榮華之易歇，聿來棲迹，法號妙真。道俗諮歎，祠宇爲增重焉。妙元洎妙真罄刮妝奩資藉，刻苦撙節，遂重修正殿台門，創建獻廡子孫司，及道衆寮舍齋厨，輪奂一新。"	河南路兵馬都總管劉侯	《汴梁路城隍廟記》（《金元全真教石刻新編》，第190頁）

（續表）

序號	名稱	地點	修建時間	主建者	修建情況	功德主	資料來源
27	大玄真宫	遼寧錦州	金正大四年、蒙古太祖二十二年(1227)	楊志谷、張志淨、王道瑞、王道明	《大元國廣寧府路尖山單家寨創建大玄真宫祖碑》云："遂於單家寨下擇其爽塏，……暨同志者二三人，摭瓦礫，薙蒿萊，經之營之，不數年間，七真堂岌岌然已立像於其後，三清殿汲汲然構木於其前。……清和大宗師題其額曰玄真。"	京都北路元帥兀也兒及本府主官失剌萬户	《大元國廣寧府路尖山單家寨創建大玄真宫祖碑》(《金元全真教石刻新編》，第232頁)
28	金粟太清觀	京師	不詳	李守正、張惠全	《桃花洞記》云："女真姓張諱惠全，道號慧通散人，寶定滿城人也。祖自世家，總角悟真，未笄，遁而尋師訪道。經金粟太清觀，禮女冠李守正，迺棲雲真人之高弟也。"	不詳	《桃花洞記》(《金元全真教石刻新編》，第177頁)
29	桃花洞	河南濟源陽洛山	不詳	張惠全	《桃花洞記》云："歷覃懷西北河内宋寨村小谷重陽觀，訪桃花洞主松曩子任君先生，接話心會，召而居焉。晝則清風滿榻，孤鶴唳空，夜則明月當軒，猛獸擁户。日就月將，越七年矣。供粢者，糲者食；施衣者，壞者褐。精者畜而募工鑿石，開龕設像。中曰元元聖祖太上老君，左曰西王金母元君，右曰正[　]純陽三真君也。"	松曩子任志樸	《桃花洞記》(《金元全真教石刻新編》，第177頁)

（續表）

序號	名稱	地點	修建時間	主建者	修建情況	功德主	資料來源
30	東華宫	山東文登崑嵛山	元大德六年(1302)	李道元、耿道清、田道豐	《抱元真静清貧李真人道行碑》云:"大德之壬寅歲,清貧下山迤南,至東華宫,竭力興蓋,……功緣畢集。"	那懷、王庭憲	《抱元真静清貧李真人道行碑》(《金元全真教石刻新編》,第47~48頁)
31	迎仙觀	山東萊陽	元延祐元年(1314)	李道元	《抱元真静清貧李真人道行碑》云:"清貧既到,瞻彼殿宇塑像,前後裝飾嚴整,其殿簷壁飾壓階,盡已毁拆。補修間,於後庭尋得任師父遺蜕,即造石椁,擇日葬本宫艮維。復立摶閣及造玉石像,安奉於内。又將丹陽師祖所度十界元百仙圖旋轉刻像,各鎸姓名。"	萊陽縣客	《抱元真静清貧李真人道行碑》(《金元全真教石刻新編》,第48頁)
32	金閣山	雲州	元至元二十六年(1289)	李道元	《抱元真静清貧李真人道行碑》云:"當年四月,至雲州金閣山。今生勿憚勞苦。不受苦中苦,難爲人上人。乃因清貧爲山主,拜而受之,其志愈堅。晝服重役,夜煉睡眠。閱三載,真人登仙。清貧凡主金閣十餘年,成就大殿壽宫靈堂及豎立豐碑,皆與有力焉。"	不詳	《抱元真静清貧李真人道行碑》(《金元全真教石刻新編》,第47頁)

（續表）

序號	名稱	地點	修建時間	主建者	修建情况	功德主	資料來源
33	奉仙觀	河南濟源	蒙古太宗窩闊台七年(1235)	衛志隱、楊道素、郭道成、續道元、張道理、任志淳等	《崇寧葆光大師衛公道行之碑》云："師既至，以身表衆，不妄丐貸，不事禳禬，弟子講學之外，俾耕桑以給衣食，種蓺以供蔬茹，創爲輾磑以補助常費。歲積餘贏，則爲興修土木之資，敝者補之，闕者增之。五十年間，凡爲殿四，一奉三清，一位玉皇，次則列三官及前代高真，皆象設事之，講授有堂，集會有所，門宇庖湢，莫不畢具。"	紹古兒、田闊闊	河南濟源奉仙觀現存《崇寧葆光大師衛公道行之碑》
34	南關棲雲觀	河南衛州	不詳	不詳	《玉清觀碑》碑陰"宗師道衆官僚士庶"題名有"南關棲雲觀都事韓志仙、王志敬"。	不詳	《玉清觀碑》(《道家金石略》，第655頁)
35	南關棲雲庵①	河南衛州	不詳	不詳	《玉清觀碑》碑陰"宗師道衆官僚士庶"題名有"南關棲雲庵康志寧、張道清"。	不詳	《玉清觀碑》(《道家金石略》，第655頁)

① 前面已經提到，因此"南關棲雲庵"與前一個道觀"南關棲雲觀"都在衛州，故懷疑爲同一處道觀。但《玉清觀碑》碑陰兩列，而且名字不同，一爲"觀"，一爲"庵"。所以，此處暫作兩處道觀處理。

（續表）

序號	名稱	地點	修建時間	主建者	修建情況	功德主	資料來源
36	唐村棲雲觀	河南衛州	不詳	不詳	《玉清觀碑》碑陰"宗師道衆官僚士庶"題名有"唐村棲雲觀徐志靖"。	不詳	《玉清觀碑》(《道家金石略》，第655頁)
37	太公泉紫微觀	河南衛州	不詳	不詳	《玉清觀碑》碑陰"宗師道衆官僚士庶"題名有"太公泉紫微觀宗主滑道通、知觀崔道和"。	不詳	《玉清觀碑》(《道家金石略》，第655頁)
38	黄山正陽觀	河南衛州	不詳	不詳	《玉清觀碑》碑陰"宗師道衆官僚士庶"題名有"黄山正陽觀宗主葆光冲和大師韓志温、知觀李志冲"。	不詳	《玉清觀碑》(《道家金石略》，第655頁)
39	輝州東關延壽宫	河南輝州	不詳	不詳	《玉清觀碑》碑陰"宗師道衆官僚士庶"題名有"輝州東關延壽宫宗門提點徐志道"。	不詳	《玉清觀碑》(《道家金石略》，第655頁)
40	西關天真觀	河南輝州	不詳	不詳	《玉清觀碑》碑陰"宗師道衆官僚士庶"題名有"西關天真觀宗門提舉王道安"。	不詳	《玉清觀碑》(《道家金石略》，第655頁)

（續表）

序號	名稱	地點	修建時間	主建者	修建情況	功德主	資料來源
41	神霄玉萬壽宮	真定府	不詳	不詳	《崇寧葆光大師衛公道行之碑》碑陰宗派傳承圖有："真定府神霄玉萬壽宮提點吴"。	不詳	河南濟源奉仙觀現存《崇寧葆光大師衛公道行之碑》碑陰宗派傳承圖
42	雲溪觀	河南濟源	不詳	不詳	《崇寧葆光大師衛公道行之碑》碑陰宗派傳承圖有："雲溪觀主任志淳"。	不詳	河南濟源奉仙觀現存《崇寧葆光大師衛公道行之碑》碑陰宗派傳承圖
43	西冶牆村棲雲觀	河南南陽	不詳	不詳	《崇寧葆光大師衛公道行之碑》碑陰宗派傳承圖有："西冶牆村棲雲觀王"。	不詳	河南濟源奉仙觀現存《崇寧葆光大師衛公道行之碑》碑陰宗派傳承圖
44	孟州棲雲宮	河南孟州	不詳	不詳	《崇寧葆光大師衛公道行之碑》碑陰宗派傳承圖有："孟州棲雲宮胡妙謙門人楊□□"。	不詳	河南濟源奉仙觀現存《崇寧葆光大師衛公道行之碑》碑陰宗派傳承圖

（續表）

序號	名稱	地點	修建時間	主建者	修建情況	功德主	資料來源
45	修真觀	河南曲沃	不詳	不詳	《崇寧葆光大師衛公道行之碑》碑陰宗派傳承圖有："曲沃縣修真觀寂照大師孔志揚，門人提點陳志常、提舉朱道和"。	不詳	河南濟源奉仙觀現存《崇寧葆光大師衛公道行之碑》碑陰宗派傳承圖
46	興福村朝元觀	河南河内	不詳	不詳	《崇寧葆光大師衛公道行之碑》碑陰宗派傳承圖有："興福村朝元觀主王志筌"。	不詳	河南濟源奉仙觀現存《崇寧葆光大師衛公道行之碑》碑陰宗派傳承圖
47	聚溝村棲雲觀	河南河内	不詳	不詳	《崇寧葆光大師衛公道行之碑》碑陰宗派傳承圖有："聚溝村棲雲觀吴道琦"。	不詳	河南濟源奉仙觀現存《崇寧葆光大師衛公道行之碑》碑陰宗派傳承圖
48	狄家村棲雲庵	河南河内	不詳	不詳	《崇寧葆光大師衛公道行之碑》碑陰宗派傳承圖有："狄家村棲雲庵穆道柔"。	不詳	河南濟源奉仙觀現存《崇寧葆光大師衛公道行之碑》碑陰宗派傳承圖

（續表）

序號	名稱	地點	修建時間	主建者	修建情況	功德主	資料來源
49	修真觀	山東文登	不詳	王道深	《重修修真觀碑》云："通妙大師王道深，本邑城南車河莊人，七歲師道士王志謹於鐵槎山雲光洞延壽宮。其宮乃玉陽真君得道之所，聖水玉虛萬壽宮之派。道深後爲棲霞縣道官威儀。文登東南三十里有山曰鵂鶹，舊有修真觀。耆宿王世賢請道深住持斯觀。……道深重修殿廡，繪飾聖像，刻石以傳不朽。"	王世賢	《重修修真觀碑》（《金元全真教石刻新編》，第51頁）

第六章　歷史貢獻

王志謹作爲全真道第三代弟子中具有代表性的人物，在全真道教史上具有重要的地位。他繼承了郝大通的衣鉢，通過廣收門徒、遍立宫觀、濟世利人等方式，不僅擴大了本宗在整個全真道中的影響，而且還開創了自己獨具特色的一系傳承。王鶚《棲雲真人王尊師道行碑》云："師慈以利物，儉以律身，謙以自牧，老氏之三寶，師能保之，所以上格天心，下孚人望，嶷然爲一代宗師，學者瞠乎其後，而有不可及焉。"①王之綱《玉清觀碑》云："自長春應召，至誠明主席，五六十年間，非無修心煉性，超世出塵之士，俱未若惠慈利物至德真人，年彌高，德彌邵，嶷然爲一代大宗師也。"②《老子》第67章云："吾有三寶，持而守之，一曰慈，二曰儉，三曰不敢爲天下先。""不敢爲天下先"即是"謙"。所以，王鶚認爲，王志謹具有慈、儉、謙的品質，老子的"三寶"在他身上都有所體現。而王之綱

① 陳垣編纂：《道家金石略》，文物出版社1988年版，第563頁。
② 陳垣編纂：《道家金石略》，文物出版社1988年版，第655頁。

則認爲，從丘處機應召到張志敬擔任全真道掌教，五六十年間，德行方面没有一人能比得上王志謹。以上王鶚、王之綱父子的評價可能有溢美之嫌，但他們認爲王志謹"嶷然爲一代宗師"，則是名副其實。綜觀王志謹的一生，其對全真道的發展做出了重要貢獻，其貢獻主要體現在廣開教門、普度衆生和濟世利人三個方面。

第一節　廣開教門

全真道能在金元之際迅速興起，並在元初達至鼎盛，與早期全真道士具有强烈的傳教使命感與責任感分不開。王重陽不遠千里東邁山東傳道，全真七子在山東、河南、河北、陝西等地積極傳教，這都是其使命感與責任感的體現。作爲全真道第三代弟子，王志謹曾師從郝大通與丘處機，並從他們身上繼承了這種精神，始終把傳教與弘道作爲自己的責任與修行要務。正是在這種精神推動下，王志謹廣開教門，收取了大量弟子，創建或修復了大批宫觀，爲全真道的興盛與發展作出了重要貢獻。

前面已經提到，早在王志謹至盤山之前，他就已經開始收徒，張志格便是他在至盤山之前所收的弟子。至盤山之後，王志謹聲名大振，前來參拜投師者絡繹不絶。姬志真《盤山棲雲觀碑》云："居無幾，參學奔赴，虚往實歸，日數之而不及也。席下皆茂德耆宿，履踐皆抱樸明真，徒輩日增，遂營爲觀。"①王鶚《棲雲真人王尊師道行碑》云："亂甫定，從長春真人北游燕薊，徜徉乎盤山西澗之石龕，草衣木食，若將終身焉。諸方學者日來質疑，由是道價愈增，

① 陳垣編纂：《道家金石略》，文物出版社1988年版，第465頁。

令聞遐播，然猶執謙，樂居人後。”①可見，王志謹開始大規模收徒是在盤山的時候，此時他收取了第一批弟子，其親炙弟子大多收於此時。所以，《洛陽棲雲觀碑》云：“辛巳秋，真人開道盤山，方來修煉之士，多往質疑，令聞遠播，黄冠野服游其門者，不可勝計，亦當時輔教之首出者。② 丘處機仙逝之後，王志謹離開盤山，開始在各地雲游傳教，聲名日盛，弟子愈多。《棲雲真人王尊師道行碑》云：“長春仙去，方出徑行，不喜置鉢囊柱杖，盛暑不笠不扇，嚴冬不裘不帽，沿身之外無長物，人有以財物獻者，雖勉受之，過目不問。後游諸方，到即緣契，興建琳宇，在處有之，所至泰然，不以舊新介意，住雖久，去不回顧，暫憩朝夕，亦猶久寓之安。車轍所經，願爲門弟子者動以千數，達官著姓，白叟黄童，山林緇素之流，閨闈笄總之子，莫不羅拜於前，其爲世景仰如此。”③蒙古太宗窩闊台五年（1233）於汴京創建朝元宫之後，王志謹又以朝元宫爲基地在河南等地傳教布道，直到元中統四年（1263）仙逝於朝元宫爲止。

通過上章《徒裔列表》可以看出，僅憑現存碑刻資料就考出王志謹一系弟子170名，其中可考的親炙弟子有34名，再傳弟子有20多名，當然，元代碑刻十不存一，今天我們能看到的只是其中極少的一部分，但僅憑這極少的一部分，就考出王志謹一系弟子170名，可想而知，當時他的徒裔數量是多麼驚人。薛友諒《棲雲王真人開澇水記》云：“丁未春，棲雲真人王公領門衆百餘，祀香祖師之重陽宫。”④蒙古定宗貴由二年（1247），王志謹至終南山重陽萬壽

---

① 陳垣編纂：《道家金石略》，文物出版社1988年版，第562～563頁。
② 陳垣編纂：《道家金石略》，文物出版社1988年版，第557頁。
③ 陳垣編纂：《道家金石略》，文物出版社1988年版，第563頁。
④ 陳垣編纂：《道家金石略》，文物出版社1988年版，第620～621頁。

宫拜祭王重陽,當時所帶弟子就有百餘人,後來開澇水時,更是有一千餘名全真道士參與其中,這既反映了王志謹在當時影響力之大,又可以看出其徒裔之多。王志謹的弟子不僅數量衆多,而且個個道行高超,其中不乏全真道第四代弟子中的姣姣者。比如,姬志真、李志居、徐志根、儒志久、張志格、張志信、謫志元、陳志昂、程志保、楊志谷、衛志隱等,皆是一時之選,他們不僅也收有大批弟子,而且還擁有自己的宫觀。

據現有資料記載,王志謹住持的第一所道觀是盤山棲雲觀,《盤山棲雲觀碑》云:"有棲雲子者,密通玄奥,頗喜林泉,飛舄擇地。其徒有張志格等,庚辰歲預及此山。薙荒擗徑,披尋故址,巧與心會,遂營卜築。"①可見,盤山棲雲觀是王志謹委派弟子張志格修建的,並非其親自創建。丘處機仙逝之後,王志謹攜徒南向傳道,並一路隨時創建道觀。《盤山棲雲觀碑》云:"丁亥秋真人升霞之後,大師由是率衆南邁,所過者化,郡縣郊迎,隨立宫觀,創新葺故者不可勝數,皆其門弟所主焉。"②蒙古太宗窩闊台五年(1233),王志謹又於開封重陽祖師升霞之所創建朝元宫。王鶚《棲雲真人王尊師道行碑》云:"初,重陽真人西歸,挈丹陽輩四子傳道於汴之逆旅。主人王氏不禮,反謗毁之,重陽曰:'吾居之地,他日當令子孫卜築於此。'主人以爲狂。未幾重陽登仙,後六十有四年,汴降,師挈其徒迹其地,不十數年,殿宇壯麗,氣壓諸方,識者知重陽之言始驗,師亦不以爲功,曰'諸人之力也'。"③朝元宫的修建歷經幾代人的努力纔大功告成,程巨夫《徐真人道行碑》云:"志謹即之爲宫,廣袤

① 陳垣編纂:《道家金石略》,文物出版社1988年版,第465頁。
② 陳垣編纂:《道家金石略》,文物出版社1988年版,第465頁。
③ 陳垣編纂:《道家金石略》,文物出版社1988年版,第563頁。

七里，賜名朝元。工未竟而志謹傳之姬志真，志真傳之李志居，志居傳之師。師躬畚鍤，率夫役，勤力而勞心，早作而夜休，克潰於成，壯麗甲四方。”①另許有壬《上清儲祥宮記》云：“營建幾三十年，是爲朝元宮。”②朝元宮建成以後，規模宏大，氣勢雄偉，十分壯麗。許有壬《龍德宮記》稱之爲：“構築規制之大，甲江北諸宮觀。”③劉將孫《汴梁路棲雲觀記》更稱之爲：“全真教，汴朝元宮爲盛。”④後元世祖賜名“大朝元萬壽宮”。

按照前面的《宮觀列表》可以看出，除了盤山棲雲觀與開封朝元宮之外，王志謹參與修建的宮觀還有很多。比如，中太一宮、上清儲祥宮和龍德宮，許有壬《上清儲祥宮記》云：“長春法系之弟爲太古郝公。太古傳棲雲王公。長春以汴重陽觀故基，實主教重陽真君升化之地，命棲雲主之。營建幾三十年，是爲朝元宮。丞相史公復請兼主太一、上清、龍德諸宮觀事。”⑤以上三所宮觀，或爲王志謹親自參與修建，或爲其委派弟子主持修建，但皆歸屬於王志謹名下，爲朝元宮下院。王志謹還參與了北京白雲觀、亳州太清宮、明道宮等幾座著名宮觀的修復與重建。天長觀在金代爲皇家宮觀，地位不同一般，但金末戰火中焚毀，丘處機西行歸來之後，被當地官員禮請住持大天長觀，並把重建天長觀的重任交給了王志謹。《重修天長觀碑銘》云：“聖代龍興，玄風大振，長春應聘還，命盤山棲雲子王志謹主領興建，垂二十年，建正殿五間，即舊額曰玉虛，妝

① 陳垣編纂：《道家金石略》，文物出版社 1988 年版，第 713 頁。
② 陳垣編纂：《道家金石略》，文物出版社 1988 年版，第 780 頁。
③ 陳垣編纂：《道家金石略》，北京：文物出版社，1988 年，第 780 頁。
④ 陳垣編纂：《道家金石略》，文物出版社 1988 年版，第 646 頁。
⑤ 陳垣編纂：《道家金石略》，文物出版社 1988 年版，第 780 頁。

石像於其中。層簷峻宇,金碧爛然。方丈廬室,舍館厨庫,奂然一新。"①經過二十年的修建,終於焕然一新,恢復如初。蒙古憲宗蒙哥六年(1256),王志謹又受時任掌教誠明真人張志敬的委派,與張志素一起重修明道宫與亳州太清宫。《大元奉元明道宫修建碑銘》云:"歲丙辰,誠明真人張宗師奏請崇道真人張尊師、棲雲真人王尊師主其宫制。無幾何,棲雲蜕化,其門人輩亦皆協力,崇道則始終不懈。未逾一紀,締構宏麗。"②《重修亳州太清宫太極殿碑》云:"逮吾誠明之嗣教也,承海都太子之命,敦請崇道真人張志素、棲雲真人王志謹同辦其事。"③王志謹不僅自己勤修宫觀,而且還舉薦賢能的全真道士住觀修行,《十方昭明觀記》云:"十方昭明觀,在舊城金廢宫北闉,内有道館曰昭明。乃修真道人弘玄子及其徒郭志真所建。其地則平章軍國重事密里沙公初以施棲雲真人,棲雲聞弘玄名,遂以地請居之。"④

除了王志謹親自參與修建的以上宫觀之外,其一系弟子受其影響,也在河南等地建造了大量的宫觀。雖然目前相關記載極爲缺乏,但可考者仍有 40 多座。因王志謹一系弟子有極强的自覺宗派意識,有意維護本宗的傳承,所以,其弟子所建的宫觀一般都有自身的特色。首先,其中有相當一部分宫觀以王志謹的名號"棲雲"爲觀名,有鮮明的本宗系特色。由上章《宫觀列表》可以看出,

---

① 王宗昱編:《金元全真教石刻新編》,北京大學出版社 2005 年版,第 110 頁。

② 陳垣編纂:《道家金石略》,文物出版社 1988 年版,第 789 頁。

③ 陳垣編纂:《道家金石略》,文物出版社 1988 年版,第 847 頁。

④ 王宗昱編:《金元全真教石刻新編》,北京大學出版社 2005 年版,第 108 頁。

在目前可考的屬王志謹一系的49座宮觀中，就有12座名爲棲雲，占到總數的四分之一。其次，這些宮觀大多奉王志謹爲祖師，並有一些還供奉王志謹神像。據王構《玄禎觀至德真人記》記載，王志謹弟子程志保建玄禎觀之時，“後闢道院，構真祠，祖東華，亞棲雲，各依傳緒之次”①。許有壬《上清儲祥宮記》也有類似的記載，其云：“泰定三年，虛白文逸明德真人天游孫公，以故宮之基，石刻故在，不可終廢，命提點純素清逸大師黄道真從事修復。道真殫力承命，遂成三殿，尊玄元聖像於前，奉棲雲祖師於後，翼以齋序，繚以周垣，庖廥場圃，所資悉備。”②最後，這些宮觀絕大部分屬於朝元宮下院。據上章《宮觀列表》統計，在目前可考的屬王志謹一系宮觀中，約有七所明確標明屬於朝元宮下院，未標明者應該更多。

王志謹在金元之際廣收門徒、頻立宮觀，是其弘教與傳道的一種重要方式，對於當時全真道的發展産生了重要推動作用。尤其是王志謹一系弟子具有强烈的宗派意識，往往自覺或不自覺地維護本宗的形象與利益，對於其這一系的發展産生了重要影響。劉將孫《汴梁路棲雲觀記》云：“重陽六子，棲雲父郝太古，從丘長春，遂爲嗣祖，棲雲之是似者，姬與李志居、徐志根也。全真徒滿天下，道派此爲嫡。”③王志謹曾先後師從郝大通、丘處機，但他一直自認爲郝大通弟子，其這一系傳承雖然與丘處機有些關係，但主要還是屬於郝大通的道脉。以上劉將孫提到的李志居、徐志根，皆爲王志謹弟子，而且繼姬志真之後先後做過王志謹一系本宗掌教，因此，劉將孫所言“全真

① 王宗昱編：《金元全真教石刻新編》，北京大學出版社2005年版，第136頁。

② 陳垣編纂：《道家金石略》，文物出版社1988年版，第780頁。

③ 陳垣編纂：《道家金石略》，文物出版社1988年版，第646頁。

徒滿天下,道派此爲嫡"指的是王志謹一系傳承,而非丘處機一系傳承。王志謹一系獲得如此定位,這説明至少在元代其這一系影響力是極强的,可以與繼承丘處機一系道脉的全真弟子相抗衡,這可能是明代華山派的影響力僅次於龍門派的原因。

第二節 普度衆生

齋醮儀式既是道教濟世度人的一種重要手段,也是其擴大社會影響的重要方式。關於齋醮,《無上黄籙大齋立成儀》卷十六云:"燒香行道,懺罪謝愆,則謂之齋;延真降聖,乞恩請福,則謂之醮。齋醮儀軌,不得而同。"①"齋"即齋戒,"醮"即醮法,道教中往往齋醮並行。雖然,"全真教從一開始就參加了傳統的道教儀式,而且將某些儀式成分納入了自己的修行體系,列爲制度;全真教到了七子時期,爲社會舉行儀式愈益頻繁,因之大大擴展了自己的影響,也壯大了教團;早期全真教有自己的儀式思想,奠定了後世全真儀式發展的基本特徵與趨勢。"②然而,從總體上來講,王重陽與馬鈺對齋醮活動持既不反對也不提倡的態度,雖然偶爾他們也參加一些齋醮活動,但其參與的方式與傳統道教並不一致。③ 全真道大規模舉行齋醮活動開始於劉處玄、王處一、丘處機等。隨着全真道的不斷發展,其社會影響力日益加强,爲了滿足社會各階層的需求,

① [宋]蔣叔與編:《無上黄籙大齋立成儀》,《道藏》第 9 册,第 478 頁。

② 劉仲宇:《早期全真教儀式初探》,《道家文化研究》第 23 輯,生活·讀書·新知三聯書店 2008 年版,第 145 ~ 146 頁。

③ 參見牟鍾鑒等著《全真七子與齊魯文化》,齊魯書社 2005 年版,第 190 頁。

開始把齋醮活動納入了自己的日常事務，並頻繁地在各地舉行齋醮活動。劉處玄東歸之後，便在膠東各地頻繁舉行醮事。① 而丘處機與王處一都曾主持過大型的官方齋醮活動。金大定二十八年（1188）二月，金世宗徵召丘處機至燕京，並讓其主持萬春節醮事。②金章宗於泰和元年（1201）、泰和三年（1203）兩次徵召王處一主持亳州太清宮普天大醮。③

王志謹繼承了全真七子以齋醮來服務於社會的傳統，多次主持和參加齋醮活動，而且其主持或參加的齋醮活動多是黄籙大醮。道教齋醮形式多様，有黄籙、玉籙、金籙、塗炭等，王志謹之所以偏好黄籙大醮，主要有以下兩方面的原因：第一，黄籙醮具有濟拔救度的功能，既可以普資家國，又可以遍濟存亡。在道教的二十七等齋儀中，黄籙科儀被列爲首位，道經則稱黄籙濟度功能第一。“齋有法，醮有儀，齋以謝咎，醮以度厄。”④黄籙具有度厄之功能，被視爲度人之上品。因此，在道教齋醮科儀中，黄籙醮被極爲廣泛的應用，既可用於濟度，又可用於祈禳，能够滿足社會各階層的需要。第二，金元之際，戰亂頻仍，無數將士血染沙場，數不清的百姓命喪黄泉，全真道重視黄籙大醮，正是因爲它具有濟度和超拔的功能。從全真道角度而言，舉行黄籙大醮，既可以超度孤魂野鬼，又可以

① 參見牟鍾鑒等著《全真七子與齊魯文化》，齊魯書社 2005 年版，第 194 頁。

② 參見牟鍾鑒等著《全真七子與齊魯文化》，齊魯書社 2005 年版，第 287 頁。

③ 趙衛東：《王處一五次被宣與全真道的發展》，《齊魯文化研究》第二輯，齊魯書社 2003 年版，第 118 ~ 127 頁。

④ ［金］党懷英：《大都十方大天長觀普天大醮感應碑》，《宮觀碑志》，《道藏》第 19 册，第 720 頁。

安撫百姓受傷的心靈。據目前所掌握的資料來看，王志謹主持或參與的黃籙大醮主要有以下幾次：

一、主持鄢陵黃籙大醮

姬志真《鄢陵黃籙大齋之碑》云："爰自大朝隆興，金源失統，干戈不息，以迄今日，幾四十年矣。馬蹄之所及，則金湯齏粉，兵刀之所臨，則人物劫灰，變谷爲陵，視南成北，比屋被誅，十門九絶，孑身不免，萬無一存。漏誅殘喘者，孤苦伶仃，覆宗絶嗣者，窮年索冥，憑誰薦拔，空負寒心。況在黃流之外，疆埸之郊，當此之危，甚於他所，驚魂滯魄，長劫難伸，須仗玄勳，始能解脱。"[①]連年戰火，生靈塗炭，屍骨遍野，在在冤魂，處處野鬼，生者長哀，民不聊生，流離失所。"今蒙醮主某官等，興大慈願，發上善心，乃就某觀修設無上黃籙大齋，供養三清玉虛諸聖位。……仍敦請南京朝元宫棲雲真人，掌行醮事。"[②]當地官員爲了安撫人心，決定舉行黃籙大醮，因王志謹道行高超，於是敦請其主持醮事。

二、受曹德禄之邀作黃籙大齋

王鶚《棲雲真人王尊師道行碑》云："歲戊子，經鎮市帥曹德禄邀師作黃籙大齋，遠近會者不下數千，其井僅供二三十人，德禄憂之，請於師。師命具茶果躬祭井上，以净席覆之，歷一晝夜而後啓，其泉汹涌，用之不竭，醮已復初。四方傳誦，師不以爲异，或詢其故，師曰：'無他，彼以誠告，我以誠應，誠意交孚，天

① 陳垣編纂：《道家金石略》，文物出版社1988年版，第466頁。

② 陳垣編纂：《道家金石略》，文物出版社1988年版，第466頁。

地可通，況其餘乎！'聞者愈服，其感應不可備録。"①金正大五年(1228)，王志謹受曹德禄之邀作黄籙大齋，這次齋醮活動規模宏大，遠近參會者不下數千，而水井却僅能供二三十人飲用，曹德禄深以爲憂。王志謹聽聞此事，讓弟子準備茶果等供品，祭於井上，用乾净的席子蓋起來，第二天井泉洶涌，用之不竭，齋醮結束後，又恢復如初。

三、主持滎陽黄籙大醮

據姬志真《滎陽修建黄籙大醮記》記載，滎陽袁公以"考妣，丁壬辰之運，俱殞於鋒鏑之場。"欲修黄籙大醮以超拔，但却因"力所不贍，至願未酬。"元憲宗八年(1258)秋，"敦請南京大朝元宫棲雲真人，求哀懇切。衆感其誠，躍往助之。自冬及春，敷布陳列，建立掃除，洎望昧爽，焚詞散壇，乃畢"②。元憲宗九年(1259)正月，經過精心的準備，王志謹應袁公之請於滎陽主持黄籙大醮。《滎陽修建黄籙大醮記》云："太歲屠維協洽，春正月，滎陽袁公崇建黄籙大醮，封治壇墠，陳列像儀。越三日，預告同盟，庀物蒇事。望前三日，爲始行道。賁奉三境高真，上下神祇，所以薦濟親屬，遠近亡化，兼波及本路覆絶無皈之魄洎有主無祭者，投壇附薦，以致孝子順孫，思宗念祖，酬恩報本，禮也。"③

---

① 陳垣編纂：《道家金石略》，文物出版社 1988 年版，第 563 頁。

② 王宗昱編：《金元全真教石刻新編》，北京大學出版社 2005 年版，第 154 頁。

③ 王宗昱編：《金元全真教石刻新編》，北京大學出版社 2005 年版，第 154 頁。

四、京兆迎祥觀主持黄籙醮事

姬志真《京兆普渡碑》云:“己未冬十月,西凉府太子下官八合,宿有素願,修建無上黄籙醮事。即本府迎祥觀,自春抵秋,葺營殿堂,封治壇墠,不遠敦請棲雲真人作大濟度師,主張法席。”①元憲宗九年(1259)冬十月,西凉府太子下官八合,敦請棲雲真人作大濟度師,於京兆府迎祥觀修建無上黄籙醮事。碑中詳細描述了舉行黄籙醮事的過程:“越某日,召集羽流,布陳儀象,發文預告三界明真,上下神祇,齋戒精思,庇物蕆事。望前三日,肇行典禮,恭祀列聖三百六十分位,意者薦濟宗族,遠亡近化,洎率土無主孤魂,兼有親乏祀之家,投壇附薦,自此及彼,無戚無踈,俱賴熏修,普祈超度。如是行道三日兩夜,望後一日昧爽,散壇乃畢。”②

舉行各種齋醮儀式是全真道服務於社會的一種方式,是全真道士悲天憫人宗教情懷的體現。王志謹於各地頻繁主持黄籙醮事,這不僅滿足了當時社會各界的需求,而且也擴大了全真道的影響,提高了全真道士在當時社會中的形象,對全真道的發展與興盛做出了重要貢獻。

第三節　濟世利人

王志謹門下弟子衆多,《盤山棲雲王真人道行碑》云:“後游諸方,到即緣契,興建琳宇,在處有之,所至泰然,不以舊新介意,住雖

---

① 陳垣編纂:《道家金石略》,文物出版社 1988 年版,第 532 頁。

② 陳垣編纂:《道家金石略》,文物出版社 1988 年版,第 532 ~ 533 頁。

久，去不回顧，暫憩朝夕，亦猶久寓之安。車轍所經，願爲門弟子者動以千數，達官著姓，白叟黄童，山林緇素之流，閨闈笄總之子，莫不羅拜於前，其爲世景仰如此。凡丫童之拜，師即答之，或問之，則曰：'凡隸玄門，皆太上之徒，吾之昆季也。天下之患，莫大乎傲慢輕易，道性人人具足，奚分長幼乎！'聞者嘆服。"①王志謹弘道傳教的效果之所以如此顯著，與其性格謙下，彬彬有禮，平等待人，專心傳道的個人品質不無關係。在他看來，道性人人具足，要一視同仁，不分長幼。王鶚與王志謹同鄉同宗，過從甚密。他曾以王志謹年事已高，勸其深居簡出，坐以傳教，不必事事躬親，外出傳道。王志謹則說："渠書生也，凡在交際，宜有分别。我全真者流，不敢失前輩遺躅，富貴者召之亦往，貧賤者召之亦往，一日十請亦往，千里來請亦往，急於利人，所以不敢少安以自便耳。"②王志謹認爲，全真教以弘道爲己任，不分貴賤，不論遠近，念兹在兹，以傳道爲目的，不能有絲毫的懈怠。王鶚擔心全真道這種普度衆人的做法，容易讓惡人鑽了空子，影響全真道的聲望，其言："師所至，日書法名，不知其數。不詢其人，不考其素，其中豈無惡少博徒，無乃爲累乎？"而王志謹却說："全真化導，正在此耳。使朝爲盜跖，暮爲伯夷，則又何求。雖千百一人，亦化導之力也。"③在王志謹看來，全真道即然以度化他人爲己務，就不能只以善者爲化導對象，從社會責任的角度講，化導惡者，使其向善，更是全真道應該做的。全真道急於利人，教化千百人中有一人向善，亦可以顯示全真道的教化之功。正是因爲王志謹懷著以上的心態來廣收門徒，有教無類，所以拜在

---

① 陳垣編纂：《道家金石略》，北京：文物出版社，1988 年，第 563 頁。

② 陳垣編纂：《道家金石略》，北京：文物出版社，1988 年，第 563 頁。

③ 陳垣編纂：《道家金石略》，文物出版社 1988 年版，第 563 頁。

其門下的弟子衆多,而且其中不乏道高德著之輩。

陳垣在《南宋初河北新道教考》中言:"全真何以能得人信服乎?竊嘗思之,不外三端,曰异迹驚人,畸行感人,惠澤德人也。"①其中"惠澤德人"講的就是全真道苦己利人、濟世救人的精神。從全真道祖王重陽創立全真道開始,就提出了"功行雙全"的口號,其中的"行"即是指"真行",並引用晉真人語云:"若要真行者,須是修仁蘊德,濟貧拔苦,見人患難,常行拯救之心,或化誘善人,入道修行。所行之事,先人後己,與萬物無私,乃真行也。"②全真七子謹遵師訓,做了很多利益群生、造福百姓的事情,尤其是丘處機,其西行覲見成吉思汗,"一言止殺",拯救了無數中原百姓的生命。王志謹曾追隨丘處機,深受其濟世利人思想影響,也做了很多造福當代、澤被後世的事情,其中最著名的便是開澇水之事。

據《棲雲王真人開澇水記》記載,元定宗貴由二年(1247)春,王志謹在率領弟子朝拜陝西重陽宫時,曾引澇水環衛重陽宫,從而對當地百姓惠澤無窮。其云:"丁未春,棲雲真人王公領門衆百餘,祀香祖師之重陽宫,至自汴梁,尋館於會仙堂之西廡,愛其山水明秀。一日,杖藜緩步,周覽四境,語其徒曰:'兹地形勝,其有如此。宫垣之西,甘水翼之,已爲壯觀,若使一水由東而來,環抱是宫,可謂雙龍盤護,真萬世之福田也,其可得乎!'"③於是,王志謹親自勘察地勢,至東南澇谷之口,測量計算,規劃其地,計畫鑿渠引澇水。王志謹開通澇水的計畫得到了太傅移剌保儉、總管田德燦二人的支持,王志謹召集千餘道侶,同心協力,揮汗如雨,歷時三旬,開通澇水的

① 陳垣:《南宋初河北新道教考》,中華書局 1962 年版,第 37 頁。
② [金]王嚞:《重陽全真集》卷十,《道藏》第 25 册,第 748 頁。
③ 陳垣編纂:《道家金石略》,文物出版社 1988 年版,第 620 ~ 621 頁。

工程便大功告成。竣工以後，澇水源源而來，自重陽宫東而往北，縈紆周折，西與甘水相合，實現了雙龍護盤、衛繞宫室的設想，而且造福了沿途百姓。《棲雲王真人開澇水記》云："澇之水源源而來，自宫東而北，縈紆周折，復西合於甘，連延二十餘里，穿村度落，蓮塘柳岸，蔬圃稻畦，瀟然有江鄉風景，上下營磨，凡數十區。雖秦土膏沃，但以雨澤不恒，多害耕作。自時厥後，衆集其居，農勤其務，闢荊榛之野，爲桑麻之地，歲時豐登，了無旱乾之患。"①

① 陳垣編纂：《道家金石略》，文物出版社 1988 年版，第 621 頁。

附録一:年譜詳編

金大定十七年(1177),生於曹州東明温里。

《棲雲真人王尊師道行碑》云:"中統癸亥夏六月己酉朔,晏坐方壺,不語不食,……越十有七日乙丑,盤桓枕肱,晏然而逝,春秋八十有六。"由以上可知,王志謹卒於中統癸亥年,即公元1263年,根據其"春秋八十有六"可知其生年爲公元1177年。即金大定十七年。①

《棲雲王真人開澇水記》云:"公諱志謹,曹州東明人,自幼入道,師太古郝宗師,得全真性命之傳。"②

《玉清觀碑》云:"真人姓王氏,曹州東明人,道號棲雲子,以誠化導,以惠利人,雲車所過,拜者塞途,隨立宫觀,在在有之,年開九秩,翛然而往,實洞天之列仙歟!"③

① 陳垣編纂:《道家金石略》,文物出版社1988年版,第562頁。
② 陳垣編纂:《道家金石略》,文物出版社1988年版,第620頁。
③ 陳垣編纂:《道家金石略》,文物出版社1988年版,第655頁。

金承安二年(1197),甫冠出家,師事郝大通。

《棲雲真人王尊師道行碑》云:"師生體异,夙有道緣,甫冠將娶,不告而出,徑趨山東。路聞太古廣寧真人演教寧海,執弟子禮,久之緣熟,漸次親炙,口傳心受,凡得一語,銘諸肺腑,自是日益修進,大蒙印可。"①

《棲雲真人開澇水記》云:"公諱志謹,曹州東明人,自幼入道,師太古郝宗師,得全真性命之傳。"②

《汴梁路棲雲觀記》云:"重陽六子,棲雲父郝太古,從丘長春,遂爲嗣祖,棲雲之是似者,姬與李志居、徐志根也。"③

《廣寧通玄太古真人郝宗師道行碑》云:"師逝之後,弟子行緣四出,能世其業者甚衆。高弟范玄通與棲雲王宗師,又其尤者。當中原板蕩,國朝隆興之初,一居東平,一往來乎燕汴,建琳宇,開玄壇,聚徒講説,貴賤欽仰,宗風大振,道價增崇,不減太古。"④

金崇慶元年(1212),郝大通仙逝以後,王志謹隻身西行,雲游四方。

《棲雲真人王尊師道行碑》云:"逮廣寧仙蜕,隻影西來,壞衲破瓢,首蓬面垢,行不知所之,止不知所爲,人役之笑而往,人辱之拜而受,韜光晦迹,未有識其爲道者。"⑤

---

① 陳垣編纂:《道家金石略》,文物出版社 1988 年版,第 562 頁。
② 陳垣編纂:《道家金石略》,文物出版社 1988 年版,第 620 頁。
③ 陳垣編纂:《道家金石略》,文物出版社 1988 年版,第 646 頁。
④ [元]李道謙集:《甘水仙源録》卷二,《道藏》第 19 册,第 740 頁。
⑤ 陳垣編纂:《道家金石略》,文物出版社 1988 年版,第 562 頁。

金興定四年(1220),王志謹之徒張志格等到達盤山,披荊斬棘,開始籌建宮觀。

《盤山棲雲觀碑》云:"有棲雲子者,密通玄奥,頗喜林泉,飛舄擇地。其徒有張志格等,庚辰歲預及此山。薙荒擗徑,披尋故址,巧與心會,遂營卜築。"①

金興定五年(1221),王志謹受薊州同知許公邀請住持盤山,各地學者前來參問,歸於其門下者不可勝數。

《盤山棲雲觀碑》云:"辛巳春,承本州同知許公議請棲雲真人住持此山,應命而至。居無幾,參學奔赴,虚往實歸,日數之而不及也。席下皆茂德耆宿,履踐皆抱樸明真,徒輩日增,遂營爲觀。"②

《洛陽棲雲觀碑》云:"辛巳秋,真人開道盤山,方來修煉之士,多往質疑,令聞遠播,黄冠野服游其門者,不可勝計,亦當時輔教之首出者。"③

金正大元年(1224),丘處機應詔而還,王志謹受丘處機之命,主領修建燕京天長觀。

《重修天長觀碑銘》云:"聖代龍興,玄風大振,長春應聘還,命盤山棲雲子王志謹主領興建,垂二十年,建正殿五間,即舊額曰玉虚,妝石像於其中。層簷峻宇,金碧爛然。方丈廬室,舍館厨庫,奂

---

① 陳垣編纂:《道家金石略》,文物出版社 1988 年版,第 465 頁。
② 陳垣編纂:《道家金石略》,文物出版社 1988 年版,第 465 頁。
③ 陳垣編纂:《道家金石略》,文物出版社 1988 年版,第 557 頁。

然一新。"①

金正大三年(1226)正月,王志謹邀請丘處機去盤山舉行黄籙大醮。

《盤山棲雲觀碑》云:"丙戌春,疏請長春真人作黄籙醮事,真人因題其額曰棲雲觀焉。"②

《長春真人西游記》卷下云:"丙戌正月,盤山請師黄籙醮三晝夜。是日,天氣晴霽,人心悦懌,寒谷生春。將事之夕,以詩示衆云:'詰曲亂山深,山高快客心。群峰争挺拔,巨壑太蕭森。似有飛仙過,殊無宿鳥吟。黄冠三日醮,素服萬家臨。'"③

金正大四年(1227),丘處機仙逝,王志謹率門人南邁汴梁。

《玄寶觀活死柏之記》云:"歲次丁亥長春真人上遣使□□馭於長春宫燕京東,諸師北面執弟子禮,請醮於田盤山之棲雲觀,雖旦夕稽首,竟不賜諾,託余以詩起之。"④

《盤山棲雲觀碑》云:"丁亥秋真人升霞之後,大師由是率衆南邁,所過者化,郡縣郊迎,隨立宫觀,創新葺故者不可勝數,皆其門弟所主焉。"⑤

《棲雲真人王尊師道行碑》云:"長春仙去,方出徑行,不喜置鉢

① 王宗昱編:《金元全真教石刻新編》,北京大學出版社 2005 年版,第 110 頁。

② 陳垣編纂:《道家金石略》,文物出版社 1988 年版,第 465 頁。

③ 《道藏》第 34 册,第 497 頁。

④ 陳垣編纂:《道家金石略》,文物出版社 1988 年版,第 459 ~ 460 頁。

⑤ 陳垣編纂:《道家金石略》,文物出版社 1988 年版,第 465 頁。

囊柱杖，盛暑不笠不扇，嚴冬不裘不帽，沿身之外無長物，人有以財物獻者，雖勉受之，過目不問。”①

金正大五年(1228)，王志謹在南行途中，受曹德禄之邀作黄籙大醮。

《棲雲真人王尊師道行碑》云：“歲戊子，經鎮市帥曹德禄邀師作黄籙大齋，遠近會者不下數千，其井僅供二三十人，德禄憂之，請於師。師命具茶果躬祭井上，以净席覆之，歷一晝夜而後啓，其泉汹涌，用之不竭，醮已復初。四方傳誦，師不以爲异，或詢其故，師曰：‘無他，彼以誠告，我以誠應，誠意交孚，天地可通，况其餘乎！’聞者愈服，其感應不可備録。”②

蒙古太宗窩闊台五年(1233)，王志謹於汴梁王重陽升霞之地，修建朝元宫，丞相史天澤復請兼主太一、上清、龍德諸宫觀事。

《棲雲真人王尊師道行碑》云：“初，重陽真人西歸，挈丹陽輩四子傳道於汴之逆旅。主人王氏不禮，反謗毁之，重陽曰：‘吾居之地，他日當令子孫卜築於此。’主人以爲狂。未幾重陽登仙，後六十有四年，汴降，師挈其徒迹其地，不十數年，殿宇壯麗，氣壓諸方，識者知重陽之言始驗，師亦不以爲功，曰‘諸人之力也’。凡所興工，皆聽自願，不强率，不責辦，故人樂爲之用。”③

《汴梁路棲雲觀記》云：“教行於汴，則棲雲始然，爲朝元開山，

---

① 陳垣編纂：《道家金石略》，文物出版社 1988 年版，第 563 頁。

② 陳垣編纂：《道家金石略》，文物出版社 1988 年版，第 563 頁。

③ 陳垣編纂：《道家金石略》，文物出版社 1988 年版，第 563 頁。

觀以棲雲名，不忘其所以興也。”①

《徐真人道行碑》云：“初，重陽入梁，主太寧坊王氏，嘗曰：吾後必宅是。金亡，其地爲墟。後六十四年，志謹即之爲宫，廣袤七里，賜名朝元。”②

《重修中太一宫碑》云：“乃書遣警副董德輝香幣迎致惠慈利物至德真人於河朔，請主上清及是宫。上清由規南征，撤以造舟，真人求得重陽開化真君爲道所廬作新朝元宫，他不暇爲，署其徒提點張志夷、知宫田志凈責使營葺。”③

《盤山棲雲觀》云：“特於南京重陽祖師升霞之所，鄭重傾心，構朝元宫，最爲壯麗也。”④

蒙古太宗窩闊台六年(1234)，開封知府富察派遣警副董德輝請王志謹住持上清宫和中太一宫。同年，王志謹出游冀州南宫，遇姬志真，收爲弟子。

《重修中太一宫碑》云：“皇元祝金曆於甲午之歲，宫由凋於兵，榱楝傾落，牆阤崩弛，風雨震凌，牛羊降陟，知開封府富察君哀之，謂非藉名德之師，疇能以興。乃書遣警副董德輝香幣迎致惠慈利物至德真人於河朔，請主上清及是宫。”⑤

《知常姬真人事迹》云：“甲午，棲雲王真人演教諸方，道出於

① 陳垣編纂：《道家金石略》，文物出版社1988年版，第646頁。
② 陳垣編纂：《道家金石略》，文物出版社1988年版，第713頁。
③ 陳垣編纂：《道家金石略》，文物出版社1988年版，第723～724頁。
④ 陳垣編纂：《道家金石略》，文物出版社1988年版，第465頁。
⑤ 陳垣編纂：《道家金石略》，文物出版社1988年版，第723～724頁。

此。師一言相契，遂執弟子禮，賜名志真，號知常子。"①

蒙古太宗窩闊台七年(1235)，丞相史天祥復請王志謹主持中太一、上清、龍德諸宮觀事。

《上清儲祥宮》云："長春以汴重陽觀故基，實主教重陽真君升化之地，命棲雲主之。營建幾三十年，是爲朝元宮。丞相史公復請兼主太一、上清、龍德諸宮觀事。"②

《龍德宮記》云："歲乙未，長春以汴之重陽觀實真君升舉之地，命盤山入汴主之。肇建大朝元宮，構築規制之大，甲江北諸宮觀。丞相史公以龍德亦古名地，請盤山並主之。構殿熙春閣，基之前扁無極以奉三清，與朝元遂爲宗屬。"③

蒙古定宗貴由元年(1246)四月，王志謹具禮郊迎李守寧，住持燕京丹陽觀。

《終南山重陽萬壽宮無欲觀妙真人李公本行碑》云："丙午春，詔燕京作普天醮，公預焉。夏四月，歸自衛，汴京長官復請住丹陽，棲雲王公具禮郊迎，座中若有急色，介諸徒速出，人莫知其然。"④

蒙古定宗貴由二年(1247)春，王志謹率領衆門徒，赴陝西終南山祭拜重陽祖師，並引澇水環繞重陽宮，灌溉良田。

《棲雲王真人開澇水記》云："丁未春，棲雲真人王公領門衆百

---

① [元]李道謙集：《甘水仙源録》卷八，《道藏》第19册，第792頁。
② 陳垣編纂：《道家金石略》，文物出版社1988年版，第780頁。
③ 陳垣編纂：《道家金石略》，文物出版社1988年版，第780頁。
④ 陳垣編纂：《道家金石略》，北京：文物出版社，1988年，第524頁。

餘,祀香祖師之重陽宫,至自汴梁,尋館於會仙堂之西廡,愛其山水明秀。一日,杖藜緩步,周覽四境,語其徒曰:'玆地形勝,其有如此。宫垣之西,甘水翼之,已爲壯觀,若使一水由東而來,環抱是宫,可謂雙龍盤護,真萬世之福田也,其可得乎!'"①

蒙古憲宗蒙哥四年(1254),王志謹到燕京參加普天醮事,醮後與姬志真一起回到汴梁朝元宫。

《知常姬真人事迹》云:"甲寅春,棲雲來燕,赴普天醮事。禮竟,挈師還汴梁,居朝元宫。"②

蒙古憲宗蒙哥六年(1256),受張志敬舉薦與張志素共同主持復建太清、明道宫。

《大元奉元明道宫修建碑銘並序》云:"憲宗皇帝四年,龍集甲寅,故太師汝南忠武張王鬭亳,得太清、明道兩宫遺址,兵燼悉爲荒墟。以文之燕,請事修復。長春嗣教真常大真人李宗師,遣隱真大師提點石志玉、通微大師知宫李志祕綜其務,歲丙辰,誠明真人張宗師奏請崇道真人張尊師、棲雲真人王尊師主其宫制。"③

《重修亳州太清宫太極殿碑》云:"逮吾誠明之嗣教也,承海都太子之命,敦請崇道真人張志素、棲雲真人王志謹同辦其事。棲雲未幾物故,其門人輩尤爲致力,崇道則朝夕以之,始終匪懈,增築故基丈餘,間架九楹,視舊制殊爲壯麗。"④

---

① 陳垣編纂:《道家金石略》,文物出版社 1988 年版,第 620 ~ 621 頁。
② [元]李道謙集:《甘水仙源録》卷八,《道藏》第 19 册,792 頁。
③ 陳垣編纂:《道家金石略》,文物出版社 1988 年版,第 789 頁。
④ 陳垣編纂:《道家金石略》,文物出版社 1988 年版,第 847 頁。

蒙古憲宗蒙哥九年(1259)正月,受滎陽袁公邀請修建黄籙大醮,同年十月,受西凉府太子下官八合邀請,於京兆府迎祥觀修建無上黄籙大醮。

《滎陽修建黄籙大醮記》云:"太歲屠維協洽,春正月,滎陽袁公崇建黄籙大醮,封治壇墠,陳列像儀。……原其所始,以公之考妣,丁壬辰之運,俱殞於鋒鏑之場。……由是存誠歷久,將崇大醮。力所不贍,至願未酬。來歲秋,敦請南京大朝元宫棲雲真人,求哀懇切。衆感其誠,躍往助之。自冬及春,敷布陳列,建立掃除,洎望昧爽,焚詞散壇,乃畢。"①

《京兆普度碑》云:"己未冬十月,西凉府太子下官八合,宿有素願,修建無上黄籙醮事。即本府迎祥觀,自春抵秋,葺營殿堂,封治壇墠,不遠敦請棲雲真人作大濟度師,主張法席。越某日,召集羽流,布陳儀象,發文預告三界明真,上下神衹,齋戒精思,庀物蕆事。"②

蒙古中統二年(1261),王志謹被賜號"惠慈利物至德真人"。

《廣寧通玄太古真人郝宗師道行碑》云:"中統二年,詔賜盤山棲雲道人王志謹之號曰'惠慈利物至德真人'。"③

《棲雲真人王尊師道行碑》云:"今上皇帝即位之二年,稽古建官,百度具舉,内嚴省署,外列監司,班慶賞以酬勳庸,錫嘉名以尊

① 王宗昱編:《金元全真教石刻新編》,北京大學出版社 2005 年版,第 154 頁。

② 陳垣編纂:《道家金石略》,文物出版社 1988 年版,第 532 頁。

③ 《道藏》第 19 册,第 738 頁。

有德。越八月之望,中書丞相奏:全真老宗師王棲雲操行純正,海内欽崇,宜降璽書,以彰寵數。制可,特賜號惠慈利物至德真人。”①

《棲雲王真人開涝水記》云:“中統辛酉,我朝超贈惠慈利物至德真人,奇迹偉行,生平尤多,獨以有功於後世生民者書之,餘不書。”②

蒙古中統四年(1263),王志謹仙逝於汴梁朝元宫。

《棲雲真人王尊師道行碑》云:“中統癸亥夏六月己酉朔,晏坐方壺,不語不食,門弟子怪問其故,但閉目凝神,指虚空而已。及沐浴安寢,静聽不聞呻吟之聲,熟視不睹屈伸之迹,門衆環侍,不敢少離。叱之曰:‘汝等各幹自己正事去。’越十有七日乙丑,盤桓枕肱,晏然而逝,春秋八十有六。”③

① 陳垣編纂:《道家金石略》,文物出版社 1988 年版,第 562 頁。
② 陳垣編纂:《道家金石略》,文物出版社 1988 年版,第 621 頁。
③ 陳垣編纂:《道家金石略》,文物出版社 1988 年版,第 563 頁。

附録二:資料彙編

金人捧露盤

盤山真人

喜樂山村,風月知音,信任歲華交换。終日掩柴門,處幽軒,閑看古書慵惓。住坐從容,獨行獨步,都把聲名斷。抱守元陽,情忘境滅,氣神和冲,升沈無礙,玉爐煉至寶,欲結清凉,重生温煖。　　寂寂空空,没空色養,真源返樸,默默熟慣。静静與清清,覺心猿意馬,没絲毫亂。放曠無拘,恣情散誕。自在逍遥,行滿與功成,得無生,儘他烏兔走,飛騰休管。世情遠。修真之士休宜晚。

([元]彭致中集:《鳴鶴餘音》卷一,《道藏》第 24 册,第 258 頁。)

盤山棲雲王真人語録

盤山棲雲王真人語録序

夫瞽者無以預①乎青黄之色，聾者無以預②乎管籥之音，豈惟③形骸有如此哉？而心智亦有之。若夫本分天真，人皆具足，奈以積塵所昧，正眼不明，逐色隨聲，尋蹤④覓迹，沉淪惡道，浩劫⑤千生，摸⑥竹管爲陽光，擊銅盤爲日景，不逢宗匠，皂白奚分？殢句執文，轉增迷惑。是以棲雲老師不得已應病施藥，剔耳挑聾，摩睛刮翳，冀得人人澈視，各各開聰⑦，見見聞聞，洒洒⑧落落，咸歸正道，不逐亡羊也。門下劉公先生，從師有年，密記老師之謦欬，裒以成集，約百餘則，誠爲初機學道者之指南也。命工鋟梓，以廣其傳。孤峯道人亦得預⑨其徒末⑩。行者見而喜之，乃齋沐而敬，爲之題辭。時丁未正月元日門人論志焕謹序。

① “預”輯要本作“豫”。
② “預”輯要本作“豫”。
③ “惟”輯要本作“唯”。
④ “蹤”輯要本作“踪”。
⑤ “劫”輯要本作“刼”。
⑥ “摸”輯要本作“模”。
⑦ “聦”輯要本作“聰”。
⑧ “洒洒”輯要作“灑灑”。
⑨ “預”輯要本作“豫”。
⑩ “末”輯要本作“未”。

盤山棲雲王真人語録

門人論志焕編次

時師在盤山普説云:大凡①初機學道之人,若便向言不得處理會,無着落、没依倚,必生疑惑,爲心上没工夫,便信不及,信不及必不能行,行不得則胡學亂學,久而退怠。今且説與汝等,眼前見得底,耳裏聽得底,信得及處行去,從粗入妙,亦不誤汝,雖是聲色,便是道之用也。如何是信得及處? 汝豈不見,許大虚空,及天地日月,山水風雲,此不是眼前分明見得底? 便是修行底牓樣,便是入道底門户也。且如雲之出山,無心往來,飄飄自在,境上物上,挂他不住。道人之心,亦當如此。又如風之鼓動,吹嘘萬物,忽往忽來,畧②無凝滯,不留影迹,草木叢林,礙他不住,劃然過去。道人之心,亦當如此。又如大山,巍巍峩峩,穩穩當當,不摇不動,一切物來,觸他不得。道人之心,亦當如此。又如水之爲物,性柔就下,利益羣品,不與物競,隨方就圓,本性澄湛。至於積成江海,容納百川,不分彼此,魚鱉蝦蟹,盡數包容。道人之心,亦當如此。又如日月,容光必照,公而無私,明白四達,晝夜不寐,晃朗無邊。道人之心,亦當如此。又如天之在上,其體常清,清而能容,無所不覆,於彼萬有,利而不害。道人之心,亦當如此。又如地之寧③,寂然不動,負荷萬物,無黨無偏。道人之心,亦當如此。又如虚空廣大,無有邊際,無所不容,無所不包,有識無情,天蓋地載,包而不辨。非動非

---

① “凡”輯要本作“九”。
② “畧”輯要本、《修真十書》本作“略”。
③ “寧”輯要本作“甯”。

静,不有不無,不即萬事,不離萬事。有天之清,有地之静,有日月之明,有萬物之變化,虚空一如也。道人之心,亦當如此。道同天地,其用若此,體在其中,工夫到日,自然會得,動用合道,自有主者。若更覓言思路絶處,則失之矣。既入玄門,各宜勉之。

或問曰:初心學人,修煉①心地,如何入門?答云:把從來恩愛眷戀、圖謀較計、前思後算、坑人陷人底心,一刀兩段去。又把所着底酒色財氣、是非人我、攀緣愛念、私心邪心、利心欲心,一一罷盡。外無所累則身輕快,内無所染則心輕快,久久純熟,自無妄念。更時時刻刻,護持照顧,慎言語,節飲食,省睡眠,表裏相助,塵垢净盡,一物不留。他時,自然顯露自己本命元神,受用自在,便是個無上道人也。

或問曰:修行之人,如何得清静?答云:心不逐物,謂之安心,心不愛物,謂之虚心,心安而虚,便是清静,清静便是道也。

或問曰:修行人,多説除情去欲,此已上更有理麽?答云:除了情,到無情,除了欲,得無欲,無情無欲底,則汝道這個是甚麽?

或問曰:修行人,投投要不昧,如何得不昧?答云:初心未煉②,出入不知,不會收縱,遇境遇物,一向着將去,顢頇模糊,只待困了方休。不明自己,便是昧了也,便與托生底一般,不知不覺透在别個殼子内,只待報盡方回,此爲昧了故也。若專用之③,專用覺,又被知覺昧了。修行人,若於二六時中,點檢④自己,不被一切點污,境上物上,輕快過去,便是不昧也。

或問曰:性命之事,如何護持?答云:若在萬塵境界内來去衮

---

① “煉”輯要本作“鍊”。
② “煉”輯要本作“鍊”。
③ “之”輯要本作“知”。
④ “點檢”輯要本作“檢點”。

纏，雖相應和，要自作得主，不一向逐他去，事不礙心，心不礙事，如護眼睛，但有纖塵，合眼不受，如此保護，久久見功。但心有受，即被他物引將去也，便作主不得。

或問曰：某念念相續，掃除不盡，如何即是？答云：朝日掃心地，掃着越不静，欲要心地静，撇下苕箒柄。其人拜謝。

或問曰：自來修行之人，必先立志，如何立志？答云：每在動處静處，一切境界裏，行住坐卧，念念在道，逢魔不變，遇害不遷，安穩處亦如此，巇嶮處亦如此，拚此一身，更無回顧，精進直前，生死不懼，便是個有志底人，故經云："强行者有志。"

師到南宫，於長真觀夜坐，對衆普説：初心出家，未能獨立，須仗叢林，或結道伴，遞相扶持，不至偏頗。然有三等，有雲朋霞友，有良朋知友，有狂朋怪友。凡有志節，鍊心地，究罪福，絶塵情，逍遥方外，同志相求，遂與爲友。此等謂之雲朋霞友也，以其心與雲霞相似，塵事礙他不住故也。又有習學經教，琴書吟詠，高談闊論，褒貶是非。此等謂之良朋知友，以其雖不鍊心，亦不能作惡故也。又有一等，不治心地，不看經典，不顧罪福，出語乖訛，作事狂蕩，觸着一毛，便起争鬭，誇强逞俊，恃力持勝，欺壓良善，相率成黨。此等之人，謂之狂朋怪友。此三等人，身謝之後，各有安置，去處隨其功業，各得受報：其雲朋霞友，升入無形，游宴玉京，或爲神仙，或爲天官；其良朋知友，塵心未盡，不出人倫，往復受報；其狂朋怪友，受了十方供養，全無功德，填還口債，或墮酆都，或墮傍生，輪迴苦趣。若到如斯，悔①之何及？聰②明達人，細細思之，各尋長便。

---

① "悔"輯要本作"悟"。

② "聰"輯要本作"聦"。

或問曰:學人如何是覺性?答云:指東畫西,這般虚頭且休,不如下些實工夫去。謂如心上有底情欲煩惱、人我無明等,喻似面前有一眼大琉璃滑井,若絲毫不照顧,便墮在裏,許萬劫不得出;若先見人識破,方欲下脚,急須退步,只這個急退步照顧底,便是汝覺性也。若分明墮在人我穽裏,猶自指空畫空,説向上事如何,干甚覺性事?

或問曰:如何是定性?師乃移位近前,正身默坐良久云:汝問甚麽定性?其人不省,傍有先生起而稽首謝之。師云:張公喫酒李公醉。其人大笑而已。

或問曰:學人本爲生死大事,求之不明,以至狂蕩,其意如何?答云:一念無生,即無死也。不能如此者,蓋心上有情,性上有塵,情塵般弄,生死不停。欲求解脱,隨遇即遣,遣之又遣,以致絲毫不存,本源清净,不逐聲,不逐色,隨處自在,虚静瀟洒[①],天長地久,自明真宰。蓋心正則事事正,心邪則事事邪,内既有主,則人愛底不愛,人嫌底不嫌,從來舊習般般列轉,六識既空,真體常静,更有何生死可懼?若到如此田地,却有一向没收没拾,藏伏不住,似着邪着祟底一般,向外馳騁,狂狂蕩蕩,便是神氣散亂,作主不得,便認作真懽真樂,却不知,無懽之懽乃真懽也,無樂之樂乃真樂也,無知之知乃真知也。今爲識神所般,邪氣入心,一向狂蕩,無藥可療也。學古人行歌立舞,殊不知,當時亦是解粘釋縛,别有得處,以此自樂,豈肯縱心顛蹶以誑惑世人哉?

或問曰:開眼有塵境,合眼有夢境,衆中有逆順境,如何得安穩去?答曰:修行人,收心爲本,逢着逆境,懽喜過去;遇着順境,無心

① “洒”輯要本作“灑”。

過去;一切塵境,干己甚事?凡在衆中,雖三歲小童,不敢逆着,不敢觸犯着,常時饒者;一切人逆着自己,觸犯自己,常是忍者;忍過饒過,自有功課。一切人皆敬者,一切難處自承當者,久久應過,心地純熟,在處安穩,一切境界裹平常過去,更無動心處,向諸境萬緣裹心得安穩,更不沾一塵,净灑灑地,晝夜不昧,便合聖賢心也。

或問曰:"識得一,萬事畢",又有云:"抱元守一",則一者是甚麼?師云:乃混成之性,無分别之時也。既知有此,即墮於數,則不能一矣。一便生二,二便生三,三生萬物,如何守得?不若和一也無。故祖師云:"抱元守一是功夫,地久天長一也無。"這個一也無處却明出自己本分來,却不無也。故經云:"知空不空,知色不色,名爲照了。"

或問曰:出家人,有學古人公案者,有學經書者,有云古教中照心,是否?師云:修行人,本錬自心,從凡①入聖,出家以來,却不肯以心爲事,只向他古人言句裹搜尋,紙上文字裹作活計,尋行數墨,葛藤自纏,費盡工夫,濟甚麼事?及至閻老來唤,一句也使不着,一字也使不得,却不如百事不知,懵懂過日的却有些似。把如今着恁尋趂②底工夫,向自己本分事上尋趂③,則不到得虚度時光。問如何是自己本分事?只這主張形骸底一點靈明,從道裹禀受得來,自古及今,清净常然,更嫌少甚?自澂理得明白,便是超凡④入聖底憑據。若信得及,便截日下功理會去,自家亦有如此公案,更數他别人珍寶作甚麼?快便自受用去,管取今已後不被他人瞞也。

---

① "凡"輯要本作"凢"。
② "趂"輯要本作"趁"。
③ "趂"輯要本作"趁"。
④ "凡"輯要本作"凢"。

師因有作務，普説云：昔東堂下有張仙者，爲木匠，不曾逆人，謙卑柔順，未嘗怒形於色。衆皆許可，而常讚歎，遂聞於真人。真人曰：未也，試過則可，喻如黄金，未曾鍊過，不見真僞。一日，令造坐榻，其人應聲而作；工未畢，又令作門窻[①]，亦姑隨之，已有慢意；工未及半，又令作匣子數個，其人便不肯，遂於真人前辯[②]證，欲了却一事更作一事。真人乃云：前因衆人許汝能應人不逆，未曾動心，今日却試脱也。修行之人，至如鍊心應事，内先有主，自在安和，外應於事，百發百中，何者爲先？何者爲後？從緊處應，粉骨碎身，惟心莫動。至如先作這一件又如何？先作那一件又如何？俱是假物，有甚定體？心要死，機要活，只據目前緊處應將去，平平穩穩，不動不昧，此所謂"常應常静"也。

或問曰：有人云：業通三世果，有否？答云：豈不聞古人有言："了即業障本來空，未了應須還宿債。"昔有人背生惡瘡，痛不可忍，膿血交流，尋於無人處自縊而死。似此等人，自己性分又不了，又不肯承當宿世膿血債負，雖自致死，再出頭來亦要償他。何以知此爲宿業耶？前代章宗朝有一駙馬，除彰德府大尹，其性酷虐，但心不喜，無故捶撻奴僕。一日，坐尻上或生痒痛，搔之則去皮，漸次血肉分裂，如新拷掠者，痛不可加，以致命終，以是知膿血債負必然有報。豈止此事，乃至大小喜怒毁謗打駡是非，見面相嫌，皆是前因所結舊冤現世要還，須當歡喜承受，不敢辯[③]證，承當忍耐，便是還訖；但有争競，便同抵債不還，積累更深，冤冤重結，永無了期。况復天意好還，乃至人間恩怨相傷，無非冤債。近

① "窻"輯要本作"窗"。
② "辯"輯要本作"辨"。
③ "辯"輯要本作"辨"。

聞長春真人初住北平時,大將軍北還,知事者偶逢山東世襲千户夫人被虜,緣其家世奉道有年,意欲贖令出家,以問真人,真人俛然不可。其事議間,已北行去訖,知事因問詢不可之意,真人曰:此人與其主人有三年宿債,今既相對,正合填還。後三年,果得簪裳出家,却來詣長春宫參見真人,以從來奉善,却得此報。門衆方信,拜謝而已。

師因一道人有病,普説云:修行之人,飲食有節,動静有常,心神安泰,别無妄作,偶然得病,便是天命,豈敢不受?亦是自己運數之行,或因宿緣,有此病魔。先要識破這個四大一一是假,病則教他病,死則教他死,心意寧[①]耐,從他變化,心不在病,重病即輕,輕病自愈,自性安和,濁惡氣散,亦是還了病債,亦是衝過一重關節。若不解此,心必不安,但有病患,即心狂亂,聲唤不止,叫疼叫痛,怨天恨地,又怨人不扶持,恨人不求醫,嗔人不合藥,責人不問候,一向專起無明黑暗業心,見底無有是處,不知自己生死已有定數,假饒慞惶,還免得麽?分外心亂,不自安穩。又不知心是身之主,主人不寧[②],遍身皆亂,豈不聞古人云:"心荒意亂地獄之門",分外招愆。如此處心,輕病即重,重病即死,爲濁亂其性故也。若事事不節,過分成病,是病因自作,自作自受,更怨他誰?心地下功者,必不如此。各請思之。

師因有病者至極不能去得,乃普説云:修行之人,先須識破萬緣虚幻,次要識破此個形骸一堆塵土,平日事上脱洒[③],臨行必得自在。昔山東有一庵主,臨終遷化,淹延不得脱離,使人問長春真人。

① "寧"輯要本作"甯"。
② "寧"輯要本作"甯"。
③ "脱洒"輯要本作"脱洒"。

真人云:往日但着於外緣物境上,未曾修鍊,以此纏綿,不得解脱。乃寄與語云:身非我有,性本虚空,一念不生,全身放下。庵主聞此語,心若有省,乃囑衆兄弟云:我以外緣所昧,以此心地無功,臨行不决,今勸汝等,各各下功修煉①身心,救此生死大事去。言訖遂終。又有一道人,臨死不决,詢問衆人曰:我如何去得?或曰:想師真者。其人想數日,又去不得。或曰:想虚空者。其人又去不得。有一老仙聞而視之,其人舉似前想裏事,今亦去不得。老仙呵曰:來時有個甚?去後想個甚?安以待命,時至則行矣。病人聞語,稽首謝之而卒。大抵修行之人,一切外緣,目前權用,自己本真,要實下功,物裏事裏過得脱洒②,臨行怎得不脱洒③?物上事上滯着染着,臨行怎得脱洒④?急當修鍊,生死難防,有日到來,外緣何濟?各請思之。

師有云:修行之人,須要立志節,及至有志節,却多執固,執固則事物上不通變,及至事物上通變得,却便因循過日也。以此,學者如牛毛,達者如麟角。有志立者却知不得底,有知者却行不得底,雖行者有久不得底。大抵學道之人,先要歸宗祖,次要有志節,須要識通變,專一勤行,久久不已,無不成就也。

或問曰:如何是真常之道?答云:真常且寘一邊,汝向二六時中理會自己心地,看念慮未生時是個甚麼?念慮既生時,看是邪是正?邪念則便泯滅者,正念則當用者。如何是邪念?凡無事時一

① “煉”輯要本作“鍊”。
② “洒”輯要本作“灑”。
③ “洒”輯要本作“灑”。
④ “洒”輯要本作“灑”。

切預①先思慮皆是邪妄。如何是正念？目前有事，合接物利生，敬上安衆，種種善心，不爲己事，皆是正念也。其静則體安，其動則用正，不縱不拘，無晝無夜，絲毫不昧，常應常静，平平穩穩，便是真常之道也。

師有云：修行之人，爲此頑心，自從無始以來輪迴，販骨如山之積，萬生萬死，以至今日方省前非，欲求解脱，是以晝不敢食，夜不敢眠，煉②此頑心，要般般與俗頭倒，方可中用。不煉③心，見④人不睡，也如此做造，心念如毛，及至觸着，便發煙火，至如百年不睡，濟甚麽事？頑心不盡，依舊輪迴。欲要换過此心，不論晝夜，時時刻刻，動裏静裏，把這一片頑心裂教粉碎去，方可受用；元本真靈與天地相似，然後静也是道，動也是道，開口也是道，合口也是道，更待别求甚麽？便是個脱洒⑤裏⑥道人也。

師常有云：修行之人，把自己從來心上染習得偏重裏⑦念慮，着功夫、用氣力鍜煉⑧了，難捨底捨去了，乃至此身限到，要捨便捨，况在心上底，但是虚妄，一一除盡，便無煩惱障礙也。若身外底一切事、一切物不足留心，眼前來往與蚊虻相似，拂去則快便，自心上難遣底遣去者，那底便是輪迴種子也。昔長春真人在蟠⑨溪時，常有

---

① “預”輯要本作“豫”。
② “煉”輯要本作“鍊”。
③ “煉”輯要本作“鍊”。
④ “見”輯要本作“的”。
⑤ “洒”輯要本作“灑”。
⑥ “裏”輯要本作“底”。
⑦ “裏”輯要本作“底”。
⑧ “煉”輯要本作“鍊”。
⑨ “蟠”輯要本作“磻”。

虎豹寅①夜往來，是夕出入，或生怖懼，清旦欲作藩籬，復自思惟：如此境界，有此怖心，便欲遮護，畢竟生死迴避得麽？却便休去，兀兀騰騰，任生任死，怖心自無，以致生死境中巍然不動，種種結縛一時解脱，此是難行處行也。

師有云：修行人，窮究生死大事，須索自己下工夫，不分晝夜，一心澄澈，六根清静；遇聲色境界，見如不見，聞如不聞，内心不受他家擾擾，非干己事，如目前風過一般；若關己事，不得已而應之。如此行持，久久自見功也。

師有云：修行之人，但見人用事好處，自己做效去，不可見他人過，却失了自己也。不得遞相是非，但存是非，自心不正，久進不得，正能掩邪，邪常謗正。凡存我相，常謗人者，此等人不明自己，乃是外道邪宗也。若有正知正見，必於自己心上體究偏邪，搜求過失，若管他非，非正人也。

或問曰：如何是功行？答云：合口爲功，開口爲行。如何是合口爲功？默而得之，無思無慮，緘口忘言，不求人知，韜光晦迹，此是合口爲功也。如何是開口爲行？施諸方便，教人行持，利益羣生，指引正道，是開口爲行也。

或問曰：視聽食息，手拈足行心思，此是性否？答云：道性不即此是，不離此是。動静語默，是性之用，非性之體也。性之體，則非動非静，非語非默。古人有言："大道要知宗祖，不離動静語默。"若認動静語默，便是認奴作主。主能使奴，奴豈是主哉？一切擡手動足，言語視聽，千狀萬態，及良久不動，皆是奴僕，非主人也。主人堂上終不得明示於外，然得其用使者，則自承當作主矣。

① "寅"輯要本作"夤"。

或問曰：某下三年死工夫，可以脱得輪迴麽？答云：修行之人，當立決定志，時時刻刻，精進煉①心，不預②未來，豈敢内存勝心，便要超脱？昔有道人，初出家來，乃大言云：某覷輪迴小可，着些工夫便是免了。有志下功。不測，篤疾纏身，數年不愈，漸消其志。此豈可以勝心爲之哉？

或問曰：某於山中獨行獨坐，親見山神報未來事，是真麽？答云：常人之心，依着萬塵，蒙昧不明，初機出家，磨鍊塵心，偶然得静，乍見静境，便生别個景象，神頭鬼面，認是心地，乃自歡喜，歌舞不休，或有自見知未來事者，或空中聞人預③報前事及有應驗者，或有親見過去師真神人來到目前付囑心地事者，若有心承認，便是着邪，如不除去，養成心病，無法可療。豈不聞古人云："見聞覺知亦是病患"，况是眼見耳聞心思裹，皆屬聲色境界，豈不聞經云："視之不可見，聽之不可聞，言之不可及，思之不可至"也？今已聲色上認爲真，便是落邪道也。昔有道人静坐中，或覺口中有酒味，又夢見人送酒，明日果有人送酒來，此是心空神應，不爲奇特，認之則著邪也。又有道人，坐中忽然神出外游，數百步復迴④，乃見本形依然端坐，如是數次，亦不爲奇特，乃與平常念頭出外一般，只争些子分明，若認爲功，便是着邪也。俚語云："萬般祥瑞不如無，平等安穩却合道"也。

師因衆論智藏開時辭源湧出，乃云：修行之人，初心離境，如鏡乍明，智藏忽開，舉意成章，不可住着。若心印定，不感而用，變成

---

① "煉"輯要本作"鍊"。
② "預"輯要本作"豫"。
③ "預"輯要本作"豫"。
④ "迴"輯要本作"回"。

狂慧,到了無功;只是神用,非道體也,不可馳騁以爲伎①能,但涵養則有功也。

師因人議住山,乃云:修行之人,物來要識破,境來要應過,應過一番,便同應過一舉。昔有道人住山,草衣木食,誓不下山,以爲屏盡塵俗之累。一日,忽有二人各持兵仗來索飲食,先生旋煮山果以待之,未及軟,其一人就釜中手取而嘗,怒而言曰:此等物以與人食!便欲搗去釜裏。先生初不言,見此二人怒色,兼以惡言激切,先生密謀。乃因事出外,探得所藏之棒,手按大呼云:二人出來,爾等未必近得我!二人出門笑曰:先生住山養成如此勝心,不如下山爲俗人去。二人遂行,望之忽不見。先生方疑是聖賢校勘,悔之而已。此是境上試不過也。

師因衆議不動心,乃云:昔山東有道人於師父處自言煉②盡無明火也,師云:無明火盡則心不動,便是好人。他日,師密遣人試之。日暮造門,庵門已閉,其人厲聲,以杖大擊其門,先生内應,聲已不順;勉强開門,來人形狀躁暴,先生見之顔色已動;又至堂上,其人不解履便跳上座,殊無禮貌,先生大怒,深責其人。其人拱手笑云:某非敢如此,師令某來校勘先生不動底心來,今未及試已見矣,不須再勘。其人大慙③,無言可對。大抵修行人,雖有工夫,豈敢自矜?不覺時便勘脱。其時實到灰心槁形,則却無自誇之念;既自矜誇,便勘脱矣。便直饒到得不動處,向上更有事在。

師因人論居圜守静事,乃云:昔有道人坐圜有年,一日衆人請出,隨意行止,舊友見而問之曰:師兄向静處得來底於閙處可用?

---

① “伎”輯要本作“技”。

② “煉”輯要本作“鍊”。

③ “慙”輯要本作“慚”。

未知師兄得到端的不動處也未？其人傲然，良久不言。友人進云：某有試金石，可辨真僞。師兄試説汝數年静處得來底心，看如何也？其人云：静處有甚麽可説！友人曰：似恁麽，則披毛戴角還他口債去也。其人忿然大怒，以至出罵。友人笑曰：此是汝圜中得底也，果試出矣。其人遂怨，終身絶交。此人不曾於境上煉①心，雖静坐百年，終無是處，但似繫馬而止者，解其繩，則奔馳如舊矣。

師嘗云：修行之人，如大匠斲木，先正心墨，然後於偏邪分外處漸加斤斧，就正成材，隨宜使用，不得動着心墨；若失了心墨，則無所取法矣。偏邪削盡，心墨端然，自與他相應，可以成就一切器用也。

師有云：修行人，常常心上無事，正正當當，每日時時刻刻體究自己本命元神端的處，明白不昧，與虚空打作一團，如此纔是道人底心也。積日累功，自有靈驗。所以，見種種作爲，不如休歇體究自己去。若一向物上用心，因循過日，却與俗心無异也。

師因衆議住持院門，乃云：修行人，住院須量氣力，運動簡省，輕快過日，不可與世俗一般争名争利，却失了當初本心，却忘了性命大事因緣，此是正理也。若能於此鍊磨心地，不肯處肯去，苦處當去，得心安穩不動，接待十方，自利利他，安心積行，功行兩全矣。若不鍊心，認物爲我，則一向慳貪習性、窄隘罪過，尋俗誤却前程矣。

師因勸衆住叢林，乃云：丹陽真人有詞云："學道住叢林，校淺量深，擇其善者作知音。如是未能明至理、挈領提衿。"凡②在叢林，遞相指教，提綱振領，共修無上心地，大法門，非小可事。有等無見趣底，不尋知友，不住叢林，又不論心地，南去北來，千山萬水，空費

---

① "煉"輯要本作"鍊"。

② "凢"輯要本作"凡"。

草鞋，只尋便宜自在處，觸着磕着，又早走也。及要快着自己尋好住處，兼覓因緣，不知甚麽是自己緊切處，不知怎生過日，只圖自在便是了也。殊不知，前面有底生死决定到來，看汝着甚支吾？豈可因循過日，虚度時光？當本出家圖個甚底？惺惺君子，細細思之。

師因作務人有動心者，乃云：修行人，外緣雖假，不可不應，應而無我，心體虚空，事來無礙，則虚空不礙萬事，萬事不礙虚空，如天地間萬象萬物，皆自動作，俱無障礙。若心存我相，事來必對，便有觸撥，急過不得，撞着磕着，便動自心，自心既動，平穩不得，雖作苦終日，勞而無功也。居大衆中，及有作務，專防自心，不可易動，常搜己過，莫管他非，乃是功行。事臨頭上，便要承當，諸境萬塵，不逐他去，自心明了，一切莫辨。如此過日，初心不退，自獲功也。

師云：修行人，有一分工①夫，便生一分勝心，有十分工夫，便生十分勝心。既有勝心，則有我相，我相勝心作大障礙，如何得到心空境滅也？却要重添决烈，把自己身心挫在萬物之下，常居人後，自念千萬不如人，然後可以遣却勝人底心。心同太虚，則無我也，無我則與道相應矣。

師云：修行之人，静中境界甚有多般，皆由自己識神所化，因静而現，誘引心君。豈不聞古人云："凡所有相，皆是虚妄。"心欲遣識，識神尚在，便化形象，神頭鬼面，惑亂心主；若主不動，見如不見，體同虚空，無處住着，自然消散，無境可魔，無物可壞也。昔有道人，心得休歇，一日坐間，忽見惡鬼無數，乘空而來，其人安定此心，體若虚空，冥然不辨，拚此一身，任生任死，其魔自散，爲有主在，寂然不動，豈有魔

① "工"輯要本作"功"。

魅？亦[1]心未盡，故顯此相，體性湛然，則自泯矣。

或問曰：守圜之人，其功如何？答云：昔長春真人在山東時，行至一觀，後有坐圜者。其衆修齋次，有人覆真人言：圜中先生欲與真人語。真人令齋畢相見去。不意間，真人因出外，尋及圜所，以杖大擊其門數聲，圜中先生以爲常人，怒而應之，真人便回。齋[2]畢，衆人復請以相見，真人曰：已試過也，此人人我心尚在，未可與語。遂去之。大抵居静，本爲性命事大，收拾固濟，涵養爲功，遇境不動，乃是驗也。今此擊門之聲是境，應者是心，心若忘我，如同灰滅，撥之有明，亦無火焰，遇境不動，安詳應過，便是心上有工夫也。今聞些子虚聲便早動心，一切惡境怎生過去？雖居圜中，濟甚麼事？受人供養，口債怎生不還得？却不如向動用境中、物上事上，專一磨鍊此心去，却是個有見趣底[3]人也。

或問曰：修行人，有言知覺，又云是病，其旨如何？答云：真知以不知之知，真覺以無覺之覺，元本真靈蒙昧萬劫[4]，今方省悟，乃名爲覺，一切知見皆從此生。若言有知有覺，又專欲常知常覺，乃是自纏自縛，無病自灸也。若一向不知不覺，却一向透入别殻也。既悟本宗，知覺皆是用處，當用即用，不可爲常也。

師云：修行之人，塵心頓歇，俗慮消亡，孤然顯出自己元本真宗，便是從來先天的主人。自承當得，逍遥自在，種種法界，一時透徹。若到此地，才要韜光晦迹，保護涵養多則功多。若舉意顯揚，則不覺暗損光明矣。

---

① “亦”輯要本作“妄”。
② “齋”輯要本作“肅”。
③ “底”輯要本作“成”。
④ “劫”輯要本作“勑”。

師云：修行之人，性有利鈍，性鈍者不可堅執，宜住叢林，低下存心，與達理明心底人結緣，緣熟自然引領入道，漸次開悟。若自性鈍滯，又無見趣，每日常與同類相從，交結塵俗，塵境緣熟，久必退道，或遭魔境，作地獄見，無人救援，一向沉墮，深可痛哉！

師云：昔有住圜者，聞人説地面，既入圜中，要見地面，心存此念，隨念應現，不知是假。耳裏聞底屬聲，眼前見底屬色，心上想底屬妄，便見金童玉女、真仙聖賢現形，白日親見，亦是虚妄境界，妄念所作，便認是地面，更不可破除，模糊一世，着邪着祟。殊不知，地面是古人心行到平穩休歇處，故有此名，如人住處，治平荊棘，掃除瓦礫，其地平整，可以居止，名爲地面。修行之人，心地平穩，事不觸動，便是個不動地面；萬塵染他不得，便是個清净地面；露出自己亘初法身，分分朗朗，承當得底，便是個圓明地面。凡言地面，亦有邊際去處，若到無地位、無方所、絶名言處，乃所謂玄之又玄也，如此豈可以眼見耳聞心想底便謂是了？

師云：無爲者，天道也；有爲者，人道也。無爲同天，有爲同人，如人擔物，兩頭俱在則停穩，脱却一頭即偏也。若兩頭俱脱去，和擔子也無，却到本來處。

師云：昔東堂下遇雨，知事人普請不擇老幼搬坯，衆皆競應，唯一老仙安坐不出。事畢，大衆圓坐，有言於長春真人者，真人呵之云：坯盡壞，直幾何？一人煉①心端的到休歇處，如寶珠無價。且量各人心地用事去！大抵教門中以得人爲貴也。

師云：昔長春真人堂下有當厨者，衆皆許其柔和低下，未嘗見動心。真人知之，密令人試，早晨於厨中所用什物移之他處。其人

---

① “煉”輯要本作“鍊”。

造粥漬米①及釜，急求匕杓不得，以至溢出，乃大動心。真人見之，教云：直饒溢盡，只是外物，何消壞心？其人方省，禮謝而已。

或有醫者問云：某行醫道，死者救活百餘人，其果如何？答云：直饒救盡天下人，亦不如救自己生死去。世間福報有盡限，自己修鍊到無生死處，此福無限量。

或有匠人問云：某修大殿，不徵工價，如此誠心，合有何果？答云：不如清净人默坐一時辰，蓋有爲之福有壞，無爲之福無壞。

師常②示衆云：人生於世，所爲所作，無不報應，謂如體道者得道，作福者得福，作孽者得孽，愛人者人愛，惡人者人惡，敬人者人敬，慢人者人慢，低下者人下之，信實者人信之，利人者人利之，害人者人害之，自高者人抑之，欲先則人争之，自强則人敵之。故云："種蘭得香，種粟得糧"，皆報應之理也。若存利心，矯詐爲之，以取人心，則失真矣。

師云：修行之人，大忌説人長短是非，及人間興廢，一切世事，非干己者，口不可論，心不可思，但説是非，便是昧了自己。若專鍊心，常搜己過，那得工夫管他家屋底事？但凡爲人，須有好處，宜相倣效，他人惡處，自當迴避，更莫關心，漸到休歇也。

師示衆云：修行之人，鄉中便了道也休住，酒肉食了飛升也休用，眷屬便是神仙也休戀，衆人愛底休愛，人都非底莫非，自己渾是莫認，睡裏得道也休睡，不是好伴休合，無益之言休説，遇事成是③莫④喜，遇事壞時莫憂，勝如己者學之，不如己者教之，人虧己者福

---

① "米"輯要作"未"。

② "常"輯要本作"嘗"。

③ "是"輯要本作"時"。

④ "莫"輯要本作"休"。

也,己虧人者禍也,言過行者虛也,行勝言者實也,有欲情者人事也,無塵心者仙道也,肯低下者高也,肯貧窮者富也。返常合道,順理合人,正道宜行,邪門莫入,通道明德,體用圓成。是謂全真也。

師云:古人學道,心若未通,不遠千里求師參問,倘若針芥相投,心地明白,更無疑慮。然後,或居圜堵,或寄林泉,或乞市中,或立宮觀,安心守道,更無變壞,此修真之上士也。有等出家,性又不明,更懶參問,心高好勝,自執己是,詐裝高道,虧功失行,兩下落空,駭人供養,不思己德如何銷①受?如此之人,住圜也不是,乞食也不是,生死到來,都不中用,蓋不肯於根蒂上下工夫也,直至百年,無有是處。

師云:修行之人,收拾自心,如一尊雕木聖像坐於堂中,雖終日無人亦如此,旛蓋簇擁亦如此,香花供養亦如此,往來毀謗亦如此,惟比木像通靈通聖,活潑潑地,明道明德,一切事上物上却不住着也。

師云:道人鍊心,如鑄金作雞,形色雖與雞一般,而心常不動,獨立於雞羣,雞雖好鬪,無有敢近傍者。體道之人,心若寒灰,形如槁木,天下之人,雖有好争者,則不能與争矣。故經云:"夫惟不争,故天下莫能與之争。"

師云:這個有體用、没爾我、正正當當底真心,自從亘古未有天地已前禀受得來,不可道有,不可道無;古今聖賢,天下老道,人皆得此,然後受用;千經萬論,乃至一大藏經,只是説這些子;上天也由這個,入地也由這個,乃至天地萬物、虛空無盡際,亦是這個消息主宰。會得底,不被一切境引將去,不被一切念慮搬弄,不被六根

① "銷"輯要本作"消"。

瞞過,這個便是神仙底日用,便是聖賢底行蹤,便是前程道子也。

師云:凡住叢林,雲集方來,豈得人人一等,個個同條?喻如大山,草木畢備,有不材者,有成材者,有特立者,有依附者,也有靈苗瑞草,也有荒榛荊棘,種種不同,隨性任運,自有次第,山體巍然,元無揀擇,一一含攝;流水積石,茂林豐草,獸走禽鳴,盡是神通妙用,彼各相資,如蓬在麻,不扶自直,天長地久,各得成就。若欲截長續短,變青作黄,豈謂各不得安,抑亦失其本性也。

師云:往昔在山東住持,終日杜門,不接人事,十有餘年,以静爲心,全無功行。向没人處獨坐,無人觸着,不遇境,不遇物,此心如何見得成壞?便是空過時光。若天不利物,則四時不行,地不利物,則萬物不生,不能自利利他,有何功德?故長春真人云:"動則安人利物",蓋與天地之道相合也。

師云:修行之人,若玄關不通,心地不明,忙忙業識不能無爲者,蓋爲無福德故也。乃當於有爲處、教門中隨分用力,立功立事,接待方來,低下存心,恭敬師友,常①行方便,屏去私邪,久久緣熟,日進一日,自有透得處,不勝②兩頭空擔?不能無爲,不能有爲,因循度日,無功無行,穩處着脚,甜處着口,閑管世事,鬧處出頭,恣縱身心,不懼神明,打筭③有日,豈不聞長春真人云:"心地下功,全抛世事,教門用力,大起塵勞。"又無心地工④夫,又不教門用力,因循過日,請自思之,是何人也?

師云:因緣有數,非由人力,必順自然,安以待命。内功外行,

---

① "常"輯要本作"嘗"。
② "不勝"輯要本作"勝如"。
③ "筭"輯要本作"算"。
④ "工"輯要本作"功"。

全在自心，自能着力，自己有功，行與不行，各各自得。教門不開，須當隱伏，心與天通；教門既開，外功亦應，合天應人。功不厭多，行不厭廣，但在此心堅固，乃可成就耳。

師云：道無不在，頭頭皆是，色色俱真，惟在自己臨時驅用，更別有甚麽？争奈人心塵緣障重，不解根源，摘葉尋枝，隨波逐浪，回機者少，縱有鑽研，不求真實，紐捏做造，見神見鬼，頭上安頭，顛回到顧，不自知覺幻身有限，光景難留，一息不來，若之何也？

師云：凡①日用者，心無雜念，意不外游，放而不逸，制而不拘，明心識法，去智離空，十二時中，念念現前。若滯現前，亦非其理，若離現前，無有是處。會動静，知去來，般般放下，無挂無礙，便是個逍遥自在底人也。但説皆非，自當消息。

師云：天地者，萬物之父母也。天無不蓋，地無不載，豈分别這個好、那個惡？一般蓋載，一般臨照。故凡在上者，乃是天命教在上，當似天一般蓋覆，安養存恤一切在下底人，不可分我尊爾卑；凡在人之下者，亦是天命分定在下，當似地一般承奉於天，敬仰從聽在上人者，不敢絲毫怠慢。既在天地之間，必須合天地之道也。不然，則分外妄作，有凶禍刑罰也。

師云：修行人，本宗上無虧，行業上用意，物境上速過去，人事裏不住着，私邪念不起，纖毫不立，微塵不染，晃朗虚明，不着空，不着有，不執法相，不執我見，兼衆人之光明，久久相資，融通表裏，便是聖賢地位，更有甚可疑也？

師云：修行之人，行藏任分，取捨隨宜，低下爲心，中正爲則，審動静之源，節視聽之用，萬緣齊斷，一志真常，永劫綿綿，乃無變壞

① “凡”輯要本作“九”。

也。

師云:道人日用,體天法地,常清常静,明而不昧,濟物利生,雖混於萬塵諸境之間,真源湛寂,無有間斷,自得出離生死結縛,此是一段大事因緣。奈何不悟之人,中無主宰,欲情攻於内,根塵誘於外,不得自由,四生從此輪迴,六道因兹而走作,换却頭皮,難同今日也。

師云:夫爲道者,抱樸含淳,潛通默運,除情去欲,損損存存,於物無私,作事明白,曲己從人,修仁藴德,絲毫之過必除,細微之功必積,是非俱泯,心法兩忘,向上之機自然達矣。

師云:修行之人,當本出家,爲此性命事大。歲久,不覺爲物所移,却學口頭伎倆,百種所能,只是爲奴作婢之事。何以知之?但凡伎藝,必欲人前呈,似此不是爲人所役也?豈是清净無爲主人之事?所以道:"智者不爲智者所用,而愚者用之;巧者不爲巧者所使,而拙者使之。"謂如辯者説之,默者聽之,仔細詳之,孰忙孰閑?凡欲修行,心地明白,而守愚拙,則天下之智巧皆爲之使用矣。

師云:向上師真所傳要妙,行事之際,密符天意,豈可執一端便爲道哉?以迹觀之,古人用處各各不同,妙本靈源,未嘗有异,喻如人心之用,在目爲見,在耳爲聞,在口爲言,在心爲思,在手爲拈,在足爲行,所用不同,心體無别。况今師真密旨,所謂教外别傳,言思路絶,悟者自得,乃是真師密傳之妙也。

師云:吾道密傳,不可以有心求,不可以無心得,以不知而知,以無得而得。世之惑者,以服色求道,以言説求道,以威儀求道,以法相求道,俱不得其大全。殊不知,道無蹤迹,以迹求之,非道也。復究此迹自何而來?知其所從來,則有非聲色、非做造、非威儀、非法相者存於中,蓋不可知知、識識也。只是這個本分圓成、真真實實、合天地、合聖賢、合鬼神、合萬物、如此一大事因緣，豈容塵垢聲聞蹤迹而能見之哉？

丹陽真人云："真樂真閑無議論，至微至妙絶商量。"没商量處却近也。

師云：出家人，久居叢林，朝夕訓誨，朝夕磨鍊，尚且乖踈，因循不進，道心漸減，塵事日增，放蕩猖狂，不能虚静。况在俗中孤行獨立，塵情荏苒，愛境牽纏，障道因緣，頭頭皆是，不自知覺，雖遇聖賢，不能勸化，百端紐揑，誑惑閭閻，迤邐沉淪，福銷業長，漸漬深重。若肯回頭，猶能救得；合塵背道，無可奈何，地獄不遠矣。

師云：學道之人，不厭參問，如人行路，勤問則不迷。人間小伎，無師則不得，况兹大道視之不見、聽之不聞，初機不遇，憑何了幹？苦中之大，莫過生死，不親至人，如何免得？故有云："古人學道非草草，侍奉真師直到老。"若不知下手去處，又不親近達人，雖有志行持，千差萬錯矣。

師云：自來學道之人，只許苦己利他，暗積功行。若復縱心，非理行事，不惟有辱教門，抑亦自招殃咎。爲身爲口，不清不儉，與俗無异，如此受用十方汗血之物，未是便宜，樂中受了，苦裏還他，生死到頭，更無支吾。既居門下，何不鍊心？

或問曰：學道之人，終夜不寐，其旨如何？答云：學人不寐，本以鍊心爲事。若不收心，濟甚麽事？至如賭博弈棋、織紡①羅磨之人，夜夜不睡，則盡是得道底人也？此等人，十二時中，利心誘引，只是貪財，擾擾心靈，如蚊虻咂膚，故不得眠。修行人，不同於此，睡是一欲，若不换過，滋長邪妄，暗昧不通，蓋屬陰界。如人防盗，

① "紡"輯要本作"坊"。

端然坐待,其盜自退;專以鍊心,恐致流蕩,謂此一心,本無定體,在陽則明,在陰則暗,熟境不存,無爲清净,性珠明了,此所以晝夜不寐也。

或問曰:學道之人,甘受貧寒,其理安在?答云:若但認貧苦飢①寒爲是,則街頭貧子、艱難之人盡是神仙也。蓋修行人,以道德爲心,以清净爲念,削除詐僞,貪求妄作,一時遣盡,忘形忘我,身外之物,未嘗用心。故有云:"遮皮蓋肉衣,更選甚好弱?填腸塞肚飯,更擇甚精粗?"唯救生死、鍊心爲事,故不念形骸之苦也。

或問曰:未來罪福還有也無?答云:未來且莫論,據見在言之。汝發一善心,欲於聖師前焚香設拜,以手拈香,其心發願云:願家眷平安,增福添壽。此不是作善底心,便望得福,雖得福亦不知。蓋修善者,明修而暗報,故未嘗有知者。若汝發一惡念,持刀殺人,才舉此心,便承當償命,此必不可於分明至公處作得,伺其暗昧不測中造下,不久敗露,便與償命。此不是望罪得罪,此罪明知,蓋作惡者暗作而明報。此則現在人爲,必然分明之事,況天伺察人所不知者,何方逃之?不可不戒。

或問曰:天堂地獄,從來有説,還真實否?答云:天堂者陽界,主善主福,地獄者陰界,主惡主禍。古人立教,天堂地獄,出自人心,心行所爲,冥然相應。謂如常清常静,利益一切,諸善奉行,明白不昧,便屬陽界;種種諸惡,坑陷不平,旁生邪道,便屬無明。黑暗逐旋增長,滓穢塵垢,皆屬黑簿,人神不容,心君懊惱,衆苦交煎,無人救援,便是地獄。古人云:"心清意静天堂之路,心荒意亂地獄之門。"喻如有一山路,聞人傳説有殺人賊,邀截行路,往往害人。

---

① "飢"輯要本作"饑"。

若心信從，退步不行，後必無害；若心不信，酩酊前行，及至山中，無事則已，若實有賊，即落姦便，悔之何及？地獄之説，亦如此義。大抵爲惡不如作善，善雖無報，有何罪過？惡道强行，凶禍及矣。目前明白，尚無改悔，何況幽冥，豈得預知？

或問曰：有云向上一事，人人俱足，更鍜煉[①]作什麽？答云：凡心未鍊，喻如石鑛[②]中有白金，未經鍜煉[③]，只是頑石。置之大冶洪爐，鍊去滓穢，分出真物，既以成金，不復爲鑛。修行人，亦復如此，將從來蒙昧染着之心，便同頑鑛，以志節爲大冶，以慧照爲工匠，殷勤鍜煉[④]，一毫不存，煉[⑤]出自己本初無礙底真心。既已成真，不復爲假，當自保護，堅固收藏，自得受用。此便是亘古圓明底無價寶珠也。

或問曰：若到清静無爲處，是徹也未？答云：此以體言，似是而非也。至於端的處，則不可言，不可思，不可以知知，不可以識識，妙絶名言，方始相應，不即動静，不離動静，豈可以無爲清净而定之哉？

或問曰：昔聞丹陽師父以悟死而了道速，其旨如何？答云：修行人，當觀此身如一死囚，牽挽入市，步步近死，以死爲念，事事割棄，雖有聲色境物紛華周匝圍繞，目無所見，耳無所聞，念念盡忘，此身亦捨，何況其他？以此鍊心，故見功疾，死中得活，不生不死。學道初機，救護生死，當作是念。人生頃刻，一息不來，便是死地。

---

① “煉”輯要本作“鍊”。

② “鑛”輯要本作“礦”。

③ “煉”輯要本作“鍊”。

④ “煉”輯要本作“鍊”。

⑤ “煉”輯要本作“鍊”。

緊切用心,勤修精進,遣盡凡心,自利利他,遞相救拔,不可因循也。

或問曰:心無染着,放曠任緣,合道也未?答云:起心無着,便是有着,有心無染,亦着無染,才欲静定,已墮意根,縱任依他,亦成邪見。無染無着,等是醫藥,無病藥除,病去藥存,終成藥病。言思路絶,方始到家,罷問程途矣。

師云:道無言説,惟指善惡,善則成就無上出世因緣,有天堂無地獄,惡則墮落無邊苦趣,有地獄無天堂。分此二途,蓋因迷悟,悟則刹那成聖,迷則永劫沉淪。幸得人身,寧①不思之?

師云:凡聖同途,只因明昧,明之則爲聖,昧之則爲凡。凡人之心,不肯剗情去執,棄妄除邪,逐境遷流,隨情宛轉,取一時之樂,積萬劫之殃,不省不思,莫悟莫覺者也。

師云:修行人,先要明自己本分事,次要通教化。若本宗不通,如人無目,不分道路,舉足差訛;若教化不明,如人有目而坐黑暗中,則有偏執我見。須要俱通,方得圓應;若俱不通,如大暗中坐而又無目,何時得出也?

或問曰:道家常論金丹,如何即是?答云:本來真性即是也。以其快利剛明,變化融液,故曰金;曾經煆煉②,圓成具足,萬劫不壞,故名丹。體若虚空,表裏瑩徹,一毫不挂,一塵不染,輝輝晃晃,照應無方。故祖師云:"本來真性號金丹,四假爲爐煉③作團,不染不思除妄想,自然衮④出赴仙壇。"世之人有言金丹,以有形象處作造,及關情欲,此地獄之見,乃淫邪之所爲,見乖人道、入旁生之趣

① "寧"輯要本作"甯"。
② "煉"輯要本作"鍊"。
③ "煉"輯要本作"鍊"。
④ "衮"輯要本作"滚"。

矣。

師云：學道之人，於萬事不干處，諸塵不染處，與天地相通處，向這裏體究徹，則“先天而天弗違，後天而奉天時，天且弗違，而况於人乎？况於鬼神乎？”

或問曰：如何是玄妙？答云：誰教汝作此問？其人拱手云：弟子自出意來。答云：恁麽，則汝自會也。其人笑而稽首。

或問曰：已往者不追，未來者不預，現在當如何？答云：滅動不滅照，更要會得這個滅動底是誰？得則權柄在手，滅也由汝，不滅也由汝。

或問曰：未來過去心則不問，如何是現在心？師正視云：此不是現在？復低頭云：此不是現在？反問云：汝會得也未？其人笑云：不會得。師復云：大開着眼，一個現在也不會，更説甚過去未來？

或問曰：如何是禍福？答云：積木成林，積石成山，積水成海，積善成福，積惡成禍，禍福之源，本自一心，積之方成。可不慎之？

或問曰：如何是善惡？答云：一切好心皆爲善，一切不平心皆爲惡，人不知之善爲大善，人不知之惡爲大惡，善惡都不思處，别有向上事在。

或問曰：道人亦有病，常人亦有病，如何是别處？答云：昔者丹陽師有疾，醫者不能診其脉，壺丘①子端坐，而相者不能得其真，何也？心不在物，則造化不能移，性不離宗，則鬼神莫能測，况醫卜之凡乎？此與常人之异也。

師云：修行人，正眼不開，圓機不發，但向别人蹤迹上尋覓，言

① “丘”輯要本作“邱”。

句上裁度，終無是處。喻如無眼人，雖聞人説日月之光，終不自見，只是想像，蓋不曾向自己心上下工夫也。

或問曰：動静境中，如何即是？答曰：自心清静，雖在稠人閙市冗攘之間，不干己事，從他擾擾，却同静室中百無所有。若在圜堵静室無人鄉裏，一似十字街頭，對聖對真，不敢起絲毫妄念，如此，則在動境裏也不礙，静境内也不礙，更有甚分外惑人之事？

或問曰：既言和光同塵，却道不着事，如何？答云：天是天，地是地，山是山，水是水，物是物，我是我，雖與混同，如何相着得？

或問曰：萬形萬狀，各各不同，怎生一體同觀得？答云：天是道，地是道，萬物皆是道，彼亦是道，此亦是道，形象雖殊，道無不在，如何不同得？

或問曰：人皆取樂，道人就苦，何也？答云：世之人，不知真樂，以心肯處爲樂，被欲心引在若[①]處，便認苦爲樂，每日用心計度，專求世樂，不得則憂苦膠擾，心靈永無自在，是謂大苦。學道之人，不求其樂，心存於道，遇苦不苦，無苦則常樂，心得自在。凡有樂則有苦，無樂則無苦。心無苦樂，所謂真樂也。

或問曰：如何得出罪福因果？答云：罪福因果屬陰陽之殻，若汝出得陰陽之殻，則自然無罪福因果也。如何是陰陽殻？但凡[②]心上起一毫頭許私邪利欲惡心，便屬陰殻，有一毫頭[③]許善念，便屬陽殻，在陰則有惡報，在陽則有善報。若曾鍊心，體如虚空，亦無善，亦無惡，無絲毫挂礙處，作主得，則禍福着他不得，因果挽他不着，便是個出陰陽殻底人也。在家之人，未曾有一善念在心，十二時中

① “若”輯要本作“苦”。
② “凡”輯要本作“凢”
③ 輯要本無“頭”字。

只是圖財利,汝死我活,坑人陷人,一片無明黑暗業心,只墮在陰陽殼内,陽道上也去不得,怎生出得陰陽殼?便待要無罪福,無因果,不亦難乎?汝自造下,怎生避得?所以低頭合眼,教他閻老理會去也。

或問曰:未來托生之事端的如何?答云:人生一世,隨情自造,成個來世底模子,作善底造下個善模子,作惡底造下個惡模子,以至盡此報身,一性離却這個殼子,如故鐵鎔成金汁,被造物者傾在自造底模子内,或爲人,或爲旁生,自作自受去也。造物者豈有心教汝爲旁生?豈有心教汝爲六道?是汝一生自造底殼子落在其中,逃避不得。先有此性,便作此物,謂如狠毒者爲蛇,慳吝者爲犬,淫殺者爲豕,貪暴者爲狼,大槩①皆此類。天地之間,萬形萬狀,不可窮盡,皆自作自受。故古人云:"同於金石,化爲金石,同於水火,化爲水火。"其信言也。頃刻間,一失人身,萬劫不復。曷不思之?

或問曰:某今老邁,不能多學,乞師向無上極玄極妙處説一句。答云:把汝這個求無上極玄極妙底去了,則便是也。

或問曰:天下立教,各説异端,自是非他,邪正未知誰是?答云:此有兩端,有修煉②者,有應世者。修煉③此心如天地一般清静,日月一般明白,四時一般運化,能應其事,法歸其根,更莫問向上如何,此便是正道之作用也,惟修煉④者能之。若口頭念誦得,如法身上裝束得,作相一個個堪看,使人人見喜,此是教門中應世底

① "槩"輯要本作"概"。
② "煉"輯要本作"鍊"。
③ "煉"輯要本作"鍊"。
④ "煉"輯要本作"鍊"。

枝梢花葉,干甚修煉①事?干甚正道事?此是權時使用。況兼心上争人争我,争財争利,與俗人一般,怎生道得我是正教也?明目者識之。

(以《道藏》太玄本爲底本,以《道藏輯要》本爲校本)

盤山棲雲大師語録②

達磨西來,不立文字;盤山老子,忒煞諄諄。二聖本不殊途,何乃一言一默?盖即心是佛,無言可傳,而垂世立教,無言不傳。盤山老師慈憫衆生業識茫茫,長劫受苦,故設爲問答,以開啓後學而擊包蒙也。祖師經傳明白無過於此,其為慈悲也至大矣。然譬如盲人遠途求醫,雖憑杖策,實用自行,方達醫所,目明之後則所策之杖本不相干,一無所用。以此觀之,後之學者亦不過假此以爲杖策云耳。至於成佛作祖,須是自己分上著些工夫。若但博覽廣記,以爲藤葛,誠恐無常到來,一帙盡記於我全無寸補。觀者必須究竟老師之言,勇志力行,則老師地位亦何難到。要見老師麽?深院沉沉春夜長,梨花月静啼鵑寂。時至元甲午浴佛日昭陽珠月子黄祖太謹序。③

時老師在盤山普説云:大凡初機斈④道之人,若便向言不得處理會,無着摸,没依倚,必生疑,爲心上没工夫,便信不及,則必不能

① “煉”輯要本作“錬”。

② 《修真十書》本名《盤山語録》。

③ 《修真十書》本無此《序言》。

④ “斈”《修真十書》本作“學”。

行，行不得，則胡孝[1]亂孝[2]，久而退怠。今且説與汝等，眼前見得底，耳裏聽得底，信得及處行去，從麄[3]入妙，亦不誤你，雖是聲色，便是道之用也。如何是信得及處？汝豈不見，許大虚空，及天地日月、山水風雲，此不是眼前分明見得底？便是修行底榜樣，便是入道底門庭也。且如雲之出山，無心往來，飄飄自在，境上物上，挂他不住。道人之心，亦當如是。又如風之鼓動，吹嘘萬物，忽往忽來，畧[4]無滯礙，不留景跡，草木叢林，碍[5]他不住，劃然過去。道人之心，亦當如是。又如大[6]山，巍巍峩峩，穩穩當當，不摇不動，一切物來，觸他不得。道人之心，亦當如是。又如水之爲[7]物，性柔就下，利益羣[8]品，不與物競，隨方就負[9]，本性澄淡，至於積成江海，容納百川，不分彼此，魚鼈蝦蟹，盡數包容。道人之心，亦當如是。又如日月，容光必照，至公無私，明白四達，晝夜不昧，晃朗無邊。道人之心，亦當如是。如天之在上，其躰[10]常清，清而能容，無所不覆，地之在下，其躰[11]常静，萬有利而一不害，道人之心，亦當如是。如虚空廣大無邊際，無所不容，無所不包，有識無情，天蓋地載，包而不辨，非動非静，不有不無，不即萬事，不離萬事，有天之清，有地之

① “孝”《修真十書》本作“學”。
② “孝”《修真十書》本作“學”。
③ “麄”《修真十書》本作“麤”。
④ “畧”《修真十書》本作“略”。
⑤ “碍”《修真十書》本作“礙”。
⑥ “大”《修真十書》本作“太”。
⑦ 《修真十書》本無“爲”字。
⑧ “羣”《修真十書》本作“群”。
⑨ “負”《修真十書》本作“圓”。
⑩ “躰”《修真十書》本作“體”。
⑪ “躰”《修真十書》本作“體”。

静,有日月之明,有萬物之變化,虚空一如也,道人之心,亦當如是。道同天地,其用若此,常躰①其中,工夫到日,自然會得,動用合道,自有主者。若便不見言思路絶處,則失之矣。既入玄門,各宜勉之。

或問:初斈②修煉③心地,如何入門?師云:把從來私情眷恋④、圖謀計較、前思後筭、坑人陷人底心,一刀兩叚着,又把所着底酒色財氣、是非人我、攀緣愛念、私心邪心、利心慾心,一一罷盡。外無所累則身輕快,内無染着則心輕快,内外輕快,久久純熟,自無妄念。更時時刻刻護持照顧,慎言語,節飲食,省眠睡,表裏相助,塵垢净盡,一物不留。他時自然顯露自己本命元神,受用自在,便是个⑤無⑥上道人也。

師示衆云:修行之人,鄉中便了道也休住,酒肉食了飛升也休喫,眷属⑦便是神仙也休恋⑧,衆人愛底休愛,人都非底莫非,自己渾是莫認,睡裏得道也休睡,不是好伴休合,無益之言莫説,遇事成時休喜,遇事壞時莫憂,勝如己者斈⑨之,不如己者教之,人虧己者福也,己虧人者禍也,言過行者虚也,行勝言者實也,有欲情者人事也,無塵心者仙道也,肯低下者高也,肯貧窮者富也。返常合道,順

① “躰”《修真十書》本作“體”。
② “斈”《修真十書》本作“學”。
③ “煉”《修真十書》本作“鍊”。
④ “恋”《修真十書》本作“戀”。
⑤ “个”《修真十書》本作“箇”。
⑥ “無”《修真十書》本作“无”。
⑦ “属”《修真十書》本作“屬”。
⑧ “恋”《修真十書》本作“戀”。
⑨ “斈”《修真十書》本作“學”。

理合人，正道宜行，邪門莫入，通道明德，躰①用負②成，是謂全真也。

師云：修行之人，大忌説人長短是非，及人間興廢，一切世事，非干己者，口不可論，心不可思，但説是非，便是昧了自己。若專鍊心，常搜己過，那得工夫管他家屋底事？但凡爲人，須有好處，宜相倣傚，他人惡處，自當迴避，更莫関③心，漸到休歇也。

師云：天地者，萬物之父母也。天無不蓋，地無不載，豈分别這个④好、那个⑤惡？一般蓋載，一般照臨。故凡在人上者，乃是天命教在上，當似天一般蓋覆安養存邺一切在下底人，不可分你我尊卑；凡在人下者，亦是天命分定在下，當似地一般承奉於天，敬仰聽從在上之人，不敢分毫怠慢。既在天地之間，必須合天地之道也。不然，則分外妄作，有刑罰凶禍矣。

師云：因緣有數，非乃人爲，必順自然，安時待命。内功外行，全在自心，自能着力，自己有功，行與不行，各各自得。教門不開，須當隱伏，心與天通；教門既開，外功亦應，合天應人。功不厭多，行不厭廣，但在此心堅固，乃可成就也。

或問曰：某下三年死工夫，可以脱得輪廻⑥麽？師云：修行之人，當立决定志，時時刻刻，精進煉⑦心，不預未來，豈敢内存勝心，

① “躰”《修真十書》本作“體”。
② “負”《修真十書》本作“圓”。
③ “関”《修真十書》本作“關”。
④ “个”《修真十書》本作“箇”。
⑤ “个”《修真十書》本作“箇”。
⑥ “廻”《修真十書》本作“迴”。
⑦ “煉”《修真十書》本作“鍊”。

便望超脱？昔有道人，初出家來，乃大言云：某覷輪廻[1]小可，着些功夫，便是免了。有志下功。不測篤疾纏身，數年不愈，漸消其志。此豈可以勝心爲之哉？

師云：參道之人，不厭參問，如人行路，勤問則不迷。人間小伎，無師則不得，況玆大道，視之不見，聽之不聞，初機不遇，憑何了悟？苦中之大，莫過生死，不親近至人，如何免得？故有云："古人斈[2]道非草草，侍奉真師直到老。"若不知下手去處，又不親近達人，雖有志行持，千差萬錯矣。

師云：修行人，把自己從來心上染習得偏重底念慮，着工夫、用氣力煅煉，難捨著[3]捨去，乃至此身限到也要捨，況在心上底，但是虚妄，一一除盡，便無煩惱碍[4]也。若身外底一切事、一切物不足留心，眼前來往與蚊蝱相似，拂去則快便，自心上難遣底遣去者，那裏便是輪廻[5]種子也。昔長春真人在磻溪時，常有虎豹寅夜往來，晨夕出入，或生怖懼，即欲藩籬，復自思惟：如此境界，有此怖懼，便欲遮護，畢竟生死廻[6]避得麽？却便休去，兀兀騰騰，任生任死，怖心自然無之，以至生死境中巍然不動，種種結縛，一時解脱，此是難行處行也。

師云：修行人，但見人事好處倣傚[7]者，不可見他人過，却失了自己也。不得遞相是非，但存是非，自心不正，久進不得。正能掩

① "廻"《修真十書》本作"迴"。
② "斈"《修真十書》本作"學"。
③ "著"《修真十書》本作"着"。
④ "碍"《修真十書》本作"礙"。
⑤ "廻"《修真十書》本作"迴"。
⑥ "廻"《修真十書》本作"迴"。
⑦ "倣傚"《修真十書》本作"傚倣"。

邪,邪常謗正。凡有我相,常謗人者,不明自己,及是外道邪宗也。若有正知正見,必於自己心上躰①究偏邪,搜求過失,若管他非,非正人也。

凡住叢林,雲集方來,豈得人人一等,箇箇同條?喻如泰山,萬物畢備,有不材者,有成材者,有特立者,有依附者,有靈苗瑞草,也有荒榛荊棘,種種不同,隨性任運,自有次第,山躰②巍然,元無揀擇,一一含攝。流水種石,茂林豐草,獸走禽鳴,盡如神仙妙用,彼各相資,如蓬如麻,不扶自直,天地長久,各得成就。若欲截③長補短,變青作黄,豈惟各不得安,抑亦失其本性也。

師因衆議住持山門,乃云:修行之人,住持山門須量氣力,運動簡省,輕快過日,不可與世俗一般争名競利,却失了當初本心,却忘了性命大事。因緣當權外而實内,遇難處寧柰,愈麽④煉此心,不肯處肯者,若處當者,得心安,穩處不動,接待十方,自利利他,安心積行,功行兩全矣。若不錬心,認物爲我底,則一向慳貪習性,窄隘罪過,尋俗誤却前程矣。

師到長真觀夜坐,對衆普説云:初心出家,未能獨立,雖仗叢林,或結伴道友,遞相扶持,不至偏頗。然有三等:有雲朋霞友,有良朋知友,有狂朋怪友。凡有志節,錬心地,究罪福,絶塵俗,逍遥方外,同志相求,遂爲篤友,此等謂之雲朋霞友,以其心與雲霞相似,塵事礙他不得故也。又有習斈⑤經教,琴書吟詠,高談闊論,褒

---

① “躰”《修真十書》本作“體”。
② “躰”《修真十書》本作“體”。
③ “截”《修真十書》本作“絶”。
④ “麽”《修真十書》本作“磨”。
⑤ “斈”《修真十書》本作“學”。

貶是非，此等謂之良朋知友，以其不錬心，亦不能作惡故也。又有一等，不治心地，不看經書，不顧罪福，出語乖訛，作事誑蕩，觸着一毛，便起争鬪，誇狂逞俊，恃力持勝，欺壓善良，相率成黨，此等謂之狂朋怪友。此三等人，身謝之後，各有安置去處，隨其功業，各得受報。其雲朋霞友，升入無形，游燕玉京，或爲神仙，或爲天官；其良朋知友，塵心未盡，不出人倫，往復受報；其狂朋怪友，受了十方供養，全無功德，填還口債，或隨[1]酆都，或墮旁生，輪廻[2]苦趣，若到如斯，悔之何及？聰明達人，細細思之，各尋長便。

師因勸衆住叢林，乃云：丹陽真人有詞云："斈[3]道住叢林，校淺量深，選擇其善作知音。如是未能明至理、挈領提衾。"凡在叢林，遞相指發，提綱振領，共修無[4]上心地。大法門，非小事。有等無見趣底，不尋知友，不住叢林，謾説雲游，不論心地，千山万水，南去北來，空費草鞋，只尋便宜自在處，觸着磕着，又早走。如此出家，不知甚麽是自己緊切處？不知怎生過日？只圖自在便是了也。殊不知，前靣[5]有底生死决定到來，看你着甚枝梧？豈可因循過日，虚度時光也。當初出家，圖箇甚麽？

師云：修行之人，性有利鈍。性鈍之人，不可堅執，宜住叢林，低下存心，與達理明心底人結緣，純熟自然，引領入道，漸次開悟。若自性鈍滯，又無見趣，每日與同類相從，交結塵俗，塵緣熟久，必

---

① "隨"《修真十書》本作"墮"。
② "廻"《修真十書》本作"迴"。
③ "斈"《修真十書》本作"學"。
④ "無"《修真十書》本作"无"。
⑤ "靣"《修真十書》本作"面"。

退道，或遭魔境，作地獄見，無人救援，一向沉①墮，深可痛哉！

師云：出家人久居叢林，朝夕訓誨，尚且乖踈。因循不進，道心漸減，塵事日增，放蕩猖狂，不能虛静。况在俗中，孤行獨立，塵情荏苒，爱境纏綿，障道因緣，頭頭皆是，不自知覔②。雖遇聖賢，不能勸化，百端扭捏，誑惑閭閻，迤逦沉③淪，福消業長，漸漬深重。若肯回頭，猶能救得，合塵背道，無可柰何，地獄不遠矣。

師因人議住山，乃［云］④：修行之人，物來要識破，境來要應過，應過一番，便同應過一舉。昔有道人住山，草衣木食，誓不下山，以爲屏盡塵俗之累。一日，或有二人各持兵仗來索飲食，先生便煑山果以待之。未⑤及軟，其一人就釜中手取而嘗，怒而言曰：此等物以⑥與人食！便欲觸去釜底。先生初不言，見此二人怒色，兼以惡言激切，先生密謀。乃因事出外，探得所藏之棒，手按大呼云：二人出來，尔⑦等未必近得我！二人出門笑曰：先生住山養成如此勝心，不如下山作俗人去。二人遂行，望之忽不見。先生方疑是聖賢校勘，悔之而已。此是境上試不過也。

師因衆議不動心，乃云：昔山東有道人，於師父處自言煉盡無明火。師云：無明火盡則心不動，便是好人。他日，師父密遣試之。日暮造門，庵門已閉，其人厲聲，以杖大擊其門。先生内應，已聲不

---

① “沉”《修真十書》本作“沈”。
② “覔”《修真十書》本作“覺”。
③ “沉”《修真十書》本作“沈”。
④ 北圖元刻本無“云”字，今依《修真十書》本補。
⑤ “未”《修真十書》本作“果”。
⑥ 《修真十書》本無“物以”二字。
⑦ “尔”《修真十書》本作“爾”。

順;勉强門[①]門,來人形狀躁暴,先生見之,顏色已動。又至堂上,其人不解屨跳上坐,殊無禮貌,先生大怒,深責其人。其人拱手笑曰:某非敢如此,師父使來校勘先生不動底真心,今未及試,已見矣,不須再勘。其人大慙,無言可對。大抵修行人,雖有功[②]夫,豈敢自矜?不竟[③]時便勘脱。其實到灰心槁形,則却無自誇之念;既自誇,便勘脱矣。便直饒到得不動,向上更有事在。

或問曰:守圜之人,其功如何?師云:昔長春師父在京時,行至一觀,後有坐圜者。其衆修齋次,有人覆真人言:圜中先生欲與真人語。真人法旨,令齋畢相見去。不意間,真人因出外,尋及圜所,以杖大擊其門數聲,圜中先生以爲常人,怒而應之,真人便回。齋畢,衆人復請以相見。真人曰:已試過也,此人我心尚在,未可與語。遂去之。大抵居静,本爲性命事大,收拾固濟,涵養爲功,遇境不動,乃是驗也。今此擊門之聲是境,應者是心,心若忘我,如同灰滅,有明亦無大燄,遇境不動,安詳應過,便是心上有工夫也。今聞些子虚聲,便早動心,一切惡境怎生過去?雖居圜中,濟甚麽事?受人供養,口債怎生還得?却不如於衆中琢磨,鍊此頑心,他日鑛盡金出,却是箇有見趣底人也。

師云:昔長生真人堂下有當厨者,衆皆許其柔和低下,未曾見動心。真人知之,令人試之。密使人早晨於厨所用什物移之他處,其人造粥漬米及釜,急求匕杓不得,以至溢出,乃大動心。真人見之,教云:有饒溢盡,只是外物,何銷壞心?其人方省,禮謝而已。

師因有作務,普説云:昔東堂下有張仙者,善能木匠,不曾逆

① “門”《修真十書》本作“開”。
② “功”《修真十書》本作“工”。
③ “竟”《修真十書》本作“覺”。

人，謙卑柔順，未嘗見怒形於色。衆皆許可，而嘗讚嘆[1]，遂問於真人。真人曰：未也，試過則可，喻比黄金，不錬[2]過，不知真僞。一日，令造坐榻，其人應聲而作；工未畢，又令作門窓[3]，亦姑隨之，已有慢意；工未及半，又令作合子数箇，其人便不肯，遂於真人前辨証[4]，欲了却一事更作一事。真人乃云：前因衆人許汝能應人不逆，未曾動心，今日却試脱也。修行之人，至如錬心應事，内先有主，自在安和，外應於事，百發百中，何者爲先，何者爲後，從緊處應，粉骨碎身，惟心莫動。至如先作這一件又如何？先作那一件又如何？俱是假物，有甚定躰[5]？心要死，機要活，只摅目前緊處應將去，平平穩穩，不動不昧，此所謂"常應常静"也。

師因作務有動心者，乃云：修行之人，外緣雖假，不可不應，應而無我，心躰[6]虚空，事來無碍[7]，則虚空無碍[8]万事，万事不碍[9]虚空，如天地間万[10]象万[11]物，皆自動作，俱無障碍[12]。若心存我相，事來必對，便有觸撥，急過不得，築着磕着，便動自心。自心既動，平穩不得，雖作苦終日，勞而無功也。居大衆中，及有作務，專防自

---

① "嘆"《修真十書》本作"歎"。
② "錬"《修真十書》本作"煉"。
③ "窓"《修真十書》本作"窻"。
④ "証"《修真十書》本作"正"。
⑤ "躰"《修真十書》本作"體"。
⑥ "躰"《修真十書》本作"體"。
⑦ "碍"《修真十書》本作"礙"。
⑧ "碍"《修真十書》本作"礙"。
⑨ "碍"《修真十書》本作"礙"。
⑩ "万"《修真十書》本作"萬"。
⑪ "万"《修真十書》本作"萬"。
⑫ "碍"《修真十書》本作"礙"。

心，不可易動，常搜己過矣[1]，[莫][2]管他非，乃是功行。事臨頭上，便要承當，諸境万[3]塵，不逐他去，自己明了，一切莫广[4]，如此過日[5]，初心不退，自獲大功也。

師因人論居圜環堵也，中起一屋，築圜牆闔之，別開小牖，以通飲食，使人供過[6]也。絶交友，專意修行也。守静事，乃云：昔有道人，坐圜有年，一日衆人請出，隨意行止，[7]舊友見而問曰：師兄向静處得來底於鬧處可用？未知師兄得到端的不動處也未？其人傲然，良久不言。友人進云：某有試金石，可辨[8]真僞。師兄試你数年静處得來底心，看如何也？其人云：静處有甚麽可説？友人曰：似恁麽，則披毛帶角，還他人口債去也。其人忿然大怒，以至出駡。友人笑曰：此是圜中得來底，果試出矣。其人遂怒，終身絶交。此人蓋不曾境上煉[9]心，唯静坐百年，終無是處，但如繫馬而止者，解其繩，則奔馳如舊矣。

師云：昔東堂下遇雨，知事人普請，不擇老幼搬坯，衆皆競應，惟一老仙安坐不出。事畢，大衆團坐，欲糾老仙，有言於長春真人者，真人呵之云：坯盡壞，直幾何？一人煉[10]心端的到休歇處，如寶珠無價。且量各人心地用事去！大抵教門中以得人爲奇也。

或問曰：某於山中獨行獨坐，親見山神報未來事，是真麽？師

---

① 《修真十書》本無“矣”字。
② 北圖元刻本無“莫”字，今依《修真十書》本補。
③ “万”《修真十書》本作“萬”。
④ “广”《修真十書》本作“魔”。
⑤ “日”《修真十書》本作“目”。
⑥ “過”《修真十書》本作“送”。
⑦ 《修真十書》本“舊”字前有“其”字。
⑧ “辨”《修真十書》作“辯”。
⑨ “煉”《修真十書》本作“鍊”。
⑩ “煉”《修真十書》本作“鍊”。

云：常人之心，依着萬塵，蒙昧不明，初機出家，磨鍊塵心，偶然得静，乍得静境，便生别个[①]景象，神頭鬼靣[②]，認得心地，乃自歡喜，歌無不休。或有自見知未來事者，或空中聞人預報前事及有應驗者，或有親見[③]過去師真神人來到目前嘱[④]付心地事者。若有心承認，便是着邪，若不除去，養成心病，無法可療。豈不聞古人云："見聞覔[⑤]知亦是病患"，况是眼見耳聞心思底，皆属[⑥]聲色境界。豈不聞古人經云：視之不可見，聽之不可聞，言之不可及，思之不能至也。今於聲色上認爲真，便是落邪道也。昔有道人，静坐中或覔[⑦]口中有酒味，又夢見人送酒，明日果有人送酒來。此是心空神應，不為奇特，認之則爲着邪也。又有道人，坐中忽然神出外游，數百步復回，乃見本形依然端坐，如是數次。亦不為奇特，乃與平常念頭出外一般，只爲些子分明，若認爲功，便是着邪也。俚語云："萬般祥瑞不如無，平常安穩却合道。"

師云：修行之人，静中境界甚有多般，皆由自己識神所化，因静而現，誘引心君。豈不聞古人云："凡所有相，皆是虚妄。"心欲遣識，識神尚在，便化形像，神頭鬼靣[⑧]，或乱心主；若主不動，見如不見，體同虚空，无处[⑨]捉摸，自然消散，无[⑩]境可魔，無物可壞也。昔有道人，心

---

① "个"《修真十書》本作"箇"。
② "靣"《修真十書》本作"面"。
③ 《修真十書》本無"見"字。
④ "嘱"《修真十書》本作"囑"。
⑤ "覔"《修真十書》本作"覺"。
⑥ "嘱"《修真十書》本作"囑"。
⑦ "覔"《修真十書》本作"覺"。
⑧ "靣"《修真十書》本作"面"。
⑨ "处"《修真十書》本作"處"。
⑩ "无"《修真十書》本作"無"。

得休歇，一日坐間，忽見惡鬼無数，乘空而來，其人安定此心，体①若太空，冥然不卞②，捹此身，任死任生，其魔自散，為③有主在，寂然不動，豈有魔魅？妄心未尽④，故顯此相，躰⑤性湛然，則泯自矣。

師云：昔有住圜者，聞人說地面，既入圜中，要見地面，心存此念，隨念應現，不知是假，耳裏聞底属⑥聲，眼裏見底⑦属⑧色，心上想底⑨属⑩妄，便見金童玉女、真仙聖賢現形，白日親見⑪，亦是虛妄境界，妄念所作，便認是地面，更不可破除，謾糊一世，着邪着祟。殊不知，地面是古人心行到平穩休歇處，故有此名，如人住处⑫，治平荊棘，掃除瓦礫，其地平整，可以居止，名爲地面。修行之人，心地平穩，事觸不動，便是个⑬不動地面⑭；万⑮塵染他不得，便是个⑯清净地面⑰；露出自己亘初法身，分分朗朗，承當得，

---

① “体”《修真十書》本作“體”。
② “卞”《修真十書》本作“辨”。
③ “為”《修真十書》本作“爲”。
④ “尽”《修真十書》本作“盡”。
⑤ “躰”《修真十書》本作“體”。
⑥ “属”《修真十書》本作“屬”。
⑦ “底”《修真十書》本作“低”。
⑧ “属”《修真十書》本作“屬”。
⑨ “底”《修真十書》本作“低”。
⑩ “属”《修真十書》本作“屬”。
⑪ 《修真十書》本無“見”字。
⑫ “处”《修真十書》本作“處”。
⑬ “个”《修真十書》本作“箇”。
⑭ “面”《修真十書》本作“面”。
⑮ “万”《修真十書》本作“萬”。
⑯ “个”《修真十書》本作“箇”。
⑰ “面”《修真十書》本作“面”。

便是个[1]圓明地面[2]。凡言地面,亦有邊際去处[3],若到无[4]地位、无[5]方所、絶名言處,乃所謂玄之又玄也。如此豈可以眼見耳聞心想底便是了哉?

或問曰:斈[6]人本謂,生死事大,求之不明,其意如何?師云:一念无生,即无[7]死也。不能如此者,蓋爲心上有情,性上有塵,搬弄生死不停。欲求解脱,隨過即追,追之又追,以至絲毫不存,源本清净,不逐声[8],不逐色,隨处[9]自在,虚静瀟洒,天長地久,自明真宰。蓋心正則事事正,心邪則事事邪,内既有主,則人爱[10]底不爱[11],人嫌底不嫌,從來舊習,般般勒轉,六識既空,真宰常静,更有何生死可懼?若到如此田地,却有一向没收没拾,伏藏不住,似着邪祟底一般向外馳騁,狂狂蕩蕩,便是神炁[12]散亂,作主不得,便認作真歡真樂,却不知,無歡之歡乃真歡也,無樂之樂乃真樂也。斈[13]古之人,行歌立舞,殊不知,當時亦是解粘釋[縛][14],别有得處,以此自樂,豈肯縱心顛蹶以誑惑人世哉?

---

① “个”《修真十書》本作“箇”。
② “面”《修真十書》本作“面”。
③ “处”《修真十書》本作“處”。
④ “无”《修真十書》本作“無”。
⑤ “无”《修真十書》本作“無”。
⑥ “斈”《修真十書》本作“學”。
⑦ “无”《修真十書》本作“無”。
⑧ “声”《修真十書》本作“聲”。
⑨ “处”《修真十書》本作“處”。
⑩ “爱”《修真十書》本作“愛”。
⑪ “爱”《修真十書》本作“愛”。
⑫ “炁”《修真十書》本作“氣”。
⑬ “斈”《修真十書》本作“學”。
⑭ 北圖元刻本与《修真十書》本無“縛”字,今依《道藏》本補。

師因衆論智藏開時辞[①]源涌出，乃云：修行之人，初心離境，如鏡乍明，智藏忽開，舉意成章，不可住着。若心印定，不感而用，变[②]成狂惠，則孑[③]無功，只是神用，非道体[④]也，不可馳騁以爲伎能，但涵養則有功也。

或問曰：未來過去，則不問如何是見在心？師正視云：此不是見在？復低頭云：此不是見在？又問云：你會得也未？其人笑云：會不得。師云：大開眼着，一箇見在也不識，更説甚過去未來？

或問曰：既往者不追，未來者不預，見在當如何？師云：滅動不滅照，更要會得這箇滅動底是誰得？則權柄在手，滅也由你，不滅也由你。

或問曰：如何是定性？師乃移位近前，正身默坐，良久云：你問甚麽定性？其人不省，傍有先生起而稽首謝之。師云：張公喫酒李公醉。其人尚未悟之。

師云：斈[⑤]者不寐，本以錬心爲事。若不收心，濟甚麽事？至如賭博弈棊、紡績羅磨之人，夜夜不睡，則是得道底人也。此等之人，十二時中，利心誘引，只是貪財，撓[⑥]撓心靈，如蚊虻咂膚，故不得眠。修行之人，不同於此，睡是一慾，若不换過，滋長邪妄，暗昧不通，蓋属[⑦]陰界。如人防盗，端然坐待，其盗自退；專以錬心，恐致流

① “辞”《修真十書》本作“辭”。
② “变”《修真十書》本作“變”。
③ “孑”《修真十書》本作“了”。
④ “体”《修真十書》本作“體”。
⑤ “斈”《修真十書》本作“學”。
⑥ “撓”《修真十書》本作“撹”。
⑦ “属”《修真十書》本作“屬”。

蕩，謂此一心，本無定體，在陽則[明]①，在陰則暗，熟境不存，無爲清静②，性珠明了，此所以晝夜不寐也。

師云：修行之人，爲此頑心，自從無始以來，輪廻③販骨，如山之積，万④生万⑤死，以至今日，方省前非，欲求解脱。是以晝不敢食，夜不敢眠，鍊此頑心，要般般尚俗顛倒，方可中用。若不鍊心，見人不睡，也如此做，造心念如毛，觸着便發煙火，至如百年不睡，濟甚麽事？頑心不尽⑥，依舊輪廻⑦。欲要換過此心，不論晝夜，時時刻刻，動裏静裏，把這一片頑心裂教粉碎去，方可受用。元本真靈與天地相似，然後静⑧也是道，静也是道，開口也是道，合口也是道，要别求甚麽？便是箇曉⑨洒底道人也。

或問曰：自來修行之人，必先立志，如何是志？師云：每在動處静處，一切境界裏，行住坐卧，念念在道，逢魔不变⑩，遇害不遷，安穩處亦如此，巇險⑪處亦如此，拚此一身，更無回顧，精進直前，生死不懼，便是个⑫有志底人。故經云："强行者有志。"

師云：修行之人，須要立志節，及至有志節，却爲固執，固執則

---

① 北圖元刻本無"明"字，今依《修真十書》本補。
② "静"《修真十書》本作"净"。
③ "廻"《修真十書》本作"迴"。
④ "万"《修真十書》本作"萬"。
⑤ "万"《修真十書》本作"萬"。
⑥ "尽"《修真十書》本作"盡"。
⑦ "廻"《修真十書》本作"迴"。
⑧ "静"《修真十書》本作"動"。
⑨ "曉"《修真十書》本作"脱"。
⑩ "变"《修真十書》本作"變"。
⑪ "險"《修真十書》本作"嶮"。
⑫ "个"《修真十書》本作"箇"。

事物上不通变①,及至事物上变②得,却便因循過日也。以此,斈③者如牛毛,達者如麟角。大抵斈④道之人,先要歸宗祖,决要有志節,須要識通变⑤,專一勤行,久而不已,無不成也。

師云:道人鍊心,如鑄金作雞,形像雖與雞一般,而心常不動,獨立於雞羣⑥,雞雖好鬪,無有敢近傍者。躰⑦道之人,心若聚寒灰,形如曳槁木,天下之心,雖有好争者,不能爲争矣。故經云:"夫惟不争,故天下莫能與之争。"

或問:向上一事,人人俱足,更煅煉作甚麽?師云:凡心未煉,喻如石鑛中有白金,未經煅煉,只是頑石。置之大冶烘爐,煉去滓穢,分出真物,既已成金,不復爲鑛。修行之人,亦復如此,將來蒙昧染着之心,便同頑礦⑧,以志節爲大冶,以惠照爲黑匿⑨,慇懃煅煉,一毫不存,煉出自己本初無碍⑩底冥心。既已成真,不復爲假,當自保護,堅固收藏,會得受用,此便是亘古圓明底無價寶珠也。

師云:自來斈⑪道之人,必許⑫苦己利他,暗積功行。若復迷心,非理行事,不惟有辱教門,抑亦自招殃咎。爲身爲口,不清不

---

① "变"《修真十書》本作"變"。
② "变"《修真十書》本作"變"。
③ "斈"《修真十書》本作"學"。
④ "斈"《修真十書》本作"學"。
⑤ "变"《修真十書》本作"變"。
⑥ "羣"《修真十書》本作"群"。
⑦ "躰"《修真十書》本作"體"。
⑧ "礦"《修真十書》本作"鑛"。
⑨ "匿"《修真十書》本作"炭"。
⑩ "碍"《修真十書》本作"礙"。
⑪ "斈"《修真十書》本作"學"。
⑫ "許"《修真十書》本作"須"。

儉,與俗無異,如受用十方汗血之物,未是便宜,樂中受了,苦中還他,生死到頭,更無伎倆支吾。既居門下,可不煉心?

或問:人皆取樂,道人就苦,何也?師云:世人不知真樂,以心肯處爲樂,被欲心引在苦處,便認苦爲樂,每日用心計度,專求世樂,不得,憂苦膠擾,心靈永無自在,是謂大苦。斈①道之人,不求世樂,心存大道,遇苦不苦,無苦則常樂,心得自在。凡有樂則有苦,無樂則無苦。心無苦樂,乃所謂真樂也。

或問曰:斈②道之人,甘受貧寒,其理安在?師云:若但認貧苦飢寒爲是,則街頭貧子艱難之人盡是神仙也。蓋修行之人,以道德爲心,以清静爲念,削除詐僞,貪求妄作,一時遣尽,忘形忘我,身外之物,未嘗用心,故有云:"遮皮蓋肉衣,更選甚好弱?填腸塞肚飯,更擇甚精粗?"唯究生死,煉心爲事,故不藉形骸之苦也。

師云:修行之人,有一分工夫,便有一分勝心,有十分工夫,便有十分勝心。既有勝心,則有我相,我相勝心作大障碍③,如何得到心空境界滅也?却要重添决烈,把自己身心挫在万④物之下,常居人後,自念千万⑤不如人者,然後可以遣却矜勝之心。心同太虚,則無我也,無我,則與道相應矣。

師云:修行之人,收拾自心,如一尊雕木聖像坐在堂中,雖終日無人亦如此,旛蓋簇擁亦如此,香花供養亦如此,往來毁謗亦如此。惟此木像通靈通聖,活潑潑地明道德,一切事上物上却不住

① "斈"《修真十書》本作"學"。
② "斈"《修真十書》本作"學"。
③ "碍"《修真十書》本作"礙"。
④ "万"《修真十書》本作"萬"。
⑤ "万"《修真十書》本作"萬"。

着也。

或問:某念念相續,掃除不尽①,如何即是?師云:朝日掃心地,掃着越不静,若要心地静,擎下苕帚柄。其人拜謝。

師云:修行人,當初出家,爲此性命事大。歲久,不竟②爲物所搬,却斈③口頭伎倆,百種所能,爲奴作婢之事。何以知之?但凡伎藝,必欲人前程,似此不是爲人所役也?豈是清净無爲主人之事?所以道:智者所用,而愚者用之,巧者不爲巧者所使,而拙者使之。辯者說之,默者聽者,仔細詳之,孰忙孰閑?凡欲修行,心地明白,而守愚拙,則天下之智巧者,皆爲之使用矣。

或問曰:修行人有言知竟④,又云是病,其旨如何?師云:真知以不知之知,真竟⑤以不竟⑥之竟⑦,元本真靈蒙昧万刼⑧,今方省悟,乃名爲竟⑨,一切知見皆從此生。若言有知有竟⑩,又專欲常知常竟⑪,乃是自纏自縛,無病自灸也。若一向不知竟⑫,却透入别殼也。既悟本宗,知竟⑬皆是用處,常用即用,不可爲常也。

---

① “尽”《修真十書》本作“盡”。
② “竟”《修真十書》本作“覺”。
③ “斈”《修真十書》本作“學”。
④ “竟”《修真十書》本作“覺”。
⑤ “竟”《修真十書》本作“覺”。
⑥ “竟”《修真十書》本作“覺”。
⑦ “竟”《修真十書》本作“覺”。
⑧ “万刼”《修真十書》本作“萬却”。
⑨ “竟”《修真十書》本作“覺”。
⑩ “竟”《修真十書》本作“覺”。
⑪ “竟”《修真十書》本作“覺”。
⑫ “竟”《修真十書》本作“覺”。
⑬ “竟”《修真十書》本作“覺”。

或問曰：斈①人如何是覔②性？師云：指東畫西，這般虚頭且休，不如下些實工夫去，謂如心上有底、眼前有底情慾煩惱、人我無明等，喻以面前有天眼大琉③璃滑井，若絲毫不照顧，便墮在裏面，萬刼不得出；若先見，又識破，方欲下脚，急須退步照顧底，便是你覔④性也。若分明墮在人我穽裏，猶自指空畫空，説向上事，如此干甚覔⑤性事？

或問曰：出家人斈⑥古人公案者，有斈⑦經書者，有云古教中照心，是否？師云：修行人，本鍊自己，從凡入聖，出家以來，却不肯以爲事，只向他古人言句上搜尋，紙上文字裏做活計，尋行數墨，藤葛自纏，費尽⑧工夫，濟甚麽事？及至閻老唤來，一句也使不得，一字也使不得。一字也⑨不得，却不如百事不知、酩酊過目底却有些似。把如着恁尋趂底工夫，向自己本分事上尋趂，則不到得虚度時光。如何是己本分事？只這主張形骸底一點靈明，從道裏禀受得來，自古及今，清净常然，更嫌少甚？自徹理得明白，便是超凡入聖底憑據。若信得及，便截日下功理會，自家亦如此公案，更數他人珍寶作甚麽？快便自受用去，管取今以後不被人瞞也。

---

① “斈”《修真十書》本作“學”。
② “覔”《修真十書》本作“覺”。
③ “琉”《修真十書》本作“瑠”。
④ “覔”《修真十書》本作“覺”。
⑤ “覔”《修真十書》本作“覺”。
⑥ “斈”《修真十書》本作“學”。
⑦ “斈”《修真十書》本作“學”。
⑧ “尽”《修真十書》本作“盡”。
⑨ 《修真十書》本無“也”字。

師云:修行之人,正眼不開,負①機不發,但向別人蹤跡上尋覓,言句上裁度,終無是處。喻如無眼人,雖聞人説日月之光,終不自見,只是想像,蓋不曾向自己心上着工夫也。

或問曰:昔聞丹陽師父以悟死而了道速,其旨若何?師云:修行之人,當觀此身如一死囚,牽挽入市,步步近死,以死爲念,事事割捹,雖有聲色境物紛華周匝圍繞,目無所見,耳無所聞,念念尽②忘,此身亦捨,何况其他?以此錬心,故見功疾。死中得活,不生不死。李③道初機,救護生死,當作是念。人生頃刻,一息不來,便是死地,遞相救拔,不可因循也。

師因有病者至極不能得去,乃普説云:修行之人,先須識破万④緣虚幻,次要識破此个⑤形骸一堆塵土,平日事上脱洒,臨行必得自在。昔東山有一庵主,臨終纏綿淹延不能脱離,使人問長春真人。往日但着於外緣物境上,未曾修煉⑥,以此纏綿,不得解脱。乃寄與語云:身非我有,性本虚空,一念不生,全身放下。庵主聞此語,若有省,乃嘱⑦衆弟兄云:我以外緣所昧,以此心地無功,修行不决,今勸汝等,各各下功修煉⑧身心,究此生死大事去。言訖遂終。又有一道人,臨死不决,詢問衆人曰:我如何去得?或曰:想師真。其人想數日,又去不得。或曰:想虚空者。其人又去不得。有一老仙聞

① “負”《修真十書》本作“員”。
② “尽”《修真十書》本作“盡”。
③ “李”《修真十書》本作“學”。
④ “万”《修真十書》本作“萬”。
⑤ “个”《修真十書》本作“箇”。
⑥ “煉”《修真十書》本作“錬”。
⑦ “嘱”《修真十書》本作“囑”。
⑧ “煉”《修真十書》本作“錬”。

而視之，其人舉似前想底事，今亦去不得。老仙呵曰：來時有个①甚？去後想个②甚？安以待命，時至則行矣。病人聞語，稽首謝之而卒。大抵修行人，一切外緣，目前權用，自己本實，要實下工，物裏事裏，過得脱洒，臨行怎得不脱洒？物上事上，滯着染着，臨行怎得脱洒？急當修煉③，生死難防，有日到來，外緣何濟？各請思之。

師因有一道人病，普説云：修行之人，飲食有節，動静有常，心神安泰，别無妄作，偶然得病，便是天命，豈敢不受？亦有自己運數之行，或因宿緣，有此病魔。先要識破這个④四大一一是假，病則教它⑤病，死則教他死，心意寧柰，從他变⑥化，心不在病，則重病即⑦輕，輕病則愈，自性安和，惡濁炁⑧散，亦是還了病債，亦是衝過一重関⑨節。若不解此，心必不安，但有病患，即心狂乱，聲唤不止，叫痛叫疼，怨天恨地，又怨人不扶持，恨人不求醫，嗔人不合藥，責人不問候，一向專起無明黑暗業心，見底無有是處，不知自己生死已有定數，假饒張張皇皇，還免得麽？分外心乱，不自安穩。又不知心是身之主人，心一⑩不寧，偏⑪身皆乱⑫，豈不聞古人云：“心荒意亂

① “个”《修真十書》本作“箇”。
② “个”《修真十書》本作“箇”。
③ “煉”《修真十書》本作“鍊”。
④ “个”《修真十書》本作“箇”。
⑤ “它”《修真十書》本作“他”。
⑥ “变”《修真十書》本作“變”。
⑦ “即”《修真十書》本作“得”。
⑧ “炁”《修真十書》本作“氣”。
⑨ “関”《修真十書》本作“關”。
⑩ “一”《修真十書》本作“亦”。
⑪ “偏”《修真十書》本作“遍”。
⑫ “乱”《修真十書》本作“亂”。

地獄之門”，分外招愆。如此处[1]心，輕病即重，重病即死，濁乱[2]其性故也。若事事不節，過分成病，是病因自作，自作自受，更怨他誰？心地下工夫，必不如此。各請思之。

或問：道人亦有病，如何是别处[3]？師云：昔者丹陽師有疾，而醫者不能診其脉；壺丘子端坐，而相者不能得其真。何也？心不在物，造化莫能移；性不着宗，鬼神莫能[4]測。况醫卜之凡乎？此與常人異也。

師云：修行人，日用躰[5]天法地，常清常静，明而不昧，濟物利生，雖混於万[6]緣諸境之間，真源湛寂，無有間斷，自得出離生死結縛，此是一段大事因緣。柰何不悟之人，中無主宰，欲情攻於内，根塵誘於外，不得自由，四生從此而輪廻[7]，六道因兹而走作，换却頭皮，難同今日也。

或問：既言和光同塵，却道不着事，如何？師云：天是天，地是地，山是山，水是水，物是物，我是我，雖與混同，如何相着得？

或問：未來罪福還有也無？師云：未來且莫問，抛[8]見在言之。你發一善心，欲於聖前焚香禮拜，以手拈香，其心發願：願家眷平安，添壽添福。此不是作善底心，便[9]望得福，雖得福，亦不知。蓋

---

① “处”《修真十書》本作“處”。
② “乱”《修真十書》本作“亂”。
③ “处”《修真十書》本作“處”。
④ 《修真十書》本無“能”字。
⑤ “躰”《修真十書》本作“體”。
⑥ “万”《修真十書》本作“萬”。
⑦ “廻”《修真十書》本作“迴”。
⑧ “抛”《修真十書》本作“據”。
⑨ “便”《修真十書》本作“使”。

修善者,明修暗報,故未嘗有知者。若你發一惡念,將刀殺人,纔舉此心,便承當債①命,此必不可於分明至公處作得,伺其暗昧不測中造下,不久敗露,便當償命。此不是望罪得罪,其得罪却明知,蓋作惡者暗作明報。此則現在人爲必然分明之事,況天伺察人所不知者,何方逃之?不可不戒。

或問曰:天堂地獄,從來有説,還真盃?師云:天堂者,陽界,主善主福;地獄者,陰界,主惡主禍。古人立个②天堂地獄,出自人心,人行所爲,冥然相應。謂如常清常浄,利益一切,諸善奉行,明白不昧,便属③陽界。種種諸惡,坑陷不平,旁生邪道,便属④陰界。無明黑暗,逐旋增長,滓穢塵垢皆属⑤黑簿,人神不容,心若懊惱,衆苦交煎,无⑥人救援,便是地獄。古人云:"心清意静天堂之路,心荒意乱⑦地獄之門。"喻如有一山路⑧,聞人傳説,有殺人賊攔截行路,往往害人。若心信從⑨,退步一行,後必無害;若心不信,酩酊前進。及至山中,无事則已,若實有賊,即落姦[徒]⑩,便悔之何及?地獄之説,亦如此義。大抵爲惡不如作善,善縱無報,有何罪過?惡道强行,凶禍及矣。目前明白,尚無改悔,何況幽冥,豈得預知也?

或問曰:有人云:業通三世果,有否?師云:豈不聞古人有言:

---

① "債"《修真十書》本作"償"。
② "个"《修真十書》本作"箇"。
③ "属"《修真十書》本作"屬"。
④ "属"《修真十書》本作"屬"。
⑤ "属"《修真十書》本作"屬"。
⑥ "无"《修真十書》本作"無"。
⑦ "乱"《修真十書》本作"亂"。
⑧ "往往害人,若心信從"《修真十書》本作"往往害玉,人心信從"。
⑨ "山路"《修真十書》本作"明真"。
⑩ 北圖元刻本無"徒"字,今依《修真十書》本補。

“了即業障本來空，未了應須還①宿債。”昔有人背生惡瘡，不可忍②，膿血交流，尋於無人处③自縊而死。似此之人，自己性分又不了，又不肯承受宿世膿血債負，雖自致死，再出頭來亦是償他。何以知此爲宿業邪？昔有一顯官，不欲言其姓名，但道因果足矣。其性酷虐，但不喜隨從奴僕，即加捶撻。一日，坐尻上忽生痒痛，搔之則去皮，漸次血肉分裂，如新拷掠者，痛不可加，以致命終，以是知膿血債負必然還報。豈止此事，乃至大小喜怒毁謗打罵是非，見面相嫌，皆是前因所結舊冤現世要還。須當歡喜承受，不敢辨證，承當忍柰，便是還訖；但有争競，便是抵債不還，積累更深，冤冤重結，永無了期。况復天意好還，乃至人間恩怨相傷，無非冤債。昔長春真人住長真觀日，忽值大兵北還，遠藏匿以避，逢一貴宦，與真人素相識者，家世奉道，自言夫人被虜，欲罄家資贖令出家，拜問真人，俛然不可。其事議間，兵去已遠。他日，貴宦且詢不可之意，真人曰：夫人與昨虜之主人有三年宿債，今既相對，乃前緣也，三年後却還來此出家。後果三年放還，得簪裳出家，來詣觀叅見真人，以從來奉善，却得入道。貴宦方信，拜謝而已。

師云：道無言説，惟指善惡。善則成就無上出世因緣，有天堂無地獄；惡則墮落無邊苦趣，有地獄無天堂。分此两途，蓋因④迷悟，悟則刹那成聖，迷則永刼沉⑤淪。幸得人身，寧不思之？

---

① “還”《修真十書》本作“还”。
② “不可忍”《修真十書》本作“痛不可忍”。
③ “处”《修真十書》作“處”。
④ “因”《修真十書》本作“由”。
⑤ “沉”《修真十書》本作“沈”。

或問曰①：如何是禍福？師云：積木成林，積石成山，積水成海，積善成福，積惡成禍，禍福之源，本自一心，積心方成。可不慎之？

或問：如何出得罪福因果？師云：罪福因果属②陰陽之殼，若你出得陰陽之殼，則然③無罪福因果也。如何是陰陽殼？但凡心上一毫頭許私邪利欲惡，便属④陰殼，有一毫頭許善惡⑤，便属⑥陽殼，在陰則有惡報，在陽則有善報。若曾煉⑦心，体⑧如虚空，初無善無惡，無絲毫掛碍⑨處，作得主，則禍福着他不得，因果纏它⑩不着，便是个⑪出陰陽殼底人也。在家之人，未曾有一善⑫念在心，十二時中，只圖財圖利，你死我活，坑人陷人，一片無明黑暗業心，只墮在陰殼裏，陽道上也去不得，怎生出得陰陽殼？便待要無罪福，無因果，不亦難乎？你自造下，怎生逃得？所以低頭合眼，教他閻老理會去也。

或問：未來托生之下端的如何？師云：人生一世，隨情自造，成个⑬來世底模子，作善底造下个⑭善模子，作惡底造下个⑮惡模子，

① 《修真十書》本無“曰”字。
② “属”《修真十書》本作“屬”。
③ 《修真十書》本無“然”字。
④ “属”《修真十書》本作“屬”。
⑤ “惡”《修真十書》本作“念”。
⑥ “属”《修真十書》本作“屬”。
⑦ “煉”《修真十書》本作“鍊”。
⑧ “体”《修真十書》本作“體”。
⑨ “碍”《修真十書》本作“礙”。
⑩ “它”《修真十書》本作“他”。
⑪ “个”《修真十書》本作“箇”。
⑫ “善”《修真十書》本作“古”。
⑬ “个”《修真十書》本作“箇”。
⑭ “个”《修真十書》本作“箇”。
⑮ “个”《修真十書》本作“箇”。

以至尽[1]此報身,一性離刼這个[2]殼子,如鐵鎔成金汁,造物者傾在自造底模子裏,或爲人,或旁生,自作自受去也。造物者豈有心教你作旁生,豈有心教你爲六道?是你一生自造底殼落在其中,逃閃不得。先有此性,便有此物,謂如狼毒者爲蛇,慳吝者爲犬,淫殺者爲豕,貪暴者爲狼,大槩[3]皆類此。天地之間,萬形萬狀,不可言尽[4]。故古人云:"同於金石,化爲金石,同於水火,化爲水火。"其言信也。瞬息之間,一失人身,万刼不復。曷不思之?

師示衆云:人生於衆,所爲所作,無不報應,謂如體道者得道,作福者得福,作孽者得孽,愛人者人愛之,信實者人信之,利人者人利之,害人者人害之,自高則人抑之,低下者人下之,慢人者人慢之,敬人者人敬之,惡人者人惡之,欲先則人争之,自强則人敵之。故云:"種蘭得香,種粟得糧",皆報應之理也。若存利心,矯詐爲之,以取人心,則失真矣。

師云:李[5]道,心若未通,不遠千里求師叅問,儻若針芥相投,心地明白,更無疑慮。然後,或居圜堵,或寄林泉,或乞市中,或立宫觀,安心守道,更無变壞,此修真之上士也。有一等出家,性又不明,更懶叅問,心高好勝,自執己是,詐裝高道,虧功失行,兩下落空,駭人供養,不思己德如何銷受?如此之人,住圜也不是,乞食也不是,生死到來,都不中用,蓋不肯於根蒂上下工夫也,直至百年,無有是處。

---

① "尽"《修真十書》本作"盡"。
② "个"《修真十書》本作"箇"。
③ "槩"《修真十書》本作"抵"。
④ "尽"《修真十書》本作"盡"。
⑤ "李"《修真十書》本作"學"。

師云：往昔棲山時，終日杜門，不接人事，十有餘年，以静爲心，全無功行。向没人處獨坐，無人觸着，不遇境，不遇物，此心如何見得成壞？便是空過時光。若天不利物則四時不行，地不利物則万物不生，不能自利利他，有何功德？故長春真人云："動則安人利物"，蓋與天地之道相合也。

或問曰：修行之人，頭頭要不昧，如何得不昧？師云：初心未煉①，出入不知，不會收縱，遇境遇物，一向着將去，朝新暮故，直待困了方休。不明自己，便是昧了也，便與托生一般，不知不竟②透在別个③殼子裏，直待報尽④方回，此爲昧了故也。若專用知用竟⑤，又被知竟⑥昧了也。修行之人，若能二六時中點檢自己，不被一塵情點污，境上物上，輕快過去，便是不昧也。

師云：凡聖同途，只因明昧，明之則聖，昧之則凡。凡人之心，不肯刳情去執，棄妄除邪，遂⑦境迁⑧流，隨情宛轉，取一時之樂，積萬刼之殃，不省不思，莫竟⑨莫悟。

師云：修行人，本宗上無虧，行業上用意，物境上速過去，人事裏不住着，邪念不起，纖毫不立，微塵不染，晃朗虚明，不着空，不着有，不執法相，不執我見，兼衆人之光明，久久相資，融通表裏，便見

---

① "煉"《修真十書》本作"鍊"。
② "竟"《修真十書》本作"覺"。
③ "个"《修真十書》本作"箇"。
④ "尽"《修真十書》本作"盡"。
⑤ "竟"《修真十書》本作"覺"。
⑥ "竟"《修真十書》本作"覺"。
⑦ "遂"《修真十書》本作"逐"。
⑧ "迁"《修真十書》本作"遷"。
⑨ "竟"《修真十書》本作"覺"。

聖賢地位,更有甚可疑也?

師云:修行人,先要明自己本宗,次要通教化。若本宗不通,如人無目,不分道路,舉足差訛;若教化不明,如人有目而坐黑暗中,則有偏執我見。須要俱通,方得負應;若俱不通,如大暗中坐而又無目,何時得出也?

師云:修行人,若玄関[1]不通,心地不明,忙忙[2]業識不能無爲者,蓋爲無福德故也。乃當於有爲處、教門中,隨分用功立事,接待方來,低下存心,恭敬師友,常行方便,屏去私邪,久久緣熟,日進一日,自有透得處,不勝如兩頭空擔?不能無爲,不能有爲,因循度日,無功無行,穩處着脚,甜處着口,閑管世事,鬧處出頭,恣縱身心,不懼神明,打筭有日。豈不聞長春真人云:"心地下功,全拋世事,教門用力,大起塵勞。"因循過日,請自思之,是何人也?

或有醫者問云:某行醫道,活死者百餘人,其果如何?師云:只饒救尽[3]天下人,亦不如救自己生死去。世間福報有尽[4]限,自己修煉[5]到無生死處,此福無量。

或有一匠人問云:某修大殿,不徵功價,如此誠心,合有何果?師云:不如清净人默坐一時辰,蓋有爲之福有壞,無爲之福無壞。

或問曰:如何是功行?師云:合口爲功,開口爲行。默而得之,無喜無慮,緘口忘言處,不求人知,韜光晦迹,此是合口爲功。施諸

---

① "関"《修真十書》本作"關"。
② "忙忙"《修真十書》本作"則其"。
③ "尽"《修真十書》本作"盡"。
④ "尽"《修真十書》本作"盡"。
⑤ "煉"《修真十書》本作"鍊"。

方便，教人行持，利益羣①生，指引正道，是開口爲行。

或問曰：天下立教，各説異端，自是非他，邪正未知誰是？師云：此有兩端，有修煉②者，有應世者。修煉③此心如天地一般清净，日月一般明白，四時一般運化，能躰④其事，能歸其根，更莫問向上如何，只此便是正道之作用也，唯修煉⑤者能之。若口頭念誦得，如法身上粧⑥束得，作相箇箇堪看，便人人見喜，此是教門中應世底枝梢花葉，干甚修煉⑦事？干甚正道事？此是權時使用。况兼心上争人我，争財争利，心與俗人一般，怎生得道我是道教也？明目者識之。

這箇有體用，没你我，正正當當底真心，自從亘古未有天地已前禀受得來。不可道有，不可道無；古今聖賢，天下老道，人皆得此，然後受用；千經万論，及至大藏經，只是説這些子；上天也由這箇，入地也由這箇，乃至天地万物，虚空無尽⑧際，亦是此箇消息主宰也。會得底，不被一切境引將去，不被一切念慮搬弄，不被六根謾過，這箇便是神仙底日用，便是聖賢底行蹤，便是前程道子也。

或問：修行之人，多説除情去慾，此已⑨上更有甚麽？師云：除了情，到無情，除了慾，到無慾；無情無慾底，則你道這个⑩是甚麽？

---

① “羣”《修真十書》本作“群”。
② “煉”《修真十書》本作“鍊”。
③ “煉”《修真十書》本作“鍊”。
④ “躰”《修真十書》本作“體”。
⑤ “煉”《修真十書》本作“鍊”。
⑥ “粧”《修真十書》本作“裝”。
⑦ “煉”《修真十書》本作“鍊”。
⑧ “尽”《修真十書》本作“盡”。
⑨ “已”《修真十書》本作“以”。
⑩ “个”《修真十書》本作“箇”。

或問:修行之人,如何得清静?師云:心不逐物謂之安心,心不受物謂之虚心,心安而虚便是清静,便是道也。

或問曰:道家常論金丹,如何即是?師云:本來真性即是也。以其快利剛明,变①化融液,故名金;曾經煆煉,圓成具足,萬刼不壞,故名丹。體若虚空,表裏瑩徹,一毫不掛,一塵不染,輝輝晃晃,照應無方。故祖師云:"本來真性號金丹,四假爲爐煉②作團,不染不思除妄想,自然�出赴仙壇。"世之人有言金丹,於有形象處造作,及関③情慾,此地獄之見,乃淫邪之所爲,是乖人道,入旁生之趣矣。

師云:凡日用者,心無離念,意不外游,放而不逸,制而不拘,明心識法,去智離空,十二時中,念念現前。若滯現前,亦非其理,若離現前,無有是處。會動静,知去來,般般放下,無掛無礙,便是个④逍遥自在底人也。但説皆非,自當消息。

或問:某老邁,不能多斈⑤,乞師向上極玄極妙處説一句。師云:把你這个⑥求無上極玄極妙底去了,則便是也。

或問曰:如何是玄妙?師云:誰教你作此問?其人拱手云:弟子自出意來。師云:恁麽則你自會也。其人笑而稽首。

或問曰:"識得一,萬事畢",又有云"抱元守一",一者是甚麽?師云:乃是混成之性,無分别之時也。既知有此,即墮於數,則不能

---

① "变"《修真十書》本作"變"。

② "煉"《修真十書》本作"鍊"。

③ "関"《修真十書》本作"關"。

④ 《修真十書》本無"个"字。

⑤ "斈"《修真十書》本作"學"。

⑥ "个"《修真十書》本作"箇"。

一矣。一便生二,二便生三,三生万①,如何守得?不若和一也無。故祖師云:"抱元守一是工夫,地久天長一也無。"向這个②一也無處却明出自己本分來,却不無也。故經云:"知空不空,知色不色,名爲照了。"

師云:修行人,常常心上無事,正正當當,每日時時刻刻躰③究自己本命元辰端的處,明白不昧,與虚空打作一團,如此纔是道人底心也。積日累功,自有靈驗。所以見種種作爲,不如休歇躰④究自己去。若一向物上用心,因循過日,却與俗心無異也。

師云:修行之人,塵心頓歇,俗慮消亡⑤,孤然顯出自己元本⑥真宗,便是從來先天底主人。自承當得,逍遥自在,種種法界一時透徹。若到此地,才⑦要韜光晦迹,保護涵養之,多則功多。若舉意顯揚,不覔⑧暗損光明矣。

或問曰:如何是善惡?師云:一切好心皆爲善,一切不平心皆爲惡,人不知之善爲大善,人不知之惡爲大惡,善惡都不思慮,别有向上在。

或問:若到清净無爲處,是徹也未?師云:此以體言,似是而非也。到於端的,則不可言,不可思,不可以知知,不可以識識,妙絶無言,方始相應,不即動静,不離動静。豈可以無爲清静而定之哉?

---

① "万"《修真十書》本作"萬"。
② "个"《修真十書》本作"箇"。
③ "躰"《修真十書》本作"體"。
④ "躰"《修真十書》本作"體"。
⑤ "亡"《修真十書》本作"忘"。
⑥ "元本"《修真十書》本作"本元"。
⑦ "才"《修真十書》本作"纔"。
⑧ "覔"《修真十書》本作"覺"。

師云：夫爲道者，抱朴含淳，潛通默運，除情去慾，損損存存，於物無私，作事明白，曲己從人，修仁蘊德，絲毫之過必除，細微之功必積，是非俱泯，心法兩忘，向上之機自然達矣。

師云：孝[①]道人，於萬事不干處，諸塵不染處，與天地相通處，向這裏躰[②]究徹，則先天弗違，後天而奉天時，天且不違，而況於人乎？況於鬼神乎？

或問：視聽食息、手拈足行心思，此是性否？師云：道性不即此是，不離此是。動静語默，是性之用，非性之體。體則非動非静，非語非默。古人有言："大道要知宗祖，不離動静語默。"若認動静語默，便是認奴作主。主能使奴，奴豈使主哉？一切擡手動足，言語視聽，千狀万[③]態，及良久不動，皆是奴僕，非主人也。主人堂上終不得明示外，然得其用使者，則自承當作主人矣。

師云：吾道密傳，不可以有心求，不可以無心得，以不知而知，以無得而得。世之或者，以眼色求道，言語求道，威儀求道，法相求道，俱不得其大全。殊不知，道無蹤跡，以迹求之，非道也。復究此迹自何而來？知其所來，則又非聲色、非做造、非威儀、非法相者，存於中，蓋不可知知、識識也。只是這个[④]本分負[⑤]成、真真實實、合天地、合聖賢、合鬼神、合万物、如此一大事因緣，豈容塵垢聲聞露迹而能見之哉？

師云：向上師真所傳要妙，行事之際密合天意，豈可執一端便

① "孝"《修真十書》本作"學"。
② "躰"《修真十書》本作"體"。
③ "万"《修真十書》本作"萬"。
④ "个"《修真十書》本作"箇"。
⑤ "負"《修真十書》本作"圓"。

爲道哉?以迹觀之,古人用處各各不同,妙本靈源,未嘗有異。故人心之用,在目爲見,在耳爲聞,在口爲言,在心爲思,在手爲拈,在足爲行,使用不同,心躰①無别。況今師②密旨,所謂教外别傳,言思路絶,悟者自得,乃是真師密傳之妙也。

或問:万③形万④狀,各各不同,怎生一躰⑤同觀得?師云:天是道,地是道,万⑥物皆是道,彼亦是道,此亦是道,形像雖殊,並無不在,如何不同得?

師云:無爲者天道也,有爲者人道也。無爲同天,有爲同人,如人擔物,兩頭俱在則平穩,脱却一頭即偏也。若兩頭俱脱去,和擔子也無,却到來本處。

師云:道無不在,頭頭皆是,色色皆真,惟在自己臨時驅用,更别有甚麽事?柰人心塵緣障重,不解根源,摘葉尋枝,隨波逐浪,回機者少,迷執者多。縱有鑽研,不求真實,紐扭⑦造作,見鬼見神,頭上安頭,顛回到顧,不悟幻身有限,光景難留,一息不來,如之何也?

師云:修行人,行藏任分,取捨隨宜,低下爲心,中正爲則,審動静⑧源,節視聽之用,一斬齊斷,一念真常,永刼綿綿,乃無変⑨壞。

---

① "躰"《修真十書》本作"體"。
② "師"《修真十書》本作"師真"。
③ "万"《修真十書》本作"萬"。
④ "万"《修真十書》本作"萬"。
⑤ "躰"《修真十書》本作"體"。
⑥ "万"《修真十書》本作"萬"。
⑦ "扭"《修真十書》本作"捏"。
⑧ 《修真十書》本此處有"之"字。
⑨ "変"《修真十書》本作"變"。

或問曰①:修行之人,性命之事,如何護持?師云:若在万②塵万③事境界裏面來去纏縛,雖相應和,要自作得主,不一向逐他去,事不碍④心,心不碍⑤事,如護眼晴⑥,但有纖塵,合眼不受,如此保護,久久見功。但心有受,却被他物引將去也,便作主不得。

或問曰:如何是真常之道?師云:真常且置一壁,你向二六時中理會自己心地,看念慮生時是个⑦甚麽?念慮既生時,是邪是正?邪念則便泯滅着,正念則當用着。如何是邪念?凡無事時,一切預先思慮,皆是邪妄。如何是正念?目前有事,合接物利生,敬上安衆,種種善心,不爲己事,皆是正念也。其静則躰⑧安,其動則用正,不縱不拘,無晝無夜,絲毫不昧,常應常静,平平穩穩,便是真常之道也。

或問:思無染着,放曠任緣,合道也未?師云:起心無着,便是有着,有心無染,亦着無染,才⑨欲静定,已墮意根,縱任依他,亦或⑩邪見。無染無着等是醫藥,無病藥除,病去藥存,終成藥病。言思路絶,方始到家,罷問程途矣。

(以北圖元刻本爲底本,以《修真十書》本爲校本。)

---

① 《修真十書》本無"曰"字。
② "万"《修真十書》本作"萬"。
③ "万"《修真十書》本作"萬"。
④ "碍"《修真十書》本作"礙"。
⑤ "碍"《修真十書》本作"礙"。
⑥ "晴"《修真十書》本作"睛"。
⑦ "个"《修真十書》本作"箇"。
⑧ "躰"《修真十書》本作"體"。
⑨ "才"《修真十書》本作"纔"。
⑩ "或"《修真十書》本作"惑"。

盤山棲雲觀碑

知常真人姬志真撰

道無形埒，得人則行，山無高下，有仙即名，此物理之冥符，人事之脗合也。漁陽西北之山，本名四正，古有田盤先生者，田其姓也，未詳何代，自齊而來，棲遲此山。歲歷已久，得道成真，雖獷獵庸樵，莫不敬仰，遠近風化，人因名此山爲盤山焉。兹山之顔，紫峯之下，懷抱爽塏，明秀端正，號曰中盤，縹緲雲霞之洞府也。累經劫代，爲浮圖氏所居。會金天失馭，劫火流行，陵谷推遷，物更人换，復爲茂林豐草、豺虎之所據焉。時膺大朝隆興，崇奉道德，棲霞長春真人起而應召。甲申正月，復還燕然，建長春宫。由是玄風大振，四方翕然，道俗景仰，學徒雲集門下。有棲雲子者，密通玄奥，頗喜林泉，飛舄擇地。其徒有張志格等，庚辰歲預及此山。薙荒擗徑，披尋故址，巧與心會，遂營卜築。辛巳春，承本州同知許公議請棲雲真人住持此山，應命而至。居無幾，參學奔赴，虚往實歸，日數之而不及也。席下皆茂德耆宿，履踐皆抱朴明真，徒輩日增，遂營爲觀。丙戌春，疏請長春真人作黄籙醮事，真人因題其額曰棲雲觀焉。厥後名播諸方，京師官僚士庶，復請出山，住燕京天長觀。丁亥秋真人升霞之後，大師由是率衆南邁，所過者化，郡縣郊迎，隨立宫觀，創新葺故者不可勝數，皆其門弟所主焉。特於南京重陽祖師升霞之所，鄭重傾心，構朝元宫，最爲壯麗也。原夫棲雲大師，立德建功，造始於中盤，大成于梁苑，其贊助真風，翰成玄教，亦由時之盛者也。此特紀其實迹，而師之所以迹者，殆不可以言傳也。後之學者，亦宜勉旃。敬爲之銘：

田公先生，人物之英，玉石之榮，泉源之清。神變罔測，不留影迹，山有其名，公懷其實。久假浮屠，於今始歸，猿鶴並集，雲霞以依。棲雲老師，復主張是，敷暢玄風，無遠不至。王之與田，削去二邊，千載一合，薪火之傳。松風竹月，水聲山色，出示吾宗，惟居之得。山舟密移，行莫遲遲，重玄向上，勉而効之。

（《雲山集》卷七，《道藏》第25册，第414頁。）

鄜陵黄籙大齋之碑

知常真人姬志真撰

道運而有氣，氣變而有形。形之變而有巨細洪纖，飛潜動植；氣之運則有升沉消長，生滅廢興。若萬象之斡旋，無首無尾；若四時之代謝，不古不今。此天理之常然，造物者之無盡藏也。在氣運故新之革，時數終始之交，未有安而待命，順而不捍者也。當其時，則急於得而以力取，差其時，則執其失而以力爭，以致伏屍萬里，殺人盈城，有死於鋒鏑者，有死於木石者，有死於火水者。歷代無休，連年不息，原野厭人之肉，川谷流人之血，蓋逆天背時，故如是也。湯武而下，禪代之際，莫不如斯。爰自大朝隆興，金源失統，干戈不息，以迄今日，幾四十年矣。馬蹄之所及，則金湯虀粉，兵刀之所臨，則人物刼灰，變谷爲陵，視南成北，比屋被誅，十門九絶，孑身不免，萬無一存。漏誅殘喘者，孤苦伶仃，覆宗絶嗣者，窮年索冥，憑誰薦拔，空負寒心。况在黄流之外，疆場之郊，當此之危，甚於他所，驚魂滯魄，長刼難伸，須仗玄勳，始能解脱。今蒙醮主某官等。興大慈願，發上善心，乃就某觀修設無上黄籙大齋，供養三清玉虚諸聖位。升仙與度魂相對，明善惡之殊塗，南昌與北府爲鄰，示仙凡之异格。潔清壇墠，整肅方隅，延降高真，希垂景貺。仍敦請南京朝元宫棲雲真人，掌行醮事。意者薦拔某路無主孤魂，洎各家先亡滯魄，有親無力，附簡提靈。伏冀孝子順孫，思宗念祖，各罄丹誠，具瞻真聖。香花燈燭，藉爲慧照，光輝星斗，壇場權作，彌羅境界，俱沾惠澤，淹沉枯朽，俱獲重蘇，高蹈慈航，鬱結幽明，皆承濟度，親踈慶賴，宗祖超升。上願皇圖永固，聖德惟新，邊鄙休兵，士民樂業，十方三界，六道四生，有識無情，俱蒙道廕。今此玄壇潔備，法事嚴行，畧序片言，紀之於石。

（《雲山集》卷七，《道藏》第 25 册，第 417 ~ 418 頁。）

京兆普渡碑

知常真人姬志真撰

己未冬十月，西凉府太子下官八合，宿有素願，修建無上黄籙醮事。即本府迎祥觀，自春抵秋，葺營殿堂，封治壇墠，不遠敦請棲雲真人作大濟度師，主張法席。越某日，召集羽流，布陳儀象，發文預告三界明真，上下神祇，齋戒精思，庇物蔵事。望前三日，肇行典禮，恭祀列聖三百六十分位，意者薦濟宗族，遠亡近化，洎率土無主孤魂，兼有親乏祀之家，投壇附薦，自此及彼，無戚無踈，俱賴薰修，普祈超度。如是行道三日兩夜，望後一日昧爽，散壇乃畢，盡誠竭力，亦仁孝之用心也。嘗試言之，天地一氣，物我同根，方萬化之弛張，布衆形而區别，雜以五行之生尅，均以四序之推遷，其變日新，化亦罔極，此氣動用之常也。而又一受其形，執以爲我有，於是相與靡刃對待，則有强弱廢興，死而後已。殊不知，氣之所役，時之所運，數之所存，理之所在，一僨一起，有始有終，得失存亡，天之所造，孰能禦之。爲之者敗，執之者失，逆之者滅，順之者昌，角智者窮，角力者負，蓋人之不可勝天久矣。方今皇朝應運，奄有諸夏，朔南漠北，東海西凉，异軌殊途，咸歸一統。天下無二道，率土無兩心，向之兵革屠裂，備經之矣，彼之宗祀覆絕，俱見之矣，以今較昔，萬無一存，以己方人，身獲安吉。枝葉滋蔓，有人爵之從，納自天之祐，以身之幸思天下之不幸，以己之親念天下之無親，合氣同根，得無感慨。是以允懷素願，披露丹衷，伏玄元救物之慈，啓黄籙大齋之法，仰衆真之普力，冀三境之垂光，照燭幽冥，開通陰府，收攝萬氣久沉之魄悉歸源，混合百神無主之魂皆拔萃。共乘和氣，幽賛皇圖，一混車書，載櫜弓矢，多方順化，四海歸仁，亦臣子之至願也。醮筵潔備，法事嚴行，刻石紀功，庶傳不朽。摭實而直書，其銘曰：

夫物芸芸，各復其根，往而不返，無主之魂，執守之魄，不得其門，依草附木，莫知所存。况在兵塵，連年不息，殄殲勦絶，萬不存一，驚魂失措，轉徙沉溺，隨化往來，動經劫石。今承醮主，發上善心，崇修黄籙，拔擢幽沉，普天率土，往古來今，無踈無戚，俱賴威音。虚魄以歸，游魂復本，介見者潜，豕立者泯，何彼何此，咸居範圍，冲氣冥會，承平庶幾。

（《雲山集》卷八，《道藏》第 25 册，第 418 ~ 419 頁。）

滎陽修建黄籙大醮記

姬志真

太歲屠維協洽，春正月，滎陽袁公崇建黄籙大醮，封治壇墠，陳列像儀。越三日，預告同盟，庀物蕆事。望前三日，爲始行道。賁奉三境高真，上下神祇，所以薦濟親属，遠近亡化，兼波及本路覆絶無皈之魄，洎有主無祭者，投壇附薦，以致孝子順孫，思宗念祖，酬恩報本，禮也。原其所始，以公之考妣，丁壬辰之運，俱殞於鋒鏑之場。將求其考妣之骸，混淆莫辨，哀此交横腐骨，俱蒙而葬之。時祀不乏其孝心之篤，視人如己也。先嘗預作醮事，困而假寐，夢水府之神王，召而覈其實，俱以實對，喜而賜水二器，命荷以還。時膺大旱，剋期而雨應。是知誠意孝思動天地通鬼神，信而有徵。由是存誠歷久，將崇大醮。力所不贍，至願未酬。來歲秋，敦請南京大朝元宫棲雲真人，求哀懇切。衆感其誠，躍往助之。自冬及春，敷布陳列，建立掃除，洎望昧爽，焚詞散壇，乃畢。此薦享之大畧也。嘗試論之。通天地者，一氣也。形物象者，一神也。是以隱顯出没，消長存亡，升降往還，廢興得失，有居無事，而推運者玄樞也。不古不今，何彼何此。生者萌，於是，死者復於是，亦變化之無盡藏也。未嘗知此者，以身爲我，有物爲我，常執固顛瞑，終身不返，則所謂淹魂滯魄者有之。何以知其然耶？鄭良霄之死三年，介而晝行；彭生之死載歲，豕而逆立。景公夢五丈夫訴冤，明獲其首；叔夜夢一伶倌索瘞，尋暴其骸。此數子者，結恨憤於真靈，窮年不泯；拘魂魄於假物，千古不忘。此不謂之淹滯乎？既不從化，又無所歸，此不謂之無主乎？舉譟譟然趨死者，例皆若此。無歸之魂，堅守之魄，將充塞四虚矣。故有着物而憑人，依草附木，隱没於幽暗之所，啼泣於陰雨之宵，其苦楚可勝道哉！一念萬年，何從穎脱，不逢慈孝，誰將救之？須仗玄勳，爲之薦拔。今縣令袁公輒罄家貲，崇修大醮，無彼無此，拯救諸靈，不獨親其親，游魂虚魄，皆一以薦之。將使安而去，化入於寥天一矣。非盡心者不能如此。姑摭其實與歲月，謹爲之記。

（《知常先生雲山集》，元延祐六年（1319）李懷素刻本）

棲雲真人王尊師道行碑

翰林學士承旨資善大夫知制誥兼修國史王鶚撰

今上皇帝即位之二年,稽古建官,百度具舉,内嚴省署,外列監司,班慶賞以酬勳庸,錫嘉名以尊有德。越八月之望,中書丞相奏:全真老宗師王棲雲操行純正,海内欽崇,宜降璽書,以彰寵數。制可,特賜號惠慈利物至德真人。命下之日,四方萬里聞之,莫不感悦,知其錫予允當,師真得人也。師法諱志謹,占籍東明之温里,家世業農,富而好禮。師生體异,夙有道緣,甫冠將娶,不告而出,徑趨山東。路聞太古廣寧真人演教寧海,執弟子禮,久之緣熟,漸次親炙,口傳心受,凡得一語,銘諸肺腑,自是日益修進,大蒙印可。逮廣寧仙蜕,隻影西來,壞衲破瓢,首蓬面垢,行不知所之,止不知所爲,人役之笑而往,人辱之拜而受,韜光晦迹,未有識其爲道者。尋值兵饑,盗賊蜂起,民皆潛匿,師遭執縛,將殺而烹之,神色不變,言辭慷慨,略無懼容,群盗知其异人而釋之。亂甫定,從長春真人北游燕薊,徜徉乎盤山西澗之石龕,草衣木食,若將終身焉。諸方學者日來質疑,由是道價愈增,令聞遐播,然猶執謙,樂居人後。長春仙去,方出經行,不喜置鉢囊拄杖,盛暑不笠不扇,嚴冬不裘不帽,沿身之外無長物,人有以財物獻者,雖勉受之,過目不問。後游諸方,到即緣契,興建琳宇,在處有之,所至泰然,不以舊新介意,住雖久,去不回顧,蹔憩朝夕,亦猶久寓之安。車轍所經,願爲門弟子者動以千數,達官著姓,白叟黄童,山林緇素之流,閨闈笄總之子,莫不羅拜于前,其爲世景仰如此。凡丫童之拜,師即答之,或問之,則曰:“凡隸玄門,皆太上之徒,吾之昆季也。天下之患,莫大乎傲慢輕易，道性人人具足，奚分長幼乎？"聞者嘆服。平居澹泊，不事華飾，惟祭饗高真，色色莊嚴，未嘗以爲過，雖金冠玉珮，鶴氅鳳履，服之不辭也。設醮之際，屢致休禎，或鸞鶴翔空，或風雨應期，隱而不言，不可殫紀。歲戊子，經鎮市帥曹德禄邀師作黄籙大齋，遠近會者不下數千，其井僅供二三十人，德禄憂之，請于師。師命具茶果躬祭井上，以淨席覆之，歷一晝夜而後啓，其泉汹涌，用之不竭，醮已復初。四方傳誦，師不以爲异，或詢其故，師曰："無他，彼以誠告，我以誠應，誠意交孚，天地可通，況其餘乎！"聞者愈服，其感應不可備録。初，重陽真人西歸，挈丹陽輩四子傳道于汴之逆旅。主人王氏不禮，反謗毁之，重陽曰："吾居之地，他日當令子孫卜築於此。"主人以爲狂。未幾，重陽登仙，後六十有四年，汴降，師挈其徒迹其地，不十數年，殿宇壯麗，氣壓諸方，識者知重陽之言始驗，師亦不以爲功，曰"諸人之力也"。凡所興工，皆聽自願，不强率，不責辦，故人樂爲之用。中統癸亥夏六月己酉朔，晏坐方壺，不語不食，門弟子怪問其故，但閉目凝神指虛空而已。及沐浴安寢，静聽不聞呻吟之聲，熟視不覩屈伸之迹，門衆環侍，不敢少離。叱之曰："汝等各幹自己正事去。"越十有七日乙丑，盤桓枕肱，晏然而逝，春秋八十有六。傾城號泣三日，遠近訃聞，皆爲位以哭，事之如生，其至誠感人又如此。師雖不看書，所行皆合事理，所言唯真實語，動與二篇四輔相契，有一毫利人利物，即自爲之。向在特室環堵中，如對千百人，無做作，無縱恣，無褻慢，日日如是，歲歲如是，所謂獨立而不改，周行而不殆，惟師有焉。師慈以利物，儉以律身，謙以自牧，老氏之三寶，師能保之，所以上格天心，下孚人望，嶷然爲一代宗師，學者瞠乎其後，而有不可及焉。歲閼逢困敦正月朏，師之門人論志元、魏志言持師行狀，洎提點張志格、李志居書，不遠數千里乞銘於予。予於師，鄉里也，同宗也，昔予待罪翰林，稔師之名，限以南北，未之獲見，北渡後始識于燕，予不知宗屬近遠，以年長一紀拜之，師亦答拜。比年數數會晤，時辱見臨，情話終日。予乘間問之曰："師年八十，宜深居簡出，坐以傳教，使問道之人香火來，不亦重乎？顧區區普受人請，車無停轍，人無寧迹，毋乃涉於輕易耶？"師應之曰："渠書生也，凡在交際，宜有分别。我全真者流，不敢失前輩遺躅，富貴者召之亦往，貧賤者召之亦往，一日十請亦往，千里來請亦往，急於利人，所以不敢少安以自便耳。"又問："師所至，日書法名，不知其數。不詢其人，不考其素，其中豈無惡少博徒，無乃爲累乎？"師曰："全真化導，正在此耳。使朝爲盜跖，暮爲伯夷，則又何求？雖千百一人，亦化導之力也。"予聞之喜甚，知師之心，天地之心，父母之心也。後之學者，欲吾師之真、師之全，一編語録求之有餘師。予衰朽之人，忝居翰職，應制之外，不宜爲人作文字，惟師以同里同宗之分，而掌教誠明真人亦爲言之，義不容辭，乃爲書其大概，拜手稽首而爲之銘。銘曰：

玄元至德，澹乎無爲，支分派别，横流四馳。天授全真，障而東之，作者七人，爲百世師。粤有廣寧，號稱鐵面，棲雲入侍，久經鍛鍊。隻影西歸，一無健羡，白刃交前，神色不變。北游燕薊，養浩盤山，學者方來，日叩玄關。爾言雖答，予心自閑，長春仙寂，游戲人間。眷惟汴梁，重陽蜕息，大建朝元，翬飛雉翼。不自爲功，歸之衆力，名飛九重，璽書褒德。八十有六，聊以應緣，密承道廕，在處百千。一聞訃音，泣涕漣漣，付畀如常，教得所傳。惟師之行，光乎道紀，惟師之名，達乎萬里。堂堂一碑，未盡其美，我銘以辭，無愧焉耳。

（《甘水仙源録》卷四，《道藏》第19册，第755～757頁。）

棲雲王真人開澇水記

虛靜大師賜紫張居安刊

終南澇谷之水，關中名水也，淵源浩瀚，隨地形之高下，批崖赴壑，枝分其流，去山一舍，徑入于渭。然無疏導之功，初不能爲民用。丁未春，棲雲真人王公領門衆百餘，祀香祖師之重陽宫，至自汴梁，尋館于會仙堂之西廡。愛其山水明秀，一日杖藜緩步，周覽四境，語其徒曰："兹地形勝，其有如此。宫垣之西，甘水翼之，已爲壯觀，若使一水由東而來，環抱是宫，可謂雙龍盤護，真萬世之福田也，其可得乎！"即與一二尊宿，親爲按視，抵東南澇谷之口，行度其地，可鑿渠引而致之。於是聞諸時官，太傅移剌保儉、總管田德燦二君深嘉賞焉，遂給以府檄，明諭鄉井民庶，應有所犯地土，無致梗塞。公迺鳩會道侶，僅千餘人，揮袂如雲，荷插如雨，趨役赴功，其事具舉，曾不三旬，大有告成之慶。澇之水源源而來，自宫東而北，縈紆周折，復西合于甘，連延二十餘里，穿村度落，蓮塘柳岸，蔬圃稻畦，瀟然有江鄉風景，上下營磨，凡數十區。雖秦土膏沃，但以雨澤不恒，多害耕作。自時厥後，衆集其居，農勤其務，闢荊榛之野，爲桑麻之地，歲時豐登，了無旱乾之患。兩涘居民舉爪加額曰："非王公真人之力，則弗能如是。豈特爲吾生一時之幸，寔奕世無窮之利也。"感戴之心，誠有不能已者。至元己卯，公之高弟安西道録吴道素持秦蜀道教提點真人李天樂所紀本末，求予文之石。予嘗以後學荒謬，不足發揚盛事之萬一，而吴君之事師也，既不忘其本，又能述其功，以若輩觀之，亦鮮矣，感其義而勉爲之記。且古之人，一言一話，有補於時者，必載之傳記，況公處虛寂淵默之境，不挾權勢,不取民財,以孑然之身,利及後人者,斯亦有功于時哉!向使不爲羽衣之流,朝廷儻加録用,推是心而行其道,則必大利於國家天下者,又奚止潤色道門而已邪!噫,身寵家温,恬居民上,使觀公之行事,得無少愧於中歟?公諱志謹,曹州東明人,自幼入道,師太古郝宗師,得全真性命之傳。以高明博大之器,爲時推重,嘗游歷四方,每至其處,輒以興利濟人爲己任,故受公之賜者不可以數計。中統辛酉,我朝超贈惠慈利物至德真人,奇迹偉行,生平尤多,獨以有功于後世生民者書之,餘不書。

安西王府記室參軍薛友諒撰并篆額

開玄崇道大師安西路道門提點重紫孫德彧書

大元至元十六年歲次己卯中元日立石

正議大失陜西等路行尚書省參知政事趙仁榮

(據陜西户縣重陽宫現存碑刻抄録)

敦請棲雲真人住持嵩陽宫疏

登封縣令馬居仁

竊以大道含弘,施生有普。至人慈憫,利益無方。住既隨緣,行亦應物。眷嵩陽之勝地,實方外之洞天。緑水逶迤,青山環抱。背標玉柱,枝不老之乾坤;傍挂金壺,貯無窮之日月。啓母石聖迹盤礴,將軍柏老幹輪囷。乃古師傳道之場,亦上士修真之所。青羊再降,重玄廣布於人間;白鹿上升,塵世又遭於劫火。遂令勝概亦被兵殘。人物雖非,山川良是。必欲振起衰廢之迹,須仰老成了達之人。恭惟棲雲真人,躬祖法淵源,宗道流模範。游息乎清虚之境,逍遥乎澹泊之場。曩求黄帝之珠,得於罔象;今斫郢人之鼻,運以成風。以扶持妙教爲心,以整頓玄綱爲任。聖凡同喜,緣法大行。未嘗徇利而居成功,惟欲盡力而興勝事。汴水之志願已畢,便可轉身;嵩山之功行未施,正當下手。況此有幽深之趣,可以爲棲隱之居。仰望慈憐,俯從懇請。四面雲山改色,滿川花木生光。興仙迹於千年,止勞一舉;祝聖君之萬歲,第效三呼。便好承當,無煩退讓。

(《嵩書》,王宗昱編:《金元全真教石刻新編》,北京大學出版社 2005 年版,第 191 ~ 192 頁。)

參考文獻

書籍:

1.《道藏》,文物出版社、上海書店出版社、天津古籍出版社 1988 年版。

2.《藏外道書》,巴蜀書社 1992、1994 年版。

3.《重刊道藏輯要》,清光緒三十二年(1906)成都二仙庵刻印本。

4. 李修生主編:《全元文》(一),江蘇古籍出版社 1999 年版。

5. [清]賈漢復修,沈荃纂,徐化成續纂修:《河南通志》,清康熙九年(1670)刻本。

6. [民國]周振聲等修,李無逸等編:《虞鄉縣志》,民國九年(1920)石印本。

7. [明]李濂撰:《汴京遺迹志》卷十,民國十一年(1922)刻本。

8. [清]劉一明:《道書十二種》,書目文獻出版社 1996 年版。

9. [清]覺羅石麟修,儲大文纂:《山西通志》,清雍正十二年(1734)刻本。

10. [清]傅金銓輯:《證道秘書》下,江蘇廣陵古籍刻印社 1994

年版。

11. 中國道教協會研究室編:《道教史資料》,上海古籍出版社1991年版。

12. 任繼愈、鍾肇鵬主編:《道藏提要》,中國社會科學出版社1991年版。

13. 陳垣編纂,陳智超、曾慶瑛校補:《道家金石略》,文物出版社1988年版。

14. 胡孚琛主編:《中華道教大辭典》,中國社會科學出版社1995年版。

15. 中國道教協會、蘇州道教協會主編:《道教大辭典》,華夏出版社1994年版。

16. 任繼愈主編:《中國道教史》,中國社會科學出版社2001年版。

17. 卿希泰主編:《中國道教史》(修訂本),四川人民出版社1996年版。

18. 王宗昱編:《金元全真教石刻新編》,北京大學出版社2005年版。

19. 陳垣撰:《南宋初河北新道教考》,中華書局1962年版。

20. 李養正編著:《新編北京白雲觀志》,宗教文化出版社2003年版。

21. 張廣保:《金元全真道内丹心性學》,生活·讀書·新知三聯書店1995年版。

22. 盧國龍:《道教哲學》,華夏出版社1997年版。

23. 盧國龍編:《全真弘道集》,青松出版社2004年版。

24. 張廣保:《金元全真教史新研究》,青松出版社2008年版。

25. 胡孚琛、吕錫琛:《道學通論:道家·道教·仙學》,社會科學文獻出版社 2004 年版。

26. 牟鍾鑒等:《全真七子與齊魯文化》,齊魯書社 2005 年版。

27. 全真道研究中心:《全真道與環保》,青松出版社 2007 年版。

28. 趙衛東:《金元全真道教史論》,齊魯書社 2010 年版。

29. 趙衛東:《譚處端學案》,齊魯書社 2010 年版。

30. 章偉文:《郝大通學案》,齊魯書社 2010 年版。

31. 丁原明、白如祥、李延倉著《早期全真道教哲學思想論綱》,齊魯書社 2011 年版。

32. 李延倉:《早期全真道教思想探源》,齊魯書社 2014 年版。

文章:

1. 陳俊民:《略論全真道的思想源流》,《世界宗教研究》1983 年第 3 期。

2. 陳俊民:《全真道教思想源流考略》,《中國哲學》第 11 輯,生活·讀書·新知三聯書店 1984 年版。

3. 陳俊民:《略論金元以後全真道的思想演變——全真丹道的長生意蘊》,《陝西師範大學學報》(哲社版)1999 年第 2 期。

4. 孫亦平:《論早期全真道心性論的理論指歸——從人的本真的生命存在中去追求生命的超越》,《南京大學學報》(社科版)1997 年第 4 期。

5. 陳兵:《略論全真道的三教合一説》,《世界宗教研究》1984 年第 1 期。

6. 楊立華:《性命先後——關於金丹南宗與金元全真道的比較

研究》,《中國哲學史》1999 年第 3 期。

7. 吕錫琛:《全真道的心性道德修養論探析》,《宗教學研究》2001 年第 2 期。

8. 吕錫琛、易佳:《論道教心性修煉的道德培育意義》,《求索》2007 年第 3 期。

9. 趙衛東:《全真性命論及其哲學義藴》,《山東師範大學學報》(人文社科版)2003 年第 3 期。

10. 周軍:《試述早期全真道與仙學内丹思想之差异》,《安徽大學學報》(哲社版)2004 年第 2 期。

11. 李延倉:《全真道與重玄學》,《中華文化論壇》2006 年第 2 期。

12. 三浦秀一:《金元之際的全真教——從范玄通、王棲雲到姬知常》,《東北大學文學部研究年報》45 號,1994 年。

13. 温玉成:《全真道在洛陽》,《中國道教》1988 年第 4 期。

14. 郭健:《先性後命與先命後性——道教南北宗内丹學研究》,《宗教學研究》2002 年第 2 期。

15. 左洪濤:《論金元時期全真道教詞興盛的原因》,《新疆大學學報》(社科版)2004 年第 1 期。

16. 張曉松:《論馬鈺在全真教中的作用和地位》,《中國道教》2004 年第 3 期。

17. 尹志華:《丘處機與全真道在燕京的發展》,《中國道教》2005 年第 6 期。

18. 見見:《全真道"功行"與達磨"二八"之比較》,《宗教學研究》2004 年第 3 期。

19. 濮文起、莫振良:《天津宗教的歷史與現狀》,《世界宗教研究》2004 年第 2 期。

20. 唐代劍:《王嚞内丹心性學説初探》,《中華文化論壇》2000 年第 3 期。

21. 白如祥:《王重陽心性思想論綱》,《理論學刊》2007 年第 7 期。

22. 蔡静平:《瑶臺歸去恣逍遥——論金元全真道士詞》,《江淮論壇》2002 年第 1 期。

23. 王小蓉:《一種哲學理論新形態的初步成熟——評王重陽内丹心性學説》,《中華文化論壇》2007 年第 4 期。

24. 詹石窗、張欣:《尹志平對全真心性思想的繼承和發展》,《宗教學研究》2007 年第 3 期。

25. 楊維中:《心性本體與道性道體——中國佛教心性論對道教心性論的影響》,《世界宗教研究》2003 年第 2 期。

26. 張朝範:《〈全金元詞〉校讀》,《文獻》1996 年第 3 期。

27. 庶文:《汴梁勝迹延慶觀》,《中州統戰》1995 年第 12 期。

28. 陳兵:《禪學與道教》,《宗教學研究》1998 年第 1 期。

29. 任崇嶽:《從兩通元代碑文看“海都之亂”的性質》,《中州學刊》1996 年第 5 期。

30. 袁志鴻:《京都道教文化遺産的保護、經營和管理》,《北京聯合大學學報》2003 年第 1 期。

31. 李璞:《劉將孫行蹤考辨》,《復旦學報》(社科版)2001 年第 4 期。

32. 楊訥:《元刻本〈盤山棲雲大師語録〉及其作者王志謹》,《文獻》1992 年第 1 期。

33. 開封市道協籌備組整理:《全真祖師羽化地——延慶觀》,

《中國道教》1999 年第 2 期。

34. 張應超:《郝大通——全真華山派開派祖師》,《中國道教》1993 年第 4 期。

35. 孫亦平:《論道教心性論的歷史價值與現代意義》,《道家文化研究》第 21 輯,生活·讀書·新知三聯書店 2006 年版。

36. 李玉用:《慧能禪與全真道之心性論比較》,《五臺山研究》2007 年第 1 期。

37. 高良荃:《試論金元時期全真教興盛的原因》,《山東大學學報》(哲社版)2001 年第 2 期。

38. 任法融:《論全真教的修持理法——降心》,《中國道教》2004 年第 1 期。

39. 丁原明:《心性學與性命雙修》,《崑嵛山與全真道——全真道與齊魯文化國際學術研討會論文集》,宗教文化出版社 2006 年版。

40. 王宗昱:《全真教的環境保護活動》,《全真道與環保》,青松出版社 2007 年版。

41. 聶清:《初期全真教心性論與禪宗的關聯》,《崑嵛山與全真道——全真道與齊魯文化國際學術研討會論文集》,宗教文化出版社 2006 年版。

42. 戈國龍:《從性命問題看內丹學與禪之關係》,《宗教學研究》2001 年第 2 期。

43. 戈國龍:《道教內丹學中的"性先命後"問題辨析》,《中國哲學史》2001 年第 4 期。

44. 戈國龍:《論內丹學"性命雙修"的思想》,《宗教學研究》2001 年第 1 期。

45. 樊光春:《全真道傳承關係研究芻議》,《崑嵛山與全真道——全真道與齊魯文化國際學術研討會論文集》,宗教文化出版社 2006 年版。

46. 孔令宏:《王重陽與全真北宗的思想略論》,《杭州師範學院學報》2003 年第 3 期。

47. 孔令宏:《盤山派的心性哲學》,《上海道教》2001 年第 1 期。

48. 錢曉静、吕錫琛:《〈盤山語録〉的道德修養方法初探》,《法制與社會》2008 年第 25 期。

49. 卿希泰:《元代前期統治者崇道政策初探》,《宗教學研究》1999 年第 1 期。

50. 朱越利:《全真道早期研究中的幾個問題》,《中國文化研究》1994 年第 6 期。

51. 戈國龍:《神形問題與内丹學的解脱觀念》,《宗教學研究》2002 年第 4 期。

52. 汪桂海:《元版元人别集》,《文獻》2007 年第 2 期。

53. 趙衛東:《馬鈺東歸及其對山東全真道的影響》,《齊魯文化研究》第三輯,山東文藝出版社 2004 年版。

54. 趙衛東:《王處一五次被宣與全真道的發展》,《齊魯文化研究》第二輯,齊魯書社 2003 年版。

55. 劉仲宇:《早期全真教儀式初探》,《道家文化研究》第 23 輯,生活·讀書·新知三聯書店 2008 年版。

56. 張琰:《全真道遇仙派祖庭東華宫歷史沿革考》,《華中師範大學學報》(哲社版)2010 年第 1 期。

57. 趙衛東:《金末全真高道范圓曦生平事迹考》,《中國道教》

2010 年第 6 期。

58. 趙衛東:《河南濟源全真道宗派傳承考》一文,《道教研究學報:歷史、宗教與社會》2013 年第 5 期,香港中文大學出版社。

59. 秦國帥:《王志謹〈盤山語録〉修道思想略論》,《弘道》2010 年第 4 期。

60. 王光福:《王志謹心性論研究》,山東師範大學碩士論文,2010 年。

61. 王廷琦:《金元全真心學研究》,中央民族大學博士論文,2005 年。

62. 李洪權:《全真教與金元北方社會》,吉林大學博士論文,2008 年。

圖書在版編目(CIP)數據

王志謹學案/趙衛東,王光福著.—濟南:齊魯書社,2015.10
ISBN 978-7-5333-3404-8

Ⅰ.①王… Ⅱ.①趙… ②王… Ⅲ.①王志謹—人物—研究 Ⅳ.①B959.92

中國版本圖書館CIP數據核字(2015)第226709號

王志謹學案
趙衛東 王光福 著

主管單位 山東出版傳媒股份有限公司
出版發行 齊魯書社
社　　址 濟南市英雄山路189號
郵　　編 250002
網　　址 www.qlss.com.cn
電子郵箱 qilupress@126.com
營銷中心 (0531)82098521 82098519
印　　刷 山東新華印務有限責任公司
開　　本 880mm×1230mm 1/32
印　　張 12.5
插　　頁 3
字　　數 330千
版　　次 2015年10月第1版
印　　次 2015年10月第1次印刷
標準書號 ISBN 978-7-5333-3404-8
定　　價 **45.00圓**